La costumbre
en el derecho argentino

Elvio Galati

La costumbre
en el derecho argentino

Análisis jusfilosófico y trialista de la "razón" del pueblo

Colección UAI - Investigación

UAI EDITORIAL

teseo

Galati, Elvio
La costumbre en el derecho argentino : análisis jusfilosófico y trialista de
la razón del pueblo . - 1a ed. - Ciudad Autónoma de Buenos Aires : Teseo;
Universidad Abierta Interamericana, 2015.
484 p. ; 20x13 cm.
ISBN 978-987-723-025-3
1. Derecho. I. Título
CDD 340.1

UAI EDITORIAL

teseo t

Para sugerencias o comentarios acerca del contenido de esta obra,
escríbanos a: **info@editorialteseo.com**

www.editorialteseo.com

elviogalati@gmail.com

Autoridades

Rector Emérito: Dr. Edgardo Néstor De Vincenzi
Rector: Mg. Rodolfo De Vincenzi
Vice-Rector Académico: Dr. Francisco Esteban
Vice-Rector de Gestión y Evaluación: Dr. Marcelo De Vincenzi
Vice-Rector de Extensión Universitaria: Ing. Luis Franchi
Decano Facultad de Derecho y Ciencias Políticas: Dr. Marcos Córdoba

PRESENTACIÓN

La Universidad Abierta Interamericana ha planteado desde su fundación en el año 1995 una filosofía institucional en la que la enseñanza de nivel superior se encuentra integrada estrechamente con actividades de extensión y compromiso con la comunidad, y con la generación de conocimientos que contribuyan al desarrollo de la sociedad, en un marco de apertura y pluralismo de ideas.

En este escenario, la Universidad ha decidido emprender junto a la editorial Teseo una política de publicación de libros con el fin de promover la difusión de los resultados de investigación de los trabajos realizados por sus docentes e investigadores y, a través de ellos, contribuir al debate académico y al tratamiento de problemas relevantes y actuales.

La Colección Investigación Teseo - UAI abarca las distintas áreas del conocimiento, acorde a la diversidad de carreras de grado y posgrado dictadas por la institución académica en sus diferentes sedes territoriales y a partir de sus líneas estratégicas de investigación, que se extienden desde las ciencias médicas y de la salud, pasando por la tecnología informática, hasta las ciencias sociales y humanidades.

El modelo o formato de publicación y difusión elegido para esta colección merece ser destacado por posibilitar un acceso universal a sus contenidos. Además de la modalidad tradicional impresa comercializada en librerías seleccionadas y por nuevos sistemas globales de impresión y envío pago por demanda en distintos continentes, la UAI adhiere a la red internacional de acceso abierto para el conocimiento científico y a lo dispuesto por la Ley 26.899 sobre Repositorios digitales institucionales de acceso abierto en ciencia y tecnología, sancionada por el Honorable Congreso de la Nación Argentina el 13 de noviembre de 2013, poniendo a disposición del público en forma libre y gratuita la versión digital de sus producciones en el sitio web de la Universidad.

Con esta iniciativa la Universidad Abierta Interamericana ratifica su compromiso con una educación superior que busca en forma constante mejorar su calidad y contribuir al desarrollo de la comunidad nacional e internacional en la que se encuentra inserta.

Dr. Mario Lattuada
Secretaría de Investigación
Universidad Abierta Interamericana

ÍNDICE

A Elsa. Y a Marta y Carlos, porque así los llamamos por costumbre, a pesar de que en el DNI figuren como Martina y Avelino.

AGRADECIMIENTOS

A mis padres y a mi tía Elsa.

A mi profesor titular y director de trabajo, Miguel Ángel Ciuro Caldani, que revisó la obra y contribuyó con su valiosísima crítica y aportes que se simbolizan en el prólogo.

A Walter Birchmeyer, que constantemente me ayudó con libros y consejos.

A María Isolina Dabove, mi profesora titular y ayuda permanente en la docencia e investigación.

A Milton Feuillade y Florencia Culaso, que me aportaron bibliografía y consejos desde sus especialidades en Derecho Internacional Público y en Derecho Contractual, respectivamente. A Analía Antik, que me ayudó desde el Derecho Administrativo.

A Patricia Amatiello, por supervisar mis traducciones del francés al castellano, y a Silvia Ventura, por revisar mis traducciones del inglés al castellano. También agradezco a Graciela Ballestero por la revisión literaria.

A la Facultad de Derecho de la Universidad Nacional de Rosario y muy especialmente a sus bibliotecarios.

Y al CONICET, que con fondos públicos hizo posible gran parte de este emprendimiento al financiarlo.

PRÓLOGO

La obra que tenemos, *La costumbre en el derecho argentino. Análisis jusfilosófico y trialista de la "razón" del pueblo,* ha sido elaborada con inteligencia y profundidad destacables por el doctor por la Universidad Nacional de Rosario (UNR) Elvio Galati. El joven autor es profesor asociado de la Universidad Abierta Interamericana y jefe de trabajos prácticos por concurso de la Facultad de Derecho de la UNR. La tesis doctoral de Elvio Galati trata "La teoría trialista del mundo jurídico y el pensamiento complejo de Edgar Morin. Coincidencias y complementariedades de dos complejidades" y fue calificada con un sobresaliente con recomendación de publicación.

Con fina sensibilidad jurídica, el doctor Galati ha elegido un tema viejo y siempre actual que pone en mucho en evidencia la profundidad de cada concepción jurídica. No es sin motivo que entre los clásicos que se refirieron al tema se hallan juristas de las tallas de Anton Thibaut y Friedrich Carl von Savigny, Vicente Fidel López y Dalmacio Vélez Sársfield, Joaquín Costa y François Gény. Sin resolver el problema de la costumbre es imposible plantear una lúcida concepción del derecho. Los resultados de esas discusiones, debidos o no a ellas en sí mismas o al estado de las sociedades respectivas, han decidido en gran medida el porvenir de los pueblos en que se desarrollaron. Así sucedió, por ejemplo, cuando pese al llanto del gaucho que vio destruidas sus costumbres, expresado en la parte primera del *Martín Fierro* (1872), se impuso por varias décadas, a partir de 1871, el Código Civil elaborado por Vélez Sársfield e impulsado por Domingo F. Sarmiento. Razón e historia es una de las líneas de tensión más significativas del derecho y la cultura en general.

El doctor Galati utiliza con destreza una metodología en gran medida afín al integrativismo trialista de la teoría trialista del mundo jurídico, que le permite recorrer con rigor científico y hondura de pensamiento los diversos temas de muy amplio alcance que se va proponiendo. Una muy representativa bibliografía, cuantitativa y cualitativamente excelente, contribuye también al ajuste del camino transitado.

Valorizando la costumbre incluso más allá de la propuesta trialista, el doctor Galati concluye que "siempre es mejor aquello que es vivido como propio, y mucho más si lo vivido es justo". Con claro sentido de los medios necesarios para lograr la debida jerarquización de la costumbre, plantea un interesante horizonte jurídico-educativo.

El libro que nos ocupa es un importante aporte para la tarea de todos quienes desde enfoques científicos, docentes o profesionales quieran ahondar en el tema. Me complace felicitar al doctor Galati por su importante labor.

Miguel Ángel Ciuro Caldani

Profesor titular de la Universidad Nacional de Rosario

PALABRAS PRELIMINARES

Esto que en 2004 fue planeado como una monografía para la adscripción de Introducción al Derecho en la Facultad de Derecho de la Universidad Nacional de Rosario termina siendo en 2011 un intento de libro sobre la costumbre. De la misma manera, esa costumbre altera los planes de cualquier gobierno oficial. Así como la vida se va desenvolviendo y nosotros vamos tras de ella, la vida jurídica no es solo la normatividad, y prueba de ello es la costumbre. Recuerdo en este momento una frase de John Lennon: "La vida es algo que ocurre mientras uno está ocupado haciendo otras cosas". Así pues, la costumbre es aquello que pasa mientras nosotros creemos que el derecho es solo norma.

También quisiera aclarar que este trabajo está escrito en primera persona, no por pedante vanidad, sino porque quiero darle un sentido de responsabilidad, como forma de hacerme cargo de lo que pienso, para no esconder mis pensamientos en un "nosotros" u otra forma impersonal y porque solo quiero utilizar el plural cuando hago referencia a teorías en las que me apoyo y que no solo yo suscribo. Esta idea clarificadora debo agradecérsela al epistemólogo Paul Feyerabend.

El presente trabajo está dirigido a quien lo necesite. No podría decir otra cosa ante el tema que nos convoca, que es la costumbre. La idea clave es la necesidad, sin descuidar la sencillez y espontaneidad. Sí puedo decir que espero que sea útil para los estudiantes de Derecho, que tendrán dicho tema como contenido de un programa de Teoría General del Derecho o de Introducción al

Derecho. Introducirse al derecho es aprender sobre la base de problemas, ya que no podemos legítimamente inculcar doctrina alguna so pena de cometer un autoritarismo pedagógico. En este sentido, la costumbre llama a debatir sobre distintos aspectos y muy especialmente al confrontársela con la ley. Insisto en que enseñar derecho no es únicamente enseñar teoría general de las normas.

Es mi deseo que lo general no se convierta en lo disperso, lo que a nada pertenece, sino que sea lo que incumbe a todos. En este sentido, la Teoría General del Derecho es aquella rama del derecho que atraviesa a todas, en tanto los problemas que trata se presentan en cada una de las ramas jurídicas. Y este trabajo intenta ser un ejemplo de cómo la costumbre arriba a cada puerto en el que los profesionales del derecho trabajamos.

También espero que sea leído por los alumnos de Filosofía del Derecho, ya que aspiro a que cada uno de los subtemas que trato se convierta, sin excepción, en preguntas que inviten al debate y la reflexión. Preguntarse lo que el derecho sea implica en alguna medida preguntarse por el papel que la costumbre desempeña en el ámbito jurídico.

No olvido la enseñanza de posgrado, muy ligada a la filosofía y la investigación, en tanto la costumbre debería ser un campo fecundo para el planteamiento de problemas tratados con el rigor y la especificidad científicos propios de una disciplina social como el derecho.

Ojalá sea una lectura también del público en general, para que lo llame a derribar el mito de que el derecho se agota en la ley. Todos podemos y debemos participar de él, y una forma de hacerlo es a través de la costumbre, pues toda costumbre comenzó con un primer acto aislado y tal vez reprobable.

No quiero dejar de mencionar que este trabajo también está dirigido a aquellos que, como decía Spinoza, tienen, nada más y nada menos, la alegría de saber.

"De este histórico ensalzamiento del derecho nace la imperiosa exigencia con que a la ciencia se impone el problema complejo, y por demás difícil, de determinar su naturaleza, formas y relaciones; porque conforme sea concebido, así será vivido."

Joaquín Costa[1]

"La era por venir nos mostrará el caos detrás de la ley."

John A. Wheeler[2]

"¡Tú, pueblo, los haces y los pagas, pero no para ti!"

Ferdinand Lasalle

---

[1]   COSTA, Joaquín, *La vida del derecho. Ensayo sobre el derecho consuetudinario,* Buenos Aires, Heliasta, 1976. Tb. p. v. CRUET, Jean, *La vie du droit et l'impuissance des lois,* Paris, Ernest Flammarion, 1908.

[2]   Cit. por MORIN, Edgar, *La cabeza bien puesta. Repensar la reforma. Reformar el pensamiento,* 1ª ed., Buenos Aires, Nueva Visión, 2002, pág. 59.

INTRODUCCIÓN

El objetivo de este trabajo es analizar el rol que cumple la costumbre como institución o fuente del derecho en nuestro país.

En primer lugar, realizaré un abordaje general del fenómeno consuetudinario, observado desde la filosofía, relacionando el orden y el desorden de la ciencia en general con la ciencia jurídica en particular. También incluiré un tratamiento histórico de la temática, que permitirá captar la génesis de esta fuente en relación con la ley. La ontología será el espacio adecuado para preguntarnos por el ser de la costumbre, aprovechando la comparación con el ser de la ley. Intentaré, además, desarrollar nociones de epistemología jurídica al plantear qué modos de acceder al conocimiento se esbozan tanto en la ley como en la costumbre.

En segundo lugar, analizaré la costumbre desde el punto de vista jurídico. Será de gran ayuda, como marco teórico y herramienta metodológica de investigación, la teoría trialista del mundo jurídico[3] y el pensamiento

---

[3]   P. v. en este sentido a GOLDSCHMIDT, Werner, *Introducción filosófica al derecho*, 6ª ed., Buenos Aires, Depalma, 1987; *La ciencia de la justicia (Dikelogía)*, 2ª ed,, Buenos Aires, Depalma, 1986; CIURO CALDANI, Miguel Ángel, *Derecho y política. El continente político del derecho. Elementos básicos de una filosofía política trialista*, Buenos Aires, Depalma, 1976; *La conjetura del funcionamiento de las normas jurídicas. Metodología jurídica*, Rosario, Fundación para las Investigaciones Jurídicas (FIJ), 2000; *Estudios de filosofía jurídica y filosofía política*, 3 t., Rosario, FIJ, 1982-1984; GALATI, Elvio, "Introducción al pensamiento jurídico complejo. La teoría trialista del mundo jurídico y el pensamiento complejo de Edgar Morin", en "Revista de la Facultad de Derecho", nº20, Rosario, UNR, 2012, págs. 157-215.

complejo de Edgar Morin[4]. Como ya lo señalé, es también aquí inevitable el estudio de la costumbre en comparación con la otra gran fuente o elemento del derecho, que es la ley.

Estudiaré casos judiciales significativos que nos muestren la importancia que le da a la costumbre otra importante costumbre gubernamental, que es la judicial. Expondré qué opina la doctrina acerca de la costumbre, debido a la influencia que los prestigiosos juristas tienen en los encargados del funcionamiento del derecho[5].

A propósito de mi objetivo, que tiende a analizar el papel que los encargados del funcionamiento del mundo jurídico le dan a la costumbre como fuente o elemento del derecho, de más está decir que no se podrá alcanzar un grado de certeza tal que proviniera de una constatación y registro de todos los casos del país[6]. No

---

[4]   P. v. la obra principal de MORIN, *El Método 1. La naturaleza de la naturaleza,* trad. de Ana Sánchez en colab. con Dora Sánchez García, 3ª ed., Madrid, Cátedra, 1993; *El Método 2. La vida de la vida,* trad. de Ana Sánchez, 7ª ed., Madrid, 2006; *El Método 3. El conocimiento del conocimiento,* trad. de Ana Sánchez, 5ª ed., Madrid, Cátedra, 2006; *El Método 4. Las ideas. Su hábitat, su vida, sus costumbres, su organización,* trad. de Ana Sánchez, 4ª ed., Madrid, Cátedra, 2006; *El Método 5. La humanidad de la humanidad. La identidad humana,* trad. de Ana Sánchez, 2ª ed., Madrid, Cátedra, 2006; *El Método 6. Ética,* trad. de Ana Sánchez, Madrid, Cátedra, 2006; entre otras obras. Para más datos, p. v. www.edgarmorin.org (26.11.2008).

[5]   Algo sobre lo que haré hincapié, como hilo conductor del trabajo, será la idea de desmecanizar a los profesionales del derecho, con lo cual la muy utilizada voz "operador" será desalentada.

[6]   En similar sentido se pronuncia COSTA, *op. cit.,* pág. 26: "[...] porque no siendo posible que conozcamos todos los hechos, ni los pasados ni los futuros, nuestro deducido principio no tendría carácter universal, pues no podría comprender las costumbres jurídicas y las instituciones que ulteriores desarrollos de vida social hagan necesario y realmente lleguen a crear [...]". Sería el principio del fraccionamiento del conocimiento, en tanto conocemos lo que podemos, parafraseando al concepto que Goldschmidt usara con respecto a la valoración del valor justicia.

obstante, creo que más que la cantidad de fallos que puedan recolectarse, será interesante analizar los más significativos, es decir, aquellos que marquen tendencias, aquellos que considere paradigmáticos, que nos revelen un camino o una idea seguida. Antes que el enciclopedismo o la erudición, prefiero un análisis profundo de aquellos fallos más relevantes[7].

Cabe agregar que, según mi marco teórico, las ciencias sociales no tienen necesariamente que compartir los métodos de las llamadas "ciencias duras"[8], es decir, seguir los cánones del llamado método científico tradicional: legalista, con afán predictivo y dominador[9].

----

[7]   Creo por ello en una metodología de la investigación cualitativa.

[8]   No obstante, Popper afirma que "[...] la física teórica moderna, en la que tanto otras personas como yo vemos la realización más completa hasta la fecha de lo que yo llamo 'ciencia empírica'". POPPER, Karl R., *La lógica de la investigación científica*, trad. de Víctor Sánchez de Zavala, Madrid, Tecnos, 1962, pág. 37. "Un pasaje de Schütz que sintetizaría lo que creo es la intención de los autores de la obra objeto de reseña, es aquel que no solo contesta a aquellos que tratan de imponer el método de las ciencias naturales como método universal, sino que contraataca muy hábilmente: [...] los adeptos del movimiento de la 'unidad de la ciencia' nunca han intentado con seriedad responder, o siquiera plantear, la pregunta de si el problema metodológico de las ciencias naturales, [...] no es simplemente un caso especial del problema más general, aún inexplorado, de cómo es posible el conocimiento científico y cuáles son sus presuposiciones lógicas y metodológicas. [...] los recursos metodológicos particulares elaborados por las ciencias sociales para comprender la realidad social son más adecuados que los de las ciencias naturales para conducir al descubrimiento de los principios generales que gobiernan el conocimiento humano." GALATI, "Comentarios al libro *Filosofía de las ciencias humanas y sociales*, de J. M. Mardones y N. Ursua (reflexiones sobre epistemología y derecho)", en *Revista del Centro de Investigaciones de Filosofía Jurídica y Filosofía Social*, núm. 27, Rosario, FIJ, 2003, págs. 156-157.

[9]   "En la naturaleza se cumple el teorema de que 'causas iguales producen efectos iguales', y por tanto, pueden descubrirse inductivamente las leyes mediante la observación de los fenómenos; mas

Propicio una ciencia jurídica comprensivista, que trate
de describir y entender las conductas de los hombres de
su tiempo, haciendo hincapié en nuestra relación con la
realidad, a fin de que a partir de allí puedan modelarse
significados que nos sean comunes[10].

---

no sucede otro tanto en el mundo del Espíritu, donde la libertad
suele oscurecer en cada hecho la ley a que obedece, o hace difícil
por sus extravíos el descubrirla [...]" COSTA, *op. cit.*, pág. 26.

[10] Sobre el tema p. v. a GALATI, Filosofía de la evaluación de la universidad. Notas sobre metodología cualitativa en la investigación
jurídico-educativa", en *Academia. Revista sobre Enseñanza del Derecho*, núm. 9, Buenos Aires, Facultad de Derecho de la Universidad
de Buenos Aires (UBA) - Rubinzal-Culzoni, 2007, págs. 299-358 y
"Notas sobre investigación jurídica cuantitativa", en *Investigación y
Docencia*, núm. 39, Rosario, FIJ, 2006, págs. 187-206, tb. en http://
www.cartapacio.edu.ar/ojs/index.php/iyd/article/viewFile/935/771
(10.2.2008).

SECCIÓN A
PERSPECTIVAS BÁSICAS DE LA COSTUMBRE

CAPÍTULO 1
PERSPECTIVA FILOSÓFICA

A. ¿Orden o desorden?

El derecho es un instrumento destinado a lograr la paz entre los hombres, se dice comúnmente. Es decir, tiende a lograr la armónica convivencia en un ámbito de justicia. En general, se cree que todo orden implica una planificación a gran escala de nuestras actividades, con indicación de quienes mandan y quienes obedecen; pero orden también puede lograrse sin imposiciones desde las autoridades, es decir, a partir de un desarrollo espontáneo, que sería visto como "desorden" desde el punto de vista oficial[11]. En ambos casos estamos ante dos formas distintas de buscar "orden" en el mundo jurídico. Sobre el desarrollo de estas dos formas, que encuentran su aplicación en el modelo continental y en el derecho angloamericano, respectivamente, volveré más adelante[12].

Quienes reconocen el desorden señalan que esta idea implica jerarquizar la idea de "caos", la necesidad de adaptarnos al desorden, tratando de hacerlo lo menos "caótico" posible, pero sin la ilusión de lograr alguna vez el orden absoluto. "El caos ya no es un principio genésico solamente, es un principio genérico permanente que [...] constituye el principio inmanente de las transformaciones, y por ello de las organizaciones

---

[11]   V. GOLDSCHMIDT, *Introducción...*, *op. cit.*, pág. 82 y ss.
[12]   V. el pto. 2.D.

y de las desorganizaciones [...]."[13] Con respecto a las
ventajas del desorden, puede decirse que este es "[...]
'desviado', captado, convirtiéndose la desorganización
en un constituyente de la reorganización, sin ser no
obstante reabsorbido, ni excluido, sin que haya dejado
de llevar en sí su fatalidad de dispersión y de muerte"[14].
El fenómeno de la costumbre no tiene formalidades
como fuente jurígena y plantea cambios, constantes
evoluciones.

Como jerarquizador del caos, se encuentra Ilya
Prigogine, quien dice que "[...] podría interpretarse a
la materia como algo activo, como un estado continuo
del devenir [...], al aceptar[se] que se ordena a partir del
caos-desorden"[15].

Esto nos lleva a reflexionar acerca de cómo cualquier problema contiene un planteo implícito sobre la
naturaleza del ser, es decir, una cuestión filosófica. Por
ello, cuando pienso en el caos, se sigue naturalmente la
disputa entre Heráclito y Parménides y la caracterización de lo que existe: sea como devenir o como ser en
estabilidad, respectivamente.

> Heráclito [...] defendió la teoría de la constante mutabili-
> dad del universo [...]. "No es posible meterse dos veces en
> el mismo río [...]; a causa de la velocidad del movimiento
> todo se dispersa y se recompone de nuevo, todo viene y va".

---

[13]   MORIN, *El Método 1...*, *cit.*, pág. 80. P. v. del mismo autor "Pour
       une crisologie", en *Commnunications,* núm. 25, Centre d'études
       transdisciplinaires, 1976, págs. 149-163; *Sociología*, trad. de Jaime
       Tortella, Barcelona, Tecnos, 1995.
[14]   MORIN, *El Método 1...*, *op. cit.*, pág. 158.
[15]   V. PRIGOGINE, Ilya, *¿Tan* solo *una ilusión?* (1983), trad. de Francisco
       Martín, Barcelona, Tusquets, 3ª ed., 1993, fragmentos; compendio
       de Eugenio Tait, http://www.geocities.com/eugeniomtait/MiBiblio-
       teca7.htm (29.1.2003).

Para Heráclito, la lucha es la norma del mundo y la guerra es la común progenitora y señora de todas las cosas. Cada uno de nosotros vive en cuanto se renueva continuamente". Parménides "[...] sostuvo una teoría del ser con carácter de eternidad [...] "El ser es y no puede no ser" y "El ser nunca ha sido ni será, porque es ahora todo él, uno y continuo" [...] ideas que perfilan al ser en su perfección inmóvil[16].

¿Puede haber algo acaso más estático e inmóvil que una ley? Seguramente que esta puede modificarse a través del trámite parlamentario, pero no se asemeja al dinamismo de los encargados de hacer funcionar la norma.

Con respecto a la planificación legalista y la espontaneidad de la costumbre, ya podemos detectar el punto de partida del premio Nobel de Química, en el sentido de que el ser actual es complejo y esto no se compadece con algo inmutable como la ley.

[...] Podemos decir que buscábamos esquemas globales, simetrías, leyes generales inmutables y hemos descubierto lo mutable, lo temporal, lo complejo. [...] Esto va en oposición al pensamiento de Giordano Bruno. [...] El propio concepto de ley que surge en la época de Descartes y Newton, época de monarquías absolutistas, debe ser revisado[17].

---

[16] Cfr. CIURO CALDANI, *Lecciones de historia de la filosofía del derecho (historia jusfilosófica de la jusfilosofía)*, Rosario, FIJ, 1991, t. I, págs. 51-52 y "Reflexiones sobre la ley y la costumbre", en *Jurisprudencia Argentina (JA)*, t. 1979-IV, pág. 797.

[17] PRIGOGINE, *op. cit.* "[...] Einstein y Newton coinciden en ver el universo como un reloj obediente a leyes preestablecidas [...]". ESCOHOTADO, Antonio, "Elogio del sabio", en *El Mundo,* del 11.6.2003, en http://usuarios.lycos.es/punksunidas/txt/escohotado13.html-punksunidos.com.ar (16.8.2004).

B. Desorden o caos

El caos se ha convertido en el símbolo del cambio de paradigma en la ciencia física, del cual tiene conciencia Morin:

> El caos nos remite a lo que es a la vez subdimensión y sobredimensión de nuestro universo, y que, como dice François Meyer, "habla el lenguaje del delirio". Nos ofrece un universo grandioso, profundo, admirable contra el que os invito a cambiar sin dudarlo vuestro pequeño orden relojero, construido por Ptolomeo y alrededor del cual Galileo, Copérnico, Newton no habían hecho más que revoluciones, sin haber llevado a él la Revolución[18].

La influencia de estas ideas en el derecho es notable, en tanto la asimilación de la ley física a la ley jurídica deviene evidente.

Será clave, en la consideración de la costumbre, la siguiente frase de Morin: "La exclusión del desorden caracterizaba la visión clásica del objeto físico; la visión organizacionista compleja incluye el desorden"[19]. Con respecto a la interacción entre orden y desorden, dice el filósofo francés: "[...] un orden organizacional (remolino) puede nacer a partir de un proceso que produce desorden (turbulencia)"[20]. En este sentido, no debe asombrarnos el desorden, si consideramos el hecho de haber partido del gran desorden inicial: "[...] un origen del universo que fuera una explosión, un big-bang [...] nos condujo a una idea sorprendente: el universo comienza como una

---

[18]   MORIN, *El Método 1...*, *op. cit.*, págs. 80-81.
[19]   Íd., pág. 159.
[20]   MORIN, *Introducción al pensamiento complejo*, trad. de Marcelo Pakman, Barcelona, Gedisa, 2005, pág. 92.

desintegración, y es desintegrándose que se organiza"[21]. Es la expresión de la antigua idea de Heráclito sobre el poder creador y devastador del fuego: "[...] es en el curso de esa agitación calórica intensa –el calor es agitación, remolino, movimiento en todos los sentidos– que se van a formar las partículas y que ciertas partículas van a unirse unas a otras"[22]. Morin señala en otra oportunidad la relación con el pensador presocrático: "Vivir de muerte, morir de vida"[23].

En similar sentido se pronuncia Werner Goldschmidt, al decir que

> el mundo jurídico no es nada menos que el mundo de la convivencia social. Que el joven jurista aprenda desde un principio que este mundo no es algo hecho sino que es algo que se hace y que es él quien colabora en su construcción. [...] El mundo jurídico es un plebiscito que se *renueva* todos los días[24].

La visión clásica en el derecho es la normativista, que considera que solo deben incluirse reglas oficiales en su concepto, mientras que teorías más complejas avalan la inclusión de otros aspectos, como el consuetudinario, vistos como "caóticos" –en sentido peyorativo– desde dicho punto de vista tradicional. La costumbre es "caótica", pero dicho devenir es importante a los fines reorganizativos, a los fines críticos, cuestionadores. Frente a la ausencia de fundamentos que implica la Posmodernidad, lo que significa una crisis de fundamentos y al mismo tiempo

---

[21]   Íd., págs. 92-93.
[22]   Íd., pág. 93.
[23]   Íd., pág. 94.
[24]   GOLDSCHMIDT, *Introducción...*, *op. cit.*, pág. XVI. La cursiva es mía.

una época de toma de decisiones, deviene imprescindible
un ámbito flexible para la reflexión, la participación y
el cambio permanente.

El derecho "clásico"[25] no dejó de condenar el caos.
Decía Thibaut: "[...] este obscuro e impenetrable caos
solo en algunas partes secundarias se deja aclarar y llevar a contacto con los principios filosóficos"[26]. Lo cual
se relaciona con lo que veremos[27] más adelante acerca
del método que privilegiaba: el deductivo, y su condena
a la fragmentación en diferentes derechos, previos a la
codificación alemana. Por su parte, Hans Kelsen envía
la revolución al submundo de la norma hipotética fundamental, que llama norma pero que es hecho[28], y como
tal, no susceptible de estudio en la ciencia jurídica. Es
así como el derecho se identifica únicamente con el
Estado productor de normas jurídicas.

Por ello, vuelvo a hacer hincapié en el problema
central de la filosofía, que también atraviesa a la filosofía
del derecho, esto es, el problema del ser humano en su
consideración estática y sumisa, o dinámica y creadora:

---

[25] Que Goldschmidt llamará "simple". V. el prólogo a la 4ª ed. de su
      Introducción..., op. cit., pág. XVI y ss.
[26] THIBAUT, Anton, y SAVIGNY, Friedrich Karl, "La codificación civil
      en Alemania. Opiniones de Thibaut y Savigny", en *La reforma del
      Código Civil argentino,* Buenos Aires, Sec. Publicaciones del Semi-
      nario de Ciencias Jurídicas y Sociales, Fac. de Derecho de la UBA,
      1940, pág. 39.
[27] V. el pto. 4.A.
[28] "[...] un orden normativo pierde su validez cuando deja de estar
      en cierta medida de acuerdo con la *realidad*. Hay [...] una relación
      entre la validez y la efectividad de un orden jurídico; la primera
      depende, en cierta medida, de la segunda." KELSEN, Hans, *Teoría
      pura del derecho,* trad. de Moisés Nilve, 29º ed. de la ed. en francés
      de 1953, Buenos Aires, Eudeba, 1992, pág. 142. El resaltado es mío.

[Que] sea innecesario descartar todo cuanto no quepa en el simplismo del yo mando y tú obedeces, el esquema jerárquico y la arrogancia profética. [...] si hay ser –y no más bien nada– el peso de semejante realidad le incumbe en mayor medida al desequilibrio que al equilibrio [...]. Como decía Whitehead, otro matemático-filósofo, "lo que existe se crea"[29].

Dicho desequilibrio y creación vendrán de la mano con el fenómeno no oficial en estudio, que cuestiona el simplismo autoritario de la obediencia ciega a la ley. La posibilidad de creación de los ciudadanos encuentra más cauces en la costumbre, en tanto ellos la producen. En efecto, "[...] cuando el conflicto es posible, también lo es el cambio"[30]. En este sentido, la costumbre, rival de la ley, expone otra posición a tener en cuenta en el concierto del derecho. Se encuentra ligado al conflicto no solo el intercambio de posiciones y la creatividad, sino también la posibilidad del progreso[31], en suma, la costumbre. El fenómeno consuetudinario no conoce de plazos, límites temáticos, límites personales, ni filtros, y da más cabida a la influencia de los acontecimientos azarosos.

---

[29] ESCOHOTADO, *op. cit.*
[30] DOISE, Willem, y MOSCOVICI, Serge, "Las decisiones en grupo", en AA.VV., *Psicología social I. Influencia y cambio de actitudes. Individuos y grupos,* ed. al cuidado de Serge Moscovici, trad. de David Rosenbaum y supervisión de Tomás Ibáñez, Buenos Aires, Paidós, 1985, pág. 270.
[31] "[...] si se utilizan procedimientos de decisión, si se organiza el espacio ocupado por un grupo o si se hace intervenir la autoridad, los individuos cambian menos sus actitudes, tendiendo incluso hacia el compromiso, la 'media', en una palabra, hacia el *statu quo.* [...] estas condiciones también tienen una influencia benéfica sobre la creatividad. [...] También entre los niños, el conflicto entre varios puntos de vista cognitivos sobre un problema determinado constituye un factor causal de su progresión." Íd., pág. 277.

C. Conductismo jurídico

En el campo del derecho encontramos posiciones simplistas que lo ven como una mera "técnica social para dirimir conflictos", elaborada por personas extrañas a los destinatarios, lo que configuraría una alienación jurídica.

> Considerado en cuanto a su fin, el derecho aparece como un método específico que permite inducir a los hombres a conducirse de una manera determinada. [...] Su meta es, pues, encauzarlos hacia una conducta determinada, amenazándolos con un mal en caso de una conducta contraria, y es por la presión que así ejerce sobre ellos como obtiene lo que desea[32].

Así se ve cómo el pensamiento jurídico simplista vacía al individuo de su conciencia jurídica con la que elige, controla, valora; lo cual se relaciona con el conductismo desarrollado en educación. Los filósofos y juristas analíticos no dan lugar al estudio de la dinámica, ni de la desorganización, ni del caos. El conductismo educativo

> [...] se basa en los cambios observables en la conducta del sujeto. Se enfoca hacia la *repetición* de patrones de conducta hasta que estos se realizan de manera *automática*. [...] La teoría del conductismo se concentra en el estudio de conductas que se pueden observar y medir [...]. Ve a la mente como una "caja negra" en el sentido de que las respuestas a estímulos se pueden observar cuantitativamente ignorando totalmente la posibilidad de todo *proceso* que pueda darse en el interior de la mente. Algunas personas claves en el desarrollo de la teoría conductista incluyen a Pavlov, Watson, Thorndike y Skinner[33].

---

[32] KELSEN, *op. cit.*, pág. 72.
[33] MERGEL, Brenda "Diseño instruccional y teoría del aprendizaje", Canadá, 1998, http://www.usask.ca/education/coursework/802papers/

Dicho conductismo educativo trata a las mentes de los alumnos como depósitos en los que colocar información descontextualizada de las necesidades y expectativas de aquellos.

> Referirse a la realidad como algo detenido, estático, dividido y bien comportado o en su defecto hablar o disertar sobre algo completamente *ajeno* a la experiencia existencial de los educandos deviene, realmente, la suprema inquietud de esta educación. Su ansia irrefrenable. En ella, el educador aparece como su agente indiscutible, como su sujeto real, cuya tarea indeclinable es "llenar" a los educandos con los contenidos de su narración[34].

Nótese la similitud entre el ámbito educativo y lo que ocurriría con una concepción en el ámbito jurídico que podemos ver en las normatividades que tienden a decir a la población lo que tiene que hacer. Según el conductismo jurídico o normativismo, la actitud del ciudadano es pasiva, lo cual no se relaciona con la costumbre, en tanto en esta se confunden creador y destinatario del derecho y desaparece la eventual opresión.

El conductismo educativo rememora lo que el pedagogo Paulo Freire llama "educación bancaria".

> Cuanto más vaya llenando los recipientes con sus "depósitos", tanto mejor educador será. Cuanto más se dejen "llenar" dócilmente, tanto mejor educandos serán.
> De este modo, la educación se transforma en un acto de depositar en el cual los educandos son los depositarios y el educador, quien deposita. En vez de comunicarse, el educador hace comunicados y depósitos que los educandos, meras incidencias, reciben pacientemente, memorizan y repiten. Tal

---

mergel/espanol.pdf (01.06.2003). Las cursivas son mías.

[34]   FREIRE, Paulo, *Pedagogía del oprimido,* 1ª ed., Buenos Aires, Siglo XXI, 2003, pág. 71. La cursiva me pertenece.

es la concepción "bancaria" de la educación en que el único margen de acción que se ofrece a los educandos es el de recibir los depósitos, guardarlos y archivarlos. Margen que solo les permite ser coleccionistas o fichadores de cosas que archivan[35].

El "conductismo jurídico" verá el derecho reducido a la normatividad, una normatividad que despliega sus influencias en un contexto en el que se oculta a quiénes perjudica y a quiénes beneficia, y si es o no justa. Se evita la búsqueda del proceso, la razón, el motivo; no se transparenta el fenómeno del conocimiento, sea educativo o jurídico. Por ello, estas palabras que se refieren a la educación tributaria del conductismo pueden trasladarse al derecho tributario del positivismo jurídico o de la actual escuela analítica.

Así, "en la visión 'bancaria' de la educación, el 'saber', el conocimiento, es una donación de aquellos que se juzgan sabios a los que se juzgan ignorantes. Donación que se basa en una de las manifestaciones instrumentales de la ideología de la opresión [...]"[36]. Tanto el pensamiento complejo como el trialismo plantearán que la democracia es fundamental al humanismo, ya que es incompatible con la absolutización de la jerarquía y con la desigualdad.

D. Anarquía y autoorganización

Estos pensamientos contemplan el desorden como un hecho consustancial al ser humano[37]. Señala Goldschmidt:

---

[35]   Íd., pág. 72.
[36]   Íd., pág. 73.
[37]   "Detrás de las ecuaciones de la física cuántica se halla la idea de que el mundo microfísico no obedece a las mismas lógicas, estructuras

[...] la anarquía es un concepto gradual. No hay sociedad en que no haya ciertas dosis de anarquía. Ello es consecuencia del continuo proceso de estructuración a que cualquier sociedad se halla sometida. [...] urge evitar [...] el exceso de anarquía en una comunidad política. [...] en toda sociedad habrá [...] cierta cantidad de arbitrariedad como factor esencial del progreso mismo de la sociedad, de su dinámica y de su estructuración[38].

A su turno, refiriéndose a la economía soviética, dice Morin:

Mientras duró, fue la anarquía espontánea la que hizo funcionar a la planificación programada. Fue la resistencia en el interior de la máquina la que hizo funcionar a la máquina. El desorden constituye la respuesta inevitable, necesaria e incluso, a menudo, fecunda, al carácter esclerotizado, esquemático, abstracto y simplificador del orden[39].

Esto nos lleva a considerar la flexibilidad inherente a todo sistema a fin de que funcione y no explote, es decir, no se desintegre. Por ello no debe extrañarnos el sinceramiento de los sistemas en lo relativo a la imposibilidad de cumplir un régimen jerárquico ansioso del orden. El orden se construye a partir del desorden

---

y leyes que nuestro mundo mesofísico [...]. Detrás de la ecuación de Boltzmann del segundo principio de la termodinámica se hallan ideas sobre la degradación de la energía, la desorganización de los sistemas y el lugar o el papel del desorden en el mundo físico que concierne a cada uno de nosotros." MORIN, y KERN, Anne Brigitte, *Tierra patria*, trad. de Ricardo Figueira, Buenos Aires, Nueva Visión, 2006, págs. 182-183.

[38]   GOLDSCHMIDT, *Introducción...*, *op. cit.*, pág. 113. Si bien el jurista germano-español incluye la costumbre como una forma en que se ordenan ejemplarmente los repartos, es el orden más cercano al desorden (de los repartos).

[39]   MORIN, *Introducción...*, op. cit., pág. 130.

y con el desorden. "Esta idea rompe con el paradigma mecanicista que interpreta la administración de una sociedad o una institución como un mecanismo que debe manejarse desde afuera. Vale esta interpretación para la planificación institucional. La organización social no es jerárquica, es heterojerárquica."[40] Goldschmidt la llamará ejemplar.

La inclusión del caos en la ciencia significa aceptar como parte del devenir jurídico, en cierta medida, al no-equilibrio, que en el mundo jurídico lleva el nombre de anarquía y que en la terminología goldschmidtiana se denomina desorden de los repartos.

> [...] si en vez de analizar sistemas cerrados, casi siempre ideales, partimos de sistemas abiertos (a un intercambio de materia-energía con sus respectivos medios), las transiciones de caos a orden son regla universal, siendo su resultado autoorganización[41].

La autoorganización de los ciudadanos funcionará entonces de manera paralela al normativismo escrito oficial, que es imposición de la organización.

> "Renovar la ciencia", escribía Prigogine en 1991, "es en gran medida redescubrir el tiempo, dejando atrás una *concepción de la realidad objetiva que exigía negar la novedad y la diversidad en nombre de leyes inmutables* y universales. Pero el futuro no está determinado, no está implícito en el presente. [...] El ideal de omnipotencia reclama algún designio consciente como causa de todo y cada cosa. Y lo hace en perjuicio de una interacción infinitamente sutil de elementos que operan de modo tan anónimo como *espon-*

---

[40]   MOTTA, Domingo, "Hacia una epistemología de la complejidad", en http://www.complejidad.org/members/45-epi.pdf (6.7.2007).
[41]   ESCOHOTADO, *op. cit.*

táneo, extrayendo libertad e ímpetu de la incertidumbre, inaugurando *órdenes venidos de dentro* [...] gracias a esa rotura del equilibrio [...]"[42].

Estas palabras son, en alguna medida, compatibles con las aspiraciones de Goldschmidt respecto de la preferencia dikelógica[43] del reparto autónomo y de la ejemplaridad como modo de organizar los repartos, la convivencia, resaltando la importancia de la autonomía. Es decir, en el derecho se privilegia el acuerdo y la espontaneidad de aquellos que en forma anónima, pero con la convicción de que actúan correctamente, forman la vida de la costumbre, ajena a las imposiciones de las autoridades estatales: "[...] tardamos mucho en concebir un orden distinto de la orden [...]"[44]. Agrega Morin: "En 1959, von Foerster sugiere que el orden propio de la autoorganización [...] se construye con el desorden: es el *order from noise principle* [...]"[45].

Dar menos importancia a la planificación, por su sentido verticalista y autoritario, da más lugar a la consideración de las particulares circunstancias de los protagonistas más directos, jerarquizando así la singularidad.

Considero que un concienzudo análisis jurídico debe apuntar al olvido de la ilusión de "grandes" órdenes, o el mero tratamiento del orden a nivel jurídico, lo que equivale a "acostumbrarnos" a la incertidumbre, ya que la importante cantidad de circunstancias y factores que influyen en la vida del derecho y del jurista pueden

---

[42]   Íd. El resaltado me pertenece.
[43]   V. el pto. 8.B.
[44]   ESCOHOTADO, *op. cit.*
[45]   MORIN, *El Método 1..., op. cit.*, pág. 59. "Es el principio del orden desde el ruido." (Trad. del autor).

torcer la mejor planificación o ejemplaridad que se haya establecido. En este sentido:

> [...] cuanto más complejo es un sistema, tanto más resulta imposible su conducción consciente. Pero esto también quiere decir que cuanto más complejo es un sistema, tanto más posible es una decisión fallida. Por ello, [...] los sistemas sociales modernos tienen que despedirse de los modelos físicos de la organización y entrar en el aprendizaje de la biología y la teoría del caos[46].

Este grado de incertidumbre inherente a todo sistema da vida al principio que Morin llama "ecología de la acción": "Por el hecho de las múltiples interacciones y retroacciones en el medio donde se desarrolla, la acción, una vez desencadenada, escapa a menudo al control del actor, provoca efectos inesperados y en ocasiones incluso contrarios a los que esperaba"[47]. Es así como la ley formaría parte, junto con otros elementos o factores, de la biosfera jurídica.

Con otros términos, pero siguiendo la misma idea, Cueto Rúa compara al jurista racionalista y al jurista empirista o pragmático, resaltando que este último no se pierde en la nebulosa conceptual y lógica de los códigos, sino que

> [...] preferirá la legislación aislada o el juego directo de la costumbre. No le interesa la consistencia lógica, sino la utilidad de las soluciones. El justificativo de una determinada legislación no se encontrará en su coherencia con otras leyes o su perfecta inserción en el cuerpo de un código, sino en

---

46   GRÜN, Ernesto, "Derecho y caos. Sobre la actual y futura evolución del derecho", en http://www.filosofiayderecho.com/rtfd/numero3/caos.htm (4.5.2003).

47   MORIN, *El Método 6...*, *op. cit.*, pág. 230.

la forma concreta en que se supera un obstáculo surgido en la experiencia social[48].

Abandonando las ansias coherentistas, autosuficientes y omnipotentes de los monumentos codificadores, y teniendo en cuenta la variabilidad de situaciones y circunstancias de la vida, deviene prioritario un enfoque del orden con menos pretensiones de universalidad, a fin de poder alcanzar metas realizables. Con otras palabras, dice el saber vulgar que quien mucho abarca poco aprieta. La toma de consciencia del caos como premisa de partida, si bien no implica propiciarlo, nos dará la pauta de disminuir nuestras pretensiones dominadoras y planificadoras y dar más cauces al devenir espontáneo de la organización y, sobre todo, de la autoorganización.

> [...] "no hay camino" (método) y se hace camino al andar. No "hay" método, pues al fin la vida nos resulta más compleja que toda meta y todo método; en gran medida el camino se "hace" buscándolo. Sin embargo, el método es un soporte de gran valor para evitar "extravíos", tropiezos y caídas. El método "re-flexiona" sobre el sendero y lo afirma[49].

Como dice Machado, caminante no hay camino, se hace camino al andar.

E. Contradicción vital

Quien formula otra paradoja es Freud en el ámbito de la psicología, al señalar los dos instintos connaturales

---

[48]   CUETO RÚA, Julio César, *Fuentes del derecho,* Buenos Aires, Abeledo-Perrot, 1961, pág. 77.
[49]   CIURO CALDANI, *Metodología jurídica, op. cit.,* pág. 45.

al hombre: la pulsión de vida y la pulsión de muerte: "[...] la tendencia [...] a aminorar, mantener constante o hacer cesar la tensión de las excitaciones internas [...] tal y como dicha aspiración se manifiesta en el principio del placer, es uno de los más importantes motivos para creer en la existencia de pulsiones de muerte"[50]. Esta explicación interior, espiritual, existencial, finalista, de la contradicción vital tiene su contracara biológica, física, química, orgánica: "Nuestros organismos no viven más que por su trabajo incesante, en el curso del cual se degradan las moléculas de nuestras células"[51]. Y esta contradicción vital al ser humano, no puede menos que reflejarse en el derecho, y así lo exhibe el trialismo de manera doble: al concebir el par orden y desorden de los repartos y dentro del orden con los dos modos constitutivos del orden de los repartos: planificación gubernamental y ejemplaridad. Y ambos pares interactúan, de manera que no deberíamos entonces desvalorizar el desorden si es a partir de él con el que se logra el orden y distintas clases de órdenes.

> [...] el mundo se organiza desintegrándose. [...] debemos unir a dos nociones que, lógicamente, parecieran excluirse: orden y desorden. [...] fenómenos desordenados son necesarios en ciertas condiciones, en ciertos casos, para la producción de fenómenos organizados, los cuales contribuyen al incremento del orden[52].

---

[50] FREUD, Sigmund, "Más allá del principio del placer", en *Textos fundamentales del psicoanálisis,* trad. de Luis López Ballesteros, Ramón Rey y Gustavo Dessal, Altaya, Barcelona, 1993, pág. 325.

[51] MORIN, *Introducción...*, *op. cit.,* pág. 94.

[52] Íd., págs. 93-94.

En el derecho, ya no podemos atenernos al esquema de un rompecabezas en donde debemos respetar las piezas ya establecidas por el legislador y seguir su orden establecido, tras el modelo de la alternativa única: encaja o no encaja una pieza con otra. Actualmente, el hombre toma consciencia de que él puede modelar sus piezas de manera distinta y generar otro dibujo, otro orden. Una necesidad o interés puede no encuadrar en una disposición legislativa y no por ello deja de ser válida. Este esquema móvil no es otra cosa que una constante entre el equilibrio y el desequilibrio, orden y desorden. Esto no es nuevo, ya que la historia nos ha mostrado cómo la costumbre y la ley han intercambiado posiciones respecto de su supremacía. Intercambio establecido en un plano de igualdad, que no implica superioridad de una sobre la otra, como alguna vez se creyó, al negar valor a la costumbre desde la propia ley. Este recorrido histórico lo haremos en el próximo capítulo.

CAPÍTULO 2
PERSPECTIVA HISTÓRICA

A. Primero fue la acción

La costumbre ha precedido a la ley como fuente jurígena, desde que esta implica un juicio reflexivo, o mejor dicho un juicio reflexivo más explícito o consciente, del que carece la costumbre si se la caracteriza como un comportamiento colectivo espontáneo: "[...] las instituciones jurídicas de la humanidad: casi todas ellas, antes de estar reglamentadas en códigos y leyes, han estado regidas pura y exclusivamente por la costumbre"[53]. Por lo que la acción precede a la reflexión, histórica y jurídicamente.

> La autoridad de la costumbre es superlativa en los inicios de la sociedad humana [...]. En las épocas primitivas, estando el individuo dominado casi enteramente por el ambiente social, no concibe la posibilidad de separarse de las prácticas tradicionales de sus mayores. Lo que siempre ha sido hecho se identifica en su mente con la idea de lo que debe hacerse. A determinar el predominio de la costumbre cooperan [...] dos motivos psicológicos: la imitación y el hábito. El primero se explica, porque cuesta menor esfuerzo y es más cómodo de hacer lo que siempre se ha visto que hacen los demás; el segundo significa que es más fácil hacer lo que ya se ha hecho otra vez. [...] [Además] no se sabe o no se quiere apartarse

---

[53]   SALVAT, Raymundo, *Tratado de derecho civil argentino. Parte general,* 11ª ed., ed. del cincuentenario, act. por José Ma. López Olaciregui, Buenos Aires, TEA, 1964, pág. 52.

de [...] [las prácticas ejercidas e impuestas por los jefes], aun después de su muerte, por temor a su poder ultraterreno[54].

Es dentro del clan que la costumbre se manifiesta con la fuerza ordenadora de la pertenencia e imitación.

[...] la organización jurídica primitiva se funda sobre el vínculo de la sangre. Aquellos que tienen una descendencia común constituyen, también con respecto al derecho, una unidad, lo cual se traduce en una tutela recíproca. [...]
En [este grupo] [...] domina esencialmente la autoridad de la costumbre: todo individuo se considera obligado a seguir el ejemplo de sus mayores. [...] las creencias de las religiones primitivas concurren a reforzar la autoridad de dichas costumbres, prohibiendo o dificultando toda innovación por el temor de una venganza o castigo de los antepasados fallecidos[55].

Más adelante[56] me extenderé sobre el funcionamiento del clan y el desarrollo de la noción de solidaridad.

Nótese que muchas veces la ley es el resultado de una ordenación de conductas que previamente se tienen, de algún modo, ya internalizadas a nivel sociológico: "La costumbre, [...] se nos aparece en el conjunto de la historia jurídica, a lo menos como una preparación indispensable para el derecho escrito"[57]. Cabe destacar, por otra parte, que "la reflexión" no deja de ser "una" reflexión, tal vez no la justa.

---

54   DEL VECCHIO, Giorgio, *Filosofía del derecho,* 9ª ed., Barcelona, Bosch, 1974, pág. 368.
55   Íd., págs. 469-470.
56   En el pto. 8.3.
57   GÉNY, François, *Método de interpretación y fuentes en derecho privado positivo,* 2ª ed., Madrid, Reus, 1925, pág. 324.

B. Las sentencias

Aunque hay algo anterior a la costumbre misma: la sentencia. Sentencias que, agrupadas, pueden formar la costumbre judicial.

> [...] en la infancia del género humano, los hombres no concebían una acción constante [...] sin la existencia de una personalidad a quien referir la acción. El viento que soplaba era una persona [...] Y la persona que dictaba las sentencias de los reyes [...] era Themis. [...]
>
> [...] no eran leyes, sino sentencias. "Zeus [...] no es un legislador, sino un juez". [...]
>
> [...] de aquí que en casos parecidos las sentencias debieron naturalmente seguirse y parecerse. Este es el germen o rudimento de la *costumbre,* concepción posterior a la de los themistas o las sentencias[58].

Así se explica el paso de las sentencias a formas más abstractas de ordenación a partir del desprestigio de la monarquía:

> [...] a medida que el carácter sagrado del monarca fue mirado con menos respeto, y que hubo hombres débiles en la serie de los reyes hereditarios, el poder real declinó y acabó por ceder el puesto al de las aristocracias. [...] la función de los reyes fue usurpada por el Consejo de jefes de que Homero habla con frecuencia[59].

---

[58]   SUMNER MAINE, Henry, *El derecho antiguo* [1893], trad. de A. Guerra, Madrid, Civitas, 1993, pág. 15. P. v. en el mismo sentido a DAVID, René, *Les grands systèmes de droit contemporains (Droit comparé),* 3ème éd., Paris, Dalloz, 1969, pág. 20.

[59]   SUMNER MAINE, *op. cit.,* pág. 18: "[...] la era histórica de las aristocracias ha sucedido a la de los reyes, si no en todo el género humano, al menos en todas las ramas de la familia indoeuropea". Íd., pág. 19.

Con esta forma de gobierno es que cobra importancia la costumbre:

> Antes de la invención de la escritura y en la infancia del arte, una aristocracia investida del poder judicial era el único medio por el que se pudieron conservar con alguna exactitud las costumbres de la raza o de la tribu. Ningún modo mejor de asegurar todo lo posible la conservación íntegra de esas costumbres que confiarlas a la memoria de una determinada parte de la comunidad[60].

La historia del derecho nos muestra que la costumbre puede también tomar la forma de derecho no escrito: "Desde que las Courts de Westminster Hall comenzaron a fundar sus sentencias sobre otras anteriores *(recorded)* escritas en sus anuarios o en otra parte, el derecho que aplicaban empezó a ser escrito"[61]. Tampoco la costumbre fue siempre la razón del pueblo: "[...] hubo pronto leyes grabadas sobre tablas y publicadas, que vinieron a reemplazar a las costumbres conservadas en la memoria de la casta oligárquica"[62].

C. Compilación de costumbres

Analizando el pasado que nos exhibe la historia del derecho, podemos captar aquello que precedió a la ley de las XII Tablas.

> Norma que primero fue transmitiéndose oralmente y que después se asentó en copiosas legislaciones que no fueron otra cosa –como lo prueba la ley de las XII Tablas– que una

---

[60]   Íd., pág. 20.
[61]   Íd., pág. 21.
[62]   Íd.

compilación de usos y costumbres practicadas hasta el momento. [...] La formación del derecho de modo consuetudinario es síntoma de los tiempos antiguos. Aparece allí donde predomina la acción espontánea de un grupo social[63].

Es característica de los pueblos antiguos la escasa población, la simplicidad de los conflictos y la rapidez en su solución, todo lo cual hace que el tiempo antiguo sea en gran medida "suficiente" como para que el lento tiempo de la costumbre despliegue su normatividad[64].

Sin embargo, como veremos en oportunidad de las revoluciones Francesa y Norteamericana, se utilizará a la ley para cambiar bruscamente el modelo exhibido por la costumbre que se quiere modificar: "En Occidente, el partido plebeyo o popular de cada Estado atacó pronto el monopolio de la oligarquía y se obtuvo un Código *en los primeros tiempos* de la historia de la República"[65].

Si bien en los inicios de la historia jurídica la costumbre monopolizó el saber depositándolo en las clases más privilegiadas, la evolución de la historia muestra cómo la ley ha suplido dicha función y puede considerársela ahora, en algunas ocasiones, como un jeroglífico al que solo pueden acceder jueces, abogados y juristas. De esta

---

[63]   FIGUEROLA, Francisco José, *Enciclopedia jurídica OMEBA,* Buenos Aires, Driskill, 1986, t. V, voz "costumbre", pág. 12. En el mismo sentido, AFTALIÓN, Enrique, VILANOVA, José y RAFFO, Julio, *Introducción al derecho,* 4ª ed., Buenos Aires, LexisNexis Abeledo-Perrot, 2004, pág. 559.

[64]   "[...] la discriminación entre fenómenos hondamente afines y que solo discrepan en su ritmo vital, procediendo la costumbre con 'cámara lenta', mientras que la revolución marcha con 'cámara acelerada', carece de todo fundamento." GOLDSCHMIDT, *Introducción...,* *op. cit.,* pág. 92.

[65]   SUMNER MAINE, *op. cit.,* pág. 23.

manera, la costumbre representaría ahora la razón del
pueblo que señalo.

En uno de los períodos en los que se divide la historia
de Roma, la costumbre cobra un notable protagonismo:

> [en el] régimen poliárquico municipal, que atribuye el poder
> a la ciudad, y su ejercicio directo, según práctica general de
> las democracias antiguas, a todos los ciudadanos por igual,
> siendo por lo mismo la fuente característica de derecho la
> costumbre, con predominio de la forma plebiscitaria, des-
> conocido el principio moderno de la representación [...][66].

Savigny señala la importancia que desempeñó el
derecho romano en los tiempos modernos a través de
su adopción consuetudinaria: "Esta adopción tuvo una
significación diversa en los diferentes pueblos de Europa,
y las modificaciones que introdujo en el dominio del
derecho debían hacerse sentir de muy diversa manera"[67].
Gény también da cuenta de ello para el caso de Francia:

> [...] la recepción de estas legislaciones [derecho romano y
> derecho canónico], extrañas al fondo jurídico nacional, se
> hizo *casi por todas partes* en forma de derecho consuetu-
> dinario y, en realidad, no era más que el resultado de un
> uso motivado por la perfección de *derecho escrito* o por
> la armonía del sentir común con el *derecho de la Iglesia*[68].

Así, "Le système de droit romano-germanique *n'a
jamais été fondé que sur une communauté de culture. Il*

---

[66]   COSTA, *op. cit.,* pág. 24.
[67]   DE SAVIGNY, Friedrich, *Sistema de derecho romano actual,* trad. de
       Jacinto Mesía y Manuel Poley, 2ª ed., Madrid, Góngora, 1878-1979,
       t. 1, pág. 107.
[68]   GÉNY, *Método...., op. cit.,* pág. 314.

[...] continué à exister, indépendamment de toute visée politique [...]"[69].

D. La costumbre en la Edad Media

Lassalle brinda un ejemplo de costumbre colectiva que se desarrollaba en la Edad Media:

> Aquello a que los nobles franceses llamaban Constitución, la norma según la cual el pueblo bajo tenía que soportar todos los tributos y las prestaciones que se le quisieran imponer, no se hallaba recogida todavía, [...] en ningún documento especial, [...] no era [...] más que la expresión pura y simple de los *factores reales de poder* que regían en la Francia medieval. Y es que en la Edad Media el pueblo bajo era, *en realidad*, tan impotente, que se le podía gravar con toda suerte de tributos y gabelas, a gusto y antojo del legislador [...] Estas *tradiciones de hecho* brindaban los llamados *precedentes*, que todavía hoy en Inglaterra, siguiendo el ejemplo universal de la Edad Media, tienen una importancia tan señalada en las cuestiones constitucionales[70].

En esta edad cobra relevancia "[...] la lucha de las costumbres locales –impuestas por la invasión de los bárbaros y mantenidas por el sistema feudal– contra el derecho escrito representado por los Códigos romanos"[71].

---

[69]   DAVID, *op. cit.*, pág. 44. "El sistema de derecho romano-germánico *nunca estuvo fundado más que sobre una comunidad de cultura.* Continuó existiendo, independientemente de toda intención política." (Trad. del autor).

[70]   LASSALLE, Fernando, *¿Qué es una constitución?*, trad. de W. Roces, Buenos Aires, Siglo veinte, 1957, pág. 72.

[71]   DEL CARRIL, Enrique, y GAGLIARDO, Mariano, "La costumbre como fuente de derecho", en AA.VV., *Las reformas civiles (dec.-ley 17711/68) anotadas,* ed. al cuidado de Atilio Alterini, en *El Derecho,* t. 56, pág. 801.

Por otra parte, cabe señalar cómo los germanos concebían el derecho: "[...] como consecuencia de la tradición y no como expresión de la voluntad del soberano"[72]. En Francia,

> [...] en el sur, en los países de "derecho escrito", se aplicaba el derecho justinianeo cuando las costumbres guardaban silencio o una interpretación estrictamente literal no ofrecía la solución del caso; en el norte, en los países del "derecho de costumbre", el derecho justinianeo se aplicaba solo como "razón escrita", o sea como un complejo de principios de justicia y racionalidad jurídica utilizable cuando la interpretación extensiva de las costumbres no daba resultado[73].

En términos generales,

> [...] el derecho medieval fue menos planificado y más librado a la ejemplaridad que el derecho antiguo, tomando en cuenta sobre todo a este en su última versión romana. El despliegue estabilizador de la planificación estaba cubierto en gran medida por la idea de un plan divino. Por otra parte, ante los límites con que tropezaba el gobierno imperial se desarrolló un relativo libre juego de la ejemplaridad autoritaria entre señores feudales y en las relaciones gremiales [...] y se dice, además, que la jurisprudencia devino por antonomasia la fuente del derecho común, pues fue ella la principal encargada de adaptar el viejo derecho a las necesidades del mundo nuevo[74].

La cuna de la valorización de la costumbre fueron las islas británicas: "En *Inglaterra* la recepción del 'Corpus Juris' no se produjo, quedando [...] notoriamente dividida la 'familia' jurídica occidental. También hubo allí

---

[72] CIURO CALDANI, *Estudios de historia del derecho,* Rosario, FIJ, 2000, pág. 87.

[73] Íd., pág. 94.

[74] Íd., pág. 98.

un 'derecho común' *('common law'),* pero este lo fue
más por su condición consuetudinaria y tuvo carácter
original e independiente de la tradición romanística
[...]"[75]. En efecto, en el origen del derecho británico "[...]
los jueces no hacían más que aplicar las costumbres
existente en la comunidad y, por lo tanto, el *'common
law'* se consideraba un derecho basado en esa fuente"[76].

E. La costumbre en la Edad Moderna

La Edad Moderna señala el predominio de las disposiciones escritas por sobre la costumbre: "La razón y la
experiencia penetraron en la economía, la organización
del Estado y el conocimiento"[77]. Lassalle se pregunta
de dónde proviene esta necesidad de elaborar constituciones escritas; a lo cual contesta que se trata de una
transformación operada en los factores de poder.

> [...] si estos factores de poder siguieran siendo los mismos,
> no tendría razón ni sentido que esa sociedad sintiera la
> necesidad viva de darse una nueva Constitución. Se aco-
> gería tranquilamente a la antigua, o, a lo sumo, recogería
> sus elementos dispersos en un documento único, en una
> única Carta constitucional[78].

En referencia al valor poder, puede señalarse que

> [...] los testimonios ideológicos de Maquiavelo y Hobbes y
> las expresiones de que pudo hacer gala Luis XIV respecto

---

[75]   Íd., pág. 96.
[76]   DEL CARRIL, y GAGLIARDO, *op. cit.,* pág. 804.
[77]   CIURO CALDANI, *Estudios..., op. cit.,* pág. 106.
[78]   LASSALLE, *op. cit.,* pág. 74.

de la identificación del Estado con su persona[79] muestran que la Modernidad fue sobre todo, principalmente en el derecho público, un ámbito de desenvolvimiento de repartos autoritarios y del *poder*[80].

Nótese que el análisis trialista opondrá al poder, fundante del reparto autoritario, la cooperación, fundante del reparto autónomo, todo lo cual generará a nivel colectivamente organizacional la planificación y la ejemplaridad, modos expresivos de los valores de previsibilidad y solidaridad[81]: "La constitución de los Estados modernos correspondió a una enérgica planificación gubernamental en marcha, sobre todo notoria en cuanto a quiénes eran los supremos repartidores [...]"[82].

Pensando en la transición hacia la próxima edad de la historia, "fuerzas vinculadas al racionalismo confluyeron al final de la Edad Moderna con el voluntarismo para adorar al *derecho positivizado* en nombre de la razón[83]."

F. La costumbre en la Edad Contemporánea. La polémica Thibaut-Savigny

En los tiempos de la Edad Contemporánea se dará el famoso debate entre la prevalencia de la costumbre o la ley. "El difícil 'diálogo' entre razón e historia es el gran tema cultural del siglo XIX en el continente."[84] Se dio con mucha fuerza en Alemania, en oportunidad de

---

[79]   "L'État c'est moi" (el Estado soy yo).
[80]   CIURO CALDANI, *Estudios..., op. cit.*, pág. 129.
[81]   V. el pto. 8.3.
[82]   CIURO CALDANI, *Estudios..., op. cit.*, pág. 129.
[83]   Íd., pág. 120.
[84]   Íd., pág. 139.

su proceso de unificación, que finalmente culminó en el año 1900[85], en que comenzó a regir el Código Civil alemán. Fue el momento en que debatieron Anton Friedrich Justus Thibaut y Friedrich Carl von Savigny. En la época precodificadora, Alemania se hallaba dividida en diferentes estados, en varios de los cuales regía el derecho romano, que era forzado a los fines de adecuarse a las nuevas instituciones alemanas[86]. A esto deben sumarse las guerras napoleónicas y las influencias racionalistas y codificadoras que venían de Francia.

Thibaut denunciaba la arbitrariedad de la existencia de diversos derechos particulares: "Todo nuestro derecho local es un inescudriñable caos de preceptos contradictorios, opuestos y abigarrados, del todo apropiados para separar a los alemanes los unos de los otros y a hacer imposible el conocimiento a fondo del derecho para los jueces y los abogados"[87]. Al hablar de las sucesiones y la partición del patrimonio hereditario, señala:

> [...] en los ducados de Schleswig y Holstein, en esta materia, existen tantos estatutos y costumbres divergentes que en Kiel se debe dictar una importante cátedra especial de esa asignatura, mientras, en cambio, el código austriaco, con su bella solidez y simplicidad, sistematiza el punto, para uso de un vasto imperio, en unos pocos artículos[88].

---

[85] "Diversas razones influyeron en que el código común no se concretara, pero producida la unificación alemana y luego de largos y profundos estudios, se dictó en 1896 el Código Civil que entró a regir en 1900 con un espíritu más respetuoso de la tradición germánica que el que hubiese tenido en la época napoleónica." Íd., pág. 161.

[86] CIURO CALDANI, *Lecciones..., op. cit.*, t. III-I, Rosario, FIJ, 1994, pág. 95.

[87] THIBAUT, y SAVIGNY, *op. cit.*, pág. 29.

[88] Id., págs. 54-55.

Difícilmente Thibaut admitiera alguna especie de valor en el caos, como actualmente ocurre. En 1814 el objetivo de la ciencia era lograr la unidad, la certeza, la ley.

> [...] los alemanes no podrán ser felices en sus relaciones civiles de otra manera que si todos los gobiernos juntan sus esfuerzos para emprender la preparación de una codificación civil dictada para toda Alemania y sustraída así a la arbitrariedad de cada gobierno particular[89].

Savigny tendrá otra visión sobre el tema, en tanto, consciente de la diversidad de los derechos de la Alemania de su tiempo, podrá ver, no obstante, un elemento común: la *unitas multiplex* que señala Morin[90].

> [...] el derecho civil en Alemania en una época no muy lejana: había [...] gran complicación y grandes diferencias entre los varios países, pero al propio tiempo un derecho común, elemento uniforme, bajo el cual desaparecían las numerosas variedades locales, y que recordaba de un modo incesante a todas las razas germanas su indestructible unidad[91].

En efecto, al comentar una sentencia de un tribunal francés en relación con el Código Napoleón, señala: "[...] dejar en vigor, como regla general, los diferentes derechos hasta ahora dominantes, e introducir solo acerca de determinados puntos un nuevo derecho uniforme para toda la Francia: lo cual vale tanto como no

---

[89]   Íd., pág. 28; v. tb. págs. 25 y 37.

[90]   V. el pto. 4.A.

[91]   SAVIGNY, *De la vocación de nuestro siglo para la legislación y la ciencia del derecho,* trad. de Adolfo Posada, Buenos Aires, Atalaya, 1946, pág. 74.

hacer Código verdadero. Esta es la idea del tribunal de
Montpellier [...]"[92].

En efecto, en la época de incertidumbre y de falta de derechos nacionales de los siglos XII y XIII, las
universidades cobran gran importancia, a partir de un
elemento en común, base de la juridicidad: el derecho
romano: "[...] c'est précisément pour s'élever au-dessus
de ce droit local, pour sortir d'un droit positif arriéré
que la renaissance des études de droit s'est produite et
que l'on a réinventé l'idée de Droit"[93]. El prestigio del
derecho romano era notable:

> Droit facile à connaître : les compilations de Justinien en
> exposaient les règles, dans la langue que l'Église avait con-
> servée et vulgarisée, et qui était celle de toutes les Chance-
> lleries et de tous les savants : le latin. Le droit romain avait
> été celui d'une civilisation brillante, qui s'était étendue de
> la Méditerranée jusqu'à la mer du Nord, de Byzance à la
> Bretagne, et qui évoquait dans l'âme des contemporains,
> avec nostalgie, l'unité perdue de la Chrétienté[94].

Contrariamente, Thibaut denunciaba que el derecho
romano no se adecuaba a la idiosincrasia del pueblo

---

[92] Íd., págs. 105-106.
[93] DAVID, *op. cit.*, pág. 46: "Es precisamente para elevarse por encima
de ese derecho local, para salir de un derecho positivo anticuado
que el renacimiento de los estudios de derecho se produjo y que
se ha reinventado la idea de Derecho". (Trad. del autor).
[94] Íd. "Derecho fácil de conocer: las compilaciones de Justiniano
expresaban sus reglas en la lengua que la Iglesia había conservado
y vulgarizado, y que era la de todos los cancilleres y de todos los
sabios: el latín. El derecho romano había sido el de una civilización
brillante, que se había extendido desde el Mediterráneo hasta el Mar
del Norte, de Bizancio a la Bretaña, y que evocaba en las almas de
los contemporáneos, con nostalgia, la unidad perdida de la Cris-
tiandad". (Trad. del autor).

alemán: "[...] nosotros no poseemos las ideas del pueblo romano, las que debían facilitarles enormemente la comprensión de lo que para nosotros es un enigma [...]"[95]. Concordantemente sostenía: "[...] como si los clásicos del derecho romano se hubiesen preocupado de dar una contestación a los problemas de los ciudadanos alemanes"[96]. Con respecto al contenido del derecho romano, y confrontando su espíritu con el del pueblo alemán, señala el jurista alemán:

> El sentir alemán ha tendido siempre hacia lo firme, lo moderado y lo simple, hacia relaciones equitativas, morales y hogareñas, igualdad de los sexos, tratamiento benevolente y respetuoso de las mujeres, especialmente de las madres y de las viudas [...].
>
> [...] el espíritu de los romanos [...] se explica [...] refiriéndolo [...] a la arrogancia, la soberbia y el egoísmo de una república militarista y a la dureza y la pedantería militar. De ahí aquel inaudito despotismo del *pater familias,* [...] la rígida postergación de las mujeres en la sucesión, la casi absoluta falta de contralor oficial en la tutela y la incontenible tendencia a revestir todos los negocios de fórmulas rigurosas y a comprimir de todos lados los contratos [...][97].

---

[95]   THIBAUT, y SAVIGNY, *op. cit.,* pág. 30.

[96]   Íd., pág. 32.

[97]   Íd., págs. 32-33. En el mismo sentido p. v. a COSSIO, Carlos, *La función social de las escuelas de abogacía,* 3ª ed., Buenos Aires, Fac. de Derecho y Cs. Sociales de la Univ. de Buenos Aires, 1947, pág. 119. "[...] por referirse a un régimen jurídico del más acentuado individualismo cuya influencia artificial no hará otra cosa que poner obstáculos a la aparición de las instituciones que reclama la vida moderna. Piénsese en la teoría romanista de la culpa y en cómo ella ha trabado la concepción y el desarrollo de los nuevos tipos de contrato que ha determinado la estructura social contemporánea. O piénsese lo que ha sufrido y demorado la configuración jurídica de la relación del trabajo por el empeño de los juristas de ubicarla en las categorías clásicas de la locación de obra y de servicio. [...] la opinión conservadora o reaccionaria que se opuso a la sanción de

Con respecto a esto, Savigny dirá que no cabe un acatamiento ciego del derecho romano, sino que corresponde "[...] encontrar hasta en su raíz la doctrina toda del pasado, [...] descubrir el principio orgánico, de manera que cuanto haya vivo se separe de las partes muertas ya, las cuales quedarán como meros objetos del dominio de la historia"[98].

Producto de su pensamiento racionalista, Thibaut señala la necesidad de "[...] una legislación [...] con carácter universal y abstracto [...]"[99]. Proponía leyes iguales para lograr costumbres iguales, ya que "[...] semejante igualdad ha tenido siempre un efecto mágico sobre el amor y la lealtad de los pueblos"[100]. Además puede verse en sus ideas un menosprecio de la historia y un afán de progreso que proyecta energías al futuro: "Si nosotros tuviésemos un propio Código simple, entonces el tiempo que ahora se dedica a disquisiciones históricas cansadoras y mortíferas se dedicaría a una verdadera historia viva del derecho"[101].

Al contrario, Savigny valorará el pasado, la historia: "[...] la tendencia de las ideas, las cuestiones y los problemas se hallan siempre determinados mediante el estado precedente, pudiendo verse claro el dominio del pasado sobre el presente, con solo compararlos entre sí de un modo reflexivo y en serio"[102]. En el mismo sentido señala: "[...] solo por tal medio [la historia] podrá

---

leyes como la de Accidentes del Trabajo, sacó del arsenal romanista sus cartuchos más refinados y sutiles."

[98] SAVIGNY, *De la vocación..., op. cit.*, pág. 134.
[99] THIBAUT, y SAVIGNY, *op. cit.*, pág. 43.
[100] Íd., pág. 42.
[101] Íd., pág. 41.
[102] SAVIGNY, *De la vocación..., op. cit.*, págs. 130-131.

completar sus conocimientos y solo así evitará andar errante y sin rumbo fijo [...]"[103].

Es curioso cómo Thibaut señala un ángulo poco visto a la hora de hablar del respeto a la tradición, en tanto más que desconocerla, deja de proyectarla como influencia del pasado hacia el presente y la ve más como influencia del presente al futuro: "[...] todo honesto ciudadano se siente inclinado a sufrir y obrar lealmente, para poder al menos dejar a los descendientes una buena herencia"[104].

Otra de las causas del desprecio por la costumbre fue de tipo formalista, ya que "la costumbre no es bien vista porque se perfila como una suerte de competencia rival frente a la potestad legisferante oficial"[105].

Thibaut mencionaba que era indispensable contar con una legislación que presentara sus preceptos de manera clara, inequívoca y exhaustiva[106]. Una de las críticas que se le realizan a Savigny es precisamente la que señala Thibaut en el sentido de menospreciar al valor, producto de su énfasis puesto en la historia: "Con las sabias doctrinas que seguimos teniendo hasta hoy, nos hemos sumergido cada día más en la filología y en la historia, pero en esta afanosa actividad se ha ido entorpeciendo cada vez más la sensibilidad por lo justo y por lo injusto, por las necesidades del pueblo, por una más digna simplicidad y rigor de las leyes[107]."

---

[103]   Íd., pág. 136.
[104]   THIBAUT, y SAVIGNY, *op. cit.,* pág. 56.
[105]   SAGÜÉS, Néstor Pedro, *Elementos de derecho constitucional,* 3ª ed., t. 1, Buenos Aires, Astrea, 1999, pág. 160.
[106]   THIBAUT, y SAVIGNY, *op. cit.,* pág. 28. V. tb. a CIURO CALDANI, *Lecciones...*, *op. cit.*, t. III-I, pág. 96.
[107]   THIBAUT, y SAVIGNY, *op. cit.,* pág. 36.

La consecuencia de este historicismo romántico era la negación del derecho natural y un positivismo jurídico *sui generis:* no era la legislación, sino las costumbres y tradiciones de los pueblos, la fuente primaria del derecho, en cuanto que en ellas se manifiesta la conciencia jurídica del mismo. En la práctica, sin embargo, no negaban las normas del derecho natural que veían reflejadas en la tradición histórica[108].

Señala Fassò lo que el historicismo comparte con Hegel: "El derecho es al mismo tiempo natural y positivo, no siendo racional si no es contemporáneamente real. Como no se da en ella [su doctrina], [...] un ideal de Estado perfecto, constituyendo el Estado siempre lo que la historia, en su racionalidad, exige que sea"[109]. Por ello el trialismo, como teoría tridimensional, no sostiene que el derecho es únicamente costumbre, sino que agrega a esta la normatividad y el valor que reclamaba Thibaut.

Negará Savigny la oportunidad de la codificación, ya que "[...] cuanto más desiguales e importantes llegan a ser estos desenvolvimientos, mientras más conocimientos y ocupaciones aíslan a los individuos y las diferentes condiciones, tanto más difícilmente se desenvuelve el derecho, que tiene su fuente en el espíritu general de la nación [...]"[110].

No era casual que Thibaut pregonara la necesidad de la codificación, que otorga seguridad a aquellos que logran poner en palabras sus intereses a través de dicha

---

[108] URDANOZ, Teófilo, *Historia de la filosofía,* t. IV: *Siglo XIX: Kant, idealismo y espiritualismo,* Madrid, Biblioteca de Autores Cristianos, 1975, pág. 283.

[109] FASSÒ, Guido, *Historia de la filosofía del derecho,* trad. de José F. Lorca Navarrete, 3ª ed., Madrid, Pirámide, 1983, t. 3 (siglos XIX y XX), pág. 82.

[110] SAVIGNY, *Sistema..., op. cit.,* pág. 71.

codificación. "Thibaut fue un representante universitario del nacionalismo liberal."[111]

Savigny contestó a la pretensión de Thibaut con su obra *De la vocación de nuestro siglo para la legislación y la ciencia del derecho*, en donde manifiesta que no era la época para codificar y que la fuente del derecho no podía reducirse a la ley, sino que había otra más perfecta que era la "ciencia" del derecho[112]. Allí se encontraba el derecho romano que, si bien ya no era derecho positivo al haber caído el imperio, era el que más se estudiaba en las facultades y el que mayor rigor tenía por el arte de calcular los conceptos de sus juristas[113]. Es interesante resaltar que un tribunal argentino ha hecho aplicación de esta doctrina sosteniendo que

> [...] las costumbres son medios de expresión del derecho tan válidos como la ley escrita; el jurista o el juez no pueden prescindir de sus dictados, pues hacerlo importaría tener una visión o hacer una aplicación cercenada del derecho. *No obsta con lo expuesto el art. 17 del Cód. Civil, porque pertenece a la ciencia del derecho y no al legislador definir qué es derecho y qué no lo es* [...][114].

---

[111]   CIURO CALDANI, "Análisis de los elementos materiales de la controversia Thibaut-Savigny y valoración de sus posiciones", en *Dos estudios tridimensionalistas*, Rosario, 1967, pág. 11.

[112]   V. tb. SAVIGNY, *Sistema...*, op. cit., pág. 100.

[113]   HATTENHAUER, Hans, *Los fundamentos histórico-ideológicos del derecho alemán (entre la jerarquía y la democracia)*, 2ª ed., trad. de Miguel Izquierdo Macias-Picavea, Madrid, Edersa, 1981, págs. 98-99.

[114]   V. a LLAMBÍAS, Jorge Joaquín, *Tratado de derecho civil. Parte general*, 17a ed., actualizada por Patricio Raffo Benegas, t. 1, Buenos Aires, Perrot, 1997, págs. 63 y 68. Cám. Nac. Civil, Sala A, "L.L.", 116-454. V. tb. a RICHARD, Efraín, y ROMERO, José, "Los usos y costumbres en perspectiva actual", en http://argentina.lexisnexis.com.ar/ar/lpext. dll?f=templates&fn=altmain-hit-h.htm&vid=3&2.0 (27.8.2004). El resaltado me pertenece.

Lo importante es "[...] no atribuir al Estado una influencia exagerada y exclusiva sobre toda clase de relaciones"[115].

No era casual entonces que en Alemania hubiera pensadores como Savigny, ya que el movimiento romántico tuvo su centro de gravedad en aquella nación y él consideraba que el derecho era una manifestación del pueblo, y como tal, de un pueblo determinado, es decir, configurado por su historia, su clima, su territorio, sus costumbres, su organización económica, etc.: "[...] el derecho vive en el común conocimiento del pueblo [...]"[116]. Así,

> [...] al comenzarse la historia fundada en documentos, se encuentra en todos los pueblos un derecho positivo ya existente, cuyo origen se remonta más allá de los tiempos históricos. [...] Citaré [...] el sentimiento de necesidad que acompaña a sus manifestaciones [...] consignaré además, la analogía que presentan muchos elementos característicos de cada pueblo, los usos de la vida común, y, sobre todo, la lengua, cuyo origen se oculta más allá de los tiempos históricos. [...] El derecho que vive en la conciencia del pueblo, no es un conjunto compuesto de reglas abstractas; es percibido en la realidad de su conjunto [...][117].

Además, "[...] el derecho romántico era una manifestación vital del pueblo. Cada pueblo tenía su propio derecho, conforme a su exclusiva forma de ser"[118]. Decía Savigny: "En este conjunto real, es donde tiene su origen el derecho [...]"[119]. No nos asombrará entonces que el

---

[115] SAVIGNY, *Sistema...*, *op. cit.*, pág. 75.
[116] SAVIGNY, *De la vocación...*, *op. cit.*, pág. 46.
[117] SAVIGNY, *Sistema...*, *op. cit.*, pág. 70.
[118] HATTENHAUER, *op. cit.*, pág. 79.
[119] SAVIGNY, *Sistema...*, *op. cit.*, pág. 72.

trialismo brinde un espacio relevante a la dimensión social en el derecho: "[...] el derecho se crea primero por las costumbres y las creencias populares, y luego por la jurisprudencia; siempre, por lo tanto, en virtud de una fuerza interior, y tácitamente activa, jamás en virtud del arbitrio de ningún legislador"[120].

Era natural que renegara del abstraccionismo de la legislación y de los peligros de la racionalización: "Mientras no conozcamos nuestra individual relación con el mundo todo y con su historia, por necesidad debemos ver nuestras ideas bajo un falso aspecto de universalidad y de espontaneidad. El único remedio contra esta ilusión engañosa es el espíritu histórico [...]"[121]. La polémica entre estos dos grandes juristas muestra la importancia de la historicidad de un pueblo para la configuración de su derecho, pero también el contenido de dicha historia, el cual deberá valorarse, ya que el derecho romano tenía las desventajas que señalan Thibaut y Cossio.

Dalmacio Vélez Sársfield, el autor de nuestro Código Civil, recibió la influencia del Código Civil francés y, por ende, su temor por la costumbre, ya que en esa época la luz de la razón brillaba con mucha intensidad opacando todo lo que no derivara de ella, más precisamente de la razón del legislador[122]:

---

[120] SAVIGNY, *De la vocación...*, *op. cit.*, pág. 48.
[121] Íd., pág. 132.
[122] "Con motivo de esa coincidencia momentánea de lo que se consideraba justo con lo dispuesto en la ley (coincidencia del derecho natural y el derecho positivo), y ante el temor de que las fuerzas sociales en libertad pudieran volver a soluciones del 'Antiguo Régimen', el movimiento ideológico encabezado por la codificación civil, constituido como 'escuela de la exégesis' (Delvincourt, Proudhon, Duranton, Aubry y Rau, Marcadé, Laurent, Troplong, etc.)

En la nota que Vélez [...] escribe al art. [...] [17] hace valer la opinión de la Novísima recopilación que no admite expresamente la costumbre y deroga lo establecido por las leyes romanas. La época de la sanción de nuestro Código (1870) [sic] fue justamente aquella en que se atacó más el principio de que la costumbre hace ley. Se estaba en el auge liberal en donde predominaba [...] la codificación [...] y en lo político, el Estado moderno. Es ese Estado, por intermedio del Poder Legislador, el que dictará la ley. No será iniciativa de los individuos que conforman el todo social, puesto que "el pueblo no delibera ni gobierna [...][123].

La codificación tiene una desventaja, que marcaría Savigny:

[...] ofrecen [se refiere a las leyes] el grave inconveniente de fosilizar las reglas vivas y de entorpecer su desarrollo. Estos escollos se acentúan con la codificación, en que la rigidez de las normas no solo puede llegar a romper el contacto con el espíritu popular, sino también a derivar en otras normas artificiales, que nada tienen en común con el alma colectiva real[124].

Esta fosilización no se dará si consideramos al derecho como un sistema complejo, abierto en este sentido al "desorden" constituido por la costumbre como otra fuente jurígena, otro aspecto de él, con el cual deberá

---

pudo afirmar que el derecho estaba 'hecho' y era la ley misma. El monopolio estatal del derecho, que había venido preparándose en la Edad Moderna, alcanzó así, en la Edad Contemporánea, su máxima expresión." CIURO CALDANI, *Estudios...*, *op. cit.*, pág. 160.

[123]   FIGUEROLA, *op. cit.*, págs. 16-17. V. en este sentido el art. 22 de la CN.

[124]   ADIP, Amado, *Conflicto entre ley y costumbre*, Buenos Aires, Marisol, 1967, pág. 51.

convivir en equilibrio, en un juego de orden-desorden-orden[125]. "Una multitud de cosas queda entonces necesariamente abandonada al imperio del uso, a la discusión de los hombres instruidos, al arbitrio de los jueces."[126]

G. La costumbre en la Posmodernidad

La Posmodernidad reclamará una velocidad en la toma de decisiones, muy difícil de compatibilizar con los trámites de un Parlamento. Esto haría pensar también en la dificultad de la costumbre para encontrar abrigo en estos tiempos.

En países que han vivido situaciones de emergencia como el nuestro (de tipo económico, financiero, con estados de sitio, intervenciones federales, cesación de pagos en la deuda externa y quizá también "interna", el fenómeno de la inflación, con todo lo que ello implica –conflictos de precios, salarios, en los que la participación y el debate son bloqueados–) no hay tiempo para la costumbre[127]. Ni siquiera tampoco lo hay para la ley, cuyo procedimiento de sanción por el Congreso

---

[125] "La actual tendencia a la descodificación y a atenuar la generalidad de las normas está significativamente vinculada a la crisis de la aristocracia jurídica atribuida al legislador." CIURO CALDANI, "Integración trialista de la aristocracia y la democracia", en *El Derecho*, t. 147, pág. 901.

[126] PORTALIS, Jean-Étienne-Marie, *Discurso preliminar. Código Civil Francés*, trad. de Silvia de la Canal, Buenos Aires, Fac. de Derecho UBA y La Ley, 2004, pág. 6.

[127] "En la vida de las sociedades modernas, por su mayor complejidad, la mayor extensión del núcleo humano, y la multiplicación de las relaciones sociales, el porcentaje relativo de respuestas elaboradas por la costumbre, disminuye, y los hombres se ven obligados a inspirarse en otras fuentes para actuar de manera objetiva, comprensible,

bicameral puede conspirar contra los veloces y economicistas lineamientos de la era de la mundialización[128]
y la informática, en suma, contra la Posmodernidad.

Creo que esta aceleración de los tiempos no cons-
pirará contra la espontaneidad de la costumbre, a pesar
de lo que dice Cueto Rúa, quien explica históricamente
la razón por la que se ve la poca intervención de la costumbre como fuente.

> La razón de su preeminencia [se refiere a la legislación y la
> jurisprudencia] no se encuentra tanto en la inherente bondad
> que pueda haber en el hecho de que sean los "representan-
> tes" del pueblo quienes establecen las normas obligatorias
> de conducta, o los jueces quienes las determinan mediante
> el ejercicio de sus potestades jurisdiccionales, cuanto en el
> hecho de que la costumbre es una técnica inadecuada, por
> su lentitud, para fijar los cánones del comportamiento en
> las dinámicas sociedades modernas[129].

Si esta afirmación tenía sentido en la época de redacción de las *Fuentes...*, que data de 1960, imagínese
el lector la fuerza de la afirmación en pleno apogeo de
la Posmodernidad.

> Una mirada "realista" a este escenario social de fines del
> siglo XX nos sitúa en tiempos [de] la pleitesía a las leyes
> del mercado, la hegemonía de las doctrinas pragmáticas y

---

respecto de los demás integrantes del núcleo social." CUETO RÚA,
Fuentes..., *op. cit.*, pág. 91.

[128] Sobre el tema p. v. a CIURO CALDANI, "Comprensión filosófica
de la ciudad, sus conflictos y esperanzas (la ciudad en tiempos de
la globalización y la marginación)", en *Investigación...*, núm. 29,
Rosario, FIJ, 1997, págs. 13-16; "La globalización/marginación y el
replanteo de los tipos legales y los puntos de conexión del derecho
internacional privado", en *Investigación...*, núm. 35, Rosario, FIJ,
2002, págs. 15-27.

[129] CUETO RÚA, *Fuentes...*, *op. cit.*, pág. 110.

economicistas y el culto a un progreso identificado con el desarrollo económico, el bienestar material, la abundancia de los productos de consumo y la competitividad en los mercados internacionales[130].

Sin embargo, por el carácter flexible de la costumbre y, tal como lo señalo más adelante[131], por su propia evolución, también puede variar el tiempo requerido para que la regla social adquiera el estado de costumbre[132]. Creo que las conductas logradas por los profesionales jurídicos siempre formarán un orden al seguir una línea de conducta, y esta puede analizarse con el correr del tiempo, incluso con una perspectiva microhistórica. Las decisiones pueden ser más rápidas que en otros tiempos, pero siempre cabrá el análisis, es decir, la reflexión sobre lo que constituya una costumbre. También variará la velocidad en que se lleva a cabo dicho análisis, aumentando si tiene que aumentar; pero lo importante, más allá de la velocidad de las conductas, es tener en cuenta la invariabilidad del carácter paraestatal de la costumbre[133] y su relativa espontaneidad.

---

[130]   KAPLÚN, Mario, "Del educando oyente al educando hablante. Perspectivas de la comunicación educativa en tiempos de eclipse", Federación Latinoamericana de Facultades de Comunicación, en http://www.felafacs.org/dialogos/pdf37/2Kaplun.pdf (21.2.2002).

[131]   V. el pto. 8.1.C.

[132]   La propia costumbre configura los requisitos que tiene que cumplir la costumbre para ser tal: "[...] la costumbre jurídica consiste en un caso de producción de normas calificada como tal por una costumbre jurídica." CANALE, Damiano, "Paradojas de la costumbre jurídica", en *Doxa: Cuadernos de Filosofía del Derecho*, núm. 32, Alicante, Centro de Estudios Políticos y Constitucionales, Univ. de Alicante, 2009, pág. 225.

[133]   V. en este sentido GORDILLO, Agustín, *La administración paralela. El parasistema jurídico-administrativo*, Madrid, Civitas, 1982.

Las constantes innovaciones científicas producen en el mundo jurídico carencias históricas, lagunas normativas, en donde cobra importancia la regulación espontánea, no oficial:

> [...] la crise des notions juridiques traditionnelles, consubstantielles de la modernité, [...] la crise de la figure de l'État ; l'émergence et la prise en considération par le droit, [...] ou par la science du droit, de nouvelles donnes liées à l'innovation technologique (par exemple : internet, biotechnologies, etc.), au changements sociaux (par exemple : mouvements migratoires, société de services, etc.), et aux évolutions idéologiques (hégémonie libéral-économique, protection environnementale, assouplissement du contrôle moral sur les choix de vie[134], etc.)[135].

De esta manera se ve que la costumbre es un fenómeno ínsito al desarrollo del derecho, una expresión ordenadora de la cual el jurista no puede sustraerse.

Se creía que la ley había triunfado y podían percibirse frases como esta:

---

[134] La noción de sexo ya no es más "simplemente" limitada al aspecto biológico.

[135] MILLARD, Eric, "Eléments pour une approche analytique de la complexité", en AA.VV., *Droit et complexité,* édité par Mathieu Doat, Jacques Le Goff et Philippe Pédrot, Presses Universitaires de Rennes, 2007. "La crisis de las nociones jurídicas tradicionales, consustanciales a la Modernidad, la crisis de la figura del Estado, la emergencia y la toma de consideración por el derecho o por la ciencia del derecho de los nuevos vínculos con la innovación tecnológica (por ejemplo, internet, las biotecnologías, etc.), con los cambios sociales (por ejemplo, movimientos migratorios, sociedad de servicios, etc.), y con las evoluciones ideológicas (hegemonía económico-liberal, protección ambiental, flexibilidad del control moral sobre las elecciones de vida, etc.)." (Trad. del autor).

Con la creciente complejidad de la vida moderna, la aceleración del "tiempo" vital, la fluidez de las relaciones humanas,
la inestabilidad de las valoraciones, la modificación repen-
tina en las condiciones materiales de vida por los grandes
descubrimientos tecnológicos, y la continua expansión del
ámbito geográfico y personal de los núcleos sociales, muchas relaciones humanas no encuentran disponibles en su
medio ambiente moldes o formas de conducta adecuados
a la nueva situación. Surge así la posibilidad del malenten-
dido y el desorden. Para evitarlos, el legislador habla y fija el
sentido, estatuyendo cómo se debe proceder en las nuevas
circunstancias. La ley ha ganado una enorme influencia en
los últimos dos siglos y ha ido conquistando a pueblos tan
apegados a sus tradiciones como el inglés, cuyo parlamento
despliega una actividad cada vez mayor[136].

Sin duda estas líneas pueden expresar el sentir de
los países desarrollados, que por la escasa conflictividad
de sus miembros, debido a la satisfacción económica de
sus intereses, despliegan conductas afines a los tiempos
y las exigencias que reclama la ley. También Gény explica la primacía de la ley en la Edad Moderna: "[...] la
costumbre [...] que supone un sentido jurídico común
no puede nacer y prosperar más que en grupos muy
coherentes, cerrados a las influencias externas, hallando
en su misma homogeneidad los elementos de este sentir
común que impone a todos sus decisiones"[137].

De allí que el "protagonista" por excelencia ha sido
en Argentina el Decreto de Necesidad y Urgencia (DNU),
que precisamente surgió como una costumbre constitucional que contrariaba al texto de la Carta fundamental.
Ya que los constituyentes históricos previeron un Estado

---

[136]   CUETO RÚA, *Fuentes...*, *op. cit.*, pág. 37. En el mismo sentido, p. v.
a GÉNY, *Método...*, *op. cit.*, págs. 315-316.

[137]   Íd., pág. 316.

dividido en departamentos con funciones distintas y separadas para cada uno de ellos. No obstante lo cual, desde su convalidación en el caso "Peralta, Luis y otro c. Estado Nacional"[138], la fuerza del decreto de sustancia legislativa no ha podido detenerse. El dictado de dichos decretos ha sido considerado operativo en el caso "Aeropuertos"[139], en donde se consideró que lo contrario supeditaría la emisión de los DNU al accionar del Congreso, violándose una facultad reconocida al presidente, no reparando los constituyentes de 1994 en la enorme fuerza fáctica que ya tenían dichos DNU, frente a lo cual, su incorporación al texto constitucional no haría más que revitalizarlos. En este sentido, debieron haberse empleado fórmulas muy estrictas y con plazos perentorios. Hay que sumar también la escasa materia vedada[140]. Por ejemplo, no están incluidas las materias previsional, civil, comercial, de recursos naturales.

Tan imparable es su fuerza que la Comisión Bicameral Permanente prevista en el art. 99, inc. 3º[141] de la Constitución federal, no parece lograr finalmente

---

[138]   P. v. en *La Ley*, 1991-C, pág. 158 y ss.

[139]   "Rodríguez, Jorge en: Nieva, Alejandro y otros c. Poder Ejecutivo Nacional", del 17-12-1997, publicado en *La Ley*, 1997-F, pág. 879 y ss.

[140]   "El Poder Ejecutivo no podrá en ningún caso bajo pena de nulidad absoluta e insanable, emitir disposiciones de carácter legislativo. Solamente cuando circunstancias excepcionales hicieran imposible seguir los trámites ordinarios previstos por esta Constitución para la sanción de las leyes, y no se trate de normas que regulen materia penal, tributaria, electoral o el régimen de los partidos políticos, podrá dictar decretos por razones de necesidad y urgencia, los que serán decididos en acuerdo general de ministros que deberán refrendarlos, conjuntamente con el jefe de gabinete de ministros". Art. 99, inc. 3º, 2º y 3º párrafos, de la CN.

[141]   "3. Participa de la formación de las leyes con arreglo a la Constitución, las promulga y hace publicar. [...]

cumplir con el cometido del control. A esto hay que sumar que la ley 26122, que reglamenta dicha comisión y el proceso de control de los DNU, ha sido fuertemente criticada por su escasa virtualidad controladora. Si bien se establecen plazos, puede ocurrir que el decreto siga vigente a pesar de que ni la Comisión ni el Congreso lo hayan tratado (arts. 17, 18 y 20). Además, solo se admite el rechazo del decreto ante la negativa de las dos cámaras del Congreso (art. 24), lo cual es un pleonasmo, ya que se sobreentiende que si el Congreso puede derogar leyes, mucho más puede hacer lo mismo con un decreto emitido por quien, por principio, no tiene la facultad de legislar (art. 99, inc. 3°, 2° párr. CN.). Nótese que en el año 2000, cuando Cristina Fernández de Kirchner no era senadora oficialista ni presidenta, había propuesto[142] que el decreto pierda validez por no enviárselo al Congreso (arts. 8 y 20), o si este no lo trata (art. 24)[143]. El mismo efecto tenía si ambas cámaras se

---

El jefe de gabinete de ministros personalmente y dentro de los diez días someterá la medida a consideración de la *Comisión Bicameral Permanente,* cuya composición deberá respetar la proporción de las representaciones políticas de cada Cámara. Esta comisión elevará su despacho en un plazo de diez días al plenario de cada Cámara para su expreso tratamiento, el que de inmediato considerarán las Cámaras. *Una ley especial sancionada con la mayoría absoluta de la totalidad de los miembros de cada Cámara regulará el trámite y los alcances de la intervención del Congreso."* La cursiva es mía.

[142] Sobre el tema p. v. http://www.terragno.org.ar/vernota.php?id_nota=768 (18.10.2007). El proyecto de Terragno que dice reproducir el de la exsenadora se encuentra en http://www.senado.gov.ar/web/proyectos/verExpe.php?origen=S&tipo=PL&numexp=712/06&nro_comision=&tConsulta=3 (1.4.2008).

[143] "En los países cuyos jefes de gobierno tienen la atribución de dictar DNU (por ejemplo, Italia, España y Brasil) se estableció expresamente que, una vez que el Poder Ejecutivo dicta esa norma, el Congreso o el Parlamento tiene un plazo máximo de 30 o 60 días –según el país–

pronunciaban contradictoriamente (art. 4). Se reconocía así la pauta constitucional del art. 82, que establece que el Congreso no realiza manifestaciones tácitas, que en el caso se traduce en la no aprobación del decreto por su mero silencio. Y ante la pérdida de validez tampoco se reconocerían los derechos "adquiridos" durante su vigencia (arts. 8 y 24).

Si bien es opinable, se establece por la ley que en caso de que el jefe de Gabinete de Ministros no envíe el decreto a la Comisión, esta se abocará de oficio (art. 18). Lo propio se establece para el tratamiento por las cámaras del Congreso en caso de que la Comisión no lo envíe (art. 20). También pudo establecerse que el decreto carezca de validez en cualquiera de los casos mencionados. El pensamiento que inspira a estas disposiciones no se condice con el principio general de falta de validez del DNU que establece como regla la Constitución: "El Poder Ejecutivo no podrá en ningún caso bajo pena de nulidad absoluta e insanable, emitir disposiciones de carácter legislativo"[144]. El espíritu o la

---

para aprobarlo o para desecharlo. Si no se expide, el DNU pierde vigencia y se vuelve inaplicable." VENTURA, Adrián, "Decretos, con uso y abuso presidencial", en *La Nación*, del 21.6.2006, en http://buscador. lanacion.com.ar/Nota.asp?nota_id=816540&high=decretos%20 urgencia (21.6.2006).

[144] El proyecto de la exsenadora Fernández de Kirchner, cuyos fundamentos hace suyos el senador Terragno, sostenía dicho principio. Dice el art. 1: "La presente ley tiene por objeto reglamentar el trámite y los alcances de la intervención del Congreso Nacional en relación a la facultad excepcional del Poder Ejecutivo para dictar decretos de necesidad y urgencia [...]." Expte. 6876-D-00, H. Cámara de Diputados de la Nación, Sec. Parlamentaria, Dirección de Información Parlamentaria, en www.hcdn.gov.ar (10.5.2010). Cfr. tb. el art. 2. También p. v. en los fundamentos del proyecto de la exsenadora: "Como principio general y rector del texto normativo, se establece la prohibición para el Poder Ejecutivo de emitir disposiciones de

voluntad de quienes idearon la ley 26122 es que el DNU conserve su validez casi a toda costa. En efecto, así como los jueces confían en ellos mismos y en sus resoluciones intervencionistas, generando productos como las medidas para mejor proveer, la carga probatoria dinámica y las medidas autosatisfactivas, lo mismo ocurre con el presidente, que confía en sí mismo, es decir, en la legitimidad de sus decretos. No obstante, ya Montesquieu previno acerca de la posibilidad del abuso del poder[145].

Además, si de algo sirve un principio es precisamente para aportar soluciones ante casos no previstos, ante dudas de interpretación, o como pauta que inspire la elaboración de las normas[146]. Este principio de validez casi absoluta se ve también en la disposición que establece que ante la derogación del DNU por el Congreso, es decir, ante el desacuerdo de sus dos cámaras, se conservarán sin embargos los derechos que se hubiesen adquirido a su amparo (art. 24). Nótese que en el año 2000, la exsenadora Fernández de Kirchner sostenía que la disposición constitucional sobre decretos delegados del segundo párrafo del art. 76, que establece que la caducidad de ellos no implicará la revisión de las relaciones jurídicas nacidas a su amparo, no puede trasladarse a la situación de los DNU, ya que en aquel caso se está frente a una autorización ya realizada al Presidente para que legisle. Al haber autorización del Congreso, se sabe por el particular que el presidente está facultado y entonces hay mandato válido. En el caso del DNU, se justifica que no se pueda alegar la "adquisición de derechos", ya que

---

carácter legislativo." Íd. Al final señala: "[...] circunscribir el instituto a su real rol excepcional [...]." Ibídem.
[145]   V. el pto. 4.A.
[146]   En el mismo sentido v. VENTURA, *op. cit.*

no hay mandato y por ende la gestión de oficio puede no ser ratificada. Ergo, el particular asume el riesgo y no puede alegar entonces frustración de derecho alguno. Los fundamentos que expone la exsenadora son claros en este sentido:

> Mientras en el caso de legislación delegada existe una manifestación legislativa autorizando al Poder Ejecutivo a legislar sobre una determinada materia, ello no sucede en el caso de los decretos de necesidad y urgencia. En el primer caso, un particular podría llegar a creer que contrata con un mandatario con representación suficiente y que expresa la voluntad del mandante. [...] en los casos de decretos de necesidad y urgencia [...] el Poder Ejecutivo como el particular, saben que se ha sorteado la voluntad del mandante, que se ha contratado con un simple gestor oficioso, y que existe la posibilidad cierta de que la gestión no sea ratificada. Quien contrata en tales condiciones sabe que lo hace a su riesgo y debe asumirlo y afrontar las consecuencias de ese riesgo. En caso contrario, resultará fácil violentar el mecanismo constitucional y contratar rápidamente, a sabiendas que, con el hecho consumado, el rechazo del decreto resultará inoficioso, toda vez que sus efectos se mantendrán incólumes[147].

Valga como dato a tener en cuenta que aquello que hizo que prevalezca el decreto como fuente primordial en estos tiempos es la fuerza de la costumbre, en este caso del Poder Ejecutivo. Dice Quiroga Lavié: "[...] el decreto de necesidad y urgencia es un instrumento de gobernabilidad, y [...] esta es la *ley suprema* de la tierra para cualquier pueblo"[148].

El avance del DNU, sobre todo en épocas de crisis, y el retroceso del Congreso llevan a una doble crítica.

---

[147] Expte. 6876-D-00, *op. cit.*
[148] *Constitución de la Nación argentina comentada,* 4ª ed., Buenos Aires, Zavalía, 2003, pág. 616. El resaltado es mío.

En primer lugar, al sistema representativo, que con sus sistemas electorales permiten más o menos representación, prefiriendo, por mi parte, una democracia más directa o semidirecta. Un estudio clásico en psicología social señala que la obediencia disminuye a medida que la víctima se aproxima al sujeto[149]. De ahí la importancia del sistema uninominal de representación contra el proporcional que actualmente existe, por ejemplo, entre los diputados. En segundo lugar, hay que sumar la crítica al sistema por permitir un remedo de legislación, que en realidad es reemplazada por los decretos-leyes.

> La Comisión [Bicameral Permanente] nació con doce años de demora, en 2006, y comenzó su labor [...] [en 2007]. Pero al aprobar todos los DNU desde 1994 a 2007, mostró ser una simple escribanía que certifica[ba] la obra legislativa del Ejecutivo. Y esto se entiende porque dos tercios de sus integrantes pertenec[ían] al oficialismo, donde también milita[ba] su presidenta, la diputada Diana Conti, representante del kirchnerismo en el Consejo de la Magistratura[150].

Agréguese también que Argentina se encontró desde 2002 hasta 2007 sumergida en una profunda crisis económica, social y financiera. No obstante, sin control no hay posibilidad de división de poderes. Corremos el riesgo de la injusticia, ya que no se debe olvidar que la división de las funciones tiene como fin proteger al individuo contra el Estado, pero no implica de por sí la realización de la justicia por su sola existencia[151].

---

[149]   LEVINE, John y PAVELCHAK, Mark, "Conformidad y obediencia", en AA.VV., *Psicología social I...*, *op. cit.*, pág. 64.

[150]   "Una comisión tan onerosa como inútil", en *La Nación*, del 20.5.2008, en http://www.lanacion.com.ar/1013917 (21.5.2008).

[151]   V. GOLDSCHMIDT, *Introducción...*, *op. cit.*, págs. 448-450.

Sí es elogiable que desde la asunción de la presidente Cristina Fernández el 10.12.2007, y al cumplirse un año de su período, solo suscribió un DNU[152], lo cual se condecía con la relativa estabilidad económica del país y la gran crítica que siguen mereciendo dichos decretos presidenciales. Por ello dije que el DNU ha sido un fuerte protagonista; y en ese sentido pudo leerse que

> la razón fuerte evidenciada en las "leyes" ha entrado en decadencia en la Posmodernidad. Sus contenidos son con frecuencia indeterminados, marcos a resolver por otras fuentes. Hoy el mayor protagonismo en la elaboración de normas gubernamentales en nuestro país corresponde de modo notorio al Poder Ejecutivo y las leyes se ocupan, con excesiva frecuencia, de cuestiones de menor significación[153].

---

[152] No obstante, parece que su dictado equivale a varios por el tema importante que trata. Se trata del DNU 1472-2008. "[...] se subestiman números del Presupuesto, y luego, con los ingresos mayores, se decide el destino del dinero sin control parlamentario." V. "Cristina firmó su primer decreto de necesidad y urgencia", del 15.9.2008, en http://www.derf.com.ar/despachos.asp?cod_des=222247&ID_Seccion=33 (11.12.2008). "'Me parece que cuando se trata de hablar de la asignación de 38 mil millones de pesos que en realidad se utiliza para pagar más deuda externa, para aumentar los subsidios para transporte y energía o poner en marcha el tren bala, desaparece la calidad institucional y se evita el debate parlamentario', criticó el diputado de la CTA, Claudio Lozano." Íd. "Los fondos adicionales apuntan a solventar mayores subsidios al sector energético, a industrias y empresas alimenticias, que este año llegarán a un nivel récord. El DNU incluye la ingeniería financiera para pagar la deuda del Club de París con reservas del Banco Central. Y hasta una partida de 4 millones de pesos para costear 'los estudios de factibilidad' del tren bala." "Cristina debutó con los decretos de necesidad y urgencia", del 16.9.2008, en http://www.totalnews.com.ar/pol-tica/cristina-debut-con-los-decretos-de-necesidad-y-urgencia.html (11.12.2008).

[153] CIURO CALDANI, "Las fuentes de las normas en el tiempo actual", en *JA*, 80° aniv., Buenos Aires, 1998, pág. 141 y ss., en línea.

Cabe señalar que desde 2007 se ha dado mayor protagonismo al Congreso. A él le cupo no ratificar la res. 125/08 del Ministerio de Economía, que llevó al Poder Ejecutivo a dejar sin efecto las retenciones móviles[154]. También el Poder Legislativo reestatizó la línea aérea Aerolíneas Argentinas y Austral Líneas Aéreas por la ley 26412[155]; y ante la falta de acuerdo con la empresa por el precio de la venta y su pasivo, la expropió por ley 26466[156]. La reestatización del régimen previsional de capitalización administrado por las AFJP, luego del mecanismo de opción de traspaso al régimen de reparto[157], se hizo efectiva por la ley 26425[158]. Nótese que el partido

---

[154]   V. el pto. 8.N.

[155]   Promulgada el 18.9.2008. "Para garantizar el servicio público de transporte aerocomercial de pasajeros, correo y carga, el Estado Nacional procederá al rescate de las empresas Aerolíneas Argentinas S.A. y Austral Líneas Aéreas - Cielos del Sur S.A. y de sus empresas controladas (Optar S.A., Jet Paq S.A., Aerohandling S.A.) por compra de sus acciones societarias." (Art. 1). V. http://www.infoleg.gov.ar/ infolegInternet/verNorma.do?id=144819 (31.12.2008). V. "El Senado aprobó la reestatización de Aerolíneas Argentinas", en *La Nación*, del 3.9.2008, en http://www.lanacion.com.ar/nota.asp?nota_id=1046081 (31.12.2008).

[156]   Promulgada el 22.12.2008. "A fin de cumplir con lo previsto en el artículo 1º de la ley 26412, decláranse de utilidad pública y sujetas a expropiación, conforme lo establece la ley 21499, las acciones de las empresas Aerolíneas Argentinas Sociedad Anónima y Austral Líneas Aéreas Cielos del Sur Sociedad Anónima y de sus empresas controladas Optar Sociedad Anónima, Jet Paq Sociedad Anónima y Aerohandling Sociedad Anónima" (art. 1). V. PREMICI, Sebastián, "La vuelta al lugar que nunca debió dejar", en *Página 12*, del 18.12.2008, en http://www.pagina12.com.ar/diario/elpais/1-116974-2008-12-18. html (31.12.2008).

[157]   Instrumentado por la ley 26222, promulgada el 7.3.2007, que estatuyó la libre opción por el sistema jubilatorio público de reparto o por el de capitalización.

[158]   Promulgada el 4.12.2008. "Dispónese la unificación del Sistema Integrado de Jubilaciones y Pensiones en un único régimen pre-

oficial –justicialista– contó con mayoría en ambas cámaras hasta las elecciones de 2009 y no debe olvidarse que uno de los pocos DNU dictados por Fernández valió por varios al hacer referencia a la materia presupuestaria, es decir, al reparto del dinero[159].

Parece que la preponderancia de las fuentes oscila en función del ánimo popular y de la necesidad de paliar con intervencionismo –igualador– las consecuencias desgraciadas del sistema capitalista que favorece a los más fuertes. Por ello Ciuro Caldani pudo describir, teniendo a la vista la década privatizadora menemista de los años noventa, que "[...] se está pasando de un tiempo de la ley y el Estado nacional a otro del contrato y la empresa. Son fuentes de 'administración' en un tiempo 'administrativo"[160]. Siguiendo el mismo eje, también señaló: "Los convenios colectivos de trabajo son más afines a un tiempo de economía 'intervenida' que parece irse extinguiendo con el nuevo avance de la libertad de

---

visional público que se denominará Sistema Integrado Previsional Argentino (SIPA), financiado a través de un sistema solidario de reparto, garantizando a los afiliados y beneficiarios del régimen de capitalización vigente hasta la fecha idéntica cobertura y tratamiento que la brindada por el régimen previsional público, en cumplimiento del mandato previsto por el artículo 14 bis de la Constitución Nacional" (art. 1).

[159] Los otros trataron, por ejemplo, sobre la asignación universal por hijo para protección social (1602-2009); el que crea un fondo federal solidario para coparticipar las retenciones a la soja (206-2009); la remoción del presidente del Banco Central (18-2010); el fondo del desendeudamiento (298-2010); la ampliación, o derogación del límite, del porcentaje de participación de la ANSES en las empresas privadas donde tiene mayor tenencia accionaria (441/2011). Sobre el tema p. v. http://www.nuevamayoria.com/index.php?option=com_content&task=view&id=1304&Itemid=30 (8.6.2010).

[160] "Las fuentes de las normas en el...", *op. cit.*

contratación"[161]. Modalidad que se ha revertido a partir de 2002, con un progresivo protagonismo del Estado y su regulación del mercado, tal vez con proyecciones latinoamericanas. Un interrogante se abre en este sentido a partir de la asunción del demócrata Barak Obama como presidente de Estados Unidos en 2008, luego de la crisis del capitalismo en la etapa Bush (h) producto de sus ocho años de gobierno[162].

H. La fuerza siempre presente de la costumbre

Más allá de la forma que tome la costumbre o su contenido, es innegable su fuerza jurígena: "[...] en un principio el derecho consuetudinario fue eminentemente oral. [...] El hombre realiza actos que luego repite. Se va acentuando por la repetición constante la necesidad de cumplir ese y no otro acto. Con el tiempo el acto se hace [...] irremplazable"[163].

---

[161]   Íd.

[162]   Un avance importante parece haberse dado con la reforma del sistema de salud. A tal punto su predecesor alababa el liberalismo, que los actuales detractores, en su gran mayoría republicanos, ante una reforma en el sistema de salud que apunta a ayudar a los débiles, y quienes no pueden costear sus gastos de salud tildan al presidente de socialista. "Steele calls Obama health plan 'socialism'", del 20.7.2009, en http://www.cbsnews.com/stories/2009/07/20/politics/main5174417.shtml (15.11.2009). V. tb. "Obama recuerda al Congreso la responsabilidad histórica de aprobar la reforma sanitaria", del 7.11.2009, en http://www.elpais.com/articulo/internacional/Obama/recuerda/Congreso/responsabilidad/historica/aprobar/reforma/sanitaria/elpepuint/20091107elpepuint_15/Tes (15.11.2009). P. accederse a detalles del plan en http://www.whitehouse.gov/issues/health-care (15.11.2009).

[163]   FIGUEROLA, op. cit., pág. 12.

Pero hubo un momento en que se pasó de la espontánea reglamentación al frío cálculo de lo escrito. En este sentido, Francisco Figuerola expone claramente la razón:

> Es una evolución que va de lo inconsciente a lo consciente. [...] se desarrolla la razón, se van interpretando las costumbres, se las declara y por último se escribe todo lo que hasta ese momento se había practicado. [...] la cuestión se limita a un simple hecho psicológico. Las prácticas tradicionales de los primitivos se van traspasando de padres a hijos [...] Lo que se ha realizado siempre permanece incólume en el pensar del hombre primitivo y se confunde con la idea de lo que debe hacerse. No se anima a crear nuevos modos porque la fuerza de la imitación y el hábito hacen de ese acto el modelo perfecto[164].

Entre las causas de la minusvaloración de la costumbre puede mencionarse a una de tipo histórico:

> [...] producida la Revolución Francesa, el nuevo derecho revolucionario vio en la costumbre una especie de subsistencia de hábitos y prácticas del antiguo régimen real. En tiempos más modernos, la costumbre ha sido rechazada por concepciones autoritarias y totalitarias que encuentran en el derecho informal, algunas veces, un tope a la producción de las normas elaboradas por el Estado[165].

En efecto, Lassalle relata un episodio en el que la costumbre, desde el punto de vista del capitalismo, no es bien vista, como resabio de aquello que se quiere cambiar. Lo interesante de este pasaje es la fuerza que tiene la costumbre, más allá de su contenido.

---

[164] Íd.
[165] SAGÜÉS, *op. cit.*, pág. 159.

Cuando [...] antes de estallar la gran Revolución francesa, bajo la monarquía [...] de Luis XVI, el poder imperante abolió en Francia, por decreto de 3 de febrero de 1776, las prestaciones personales de construcción de vías públicas por las que los labriegos venían obligados a trabajar gratuitamente en la apertura de caminos y carreteras, se creó para afrontar los gastos de estas obras públicas un impuesto que había de gravar también las tierras de la nobleza, el Parlamento francés clamó, oponiéndose a esta medida: [...] El pueblo de Francia –es decir, el pueblo humilde, el que no gozaba de privilegios– puede venir sujeto a impuestos y prestaciones sin limitación, y es esta una parte de la *Constitución* que ni el rey mismo puede cambiar[166].

Volviendo a la Edad Contemporánea, Ciuro Caldani relata un caso en donde la ley funciona como camino para abrirse paso entre la costumbre:

[...] la primera constitución formal, dictada por los Estados Unidos de América en 1787, se elaboró cuando el país se independizó y necesitó prescindir de las tradiciones inglesas para darse una forma de gobierno republicana y federal. La Constitución formal fue el nuevo "techo" que precisaron los Estados Unidos frente a la crisis cultural que significaba el establecimiento del nuevo régimen[167].

Más allá de la época histórica que analicemos, la costumbre ha estado presente, reconociéndosela o luchando contra ella. Esta presencia suscita que califique a la costumbre como una especie de supuesto jurídico-cultural, una idea subyacente que, como base, permite el desarrollo de la regla apropiada al tiempo de que se trate. En tiempos de crisis, por ejemplo, puede ser costumbre recurrir al DNU en el ámbito gubernamental.

---

[166]   LASSALLE, *op. cit.*, pág. 71.
[167]   CIURO CALDANI, "Las fuentes de las normas en el...", *op. cit.*

Actualmente, la importancia adjudicada al valor utilidad parece reflotar la valorización de la costumbre como fuente o elemento del derecho:

> Esta nueva vitalidad adquirida por los usos y las costumbres jurídicos se debe en un primer momento al enorme desarrollo del comercio internacional, tanto cualitativo como cuantitativo, que se produce a partir de aquellos años [décadas de 1960 y 1970]. Así también, al creciente aumento de las inversiones extranjeras en general, y en particular las inversiones de países desarrollados a [sic] países subdesarrollados; y a la trascendencia alcanzada por los préstamos internacionales de dinero[168].

Sin embargo, la utilidad es un valor en el concierto de los valores que coadyuvan a jerarquizar la humanidad[169]. De manera que debe respetar la justicia, valor fundante de la disciplina jurídica. Por ello no debería asociarse la costumbre con la utilidad[170].

---

[168] GIMÉNEZ CORTE, Cristian, "Usos comerciales, costumbre jurídica y nueva *lex mercatoria* en América Latina con especial referencia al MERCOSUR", tesis doctoral, Rosario, Fac. de Derecho, Univ. Nac. de Rosario, 2006, pág. 188. En el mismo sentido, p. v. a HERNÁNDEZ, Carlos, "La costumbre como fuente de Derecho y las buenas costumbres como standard jurídico", en *Revista de Derecho Privado y Comunitario: Orden Público y Buenas Costumbres,* dirigida por Héctor Alegría y Jorge Mosset Iturraspe, Santa Fe, Rubinzal-Culzoni, 2008, pág. 183.

[169] Sobre el tema, p. v. CIURO CALDANI, "Ubicación de la justicia en el mundo del valor (el asalto al valor justicia)", en *Estudios de filosofía jurídica y filosofía política,* t. II, Rosario, FIJ, 1984, págs. 16-35.

[170] V. CIURO CALDANI, "Las fuentes de las normas en el...", *op. cit.:* "[...] pese a su gran importancia no es siempre la economía la última determinante de las fuentes formales ni de las normas".

En el marco de la ejemplaridad, la razonabilidad de este tiempo[171] suele apoyarse en especial en la utilidad, al punto que más que la costumbre en sentido tradicional, más cargada de relación con el pasado y de significados de justicia, ganan espacio los usos del comercio, construidos por una proyección más limitada al presente y más referida a la utilidad[172].

Esto nos muestra cómo será propio del ser del derecho incluir su aspecto material, además del ideal enunciativo que es la normatividad y del ideal exigente que es el valor. Pero la ontología de la costumbre será un tema del próximo capítulo.

---

[171] El "tiempo" al que se hace referencia es el tiempo privatizador, cuyo caso paradigmático fue la década menemista.

[172] CIURO CALDANI, "Las fuentes de las normas en el...", *op. cit.*

CAPÍTULO 3
PERSPECTIVA ONTOLÓGICA

A. Ontología dual del fenómeno jurídico

Como dice el trialismo, el derecho es un fenómeno compuesto por entes materiales e ideales. Dentro de los primeros encontramos los repartos, y dentro de los últimos se encuentran las normas y los valores.

> Los entes ideales abarcan aquella parte de la realidad que es solo asequible a la razón, a diferencia de la realidad material, que además de la razón, requiere el auxilio de los sentidos, y de la sique propia, que igualmente además de la razón necesita la intervención de la introspección. Siendo realidad, los entes ideales son objetivos, lo que quiere decir que son trascendentes a la razón que únicamente los capta, pero no los inventa. Con miras a esta objetividad es posible controlar las afirmaciones de la razón como acertadas o desacertadas. Los entes ideales pueden ser enunciativos. [...] A su lado se hallan los entes ideales que constituyen valores, entes ideales exigentes. Por ello, los valores pueden definirse como vocablos con un sentido de exigencia[173].

La costumbre se encuentra en la parte material del fenómeno jurídico, al ser un conjunto de repartos. Y el reparto es una conducta. Coincide Cueto Rúa:

> La costumbre es un hecho, una cierta clase de comportamiento humano. El hombre encuentra en su experiencia regularidades de comportamiento. Frente a determinadas

---

[173] GOLDSCHMIDT, *Introducción...*, *op. cit.*, págs. 369-370.

circunstancias, quienes las viven responden con actos similares. [...]
Estudiarlo implica necesariamente intuir una realidad empírica. Requiere conocer cómo se comporta la gente[174].

Por ello, "las normas son entes lógicos, pero los abogados y los jueces viven en estrecho contacto con la realidad humana[175]."

No pueden existir comunidades que se desenvuelvan sin la costumbre, porque está en su ser que así sea: "Para vivir el derecho, jamás sale el ser jurídico fuera de sí o de su esencia; solo lo propio suyo es accesible a su actividad y puede realizarlo en su vida, ya lo posea originariamente, [...] ya lo haya adquirido de extraños infundiéndolo en su propia sustancia"[176].

Decía también Montesquieu: "Corresponde al legislador acomodarse al espíritu de la nación, siempre que no sea contrario a los principios del Gobierno, pues nada hacemos mejor que aquello que hacemos libremente y dejándonos llevar por nuestro carácter natural"[177].

Si se considera que "costumbre" contribuye a la etimología de la palabra ética, podrá comprenderse que cuando se explica la palabra *ethos* se diga que

> [...] en el griego clásico [tenía] una acepción [...] equivalente a "vivienda", "morada", "sede", "lugar donde se habita". [...] [tiene] alusión a *lo propio,* lo íntimo, lo endógeno: aquello de

---

[174]   CUETO RÚA, *Una visión realista del derecho, los jueces y los abogados,* Buenos Aires, Abeledo-Perrot, 2000, págs. 210-211.

[175]   Íd., pág. 213.

[176]   COSTA, *op. cit.,* pág. 103.

[177]   MONTESQUIEU, *Del espíritu de las leyes,* trad. de Mercedes Blázquez y Pedro de Vega, Barcelona, Altaya, 1993, pág. 213.

donde se sale y adonde se vuelve, o bien aquello de donde salen los propios actos, la fuente de tales actos[178].

B. Dinamismo de la costumbre

El ser que acompaña a la costumbre difiere del ser que acompaña a la ley; aquel es dinámico, por los cambios, la flexibilidad y la adaptabilidad que muestra, y este es rígido, escrito, inmóvil.

Este contraste estaría señalado por varios factores: a) los procesos económico-sociales, cuya naturaleza esencialmente dinámica superaría el obligado estatismo de las normas codificadas, imponiendo a la jurisprudencia la necesidad de adaptar la ley a las manifestaciones siempre cambiantes de la vida comunitaria; b) la imperfección y oscuridad de las leyes contemporáneas, que obligarían a los jueces, aunque no se lo propusieran, a comportarse como legisladores, esto es, a conciliar los textos a veces contradictorios o inaplicables con la realidad que deben encarar en la sentencia[179].

De este dinamismo da cuenta Portalis, quien decía: "A pesar de lo que se haga, las leyes positivas no podrían jamás reemplazar completamente el uso de la razón natural en los asuntos de la vida"[180]. Luego señala: "[...] las leyes, una vez que han sido redactadas, permanecen como han sido escritas; los hombres, por el contrario, no descansan jamás [...]"[181]. Desde la psicología social también se expresa que

---

[178] MALIANDI, Ricardo, *Ética. Conceptos y problemas,* Buenos Aires, Biblos, 1994, pág. 14. El resaltado me pertenece.
[179] ADIP, *op. cit.,* págs. 65-66.
[180] PORTALIS, *op. cit.,* pág. 5.
[181] Íd., pág. 6.

[...] la conformidad no siempre constituye una ventaja para el grupo. En ciertas ocasiones, las normas elaboradas por un grupo a fin de enfrentarse a todas las eventualidades internas o externas no cambian, aunque las circunstancias que han originado las normas hayan cambiado. En tales casos, la continuidad de la conformidad puede resultar inadecuada para el grupo al reducir su capacidad de alcanzar sus fines e incluso al amenazar su existencia[182].

Si consideramos, como ya lo vimos, que el no equilibrio puede ser fuente de orden, de coherencia, es decir, que vivimos en un mundo que, por sus continuas y numerosas relaciones e interrelaciones, es complejo, desordenado, se podrá construir orden a partir del reconocimiento del desorden. Y así la costumbre nos será más comprensible.

Las diferencias de opinión son naturales y previsibles. Hay que tomarlas en serio. Debemos buscarlas, provocarlas si es preciso, haciendo que cada individuo participe en el trabajo de discusión y decisión. Los desacuerdos pueden ayudar al grupo para que tome su decisión, ya que al hacer intervenir una mayor gama de juicios y opiniones, aumentan las probabilidades de encontrar argumentos nuevos y soluciones válidas en las que no se pensaba en un principio[183].

Y para ello es necesario contar con un ámbito normativo paralegal, por ejemplo, el consuetudinario. Por otra parte, debe tomarse en cuenta que

En la medida en que hay incertidumbre, hay, desde ese momento, la posibilidad de acción, de decisión, de cambio, de transformación. El momento de la indeterminación y el de la decisión se confunden en la medida en que la decisión

[182]   LEVINE, y PAVELCHAK, *op. cit.*, pág. 68.
[183]   DOISE, y MOSCOVICI, *op. cit.*, págs. 277-278.

y la incertidumbre son interdependientes. La crisis es un momento indecisivo y decisivo a la vez[184].

Como límite lógico derivado de la no omnipotencia del ser humano, solo puede aspirarse a la organización de nuestro microclima jurídico, es decir, se planteará como tarea futura o mediata el hecho de buscar elementos comunes a nuestras creencias para centrarnos ahora, como primer paso, en nuestra autoorganización.

La autoorganización se relaciona con la continua vigilancia. Nótese en este sentido la necesidad del continuo acuerdo como característica del derecho inglés. La importancia que la Cámara de los Comunes ha tenido en la experiencia que relata Lassalle[185], sumada a la resistencia del pueblo, nos hablan de dicha organización surgida desde la particularidad, la temporalidad, tributarias del casuismo que los identifica. Porque así como cada caso encuentra solución en ese caso y no en una ley extraña, lo mismo ha ocurrido con los acuerdos anuales de la Cámara y el respaldo del pueblo.

> [...] la denegación de impuestos por el Parlamento, como medida aislada, no es recurso eficaz más que en manos de un pueblo que tenga ya de su parte los resortes efectivos del poder organizado, que haya conquistado ya la fortaleza y dispare desde dentro, pero representa un arma inútil cuando el pueblo que la maneja no tiene más baluarte que una Constitución escrita y no ha asaltado aún el arsenal de los resortes efectivos del poder[186].

De ahí que "la costumbre puede ser perfectamente regla de derecho aunque la voluntad del legislador no

---

184   MORIN, "Sociología", *op. cit.*, pág. 160.
185   V. el pto. 5.A.
186   LASSALLE, *op. cit.*, pág. 123-124.

la consagre. Lo que ha ocurrido es un desdoblamiento respecto de las fuentes posibles del derecho, al que luego se agregarían la jurisprudencia y la doctrina"[187]. Con esto quiero mostrar que, más allá de las consideraciones que el legislador tenga acerca de la costumbre, y más allá de su tendencia a desconocerla como fuente, la fuerza de la vida demanda su estudio.

En este sentido, "el asentimiento general de los integrantes de un grupo social hacia un núcleo de personas que se ha instalado de facto en las posiciones directivas del poder político se expresa en la costumbre generalizada de obedecer a estas personas como los nuevos funcionarios de la comunidad"[188]. Por lo que siempre, en la base de todo ordenamiento jurídico, existe lo que Kelsen llama la "norma hipotética fundamental", que es aquella que manda obedecer al constituyente histórico si logra un cierto grado de consenso entre los habitantes. Concepto en donde se ve el "salto" de Kelsen a las fuentes materiales de las normas[189], y que hace dudar al creador del trialismo de si se trata de un unidimen-

---

[187]   FIGUEROLA, *op. cit.*, pág. 13.

[188]   CUETO RÚA, *Fuentes...*, *op. cit.*, pág. 119.

[189]   "Hay, pues, una relación entre la validez y la efectividad de un orden jurídico; la primera depende, en cierta medida, de la segunda." KELSEN, *op. cit.*, pág. 142. Lo que no llega a comprenderse es que la "cierta medida" de la que habla Kelsen forma parte del mundo jurídico; y es una categoría sociológica que no debería purificarse. "Un orden jurídico es válido cuando sus normas son creadas conforme a la primera Constitución, cuyo carácter normativo está fundado sobre la norma fundamental. Pero la ciencia del derecho verifica que dicha norma fundamental solo es supuesta si el orden jurídico creado conforme a la primera Constitución es, en cierta medida, eficaz." Íd., pág. 143. He aquí el tratamiento marginal de la dimensión sociológica del derecho, que el trialismo estudia como un componente –material– del mundo jurídico bajo la categoría de la exactitud: "Una norma que describe una ordenanza o un acuerdo

sionalismo normológico o de un bidimensionalismo normo-sociológico[190].

[...] es imposible negar validez a una costumbre sobre la base de que una ley pueda desconocerle el carácter de fuente [...]. Con ello se omite considerar el hecho decisivo de que esa misma ley vale en la medida en que es aceptada consuetudinariamente por la comunidad o por sus órganos, es decir, en la medida en que tiene vigencia[191].

En el mismo sentido se pronuncia Joaquín Costa:

No es cierto que el principio generador del derecho sea exclusivamente la ley [...], o que esta sea la fundamental, y la costumbre, puramente un auxiliar suyo, sin otro minis-terio que el de aclarar, suplir e interpretar la ley, [...] pues

---

ineficaz, incurre [...] en el vicio de la inexactitud." GOLDSCHMIDT, *Introducción..., op. cit.,* pág. 199.

[190] "El unidimensionalismo normológico más conocido es el de Hans Kelsen, quien, en su Teoría Pura del Derecho, quiere decantar lo jurídico de sus impurezas sociológicas y dikelógicas, reduciéndolo a un conjunto de normas." Íd., pág. 34. Aunque más adelante dice: "[...] el positivismo jurídico es una doctrina infradimensional del mundo jurídico. [...] no es posible un unidimensionalismo nor-mológico, toda vez que sin referencia a la realidad social, no sería posible distinguir entre normas positivas y normas derogadas o meramente proyectadas. El [...] positivismo jurídico de Kelsen, al que se atribuye el carácter del positivismo normológico, no lo es en realidad, ya que Kelsen [...], se sumerge en la realidad social al condicionar la validez normativa por su eficacia. Íd., pág. 102. Y a renglón seguido manifiesta que "[...] no sería correcto hablar de un bidimensionalismo socio-normológico, puesto que los dos elementos no están en pie de igualdad. El acento recae sobre las normas, aunque su eficacia sea la condición de su atendibilidad." Íd., pág. 103. Creo que Kelsen plantea un unidimensionalismo normológico, ya que las referencias dikelógicas son ocultadas en la política y las sociológicas quedan ocultas en la conducta del juez y tras el concepto de la eficacia. El centro del análisis es la norma.

[191] CUETO RÚA, *Fuentes..., op. cit.,* pág. 119.

la ley no tiene más fuerza para ser obedecida que la que le presta la costumbre [...] nacida antes del establecimiento de aquella o con posterioridad, ni propiamente es ley positiva una fórmula de derecho por el hecho de su promulgación, sino por el de su cumplimiento [...][192].

C. La costumbre desde la experiencia

Carlos Cossio nos ilustra en el sentido de cuidarnos del afán creacionista *ex nihilo* de la ley: "[...] jamás ningún legislador crea 'el' derecho, [...] pues haga el legislador lo que hiciere, siempre encuentra, ya, funcionando un derecho dado con anterioridad en la experiencia"[193]. Esto es lo que también piensa el jurista brasileño Miguel Reale: "[...] el papel de 'verdadera' ciencia del derecho consiste en descubrir las 'fuerzas motrices de las instituciones jurídicas', intentando captar el derecho anterior y subya-cente a las 'abstracciones normativas' y a las decisiones del juez [...]"[194]. También señala el jusfilósofo argentino, a la hora de criticar el normativismo:

A pesar de lo que dice Kelsen, en el hombre jurídico hay ontológicamente una persona y no meramente una perso-nificación artificial como ocurre en las asociaciones. [...] *Incitato,* el caballo de Calígula, no se convirtió en cónsul ni en sacerdote, a pesar del famoso rescripto imperial que lo

---

[192] COSTA, *op. cit.,* pág. 133.

[193] COSSIO, "La teoría egológica del derecho (su problema y sus pro-blemas)", en *La Ley,* t. 110, pág. 1012. Más adelante dice: "La tesis se autentica por su total fidelidad al dato que tematiza. La tesis no construye una coherencia, sino encuentra una necesidad". Íd.

[194] REALE, Miguel, "Naturaleza y objeto de la ciencia del derecho", en AA.VV., *Ciencia jurídica (aspectos de su problemática jusfilosófica y científico-positiva actual),* t. 1, La Plata, Instituto de Filosofía del Derecho y Sociología, 1970, pág. 171.

exaltaba a esas funciones, por la sencilla razón de que no le era ontológicamente posible semejante conversión[195].

Esto da a entender que el "ser" del derecho no puede dejar de incluir una región material, que se traduce en el reconocimiento del carácter jurídico de la costumbre.

También Goldschmidt señala que "[...] Pedro III de Rusia, esposo y probablemente víctima de Catalina la Grande, [...] [manda el] 10 de junio de 1762 a los marineros enfermos de la flota del Báltico que sanasen inmediatamente a fin de poder ser empleados en la proyectada guerra contra Dinamarca"[196]. La problemática ontológica es entonces fundamental porque obliga al jurista a no mentir ni ocultar.

Volviendo sobre la experiencia: "Este derecho que preexiste siempre a toda modificación que en él introdujere un legislador, está [...] en alguna parte y es forzoso que en alguna parte esté. Está en la conducta de la gente [...]"[197]. Además, cuando Cossio define al derecho como conducta en interferencia intersubjetiva y lo relaciona con la coexistencia, es fácil advertir la importancia que toma la costumbre en el derecho:

> [...] la alteridad jurídica es ontológica porque viene a ser el irremediable comportamiento conjunto resultante, al darnos un co-hacer, en la medida en que la mera presencia del prójimo, por impedir o no impedir, es el comportamiento que él desenvuelve en la situación. [...]
> En la medida en que la existencia humana es coexistencia –esta es la fórmula canónica de Heidegger–, la presencia del prójimo ha de ser encontrada por doquier como coexistencia

---

195 COSSIO, *Radiografía de la teoría egológica del derecho*, Buenos Aires, Depalma, 1987, págs. 149-150.
196 GOLDSCHMIDT, *La ciencia..., op. cit.*, pág. 114.
197 COSSIO, *Radiografía..., op. cit.*, pág. 151.

en la existencia personal. Y así la encontramos fácilmente en todo lo que nuestro espíritu asume por tradición, por educación, por convivencia, como se advierte en el lenguaje que todos hablamos, en las ideas y creencias que nos son comunes, en las *costumbres* que protagonizamos, en las instituciones que sustentamos y [...] en todo lo que enfrentamos para deshacerlo en forma revolucionaria[198].

Puede verse entonces cómo la egología da cobijo ontológico a la costumbre.

En similar sentido nos señala Amado Adip: "[...] es fundamental para que una ley arraigue en la vida del pueblo que se transforme en savia de su espíritu"[199]. El mismo autor luego agrega:

[...] el Estado es, en última instancia, un órgano de la sociedad dotado por ella de contenido jurídico. Y como suprema organización jurídica de la sociedad, no es el medio apto para explicar el derecho, porque el Estado implica, en cierto sentido, una valoración. El Estado no sería el derecho como actividad normativa (Kelsen), sino la fuerza de coerción que le presta apoyo al derecho (Ihering)[200].

D. La costumbre como parte del todo

Otro argumento referido a la necesaria consideración de la costumbre como parte del fenómeno jurídico puede encontrárselo en la caracterización de este como complejo, es decir, como constituido por elementos diversos, aunque unidos en un todo común[201]:

---

[198]   Íd., págs. 156-157.
[199]   ADIP, *op. cit.*, pág. 35.
[200]   Íd., pág. 53.
[201]   P. v. los ptos. 2.F, y 4.B.

> [...] el derecho se configura así como un todo, unitario y complejo [...].
>
> [...] la recepción e integración formales de la costumbre en el sistema del ordenamiento jurídico [...] debe entenderse [...] como lógica y necesaria consecuencia del reconocimiento, por parte del legislador, de la naturaleza plural, y en gran medida espontánea y orgánica, del derecho en cuanto fenómeno histórico-cultural[202].

De manera similar lo ve el trialismo al contemplar las tres dimensiones. Este argumento cobra fuerzas a partir de la descalificación relativa que hace un tribunal de la costumbre como fuente o elemento jurídico: "[...] en las particulares circunstancias del caso, puntualizadas precedentemente, el problema es menos complejo y puede resolverse acudiendo a los usos y prácticas de los negocios como elemento de interpretación de los contratos [...] sin necesidad de incursionar en el campo de las fuentes del derecho (consid. 6)"[203]. La sentencia señala que abordar la costumbre es un problema complejo. Y lo repite: "[...] se ha debatido en el juicio una cuestión dudosa de derecho, y que dada su complejidad el actor tuvo razón fundada para litigar (consid. 9)". Y en efecto es dudosa. Más allá de que creo que el tribunal utiliza la palabra complejidad como complicación, el caso mereció ser resuelto por referencia a la costumbre[204].

---

[202] MONTORO BALLESTEROS, Alberto, "La costumbre en el ordenamiento jurídico. La integración de las lagunas legales", en *Revista de la Facultad de Derecho de Murcia*, núm. 20, Anales de Derecho, Universidad de Murcia, 2002, pág. 108.

[203] "Cuenca, Claudio c. Guimarey, Jorge", fallado por la Sala "D" de la Cám. Civ. de la Cap. Fed. el 22.2.72. Fallo publicado en *JA*, t. 15, del año 1972, págs. 290-295.

[204] V. un análisis más profundo del caso en el pto. 8.2.E.2.f.

E. Insuficiencia de la normatividad

Por otra parte, la ley no puede prever ni regular todo: "Las necesidades de la sociedad son tan variadas, la comunicación de los hombres es tan activa, sus intereses están tan multiplicados y sus relaciones tan extendidas, que es imposible para el legislador atender todo"[205]. En este sentido, el "ser" jurídico es, en alguna medida y por suerte, inabarcable por la normatividad. Digo por suerte, porque es lo que nos reconoce cierta libertad y posibilidad de cambio ante lo desaprobable. Y así cumple también un papel relevante la ciencia jurídica. Señala Portalis: "[...] ¿cómo encadenar la acción del tiempo? ¿Cómo oponerse al curso de los acontecimientos o a la pendiente insensible de las costumbres? ¿Cómo conocer y calcular con anticipación lo que solo la experiencia nos puede revelar?".[206]

F. El germen del cambio

En cuanto a la valoración dikelógica de la dinámica orden/desorden, no debe temerse al cambio que ocurre o bien en cámara lenta (evolución jurídica), o bien en

---

[205] PORTALIS, *op. cit.*, pág. 5. Ya lo decía también Aristóteles cuando mencionaba a la equidad: "[...] cuando la ley hablare en general y sucediere algo en una circunstancia fuera de lo general, se procederá rectamente corrigiendo la omisión en aquella parte en que el legislador faltó y erró por haber hablado en términos absolutos, porque si el legislador mismo estuviera ahí presente, así lo habría declarado, y de haberlo sabido, así lo habría legislado". *Ética nicomaquea*, 17 ed., trad. de Antonio Gómez Robledo, México, Porrúa, 1998, pág. 71.

[206] Íd., pág. 6.

forma acelerada (revolución jurídica). El trialismo en-
seña que la anarquía –desorden– se basa en el desvalor
de la arbitrariedad. Pero dicho valor es relativo, ya que

> [...] la arbitrariedad puede ser mala o buena, según el fin
> de la anarquía provocada. Si la anarquía es el tránsito de un
> orden injusto a un orden justo, la anarquía y la arbitrariedad
> son valiosas; al contrario, si la anarquía lleva de un orden
> justo a otro injusto o solo sea el eslabón entre dos órdenes
> igualmente justos o injustos, arbitrariedad y anarquía re-
> sultan desvaliosas[207].

Un ejemplo de una situación jurídica que en un principio fue anárquica, ya que no seguía la planificación impuesta desde los poderes partidarios de la Constitución,
fue el de los límites a la extracción de depósitos en las
entidades bancarias, comúnmente conocido como "corralito financiero". En este caso, el orden que se quería
imponer desde los DNU, comenzando por el 1570/01, y
pasando por el 214/02 y otros, las comunicaciones del
BCRA y las leyes del Congreso –25561 de emergencia
pública y reforma del régimen cambiario, 25587 antigoteo
o tapón–, fue alterado por la primera sentencia de baja
instancia que consideró inconstitucional el corralito.
Acto que, si bien en un principio fue anárquico, ya que
no obedecía a los criterios de la planificación, fue el
puntapié inicial de una serie de fallos que consideraron
ejemplar lo resuelto en aquel primero, desencadenando
un derecho repentino *contra legem*[208] que terminó generando un nuevo orden ejemplar, luego frenado por

---

[207]   GOLDSCHMIDT, *Introducción...*, *op. cit.*, pág. 114.
[208]   Para la definición de la tradicional clasificación, v. el pto. 8.1.O.

los casos "Bustos c. Estado Nacional"[209] y "Massa"[210]. A partir de estos fallos, la base de sustentación ejemplar de la planificación gubernamental cambió, ya que el campo ideológico no es el mismo que el de la década de 1990. Pero tenga la orientación ideológica que tenga, ese campo, o ese sentimiento colectivo que alienta la ejemplaridad, no puede eludirse en su estudio: estaba en el ser popular y judicial.

> [...] los ciudadanos proceden –por lo común– espontáneamente, sin darse cuenta de que al obrar en vista de su necesidad, según el dictado de su razón, sientan una regla obligatoria para toda la sociedad, [...] pero también pueden proceder reflexivamente y determinar con claridad por "sí" o "no" la regla o decisión común, como acontece, por ejemplo, en el plebiscito [...][211].

Cabe mencionar, como una ventaja de la costumbre, el mayor orden que se desarrolla en cuanto a su estructura y desenvolvimiento: "[...] al paso que en el mundo de la ciencia se producen las más radicales disonancias y anarquía de partidos y batalla de escuelas, el saber de sentido común se desenvuelve unitariamente en todos los países y en todos los tiempos"[212]. Es indispensable tener en cuenta, parafraseando a Luis XIV, que el Estado no debe ser la ley, o el rey, sino nosotros, como decía Rousseau[213].

---

[209] Fallado por la Corte Suprema de Justicia de la Nación (CSJN) el 26.10.2004.

[210] Resuelto por el alto tribunal federal: "Massa, Juan Agustín c. Poder Ejecutivo Nacional -dto. 1570/01 y otro s. amparo ley 16986", del 27.12.2006.

[211] COSTA, *op. cit.*, pág. 138.

[212] Íd., pág. 39.

[213] Íd., pág. 123.

G. La solidaridad en la costumbre

Frente a este desvanecimiento de la ley, con su afán prescriptivista y predictivo, surgen nuevas formas de organización: "[...] a partir de la cibernética, de la teoría de los sistemas, de la teoría de la información, se elaboró la concepción de la autoorganización, capaz de concebir la autonomía, algo imposible según la ciencia clásica"[214]. Recuérdese que para el trialismo la autonomía basa el reparto autónomo, que es acuerdo. Y si se los suma con un criterio común que los una, se llega a la costumbre. El poder de la imposición no puede resultar suficiente. "Ya decía el viejo diplomático Talleyrand: 'On peut tout faire avec les bayonnettes excepté s'y asseoir'. 'Teniendo las bayonetas, puede hacerse de todo, menos sentarse en ellas."[215] Frase que recogerá Goldschmidt para fundar la preferencia ontológica de la costumbre[216]. "Los abogados buscamos, decía Kantorowicz, como buscan los gusanos madera podrida con la que alimentarse. Buscan obligaciones y sanciones, pero poco se ocupan de la libertad de los integrantes de la comunidad. Está desdeñada, está ignorada la experiencia comunitaria de todos los días."[217]

H. Programa y estrategia

Por otra parte, la falta de un programa preestablecido, como lo es la planificación gubernamental, permite

---

[214]   MORIN, *La cabeza...*, *op. cit.*, pág. 94.
[215]   LASSALLE, *op. cit.*, pág. 129.
[216]   V. el pto. 8.3.A.
[217]   CUETO RÚA, *Una visión...*, *op. cit.*, pág. 216.

una mayor adaptación a las circunstancias: "[...] muchos comportamientos animales están prisioneros de un programa sin poder inventar una estrategia, lo que nos indica que es más sencillo pasar de la estrategia al programa que del programa a la estrategia"[218]. En este sentido, el programa es visto por Morin como la organización predeterminada de la acción, y la estrategia es abierta, evolutiva, afronta lo imprevisto, lo nuevo[219]. Es decir, se adecua a las características de la costumbre.

I. El extrañamiento

Es típico de la ley ser una regla extraña a aquel a quien va destinada. Por ello Portalis señala: "No se debe perder de vista que las leyes están hechas para los hombres, y no los hombres para las leyes, que estas deben adaptarse al carácter, a las costumbres, a la situación del pueblo para el cual se hacen [...]"[220]. Si bien algunas veces el sentido común, inspirador de reglas, es el menos común de los sentidos, como lo que ha podido observarse en el caso de la costumbre de quemar pastos para generar más rápidamente rentabilidad en la agricultura y la ganadería, es valorable en sí mismo, en tanto es una regla de seguro acatamiento, porque coinciden la persona del regulador y el regulado, generándose las bases del acuerdo, que representa en última instancia la libertad, la libertad acordada. El hombre entrega su

---

[218] MORIN, *El Método 2. La vida de la vida*, 7ª ed., trad. de Ana Sánchez, Madrid, 2006, pág. 265.
[219] Íd., pág. 264.
[220] PORTALIS, *op. cit.*, pág. 4.

libertad a sí mismo porque es él quien hace la regla. De allí que sea ontológicamente preferida la costumbre.

Será interesante entonces, en el próximo capítulo, analizar qué metodología emplea dicha fuente o elemento jurídico a fin de lograr el orden en el derecho. Porque, según el método empleado, así será el conocimiento del objeto jurídico que tengamos.

CAPÍTULO 4
PERSPECTIVA EPISTEMOLÓGICA

Analizaré aquí la relación entre las fuentes o los elementos jurídicos y el grado de conocimiento "científico" que alcanzan sobre el derecho. Un conocimiento fiel es aquel que logra reflejar, en la mayor medida posible, la realidad jurídica. Y si el ser del derecho es, también, materialidad, conducta, debe haber una metodología propia para captar dicha parte del ser jurídico.

A. Método deductivo

La ley utiliza en sus despliegues el método deductivo por el cual se trata de verificar en la realidad la verdad de una premisa que se supone y que se construyó antes de la comprobación.

> [...] Karl Hempel parte del hecho de que el conocimiento científico no se obtiene mediante inferencias inductivas, sino inventando hipótesis como intentos de respuesta a un problema de investigación y sometiendo luego estas hipótesis a la confrontación con los hechos[221].

De allí que es un método que parte de la idea que tiene el sujeto acerca de lo que entenderá por comprobarse en la "realidad". Ciuro Caldani, cuando explica el

---

221   LASO, Eduardo, "Los métodos de validación en ciencias naturales", en AA.VV., *La posciencia,* ed. al cuidado de Esther Díaz, Buenos Aires, Biblos, 2000, pág. 131.

proceso y las afinidades de la ley con la aristocracia, en tanto la necesidad de encerrar en una norma general, grupos de casos o casos particulares, reclama mayor idoneidad[222].

Concordantemente señala Thibaut, como vimos[223], que "[...] la verdadera ciencia del derecho [...] [es] aquella inspirada en principios filosóficos [...]"[224]. También podemos ver en el jurista alemán su deseo uniformador: "[...] la verdad es que nuestras academias continúan siendo, como es de desear con todo fervor, institutos docentes comunes generales para toda Alemania, y nunca serán rebajadas a meras instituciones locales, donde todo está destinado a consumirse en el aislamiento y en la mezquindad"[225]. Para concluir con su decidida inspiración legalista: "Aun en las partes donde parece que la individualidad humana tiene más amplio juego, en general, siempre se hallará que una única concepción es la mejor [...]"[226].

El método deductivo, sumado al deseo de uniformidad, legalismo y principismo, generan un cóctel explosivo contra la diversidad y el reconocimiento de las

---

[222]   CIURO CALDANI, "Integración...", *op. cit.*, pág. 901.

[223]   Ptos. 1.B y 2.F.

[224]   THIBAUT, y SAVIGNY, *op. cit.*, pág. 37. Debe notarse también la concepción simplista del derecho de Thibaut: "[...] sería un hecho de inestimable valor si todos los juristas alemanes tuviesen un mismo objeto para sus investigaciones y pudiesen ayudarse y elevarse mutuamente [...]". Íd. Recuérdese el hincapié hecho por el jurista alemán en las leyes. V. tb. íd., pág. 38. No obstante, vale tener en cuenta que su deseo era codificar a partir de las propias fuerzas alemanas y con ideas sacadas de la vida práctica. Íd., pág. 40.

[225]   Íd.

[226]   Íd., pág. 53.

particularidades y los disensos[227]. Es el racionalismo que condena Morin, en tanto genera las condiciones para que un eventual cambio sea tajante, o recortes muchas veces dolorosos que precisamente derivan en consecuencias perjudiciales porque desconocen las realidades sobre las cuales actúan: "[...] se necesita solo un pequeño impulso para encaminarlos hacia otra finalidad, en cuyo caso el legislador que los mejorara se haría acreedor a la gratitud que se gana el cirujano de parte del paciente miedoso, a quien, después de mucha resistencia, con un pequeño corte, libra de mordientes sufrimientos"[228]. Frente a esto, dirá Savigny que

> [...] lo más perjudicial [está] en los cambios prontos y ar-
> bitrarios que puede sufrir el derecho civil, aunque sea ga-
> nando este a veces en sencillez y facilidad de aplicación,
> ya que cuanto se hace ante nuestra vista, por obra de los
> hombres, será mirado siempre por la opinión popular de
> un modo distinto de aquello cuyo origen no es tan claro y
> patente [...][229].

---

[227] En este sentido, Cossio señala un aspecto que resalta la deducción, que es la falta de contrariedad: "Deducir es partir de una o más verdades generales y sacar de ellas como conclusión una verdad particular. Este proceso de lo general a lo particular vale en su racionalidad; vale porque se funda en la razón como una conformidad con la razón; y por eso no puede ser que la conclusión contraríe a las premisas. [...] Por ejemplo: 1 + 1 = 2 es así y no puede ser de otra manera". COSSIO, "La teoría egológica del derecho y el concepto...", *op. cit.*, pág. 57. En efecto, "[...] si la deducción requiere un principio general como punto de partida, [...] esto quiere decir que el método reclama, en su origen, una verdad de razón. [...] Estas verdades axiomáticas [...] son indemostrables; pero no necesitan demostración porque son directamente evidentes, expresan una verdad de esencia". Íd. Y la ley se convierte entonces en ese axioma, incuestionable.
[228] THIBAUT, y SAVIGNY, *op. cit.*, pág. 56.
[229] SAVIGNY, *De la vocación...*, *op. cit.*, págs. 74-75.

En efecto, "cada uno [de los grupos] [...] se esfuerza por salvaguardar la unidad y la unanimidad, evitando todo conflicto que pudiera perjudicarlas. Por el contrario, la evitación del conflicto disminuye la calidad de la toma de decisión"[230].

La codificación suele ir asociada a un cambio abrupto, producto del pensamiento de que la realidad cambiará por el mero hecho de la materialización en un papel de la idea, que en nuestro caso se trata de la sanción legislativa. Por ello señalo más adelante[231] la importancia de la educación jurídica, a fin de lograr cambios más duraderos.

> [...] en el siglo clásico de la jurisprudencia era facilísimo compilar un código excelente. Los tres célebres jurisconsultos Papiniano, Ulpiano y Pablo, eran también *praefecti praetoris,* por donde, además del amor que ciertamente tenían por el derecho, no les hubiera faltado la autoridad para dar vida a un Código, si lo hubieran conceptuado cosa buena o necesaria: ahora bien, no encontramos huella alguna de una empresa semejante[232].

De ahí que la sanción del código suela ir asociada al hecho de pensar que la realidad cambiará por el establecimiento de una norma escrita. El conocimiento del derecho se logra más por el contacto con la realidad que por el contacto con nuestras ideas. Y solo así podrá decidirse mejor. Señala acertadamente Morin:

> De ahí las carencias de pensamiento cuando hay una exclusión de un proceso por su antagonista. De este modo, la abstracción sola mata, no solamente lo concreto, sino

---

[230]   LEVINE, y PAVELCHAK, *op. cit.,* pág. 264.
[231]   V. el cap. 10 dedicado al "horizonte jurídico-educativo".
[232]   SAVIGNY, *De la vocación...*, *op. cit.,* pág. 67.

también al contexto, mientras que lo concreto solo mata la inteligibilidad. El análisis solo desintegra la organización que une los elementos analizados, mientras que la síntesis sola oculta la realidad de los constituyentes. La idea omnipotente conduce al idealismo (encerramiento de lo real en la idea), la razón no regulada por la experiencia conduce a la racionalización. Todo proceso de pensamiento, si está aislado, [...] y es empujado al límite, es decir, si no está dialógicamente controlado, conduce a la ceguera o al delirio[233].

De ahí que el trialismo plantee, como vimos, dos regiones ontológicas complejamente articuladas. Sobre el mismo tema dirá Savigny: "Tampoco el cuerpo humano es invariable, si no crece y se desarrolla incesantemente, y así consideré yo el derecho de todo pueblo, como un miembro con relación al cuerpo y no como un vestido que, arbitrariamente hecho, también arbitrariamente es quitado y puede cambiarse por otro"[234]. Luego, haciendo referencia directa a la diversidad, señala:

> Así como [...] un mismo pueblo se diversifica en ramas, y los Estados se unifican o se desmiembran, así también el mismo derecho debe ser ya común a varios Estados independientes, ya vario y distinto en un mismo Estado, guardando ciertos rasgos uniformes fundamentales, y revistiendo una diversidad grande en los detalles particulares[235].

Las palabras de Savigny se asemejan a lo que Morin llama la *unitas multiplex:* "El sistema se presenta en principio como *unitas multiplex* [...] considerado bajo el ángulo del Todo, es uno y homogéneo; considerado bajo el ángulo de los constituyentes, es diverso y

---

[233] MORIN, *El Método 3. El conocimiento del conocimiento*, trad. de Ana Sánchez, 5ª ed., Madrid, Cátedra, 2006, pág. 200.
[234] THIBAUT, y SAVIGNY, *op. cit.*, págs. 64-65.
[235] SAVIGNY, *De la vocación...*, *op. cit.*, pág. 49.

heterogéneo"[236]. Por ello, "la primera y fundamental complejidad del sistema es asociar en sí la idea de unidad, por una parte, y la de diversidad o multiplicidad, por la otra, que en principio se repelen y excluyen"[237]. Esta perspectiva es ineludible:

> [...] nuestro continente está obligado a resolver la convivencia entre culturas, es decir, modos de vida y creencias premodernas con modos de vida de una civilización técnica. [...] Vivimos en tres dimensiones superpuestas: la dimensión premoderna, la dimensión moderna (copia desprolija e importación improvisada de modelos europeos y norteamericanos) y la dimensión del proyecto actual de planetarización mundial[238].

En efecto, más que apuntar a la uniformidad, el jurista romántico señala:

> En todo ente orgánico, y por consiguiente en el Estado, el bienestar se obtiene a condición de que entre el todo y las partes haya un equilibrio perfecto y de que a cada cual se dé lo que es debido. [...] porque un verdadero amor por el todo no puede nacer sino de una efectiva participación en todas las variadas relaciones del cuerpo social [...]. Es [...] un grave error creer que la vida de la asociación obtenga ventaja alguna de la anulación de las individualidades que la componen. Si en toda ciudad [...] pudiera producirse en los individuos de todas clases un sentimiento de la propia personalidad, este aumento de vitalidad individual incrementaría con nuevas fuerzas la del conjunto[239].

---

[236] MORIN, *El Método 1...*, *op. cit.*, pág. 128.
[237] Íd. Esta idea puede aplicarse perfectamente a las dimensiones del trialismo.
[238] MOTTA, *op. cit.* Nótese la semejanza con las dimensiones de la teoría trialista, en tanto se contempla lo que se es (y se fue) y lo que se pretende ser.
[239] SAVIGNY, *De la vocación...*, *op. cit.*, págs. 73-74.

La diversidad no es un invento de la Posmodernidad o una característica banalmente puesta de relieve por el pensamiento complejo, sino que es ya desarrollada con otro nombre desde tiempo atrás. Como señala Savigny: "[...] el inmenso poder que desde hace mucho tiempo ejerce sobre Europa la idea de reducir todas las cosas a una absoluta uniformidad, poder cuyo abuso fue advertido ya por Montesquieu"[240]. En efecto, aquello que no tiene límites tiende naturalmente a buscarlo avanzando de manera intensa.

> [...] es una experiencia eterna, que todo hombre que tiene poder siente la inclinación de abusar de él, yendo hasta donde encuentra límites.
> Para que no se pueda abusar del poder, es preciso que, por la disposición de las cosas, el poder frene al poder[241].

De allí que la costumbre funcione como un límite material a las eventuales racionalizaciones del legislador.

B. Método inductivo

La costumbre es un fenómeno que trata de construir lo jurídico desde las bases mismas de lo real, ya que un reparto reputado ejemplar, es decir, digno de ser repetido, es analizado por los hombres y, al ser juzgado "ejemplar", es imitado a través del esquema modelo-seguimiento. "La coutume joue [...] un rôle analogue à celui que, dans la

---

[240] Íd., pág. 73.
[241] MONTESQUIEU, *op. cit.*, pág. 114. No obstante, Aristóteles había dicho: "[...] no permitimos que gobierne el hombre, sino la ley, porque el hombre ejerce el poder para sí mismo y acaba por hacerse tirano". *Ética..., op. cit.*, pág. 66.

conceptions marxiste, jouent les conditions matérielles de la production ; elles sont l'infrastructure sur laquelle le droit est édifié."[242] No hay aquí entonces la relación mando-obediencia.

En referencia a un tipo de costumbre, la judicial, "[...] el juez que acude a una sentencia precedente como fuente [...] transforma lo que era una sentencia individual en norma general. De esta manera, cada sentencia firme y consentida es algo así como un trampolín desde el que se salta hacia una norma general"[243]. Esto no es sino el método inductivo, que va de lo particular a lo general, es decir, que "[...] se infiere una proposición universal mediante una enumeración exhaustiva de todos los casos que es posible subsumir en ella"[244]. Por ello Savigny considera que la obra codificadora solo puede ponerse en marcha cuando las bases estén dadas, ya que solo siendo firmes puede erigirse el edificio legislativo. De lo contrario, sería solo papel o comenzar por el techo de una casa cuando sus cimientos aún no están establecidos. Es necesaria "[...] aquella fuerza que solo la nación puede darle, y sin la cual es imposible que alcance un estado vigoroso y fuerte [...]"[245]. De ahí que Savigny considerara que el siglo de aquel momento no contaba con la vocación –elemento interno, factual– suficiente para la legislación.

---

[242]   DAVID, op. cit., pág. 130: "La costumbre juega un rol análogo a aquel que, en la concepción marxista, juegan las condiciones materiales de producción; ellas son la infraestructura sobre la que el derecho es edificado" (Trad. del autor).

[243]   CUETO RÚA, Fuentes..., op. cit., pág. 155.

[244]   Cfr. LASO, op. cit., pág. 122. V. tb. a CIURO CALDANI, "Reflexiones...", op. cit., pág. 793.

[245]   SAVIGNY, De la vocación..., op. cit., pág. 56.

Con respecto a la generalización, instrumento del que se vale la ley, Gény señala que tiene severos peligros en cuanto a no captar adecuadamente la realidad:

> [...] l'abstraction, consistant essentiellement à détacher une seule partie d'un ensemble complexe, doit, en raison de la limite imposée par la nature aux efforts intellectuels, aboutir à exagérer cette partie aux dépens du tout, qui constitue la seule réalité vraie, et [...] la généralisation, qui la complète, ne peut elle-même réussir qu'à la condition de passer outre à la complexité, à la variété, à la fluidité et, pour tout dire, à l'*individualité* du réel. Plus on regarde un seul point, en le fixant et y concentrant tout son attention, plus on oublie l'ensemble dont il fait partie [...] l'abstraction [et] leur valeur de connaissance varie en raison inverse de la rigueur de leur contact avec la réalité[246].

La costumbre no tratará que el hecho encuadre en la abstracción de la ley, sino que desde hechos similares se construya orden horizontalmente. El método no solo parece más democrático, participativo y flexible, sino que parte de aquello que precisamente se quiere captar: la realidad.

---

[246] GÉNY, François, *Science et technique en droit privé positif. Nouvelle contribution à la critique de la méthode juridique*, Paris, Recueil Sirey, 1922, première partie, pág. 132: "La abstracción, consistiendo esencialmente en apartar una sola parte de un conjunto complejo, debe, en razón de la limitación impuesta por la naturaleza a los esfuerzos intelectuales, desembocar en exagerar esa parte a costa del todo, que constituye la sola realidad verdadera y la generalización, que la completa, no puede ella misma tener éxito más que a condición de pasar además a la complejidad, a la variedad, la fluidez, y para concluir, a la individualidad de lo real. Más miramos un solo punto, fijando y concentrando en él toda la atención, más olvidamos el conjunto del cual forma parte. La abstracción y su valor de conocimiento varía en razón inversa de la rigurosidad de su contacto con la realidad" (Trad. del autor).

En efecto, la importancia que Savigny adjudica a lo concreto deviene en una valorización de la práctica, pero a su vez en una revisión de la clásica división "teoría-práctica":

> [...] el método de los jurisconsultos romanos [...] [cuando] tienen que considerar un caso de derecho, parten de la viva intuición de este, y ante nosotros se desarrolla poco a poco y plenamente, como si tal caso debiera ser el punto inicial de toda la ciencia que del mismo deba deducirse. De este modo, no hay para ellos una distinción clara entre la teoría y la práctica: la teoría se lleva hasta la más inmediata aplicación y la práctica es siempre elevada a la altura del proceso científico[247].

Se retoma así la importancia de la *unitas multiplex*[248] que señala Morin, que aquí se evidencia en la necesidad de la ciencia de abstraer para definir, pero no por ello de alejarse de la vida: "[...] el arte se ha perfeccionado con el conocimiento y la exposición científica, sin perder por ello la evidencia y la vida que son características de los tiempos primitivos"[249].

Como resalta Ciuro Caldani, "la [...] inducción permite más el avance del conocimiento, pero a costa del riesgo de que la generalización sea errónea. La ruta que va desde lo general a lo particular (y que tiene una mayor referencia al conocimiento existente) es la del método deductivo"[250]. Por ello, "la exageración del método deductivo es a menudo la característica de las sociedades especialmente 'conservadoras'. Se consagra así la cultura que existe; se la mantiene mediante la reproducción

---

[247]   SAVIGNY, *De la vocación...*, *op. cit.*, pág. 64.
[248]   V. los ptos. 2.F y 4.A.
[249]   SAVIGNY, *De la vocación...*, *op. cit.*, pág. 64.
[250]   CIURO CALDANI, *Metodología...*, *op. cit.*, pág. 48.

de los conocimientos generales disponibles"[251]. Si bien creo que el conservadurismo puede darse mediante el empleo de cualquier método[252], ya que en sí esta palabra indica "camino hacia" y parte importante es develar el "hacia dónde" se va, el método inductivo es más flexible y participativo, lo que le da una "preferencia ontológica y dikelógica", como lo señala Goldschmidt[253].

Llambías señala la importancia de la ciencia jurídica en relación con la costumbre y su método:

> No es posible aceptar la ficción de un imperio de la ley que de hecho no impera cuando los sujetos a su obediencia no se sienten obligados en conciencia a respetarla. La probidad científica pide un sinceramiento con la realidad en este problema, en el cual la falta de coactividad que revela la caducidad de la vigencia de la ley es un hecho objetivo y real que no es posible desconocer mediante la proclamación de una supremacía de la ley sobre la costumbre que sería puramente nominal y resultaría desconocida por la vida del derecho[254].

La conveniencia epistemológica de la costumbre es también resaltada, no ya como preferencia, sino con una

---

[251] Íd., pág. 49.
[252] En sentido coincidente: GOLDSCHMIDT, *Introducción...*, pág. 239: "La diferencia no es tan grande como parece, puesto que, [...] los países continentales no pueden emitir reglas generales por sus legisladores, si no las abstraen previamente de las reglas específicas elaboradas a causa de casos concretos; y porque, [...] los jueces anglosajones no pueden asemejar un caso a otro, si no idean reglas generales que comprendan a ambos". Señala tb. Ciuro Caldani: "[...] la 'apertura' de la sociedad consuetudinaria no siempre es real, porque a veces existe un marcado cerramiento axiológico en los criterios de razonabilidad". "Reflexiones...", *op. cit.*, pág. 791.
[253] *Introducción..., op. cit.*, pág. 98.
[254] LLAMBÍAS, *op. cit.*, pág. 68.

exageración que no comparto, por Cueto Rúa debido a su base realista:

> [...] como en todos los problemas científicos, la teoría debe ajustarse a los hechos, ser respetuosa con ellos, por más molestos o chocantes que puedan resultar. No son los hechos los que deben ajustarse a nuestras concepciones científicas, sino, [...] nuestras concepciones científicas a los hechos[255].

C. Complementariedad metodológica

Hablo de exageración porque la clave del avance y el cambio se encuentra en el equilibrio entre la teoría y la práctica, lo pensado y lo dado. Y en algunas ocasiones puede ser necesario el quiebre con las viejas estructuras, el salto a lo nuevo, lo distinto, lo que consideremos mejor; con lo cual entra en consideración el problema dikelógico. Joaquín Costa es más proclive a una armonización entre la ley y la costumbre, el saber vulgar y el científico.

> La opinión, o la costumbre, o las circunstancias históricas que pudieran determinarlas declaran los límites del ideal, su grado de relatividad, su quantum; la ley ideal [...], la reflexión racional del artista, recompone, aclara, perfecciona y completa el material histórico y le infunde el elemento ideal de la cualidad[256].

Gény resalta la necesaria convivencia de dichas fuentes o elementos del derecho:

> Dos cosas son necesarias para constituir, para organizar una sociedad. Se necesita indudablemente una legislación

---

255   CUETO RÚA, *Fuentes...*, *op. cit.*, pág. 79.
256   COSTA, *op. cit.*, pág. 136.

escrita apropiada a su situación material; pero al lado de esta debe existir otra compuesta toda de usos, de hábitos, de ideas, de costumbres, en fin; y esta es únicamente la que gobierna la vida social en tantas circunstancias a que no puede llegar la acción de las leyes[257].

También se pronuncia por la complementariedad Ciuro Caldani:

[...] la prudencia aconseja no rechazar el camino legislativo (autoritario), puesto que la coexistencia de ambos [se refiere también al conjunto de repartos autónomos que configuran la costumbre] permite optar por la vía autónoma o por la autoritaria ampliando así los instrumentos al servicio de la justicia[258].

Edgar Morin habla también del antagonismo del programa y la estrategia, y de su complementariedad: "Un programa viviente puede prever en su desarrollo momentos estratégicos; una estrategia puede incluir en su desarrollo partes programadas"[259]. Esta complementariedad no sería posible sin una visión compleja[260].

Y hay nuevas razones por las cuales la estrategia es más rica:

Los programas nacen de una estrategia, no a la inversa. Así, los éxitos de una estrategia inventiva crean las condiciones

257   V. GÉNY, *Método...*, *op. cit.*, pág. 312. V. tb. pág. 370.
258   CIURO CALDANI, *Análisis...*, *op. cit.*, pág. 21; y *Reflexiones...*, *op. cit.*, pág. 790. V. tb. GIMÉNEZ CORTE, *op. cit.*, pág. 269.
259   MORIN, *El Método 2...*, *op. cit.*, pág. 265.
260   Sobre este tema, p. v. GALATI, "La teoría trialista del mundo jurídico y el pensamiento complejo de Edgar Morin. Coincidencias y complementariedades de dos complejidades", tesis doctoral, Rosario, Fac. de Derecho, Universidad Nacional de Rosario, 2009, 2 tomos. Aquí introduzco la "oscilación" entre autonomía y autoridad según el contexto y de lo que se carezca.

de estabilidad y protección que permiten repetirla y, cuando ya es repetitiva, rutinaria, fija, codificada [...] la estrategia deja de ser estrategia y se convierte en programa. [...] la elección de un programa o de una estrategia depende de la estrategia. En los niveles superiores de la conducta animal (y humana), el momento de adopción y de abandono de un programa depende en primer y último lugar de la iniciativa estratégica[261].

Por ello, la utilidad valiosa del trialismo se revela al significar una teoría abarcadora donde el profesional precisa el momento en el cual prioriza los elementos de cada dimensión. Lo cual se ve en el funcionamiento de las normas, que es un funcionamiento estratégico.

De nuevo se pronuncia por la complementariedad al hablar tangencialmente del Estado: "La potencia central del Estado es fuente de sometimiento generalizado[262], pero también de legalidad, asistencia y protección de los individuos"[263]. Y al tratar el policentrismo/acentrismo expresa: "Centrismo, policentrismo, acentrismo son caracteres unidos de forma diversa y dialógica en cualquier lugar del universo viviente"[264].

Savigny señala el necesario equilibrio entre estas fuentes: "Si ahora consideramos la costumbre y la ley en cuanto a su poder, habremos de poner ambas fuentes al mismo nivel"[265].

---

[261] MORIN, *El Método 2..., op. cit.,* pág. 266.

[262] Dice Savigny: "[...] Napoleón, al cual el Código servía como de un lazo más para sujetar al pueblo [...]". *De la vocación..., op. cit.,* pág. 88.

[263] MORIN, *El Método 2..., op. cit.,* pág. 294.

[264] Íd., pág. 371.

[265] SAVIGNY, *Sistema..., op. cit.,* pág. 109.

D. Juicios de hecho y juicios de valor en la ciencia jurídica

Creo importante diferenciar, en la medida de lo posible, los hechos de nuestras valoraciones, lo cual es más permitido por la costumbre: "[...] la costumbre [...] se constituye a través de un proceso que va de abajo hacia arriba (de los 'hechos' a los 'valores') mediante la síntesis de dos elementos [material y espiritual, clásicos en la consideración de la costumbre]"[266]. La ley no permite un escrutinio de conductas particulares que nos obliguen a encontrar el denominador común que sí se encuentra en la regla consuetudinaria. La ley marca un mandamiento que solo resta cumplir.

Así como la Escuela de la Exégesis planteaba que el legislador había tenido en cuenta el derecho natural al normar, de la misma manera se cree que el legislador tuvo en cuenta la costumbre al reglar por escrito, rechazando la dimensión social[267] y valorativa del ámbito del derecho. No se comprende que poco puede funcionar una disciplina si no tiene en cuenta sus bases de sustentación y un control crítico de su actividad. No hay una adecuada evaluación sin un apropiado diagnóstico. De ahí la completud del trialismo.

Se predica la restricción a la norma no porque se niegue el derecho natural ni la importancia jurídica de la realidad social, sino porque estiman que el legislador es el único que debe inspirarse en el derecho natural y ha de consultar la realidad social, al redactar la ley, debiendo luego el intérprete tener confianza en que ella

---

[266] MONTORO BALLESTEROS, *op. cit.*, pág. 100.
[267] RICHARD, y ROMERO, *op. cit.*

haya sido cargada suficientemente por el legislador con conocimientos sociales y sentido de justicia[268].

Las enseñanzas de Savigny relativas a los elementos sociológicos del derecho son acertadas en tanto hay un sustrato social que no puede desconocerse, es decir,

> [...] un legislador no puede sancionar una ley en una forma totalmente arbitraria, puesto que si esta choca en forma abierta y desembozada con el sentimiento colectivo, no alcanzará nunca a tener vigencia, se le escapa totalmente el importante papel que juega la ley con su efectiva posibilidad de modificar el derecho dentro de los límites razonables[269].

Decía Aristóteles: "Por tanto, cuando se reclama la soberanía de la ley se pide que la razón reine a la par que las leyes"[270], en alusión a que es preferible el gobierno de las leyes y no de los hombres. Podemos agregar que el gobierno de los hombres es negativo cuando es ejercido en perjuicio de alguien o algunos. También el filósofo griego aludía a que solo las leyes pueden observar las situaciones con imparcialidad. Aunque la ciencia ha demostrado que en el funcionamiento de las normas interviene la *subjetividad* humana.

> [...] el conocimiento científico no se conoce a sí mismo: no conoce su papel en la sociedad, no conoce el sentido de su devenir, ignora las nociones de consciencia y de subjetividad, y con ello se priva del derecho a la reflexión, que supone la autoobservación de un sujeto consciente que intenta conocer su conocimiento[271].

---

[268]   GOLDSCHMIDT, *Introducción...*, *op. cit.*, pág. 270.
[269]   AFTALIÓN, VILANOVA, y RAFFO, *op. cit.*, pág. 560.
[270]   "Política", trad. de Patricio de Azcárate, en http://www.cervantesvirtual. com/servlet/SirveObras/13561630989134941976613/index.htm (5.7.2006).
[271]   MORIN, *El Método 4. Las ideas. Su hábitat, su vida, sus costumbres, su organización,* trad. de Ana Sánchez, 4ª ed., Madrid, Cátedra, 2006,

La neutralidad es entonces imposible en ciencia alguna.

Aristóteles afirma que la virtud se adquiere a través de la costumbre, el hábito, y no por el mero conocimiento de ella, como afirmaban Platón y Sócrates. Podemos aprender de esta enseñanza que la justicia llegará a los hombres en tanto reine entre ellos la conducta a base de hábitos, es decir, ejercicios constantes de conductas virtuosas. Recuérdese la importancia adjudicada por Savigny a la práctica[272]. Y el hábito es una realización personal, una conducta que ejecuta el propio individuo, cuando lo que la ley hace es imponer, desde algo externo al individuo, una conducta a seguir. Si bien el hábito puede tener en su origen una imposición, la participación del individuo en la costumbre es más próxima y con mayor margen de libertad en la actuación. Solo logrando que los individuos ejerciten las conductas jurídicas, hagan funcionar el derecho, se llegará a una realización de la justicia sin imposiciones[273].

Ya Aristóteles hablaba de incluir el hábito en la justicia: "Todos [...] entienden llamar justicia aquel hábito que dispone a los hombres a hacer cosas justas y por el cual obran justamente y quieren las cosas justas"[274]. Luego señala: "La virtud y la justicia son lo mismo en su existir, pero en su esencia lógica no son lo mismo sino que, en cuanto es para otro, es justicia, y en cuanto es tal hábito en absoluto, es virtud"[275]. En el tema que nos toca, no solo es necesaria la justicia, a la cual deben ten-

---

págs. 73-74.
[272] V. el pto. 4.A.
[273] V. el pto. 3.A.
[274] *Ética...*, *op. cit.*, pág. 58.
[275] Íd., pág. 59.

der todos los comportamientos, sino unirla, en alguna medida, a la dimensión social del derecho, es decir, que para que la justicia sea completa, debe llegar a ser hábito, comportamiento social, como decía Aristóteles. Por otra parte, hallo aquí una forma de concebir al trialismo como integrativismo y no como yuxtaposición de dimensiones.

> [...] Sócrates pensaba que las virtudes son razones o conceptos, teniéndolas a todas por formas del conocimiento científico, mientras que nosotros pensamos que toda virtud es un hábito acompañado de razón.
> [...] Es manifiesto asimismo que aunque la prudencia no influyese en la conducta, haríamos menester de ella por ser la virtud de una parte del alma; y lo es también que no habrá elección recta sin prudencia ni sin virtud, porque esta propone el fin, y aquella pone por obra los medios conducentes al fin[276].

En este sentido, muchas veces la legislación remite al "buen comerciante", "buen padre de familia", etc., enviando en última instancia, al justo medio[277], determinado por las costumbres y las circunstancias del caso[278] de las que hablaba Aristóteles. Modalidades todas estas que nos dirán que el derecho se conoce mejor por estas características del ser jurídico.

E. La racionalidad en la costumbre

Algunos metodólogos de la investigación resaltan la importancia de la escritura al relacionarla con la producción intelectual.

---

[276] Íd., pág. 84.
[277] Íd., pág. 63.
[278] Íd., pág. 71.

Dado que el conocimiento científico forma parte [...] de las funciones de autorregulación de sistemas societales y políticos, y por lo tanto (en el sentido jurídico del término) es "conocimiento público", consecuentemente se objetiva como discurso escrito y se halla sometido a las normas estrictas de intercambio intelectual. Este intercambio intelectual presupone las normas de la lógica –en un sentido amplio– en las respectivas comunidades científicas[279].

Cueto Rúa coincide en cuanto a la falta de racionalización del proceso consuetudinario:

Cuando la pregunta acerca de la [...] conveniencia de una costumbre, se generaliza, es un signo de que ella entra en crisis. La costumbre es algo que aceptamos, que descontamos como un ingrediente necesario de nuestra vida comunitaria. [...] no demanda de nosotros un esfuerzo de racionalización ni de justificación[280].

Un elemento para pensar que la fuerza de la costumbre no nos obliga a reflexionar sobre ella lo da la siguiente anécdota:

En medio del patio de ese cuartel, había un banquito. Junto al banquito, un soldado hacía guardia. Nadie sabía por qué [...]. La guardia se hacía porque se hacía, noche y día, todas las noches, todos los días, y de generación en generación los oficiales transmitían la orden y los soldados la obedecían. Nadie nunca dudó, nadie nunca preguntó. Si así se hacía, y siempre se había hecho, por algo sería.
Y así siguió siendo hasta que alguien, no sé qué general o coronel, quiso conocer la orden original. [...] Hacía treinta y un años, dos meses y cuatro días, un oficial había man-

[279] SAMAJA, Juan, *Epistemología y metodología. Elementos para una teoría de la investigación científica*, 3ª ed., Buenos Aires, Eudeba, 2003, pág. 241.
[280] CUETO RÚA, *Fuentes...*, *op. cit.*, pág. 86.

dado montar guardia junto al banquito, que estaba recién pintado, para que a nadie se le ocurriera sentarse sobre la pintura fresca[281].

No obstante, tampoco podemos dejar de resaltar que la omnipotencia derivada de la generalidad y obligatoriedad desde la imposición que implica la ley opaca muchas veces la reflexión de los operadores y destinatarios del derecho. Se alega que se sigue ese camino "porque lo marca la ley". Por ello, la reflexión no debe faltar en instancia alguna. Y la crítica que implica el valor, personificado en el derecho en la dimensión dikelógica, nos recuerda constantemente la importancia de esa tarea. Tarea a aplicar tanto a la dimensión sociológica como a la normológica.

La inducción que se encuentra en el ser de la costumbre, fundada en la analogía, la semejanza, rememora la necesidad del acuerdo para la constitución de la sociedad y para la constitución del gobierno, es decir, lograr similitudes en la convivencia. Lo cual revela la pertinencia de un estudio político de la costumbre.

---

[281] GALEANO, Eduardo, *El libro de los abrazos,* 15ª ed., Buenos Aires, Catálogos, 2004, pág. 50.

CAPÍTULO 5
PERSPECTIVA POLÍTICA

La flexibilidad y el diálogo inherentes a la política guardan semejanzas con los caracteres señalados respecto de la costumbre. Se trata de lograr un ámbito "[...] comprensivo de la vida en común y la totalidad de los valores de convivencia [...]"[282]. De manera que la mejor garantía de convivencia es la que surge de los propios protagonistas.

A. Constante vigilancia y mayor garantía

Dice Aristóteles: "[...] hay leyes fundadas en las costumbres que son mucho más poderosas e importantes que las leyes escritas; y, si es posible que se encuentren en la voluntad de un monarca más garantías que en la ley escrita, seguramente se encontrarán menos que en estas leyes, cuya fuerza descansa por completo en las costumbres"[283]. En otra ocasión señala:

---

[282] CIURO CALDANI, *Derecho...*, *op. cit.*, pág. 21. V. el pto. 7.1.B.
[283] ARISTÓTELES, *Política*, cit. V. TRUYOL y SERRA, Antonio, *Historia de la filosofía del derecho y del Estado. 1. De los orígenes a la Baja Edad Media*, 7ª ed., Madrid, Alianza, 1982, pág. 164. No obstante, puede leerse en otra parte de la obra del estagirita: "[...] cuando se reclama la soberanía de la ley se pide que la razón reine a la par que las leyes; pero pedir la soberanía para un rey es hacer soberanos al hombre y a la bestia; porque los atractivos del instinto y las pasiones del corazón corrompen a los hombres cuando están en el poder, hasta a los mejores; la ley, por el contrario, es la inteligencia sin las ciegas pasiones. El ejemplo tomado más arriba de las ciencias no parece concluyente; es peligroso atenerse en medicina a los

[...] la razón nos dice que las leyes escritas no deben conservarse siempre inmutables. La política, y lo mismo pasa con las demás ciencias, no puede precisar todos los pormenores. La ley debe en absoluto disponer de un modo general, mientras que los actos humanos recaen todos sobre casos particulares. La consecuencia necesaria de esto es que en ciertas épocas es preciso modificar determinadas leyes[284].

También dice que "las costumbres democráticas conservan la democracia, así como las costumbres oligárquicas conservan la oligarquía, y cuanto más puras son las costumbres, tanto más se afianza el Estado"[285].

El derecho inglés es un ejemplo concreto de cómo la costumbre tiene la ventaja de mantener siempre alerta a los ciudadanos frente a los eventuales abusos del gobierno. Es interesante en este sentido cómo Lassalle relata el hecho de que el pueblo se resista ante una falta de acuerdo de la Cámara de los Comunes por un impuesto decidido por el Gobierno y sin autorización de aquella.

[...] todas las probabilidades de triunfo están desde el primer instante de parte del pueblo, todo el mundo se negará a pagar los impuestos; todos, aun los indiferentes y los que de buena gana pagarían, se resisten a pagar para no atraerse las antipatías de sus conciudadanos, a quienes, según todas las predicciones racionales, está reservada la victoria, para que el día de mañana no les apunten por la calle con el dedo como a malos ciudadanos.

[...] dispondría el Gobierno para vencer la resistencia de la Cámara de los Comunes y del pueblo [...] [del] Ejército. Pero

---

preceptos escritos, y vale más confiar en los hombres prácticos". ARISTÓTELES, *Política*, cit. También dice: "No hay, pues, buen gobierno sino donde en primer lugar se obedece la ley, y después, la ley a que se obedece, está fundada en la razón; porque podría también prestarse obediencia a leyes irracionales". Íd.

[284]   Íd.

[285]   Íd.

[...] el Gobierno tiene que dirigirse todos los años al Parlamento pidiéndole autorización para mantener un ejército[286].

Sin el acuerdo del Parlamento, el Gobierno no gozaría del poder disciplinario sobre la tropa, quedando sometidas las insubordinaciones y los amotinamientos a las leyes ordinarias[287].

Esto revela hasta qué punto es importante la constante vigilancia y cómo llevarla a cabo, no a través de acuerdos generales y abstractos como las leyes, sino a través de específicos convenios. Es tanto como mantener el contrato social pero por tiempo determinado. Un análisis profundo revela el fundamento que inspira la crítica de Lassalle y la de Goldschmidt: la preferencia por el acuerdo, a nivel sociológico. Lo cual es resaltado por Ciuro Caldani:

La ley como expresión del plan de gobierno en marcha encuentra una fundamentación natural en las doctrinas organicistas [...] que reconocen que el hombre es un ser social y, como tal, necesitado de gobierno. En cambio, la costumbre tiene su principal asidero en las doctrinas pactistas [...] según las cuales la sociedad y el gobierno deben apoyarse en el consentimiento de los individuos[288].

---

[286]   LASSALLE, *op. cit.*, págs. 118-119. Salvando las diferencias, alguna semejanza puede encontrarse con el conflicto de 2008 entre el gobierno y el sector agropecuario, que resistió fuertemente la suba de las retenciones a las exportaciones agropecuarias, lo que obligó a la presidenta a pedir la ratificación del Congreso de lo que originariamente fue una resolución ministerial. Finalmente, la ratificación legislativa no fue "positiva". Lo que precisamente desencadenó el envío presidencial fue la resistencia del pueblo de Gualeguaychú a las fuerzas de gendarmería nacional que querían desalojar una ruta ocupada. Hago aquí hincapié en el hecho de la resistencia, que es en sí valiosa, más allá de la valoración que quepa al motivo, desde el punto de vista del contenido de lo peticionado.

[287]   Íd., pág. 119.

[288]   CIURO CALDANI, "Reflexiones...", *op. cit.*, pág. 790.

B. Constitución de la sociedad y establecimiento del gobierno

Esto muestra que el consentimiento que el pueblo da para la constitución de la sociedad no debe confundirse, en el sentido de "fusión", con el consentimiento requerido para el establecimiento del gobierno. Este último debe renovarse constantemente en el ejercicio de los actos de gobierno[289]. Uno de los que más contribuyeron a este pensamiento fue John Locke. Si bien en un momento llegó a sostener que los preceptos fundamentales de las leyes naturales establecidas por Dios son glorificarlo y vivir en sociedad con los demás hombres,[290] y en otra oportunidad, que el súbdito debe obedecer toda orden del magistrado, sea justa o injusta, negándole el derecho de resistencia[291], luego cambió su postura. "El Estado lockiano nace [...] no tanto del *pactum subiectionis* cuanto de la concesión de confianza [...] del pueblo a los gobernantes [...]."[292]

C. Mayor participación

Sencilla pero lúcidamente dice Locke:

Es como si los hombres, una vez dejado el estado de naturaleza, y tras ingresar en la sociedad, acordaran que todos ellos, menos uno, deben estar bajo las leyes; y que la única

---

[289] De allí que a mayor presencia efectiva de formas de democracia semidirectas, mayor control popular habrá y menor posibilidad de abusos por parte del gobierno.
[290] FASSÒ, *op. cit.*, t. 2, pág. 136.
[291] Íd.
[292] Íd., pág. 144.

persona que no está sometida a ellas retiene toda la libertad propia del estado de naturaleza, aumentada con el poderío y hecha licenciosa por la impunidad[293].

Luego señala: "En una sociedad civil, ningún hombre puede estar exento de las leyes que la rigen"[294]. Nótese con qué intensidad Locke remarca la absoluta imposibilidad de liberar al gobernante de un control popular. De allí la necesidad de la participación de la comunidad a través de todas las formas posibles, y una de ellas es la admisión de la validez, en principio, de la costumbre como fuente o elemento del derecho.

En efecto, "[...] el comienzo de la sociedad política depende del consentimiento de los individuos, los cuales se juntan y acuerdan formar una sociedad; y que, cuando están así incorporados, establecen el tipo de gobierno que les parece más adecuado"[295]. En otra ocasión expresa que el consentimiento es necesario tanto para la constitución de la sociedad como para el establecimiento del gobierno:

Lo que crea una comunidad y saca a los hombres del desorganizado estado de naturaleza, llevándolos a formar una sociedad política, es el acuerdo que cada individuo hace con los demás, con el fin de incorporarse todos y actuar como un solo cuerpo, constituyendo de este modo un Estado claramente definido[296].

Precisa entonces su idea:

293 LOCKE, John, *Segundo tratado sobre el gobierno civil. Un ensayo acerca del verdadero origen, alcance y fin del gobierno civil,* trad. de Carlos Mellizo, Barcelona, Altaya, 1994, pág. 108.
294 Íd., pág. 110.
295 Íd., pág. 119; v. tb. pág. 130.
296 Íd., pág. 206.

La constitución del Poder Legislativo es el primero y fundamental acto de la sociedad; y mediante este acto, se asegura
la continuidad de la unión de sus miembros bajo la dirección
de ciertas personas y de lo que mandan las leyes que han
sido hechas por los legisladores con el consentimiento del
pueblo y por encargo suyo. Sin esto, ningún hombre ni grupo
de hombres pueden hacer leyes que obliguen a los demás[297].

D. Autonomía, responsabilidad y control

Así, "en [...] casos [...] en los que el gobierno queda
disuelto, el pueblo es dejado en libertad para valerse
por sí mismo y para erigir un nuevo poder legislativo
diferente del otro, ya sea por un cambio de personas, o
de sistema, o de ambas cosas, según al pueblo le parezca mejor para su propia seguridad y su propio bien"[298].
Vemos entonces cómo el consentimiento es la base de
la sociedad y el gobierno, lo cual sienta las bases del
desarrollo de la costumbre, la razón del pueblo, que
significa continua vigilancia, mayor protagonismo de
aquellos que tienen que brindar el consentimiento y,
finalmente, mayor responsabilidad.

Dice Ciuro Caldani: "[...] la costumbre es [...] par-
ticularmente significativa para amparar al individuo
contra el gobierno y puede ser una forma de resistencia
a la opresión"[299].

Locke, prevenido de que siempre es mejor curar en
salud y no esperar que el pueblo esté esclavizado para
que luche por su libertad, señala: "Los hombres no
pueden estar jamás seguros de impedir la tiranía, si no

---

[297]   Íd., págs. 207-208.
[298]   Íd., pág. 211.
[299]   CIURO CALDANI, "Reflexiones...", *op. cit.,* pág. 795.

tienen medios de evitarla antes de estar completamente
sometidos a ella. Por lo tanto, no solo es que tengan un
derecho a salir de un régimen tirano, sino que también
lo tienen para prevenirlo"[300]. Por ello la costumbre cumple su cometido de "control preventivo" como régimen
jurídico paralelo y alternativo al legal.

Por otra parte, también Locke resalta la confianza,
elemento estrechamente unido al consentimiento: "Qué
clase de poder habrían de tener en la sociedad aquellos
que lo han empleado con un fin contrario al que se les
encomendó cuando el gobierno fue instituido, es fácil
de determinar; y nadie podrá dejar de darse cuenta de
que quien una vez ha intentado una cosa así no puede
ser ya merecedor de confianza alguna"[301].

Es interesante destacar cómo el filósofo inglés pone
el acento en la realidad de los hechos, más que en la
formalidad:

> [...] si una larga serie de abusos, prevaricaciones y artimañas
> que tienden siempre hacia lo mismo hacen que el pueblo
> repare en que se está conspirando contra él, y las gentes no
> pueden darse cuenta de bajo quién están y adónde se las
> lleva, no es extraño que el pueblo se levante y trate de poner
> el gobierno en manos de quienes puedan garantizarle los
> fines para los que todo gobierno fue en un principio esta-
> blecido, y sin los cuales los rancios títulos y las sofisticadas
> formalidades vienen a resultar en algo mucho peor que el
> estado de naturaleza o de pura anarquía [...][302].

---

[300]   LOCKE, *op. cit.*, pág. 212.
[301]   Íd., pág. 214.
[302]   Íd., pág. 216.

E. Resistencia a la opresión y revocabilidad de los mandatos

Y si el consentimiento es necesario para la constitución de la sociedad y el gobierno civil, también lo es en los casos de disolución del gobierno:

> Quienquiera que haga sin derecho uso de la fuerza, y tal hace dentro de una sociedad quien la ejerce fuera de la ley, se pone a sí mismo en un estado de guerra con aquellos contra los que esa fuerza es empleada; y en un estado así, todos los acuerdos anteriores dejan de tener vigencia, todos los demás derechos desaparecen, y cada individuo se queda con el de defenderse a sí mismo y el de resistir al agresor[303].

El pactismo lockiano es lo que permite señalar:

> Que la injusticia, la desigualdad y la tiranía pueden tener cabida en un régimen gobernado por la regla de la mayoría es [...] indudable. Pero si Locke optó por ella, es porque la estimó menos nociva que cualquier otra, y, en especial, menos peligrosa que la impuesta por un sistema de gobierno unipersonal, arbitrario, absoluto e *irrevocable*. Para Locke [...] es la *irrevocabilidad* del gobierno establecido el gran mal que puede tiranizar y destruir al pueblo[304].

Savigny sostenía que "la base del derecho positivo tiene su existencia y su realidad en la conciencia general del pueblo [...] [y] esa conciencia [...] la reconocemos [...] [en] los actos exteriores que la manifiestan, en los

---

[303] Íd., pág. 221.

[304] MELLIZO, Carlos, "Prólogo y notas" a LOCKE, *op. cit.*, pág. 24. Es importante señalar que el derecho de resistencia es todo un tema que requiere una investigación aparte. Aquí solo reparo en la importancia del consenso popular y cómo este se relaciona con el gobierno y la costumbre.

usos, en los hábitos, en las costumbres"[305]. No por azar Puchta sostiene que la costumbre es para el pueblo que la establece un espejo donde reconocerse[306].

Luego de estas observaciones de la costumbre como acto humano de convivencia, vamos aproximándonos a la costumbre como acto humano jurídico.

---

[305] SAVIGNY, *Sistema...*, *op. cit.*, pág. 81.
[306] Íd.

SECCIÓN B
PERSPECTIVAS JURÍDICAS DE LA COSTUMBRE EN GENERAL

CAPÍTULO 6
NOCIONES FUNDAMENTALES

Aquí precisaré algunas ideas antes desarrolladas desde alguna de las perspectivas mencionadas: filosófica, histórica, ontológica, epistemológica y política.

A. Concepto

No por azar, en el título de este trabajo hablo de la razón del pueblo. Un gran estudioso de esta expresión fue Federico de Savigny, quien, cuando tiene que referirse al derecho consuetudinario, habla del derecho del pueblo[307]. También Gény señala que la costumbre es la encargada de traducir las aspiraciones de la conciencia popular[308]. En efecto, el jurista alemán señala que "la regla es engendrada por una idea de derecho cuya conciencia común tiene el pueblo, o por la convicción directa de que la regla es verdadera y obligatoria en sí misma, independientemente de toda sanción exterior"[309]. Comparte dicha definición Juan Carlos Cassagne: "La costumbre es el comportamiento uniforme y constante del pueblo, con la convicción de que tal proceder corresponde a una obligación jurídica"[310]. Por su parte, Goldschmidt señala: "Derecho consuetudinario es el seguimiento de repartos autoritarios o autónomos"[311].

---

[307]   Íd., pág. 80.
[308]   GÉNY, *Método...*, *op. cit.*, pág. 311.
[309]   SAVIGNY, *Sistema...*, *op. cit.*, pág. 166.
[310]   CASSAGNE, Juan Carlos, *Derecho administrativo*, 5ª ed., Buenos Aires, Abeledo-Perrot, 1996, t. 1, pág. 169.
[311]   GOLDSCHMIDT, *La ciencia...*, *op. cit.*, pág. 121.

B. Etimología

"La [...] palabra 'moral' deriva de la latina *mos mo-res,* que quiere decir costumbres [...]"[312]. De allí que en muchas oportunidades el Código Civil deriva la regla-mentación de las situaciones a las "buenas costumbres". La apelación a la costumbre no solo es importante por reconocer el ámbito social en el derecho, sino también por el calificativo de "buenas", ya que mi tesis, que sigue a Goldschmidt, sostiene que la costumbre es controlada por la justicia, es decir que "buenas", en última instancia, aludiría a la valoración de la costumbre. De manera que también cobra importancia en el fenómeno jurídico el elemento valorativo. En suma, se alude a la costumbre justa.

C. Terminología. ¿Usos, hábitos o costumbres?

Si bien se han realizado varias distinciones y dis-quisiciones entre hábito y costumbre, la que más me interesa es la relativa a los diferentes matices o moda-lidades que puede adoptar una conducta repetida en el tiempo y la propia repetición, que es lo que configuraría una costumbre. Se trataría de algo similar a la distinción que existe entre la esencia y el accidente de una cosa. Es clásica la diferenciación entre la costumbre de bañarse, que casi la unanimidad de las personas tiene, y el hábi-to de bañarse por las noches, que solo algunos llevan a cabo. De manera que la costumbre sería el bañarse, y el hábito sería hacerlo por las noches, conducta esta

---

[312]   AFTALIÓN, VILANOVA, y RAFFO, *op. cit.,* págs. 529-530. En similar sentido, MALIANDI, *op. cit.,* págs. 12 y 14.

última que no todos comparten. Por ello, los hábitos "[...] principian y acaban con el individuo que los ejecuta"[313].

Conviene aclarar que tanto el Código Civil como el Comercial hacen un empleo indistinto de ambos conceptos[314]. No obstante, alguna doctrina señala la distinción:

> Al uso lo impondría la conveniencia personal; a la costumbre, una fundamentación psicológica que la hace necesaria y le asigna fuerza de verdadera norma jurídica.
>
> El uso conviene a un grupo, a un sector, a una parte del todo; la costumbre conviene a la comunidad[315].

Spota hace referencia al jurista francés Thaller que diferencia la costumbre, que

> [...] es regla de derecho imperativa y de orden público, con vigencia supletoria y aun derogante de la ley escrita [...] [y] el uso, [...] [que] es "la cláusula tácita sobrentendida en una convención, por la cual las partes reglan sus relaciones según la práctica establecida". Este uso, que tanto puede ser general como limitado a una industria o lugar determinado, constituye, [...] "un elemento de interpretación de lo más legítimo" [...][316].

También se ha entendido que el uso es más flexible en cuanto al cumplimiento de los requisitos exigidos a la costumbre[317].

---

[313] ADIP, *op. cit.*, pág. 23.
[314] Lo propio ocurre en el ámbito del derecho del MERCOSUR. V. GIMÉNEZ CORTE, *op. cit.*, pág. 266.
[315] ADIP, *op. cit.*, pág. 29. En el mismo sentido RICHARD, y ROMERO, *op. cit.*
[316] SPOTA, Alberto, *Tratado de derecho civil*, t. 1, Parte General, Buenos Aires, Depalma, 1967, pág. 403.
[317] GIMÉNEZ CORTE, *op. cit.*, pág. 193. V. tb., íd., pág. 211.

Goldschmidt también nos acerca una importante distinción entre lo que considera la usanza o mera costumbre y el derecho espontáneo:

> [...] urge discriminar el derecho espontáneo de lo que se llama usanza o mera costumbre. [...] Quienes creen que todo derecho tiene carácter coercitivo afirman que la costumbre se distingue del derecho por carecer de tal carácter. Pero [...] no es cierto que la coercibilidad constituya una característica del derecho. [...] En muchos casos las usanzas y modas no constituyen repartos. En efecto, si un hombre lleva una corbata verde o rosácea, actúa dentro del ámbito de libertad que le corresponde. El reparto autónomo consiste en que el grupo mandante le confiere la potencia de actuar de muy diversos modos [...] no interesa en el reparto el uso concreto que se hace de esa libertad [...][318].

Coincide Barboza: "[...] la falta de saludo de dos buques que se cruzan en alta mar a veces puede acarrear alguna consecuencia desagradable, pero no origina sin embargo responsabilidad internacional"[319].

A partir de estas ideas, Amado Adip clasifica la costumbre en social y jurídica: "[...] en caso [...] de afeitarse, cortarse el cabello o ponerse corbata –todas ellas costumbres sociales vigentes–, no hacerlo no implica, tampoco, la posibilidad de una sanción jurídica"[320].

Una diferenciación importante, a los fines didácticos, es la que se hace entre la costumbre que contraría la ley y el desuso. En el primer caso, la norma consuetudinaria contradice a la ley, dando una regulación distinta a la plasmada en el texto escrito, mientras que en el desuso,

---

[318]   GOLDSCHMIDT, *Introducción...*, *op. cit.*, págs. 94-95.
[319]   BARBOZA, Julio, *Derecho internacional público*, Buenos Aires, Zavalía, 1999, pág. 94.
[320]   ADIP, *op. cit.*, pág. 29.

la solución que la ley da al caso problemático no es cumplida: "En el desuso de la ley nos encontramos con el hecho de que existe una fuente formal del derecho, pero no existe la fuente material correspondiente"[321]. Podría apuntarse que en ambos casos hay desuso de la ley: "[...] siempre que una ley no se aplique sin habérsela derogado, la costumbre es *contra legem* cualquiera sea su forma de manifestarse"[322]. Sin embargo, el desuso denota más una especie de descalificación del problema como jurídico, ya que, no solamente puede darse una regulación contraria a la legislativa, sino que puede directamente ignorarse el problema y no darse solución alguna. Puede existir entre los automovilistas la costumbre de cruzar las vías con las barreras bajas, con lo que se contraría la disposición legislativa o pueden dejar de existir las vías del ferrocarril como medio de comunicación y quedar en desuso la prohibición en cuestión.

Se utiliza el término costumbre derogatoria con la intención de mostrar el alzamiento de la costumbre de que se trate contra la normatividad. En este sentido Ciuro Caldani la señala como la "contradicción"[323], con la ley. Se la conoce por eso como "contra legem", aunque se ha encontrado también el calificativo de "adversus legem"[324]. "[...] la existencia de una costumbre 'contra legem' manifiesta una disconformidad de la comunidad respecto del orden de repartos captado, o sea una infidelidad del ordenamiento normativo."[325] Nótese también que se ha

---

[321] COSSIO, *Teoría de la verdad jurídica*, Buenos Aires, Losada, 1954, pág. 255. V. tb. "La bi-valencia de la verdad y el error como fuerza de convicción y como arbitrariedad", en *La Ley*, t. 70, pág. 758.

[322] DEL CARRIL, y GAGLIARDO, *op. cit.*, pág. 806.

[323] CIURO CALDANI, "Reflexiones...", *op. cit.*, pág. 789.

[324] DAVID, *op. cit.*, pág. 131.

[325] CIURO CALDANI, "Reflexiones...", *op. cit.*, pág. 792.

dicho que el desuso significa solo una paralización de la ley, no una derogación[326]. Por mi parte sostengo que tanto el desuso como la costumbre contradictoria tratan el reverso y el anverso de un único problema: la falta de existencia de la normatividad oficial en cuestión.

Cuando la costumbre ha desconocido lo normado por la ley, disponiendo algo contrario a lo que ella estatuye, suele llamársela costumbre *contra legem*. Más precisamente, si la costumbre simplemente desconoce lo que la ley dispone, sin seguir sus preceptos, la costumbre adopta la denominación de *desuetudo*, es decir, la costumbre que inaplica una norma por falta de uso[327].

Gény aporta una interesante clasificación atendiendo al origen y la diversidad que el comportamiento consuetudinario puede adoptar:

> [...] la costumbre puede revelarse de muy diversos modos. Unas veces surgirá de simples actos que traducen en la vida diaria el uso mismo que la engendra; otras, de prácticas extrajudiciales, de la práctica notarial, por ejemplo, manifestando claramente el carácter general de la regla; otras, de resoluciones judiciales cuando expresan el sentimiento jurídico que anima la costumbre; otras, por fin, de opiniones o dictámenes de jurisconsultos respetables, cuando pueda hallarse en aquellos una prueba sólida de las convicciones de los interesados[328].

---

[326] GOLDSCHMIDT, "Problemas de justicia en 'Medida por medida' de Shakespeare", en *Justicia y verdad*, Buenos Aires, La Ley, 1978, pág. 128.

[327] V. a GÉNY, *Método...*, *op. cit.*, pág. 384.

[328] GÉNY, *Método...*, *op. cit.*, pág. 315.

D. La costumbre en la Escuela Histórica

A pesar de la importancia enorme que tiene para el jurista el contacto con las bases de las normas, Goldschmidt recuerda que no todo el derecho nace del "espíritu" del pueblo:

> [...] la transformación de derecho consuetudinario en derecho legal es tan frecuente que la Escuela Histórica del Derecho llega a afirmar que el legislador debería limitarse a estas transformaciones. Sin embargo, ello de hecho no es así; y conocido es el caso del legislador alemán que inventó en el gabinete de trabajo la figura de la "sociedad de responsabilidad limitada", que tuvo enorme divulgación sin haber tenido la más mínima existencia prelegal[329].

Savigny resalta la importancia de la evolución en el derecho, idea clave para entender el concepto de costumbre:

> [...] si consideramos nuestra condición cual es realmente, nos encontraremos en medio de una masa enorme de ideas y de opiniones jurídicas transmitidas y acumuladas de generación en generación [...].
>
> Estos materiales nos sitian y siguen de todos lados, sin que a menudo lo sepamos. Quizás alguien crea que esta acción se podría destruir, procurando romper todo hilo histórico y comenzar una vida completamente nueva; pero en rigor semejante empresa descansaría en una verdadera ilusión. Porque es imposible destruir las opiniones de los vivientes jurisperitos; imposible mudar el fondo de la naturaleza de las relaciones jurídicas, y sobre esta doble imposibilidad se funda el lazo indisoluble y orgánico entre las generaciones,

---

[329]   GOLDSCHMIDT, *Introducción...*" *op. cit.*, págs. 97-98.

en las cuales puede sí admitirse desenvolvimiento, pero no un principio y un fin absolutamente determinados[330].

Por ello, la tarea del jurista es complementaria y de guía:

[...] solo debe recoger esta convicción y mantenerla para que sea practicada. El soberano solo debe hacer valer las normas consuetudinarias y producirlas en leyes, aunque [...] muchas veces no conviene porque la legislación con su rigidez entorpecería el desarrollo del derecho[331].

La costumbre es un fenómeno de raíz eminentemente social, si se tiene en cuenta el concepto que del derecho tenía Federico Carlos de Savigny: el espíritu del pueblo que se manifiesta en la historia a través de la costumbre. Decía[332]:

El fundamento [se refiere al derecho] tiene su existencia y realidad en la conciencia del pueblo. [...] La conocemos en cuanto se evidencia en actos exteriores, en cuanto se patentiza en usanzas, hábitos, costumbres. La uniformidad de una conducta continuada y duradera nos revela como su raíz común, opuesta al mero azar, la convicción del pueblo. La costumbre es [...] el síntoma del derecho positivo, pero no su causa de nacimiento.

---

[330] SAVIGNY, *De la vocación...*, *op. cit.*, pág. 130.
[331] FIGUEROLA, *op. cit.*, pág. 15.
[332] SAVIGNY, "Los fundamentos de la ciencia jurídica", en AA.VV., *La ciencia del derecho*, trad. de Werner Goldschmidt, Buenos Aires, Losada, 1949, pág. 51. "Windscheid cambió el sentido del 'espíritu del pueblo' por el de 'razón del pueblo'. CIURO CALDANI, *Lecciones...*, *op. cit.*, t. III-I, pág. 220.

El origen estaría dado en el *volksgeist,* que significa "espíritu del pueblo"[333], conciencia jurídica del pueblo[334]. "El derecho es la expresión del espíritu común nacional [...]."[335] En efecto, "es un mérito de esta escuela el no haber confundido la costumbre con la repetición constante de ciertos actos, comprendiendo que esta reiteración es solo un medio exterior para manifestar –y, por ende, para ser reconocida– la convicción jurídica, en la cual consiste esencialmente la costumbre"[336].

También puede ubicarse, en la misma corriente que Savigny, a Puchta: "Un precepto de derecho lo es en virtud de ser reconocido como tal en la convicción común de aquellos para quienes rige. El derecho es la voluntad común de los miembros de una sociedad"[337]. De manera que "este espíritu popular, capaz de producir derecho, se manifiesta en el uso o costumbre y determina el nacimiento del derecho consuetudinario"[338]. También Gustavo Hugo sostiene su más que afinidad con estos juristas, al ser el fundador de la Escuela Histórica:

> Para Hugo, el derecho no nace en la ley, sino que nace de aquellas fuentes que se encuentran detrás de la ley y que son la costumbre y la tradición. En su obra *¿Son las leyes las únicas fuentes de las reglas jurídicas?* hace la comparación entre el derecho y el lenguaje. El derecho se ha ido desarrollando, impulsado por la necesidad de los pueblos y perfeccionándose a través del tiempo[339].

---

[333]   V. http://www.filosofia.org/enc/fer/espipueb.htm (27.3.2008).
[334]   ADIP, *op. cit.,* pág. 51.
[335]   SAVIGNY, *Sistema...*, *op. cit.,* pág. 75.
[336]   DEL VECCHIO, *op. cit.,* pág. 369.
[337]   SAVIGNY, *Sistema...*, *op. cit.,* pág. 75.
[338]   Íd.
[339]   FIGUEROLA, *op. cit.,* pág. 15.

Ciuro Caldani agrega que al padre de la Escuela Histórica del Derecho se le debe que ni lenguaje ni derecho han sido "establecido[s] por Dios ni elaborado[s] por los hombres de mutuo acuerdo"[340].

E. La costumbre en Cossio

Es importante tener en cuenta, como lo señala Cossio, que el desuso de la ley muestra que la falta de coincidencia entre lo pregonado y lo cumplido señala la invalidez del principio del racionalismo de que el derecho es la ley[341]. El desuso se transforma así en el quiebre del principio de identidad[342] de la lógica formal.

> El racionalismo sigue pensando en la existencia del derecho como si fuera la existencia de las leyes. Pero [...] si bien la existencia vivencial de la ley en algo modifica la existencia vivencial del sentido de la conducta, al refundirse ambas existencias en una vivencia compleja, en cambio la existencia de la ley es por completo ajena a la existencia del substrato de la conducta, que no tiene una existencia vivencial. De ahí que nunca haya bastado prohibir los delitos mediante leyes para que los hombres dejaran de delinquir[343].

Muy inteligentemente, y por el sustrato culturalista y fenomenológico que nutre su pensamiento, Cossio señala un argumento más a favor de la costumbre. Así como el desuso quita vida a la ley, y haciéndola no verdadera la convierte en un mero pensamiento, la derogación de una ley solo implica un acto formal, pudiendo restar la

---

[340] CIURO CALDANI, *Lecciones...*, *op. cit.*, 1994, t. III-I, pág. 93.
[341] COSSIO, *Teoría...*, *op. cit.*, pág. 255.
[342] Íd.
[343] Íd., págs. 255-256.

vivencia que la comunidad tiene de dicha norma, con lo que en definitiva no habría sido materialmente derogada.

> [...] al eliminarse una norma general, esta ha de tener todavía la posibilidad de aplicarse en otras zonas de la experiencia jurídica, porque de lo contrario se la estaría privando de su validez sin razón suficiente. En este caso, la norma eliminada conserva su sentido de ser norma positiva; pero la norma en desuso ya no lo conserva. Es una cuestión de sentido que se verifica en la experiencia de una y otra manera[344].

Esta propuesta deriva de la naturaleza egológica de la teoría de Cossio, es decir, al basar el derecho en la conducta.

Este análisis es posible gracias a la visión de la juricidad como experiencia. Esta es también la visión de la Escuela Histórica, cuyos orígenes pueden remontarse a Vico:

> La teoría de Vico referente a que el derecho nace del fondo de la conciencia popular, de la *sapienza volgare,* fue un antecedente directo de [esta] [...] escuela. [...] Antes del *ius scriptum* se encuentran en Roma normas no escritas que, nacidas en el seno del pueblo y aplicadas en un uso constante, valían por convicción general de los ciudadanos, como reglas obligatorias[345].

Asimismo, cuando Lassalle se pregunta qué es una Constitución, no la circunscribe a la definición jurídica formal, es decir, como la ley fundamental, sino que ahonda en todos aquellos "fragmentos" de la Constitución que persona alguna puede desconocer en el terreno de

---

[344] Íd., pág. 256.
[345] FIGUEROLA, *op. cit.,* pág. 14. Cfr. tb. a DEL VECCHIO, *op. cit.,* pág. 369.

los hechos. Pues, "[...] en esencia, la Constitución de un país [...] [es] la suma de los factores reales de poder que rigen en ese país"[346]. Como la base de Lassalle es la realidad, la dimensión sociológica, luego puede sostener que "[...] no se concibe país alguno en que no imperen determinados factores reales de poder, *cualesquiera* que ellos sean"[347].

F. La costumbre en Cueto Rúa

Otro concepto de costumbre podemos encontrar en la obra de Julio Cueto Rúa: "La costumbre es un hecho social susceptible de percepción. Consiste en la reiteración de una determinada conducta cuando los miembros de un grupo social enfrentan las mismas circunstancias"[348]. Más allá del concepto de este autor, debe resaltarse el hecho de que incluye la costumbre como fuente autónoma del derecho: "El dato fundamental del derecho no es la pura compatibilidad lógica de los conceptos jurídicos, sino la experiencia humana intersubjetiva, la conducta efectiva de los integrantes de un grupo social o comunidad determinados"[349]. En efecto, los romanos tenían muy en cuenta lo que las costumbres establecían:

> En la época en que se hizo la ley de las Doce Tablas, las costumbres eran admirables en Roma. Se concedía la tutela al pariente más próximo del pupilo, pensando que la carga de la tutela debía recaer sobre aquel que podía tener la

---

[346]   LASSALLE, *op. cit.*, pág. 63.
[347]   Íd., pág. 71.
[348]   CUETO RÚA, *Fuentes...*, *op. cit.*, pág. 81.
[349]   Íd., pág. 64.

ventaja de la sucesión[350]. No se pensó que la vida del pupilo corriera peligro, aunque estuviera en manos de aquel a quien su muerte debía aprovechar. Pero cuando las costumbres cambiaron, los legisladores cambiaron igualmente de modo de pensar[351].

Más adelante agrega Cueto Rúa:

Los miembros del grupo social adecuan espontáneamente su conducta a las cambiantes modalidades del medio ambiente. Tal proceso surge de un modo irreflexivo, pero a veces lo estimula o lo desarrolla el comportamiento de los órganos de la comunidad. [...] El que la costumbre fuese o no una fuente del derecho no dependía, [...] de que la ley, otra de las fuentes, lo admitiese. Ello dependía de la experiencia social, y de la más específica de los tribunales y demás órganos jurisdiccionales[352].

G. La costumbre en Fontanarrosa

Entiende la costumbre como "la observancia constante y uniforme de una regla de conducta por los miembros de una comunidad social con la convicción de que responde a una necesidad jurídica"[353].

---

[350]   Se apuntaba así a lograr la protección de los bienes.
[351]   MONTESQUIEU, *op. cit.*, pág. 221.
[352]   CUETO RÚA, *Fuentes...*, *op. cit.*, pág. 68.
[353]   FONTANARROSA, Rodolfo, *Derecho comercial argentino. Parte general*, Buenos Aires, Zavalía, 1997, pág. 53.

H. La costumbre en Sagüés

La denomina como "derecho informal", ya que si algo la caracteriza es su espontaneidad y, por ende, su anonimato y falta de solemnidades. En el campo del derecho público, se ve el derecho informal como el "[...] el derecho constitucional no oficialmente promulgado por el Estado"[354].

I. Opinión del autor

Entiendo que la costumbre es un conjunto de repartos unidos espontáneamente al hilo de un criterio regulador digno de ser repetido en justicia. Porque la costumbre no nace de imposiciones, sino de acuerdos, se refieran ellos a repartos autoritarios o autónomos; porque la costumbre consiste en una regulación, y en este sentido establece una normatividad; y porque no cualquier costumbre puede ser válida, sino la que respeta las pautas de justicia. He aquí no sólo la definición trialista de costumbre, sino también la exposición compleja de la misma, es decir, denotando las interrelaciones entre las dimensiones sociológica, normológica y dikelógica del análisis del fenómeno consuetudinario[355].

Luego de haber recorrido distintos conceptos de la costumbre, podré ubicarlos en las distintas formas de concebirla, es decir, profundizaré en la esencia de la costumbre, en su naturaleza.

---

[354] SAGÜÉS, *op. cit.*, pág. 154.
[355] Para una explicación de las relaciones e interrelaciones que se dan al interior del fenómeno jurídico, p. v. GALATI, *La teoría...*, cit.

CAPÍTULO 7
NATURALEZA DEL FENÓMENO CONSUETUDINARIO

1. ¿Elemento autónomo o dependiente?

A. Fundamento

Cabe acotar un pensamiento de Gény referido a que la existencia de este tópico o la contestación a su pregunta son propios de estos tiempos, ya que, antaño, a nadie se le habría ocurrido cuestionar la costumbre como fuente o elemento del derecho[356]. Al contrario, "[...] se ha afirmado, desde un punto de vista racional, que el fundamento justificativo de la fuerza obligatoria de la ley depende de la costumbre"[357]. En efecto, como dice Anatole France: "Las leyes no son más que la administración de los instintos; están sometidas a los hábitos que pretenden sojuzgar: esto es lo que las hace soportables a la humanidad: en otro tiempo se las llamó costumbres"[358]. No obstante, podemos ver hoy en el *Diccionario de la Real Academia Española* que en la voz "Derecho" no existe una asociación con la costumbre, más que un acápite dedicado al "derecho consuetudinario" y, por oposición, al "derecho escrito". Incluso, cuando se habla de "conforme a derecho", se estable que es "conforme a la norma aplicable"[359].

---

[356] GÉNY, *Método...*, *op. cit.,* pág. 326.
[357] Íd., pág. 339.
[358] "Piere Nozière", 8ª ed., 1899, págs. 159-160; cit. por GÉNY, *Método...*, *op. cit.,* pág. 340.
[359] V. www.rae.es (28.6.2010).

Este interrogante ocurre, como señala Cueto Rúa, por la domesticación de los profesionales del derecho en el pensamiento lógico, general, abstracto, es decir, normativo.

> Hemos sido entrenados para pensar en términos imputativos. [...] Si no cuentan *a priori* con normas generales escritas sancionadas por autoridades legislativas, jueces y abogados pierden orientación. [...] Buscan desesperadamente la norma escrita, pero en el derecho consuetudinario la norma no está enunciada. Es el jurista quien la enuncia[360].

A esta desorientación y temor se suma el hecho de depositar en el legislador la tarea de elaborar normas, con lo cual el procedimiento intelectual de generalización es sustituido en el aprendizaje jurídico por el de memorización, bancarización en términos de Paulo Freire. Al depositar la soberanía en el Congreso, nuestro representante, olvidamos que depositamos también nuestra vivencia e intuición de la realidad, y no es extraño entonces que nos resulte ajeno el derecho consuetudinario[361].

> Imaginemos ahora a los individuos sentados cara a cara, alrededor de una mesa cuadrangular: se ven, están obligados a hablar entre sí; sus opiniones se cruzan, como en todo grupo pequeño. Por el contrario, imaginémoslos sentados lado a lado, alineados como en un banco de escuela, donde todos los alumnos miran al profesor. No pueden verse con facilidad, se sienten un poco incómodos y para discutir

---

[360] CUETO RÚA, *Una visión...*, *op. cit.*, págs. 214-215.
[361] "Los individuos defienden tanto más sus opiniones o juicios en la medida en que se sienten más implicados y estos tienen una mayor importancia para ellos." DOISE, y MOSCOVICI, *op. cit.*, pág. 267. No se condene entonces el desinterés de la población si no se le brinda oportunidad, ni se la educa en la participación.

deben realizar el esfuerzo de girarse hacia los demás. [...] Los grupos sentados alrededor de la mesa cuadrangular cambiarán en mayor medida y tomarán decisiones más extremas que los otros grupos[362].

Al entregar nuestra capacidad de comprensión de la realidad nos será difícil luego evaluar si la libertad prometida en el "contrato social" es respetada o no por nuestros representantes.

B. Kelsen y la efectividad

Cabe resaltar aquí la posición de Hans Kelsen, quien no dedica un capítulo especial de su *Teoría pura del derecho* a la costumbre. Lo cual se explica si se comprende que basa su concepción del derecho en la norma jurídica, en la ley. Es por ello que trata aisladamente el tema de la costumbre y bajo la "forma" de la eficacia de la norma. En este sentido, señala que la costumbre solo puede derogar una ley que ha caído en desuso si el orden jurídico asigna validez al principio de efectividad[363]. Sí reconoce, por una necesidad que deriva de la naturaleza

---

[362]   DOISE, y MOSCOVICI, *op. cit.*, pág. 276.
[363]   KELSEN, *op. cit.*, pág. 146. Semejante limitación se parece a la que señala un fallo de la Corte Suprema de Justicia de la Prov. de Buenos Aires. Este señala: "Tampoco acreditó el carácter consuetudinario que atribuyó a los acontecimientos calificados por la Municipalidad como irregulares, en tanto la costumbre no puede entenderse configurada cuando han variado las normas reglamentarias que rigen la actividad de un organismo administrativo [...]." "Luis Re c. Municipalidad de Berisso", del 24.4.1984, y publicado en "JA", t. 1984-III, págs. 219-222. Como lo señalo reiteradamente, no puede confundirse la validez existencial de la costumbre con su validez dikelógica.

de las cosas, la efectividad como basamento del orden jurídico todo; y así señala que la validez de un orden jurídico depende de su eficacia. Es la llamada norma hipotética fundamental:

> [...] cuando un documento se presenta subjetivamente como la primera Constitución de un Estado, la ciencia del derecho solo le atribuye la significación objetiva de un sistema de normas válidas cuando llega a instaurar un orden jurídico *eficaz*[364].

Más adelante señala: "La norma fundamental es así la hipótesis necesaria de todo estudio positivista del derecho. Al no haber sido creada según un procedimiento jurídico, no es una norma del derecho positivo; dicha norma no es 'puesta' sino 'supuesta'"[365]. Aquí reconoce que no se trata de una norma escrita lo que, nada más y nada menos, funda un sistema normativo. La base de su concepción normativa, en última instancia, reposa sobre algo no normativo.

En esto consiste el famoso e inevitable salto a las fuentes materiales que señala Goldschmidt[366], y en el cual incurre Kelsen: "[...] un orden normativo pierde su validez cuando deja de estar en cierta medida de acuerdo con la realidad. Hay [...] una relación entre la validez y la efectividad de un orden jurídico; la primera

---

[364]   KELSEN, *op. cit.*, pág. 53. El resaltado me pertenece. A pesar de subordinar la validez a la eficacia, no se resigna a ello y dice: "Pero, aun si un orden jurídico es válido solamente cuando los individuos a los cuales se dirige conforman sus conductas de una manera general a las normas que lo constituyen, *son siempre las normas jurídicas las que forman el derecho y no la conducta* efectiva de los hombres." Íd. El resaltado me pertenece.

[365]   Íd., pág. 139.

[366]   GOLDSCHMIDT, *Introducción...*, *op. cit.*, pág. 234 y ss.

depende, en cierta medida, de la segunda"[367]. En otra
oportunidad expresa:

> [...] aun si la Constitución escrita no reconoce la costumbre
> como fuente de derecho, puede suceder que los tribunales
> se rehúsen a aplicar una ley que ha caído en desuso. A
> menos de considerar tal falta de aplicación como *ilícita,* es
> *nec*es*ario* admitir que una norma constitucional de origen
> consuetudinario permite la derogación de una ley por una
> costumbre opuesta[368].

Se observa en este jurista, como en otros, la represión
de la fuerza jurígena de la costumbre y su reconocimiento
solo en última instancia, a regañadientes y frente a la
evidencia de los hechos. Señala Gény el fundamento que
se esgrime para negar validez autónoma a la costumbre:

> [...] como bajo nuestro régimen constitucional está sometido
> el ejercicio del Poder Legislativo a ciertas condiciones, no
> directamente abandonado a la comunidad social, y confiado
> por delegación intransmisible a ciertos representantes que
> no pueden legislar más que ateniéndose a las minuciosas
> reglas dictadas, es manifiestamente inadmisible que la vo-

---

[367]   KELSEN, *op. cit.,* pág. 142. Y el desapego de la realidad social se
puede percibir una vez más en Kelsen, a pesar del reconocimiento
del principio de efectividad: "Para que un orden jurídico nacional sea
válido es necesario que sea eficaz, es decir, que los hechos sean en
cierta medida conformes a este orden". Se pretende que los hechos
se acomoden a la norma y no esta a la realidad. Aunque en otra
oportunidad dice: "[...] una norma fundamental indica cómo se crea
un orden al cual corresponde, en cierta medida, la conducta efectiva
de los individuos a quienes rige. Decimos en cierta medida; [...] no
es necesario que haya una concordancia completa y sin excepción
entre un orden normativo y los hechos a los cuales se aplica. Por el
contrario, debe haber la posibilidad de una discordancia. Si no el
orden normativo ya no tendría ningún sentido." Íd., pág. 141.

[368]   Íd., pág. 146. Los resaltados son míos.

luntad general manifestada en totalidad y sin orden pueda crear derecho a excluir la ley en cualquier forma[369].

Más rotundo aún es el salto en el caso en que la desuetudo no está permitida por el orden jurídico, y no obstante ello, la ley deja de ser aplicada por los tribunales, en cuyo caso hay que admitir que una norma constitucional consuetudinaria permite tal derogación...[370]

Kelsen también tiene ocasión de menospreciar la costumbre a la hora de hablar del "Estado", diciendo que se halla verdaderamente constituido no solo cuando se está ante un "orden que organiza la coacción social", sino cuando cuenta con "ciertos órganos especializados para la creación y aplicación de las normas que lo constituyen"[371]. Es decir, cuando se centraliza la aplicación del derecho. Diciendo que las comunidades primitivas, en las que predomina la costumbre como fuente del derecho, no cuentan con tal centralización. Esta errónea consideración del fenómeno consuetudinario en relación con la centralización proviene de identificar el fenómeno jurídico con el derecho oficial, con el derecho de fuente estatal (leyes, decretos, sentencias, tratados, etc.). La costumbre es también una forma de centralizar la producción jurídica, aunque por distintos protagonistas.

La vida del derecho muestra que este se desenvuelve a nivel microjurídico "reparto" y a nivel macrojurídico "ejemplaridad", como uno de los modos constitutivos del orden de los repartos[372]. El derecho no es solo fruto

---

[369]   GÉNY, *Método...*, *op. cit.*, pág. 328.
[370]   KELSEN, *op. cit.*, pág. pág. 141.
[371]   Íd., pág. 189.
[372]   Sobre lo "micro" y lo "macro" jurídico y la estrategia p. v. CIURO CALDANI, "Nuevamente sobre la estrategia jurídica (con especial

de la coacción que amenaza aplicar un tribunal o que efectivamente hace aplicar. También vive en los acuerdos espontáneos, como las compraventas, que se cumplen en su totalidad y que no llegan al tribunal, en acuerdos forzados producto de la necesidad que se observan en las innumerables pólizas de seguro concertadas, en los actos políticos internacionales humanitarios de paz que cumplen organismos como la "Cruz Roja Internacional", etc. Lo cual denota que el derecho no es solo coacción[373]. En la propia etimología de la palabra, "[...] *jussum* se tomó a veces por equivalente a ley [...]. También para la primitiva ciencia aria el derecho hubo de significar relación social, lo que une a los hombres, pues se halla la raíz de la palabra romana en la sánscrita *yu, enlazar*"[374]. Es decir, "[...] derecho habría significado lo que atrae unos a otros hombres, llamándolos al calor de la comunidad"[375].

Respecto de la costumbre, la norma hipotética fundamental y Kelsen, nos dice Ciuro Caldani:

---

referencia a la necesidad de su enseñanza de grado en las Facultades de Derecho", en *Investigación...*, *op. cit.*, núm. 36, Rosario, FIJ, 2003, págs. 21-31.

[373] "De modo esquemático se podría afirmar que la tesis ordenancista [que considera que el derecho consiste en una ordenanza, sea ella un mandamiento o una orden] solo tiene en cuenta el 4% del mundo jurídico, ignorando la dimensión dikelógica (33%), la dimensión normativa (33%), los repartos autónomos (16%), los repartos autoritarios directos (8%) y la obediencia en los repartos autoritarios ordenancistas (4%)." GOLDSCHMIDT, *Introducción...*, *op. cit.*, pág. 62. Cuando Costa hace referencia a la costumbre jurídica, la llama la "[...] relativa a aquella propiedad que regula las relaciones libres entre los hombres"; lo cual da un signo alentador al derecho, y no tanto en pie de guerra y a la defensiva. Cfr. COSTA, *op. cit.*, pág. 17. V. tb. el pto. 3.G.

[374] Íd., pág. 35.
[375] Íd., pág. 37.

El principio de efectividad establecido en el derecho internacional es entonces la norma fundamental de los diversos órdenes jurídicos nacionales, pero el problema de la norma hipotética solo se posterga, porque al fin hay que remitirse a la norma fundamental del derecho internacional y aplicar el criterio de referencia fáctica según el cual es suponible. La norma fundamental propia del derecho internacional confiere a la costumbre calidad de hecho creador de normas[376].

Con lo que, en definitiva, en última instancia, en la base de todo el andamiaje jurídico se encuentra la costumbre...

Puede consultarse la caracterización de la costumbre como fuente autónoma en el pensamiento de Cueto Rúa en el pto. 6.f.

Savigny tiene una interesante postura sobre el tema, ya que no solo adjudica valor autónomo a la costumbre, sino que critica la facultad de los tribunales de evaluar a la costumbre.

Algunos han pretendido también que las decisiones judiciales eran indispensables para el establecimiento de un derecho consuetudinario; pero esta opinión se ha rechazado, con justicia, por la mayor parte de los autores. Yo voy más lejos aún, y afirmo que los mismos juicios no son siempre base de un derecho consuetudinario [...]. Si [...] en un juicio se aplica un derecho consuetudinario, este es un grave testimonio de la existencia de tal derecho. [...] Pero si en una decisión se toma la regla de una teoría viciosa, el juicio permanece bajo el dominio de la teoría, y no podría ser considerado como testimonio de una convicción común de derecho[377].

---

[376]   CIURO CALDANI, *Lecciones...*, *op. cit.*, t. III-II, pág. 291.
[377]   SAVIGNY, *Sistema...*, *op. cit.*, pág. 164.

C. Hart y la regla de reconocimiento

El criterio de Hart implica reducir el ámbito del derecho al Estado, al soberano, cuando los acuerdos entre particulares que vemos día a día y los agrupamientos de ellos al hilo de un denominador común que es la costumbre constituyen la "ejemplaridad" que coadyuva a la producción jurídica. Frente a esto, decía Savigny que el derecho no tiene que coincidir con el ámbito estatal: "[...] el derecho se crea primero por las costumbres y las creencias populares, y luego por la jurisprudencia; siempre, por lo tanto, en virtud de una fuerza interior, y tácitamente activa, jamás en virtud del arbitrio de ningún legislador[378]. Gény critica la postura de Hart porque sostiene que solo se admitirían las costumbres asentadas por el soberano, quien sería el único investido de autoridad legislativa[379].

H. L. A. Hart dice que la costumbre solo es derecho cuando es reconocida por los tribunales: "[...] una costumbre solo es derecho si pertenece a una clase de costumbres que es 'reconocida' como derecho por un sistema jurídico particular"[380]. Frente a lo cual, hay que caracterizar lo que Hart entiende por sistema jurídico. Podemos aventurar una respuesta en esta frase suya: "La costumbre no es una 'fuente' de derecho muy importante en el mundo moderno"[381]. También la desjerarquiza al otorgarle el rango de fuente secundaria: "[...] es una fuente subordinada, en el sentido de que la legislatura

---

[378] *De la vocación..., op. cit.,* pág. 48.
[379] GÉNY, *Método..., op. cit.,* pág. 327. V. tb. el pto. 8.3.A.
[380] HART, H. L. A., *El concepto de derecho,* trad. de Genaro Carrió, Buenos Aires, Abeledo-Perrot, 1961, pág. 56.
[381] Íd., págs. 56-57.

puede, mediante una ley, privar a una regla consuetudinaria de *status* jurídico [...]".[382] Luego dice:

> Mientras los tribunales no las aplican en casos determina-
> dos, tales reglas son *simples* costumbres y no son, en modo
> alguno, derecho. Cuando los tribunales las usan y, con arre-
> glo a ellas, dictan órdenes que son aplicadas, entonces por
> primera vez esas reglas reciben reconocimiento jurídico. El
> soberano, que podría haber interferido, ha ordenado táci-
> tamente a sus súbditos obedecer las órdenes de los jueces
> "amoldadas" a las costumbres preexistentes[383].

Esta posición nace de la errónea creencia de que el
derecho no puede nacer del hecho, y que solo los agentes estatales, mediante un misterioso procedimiento,
metamorfosean dicho hecho en el sagrado texto legal[384].

D. Costumbre subordinada

Llambías hace referencia a esta posición cuando
señala que

> [...] la costumbre recibe su fuerza obligatoria de la voluntad
> tácita del legislador. Para esa postura, conferida la función
> legislativa a un poder específico del Estado moderno, la
> vigencia de la costumbre dependería de la no contradicción
> del legislador: la costumbre sería una ley tácita[385].

---

[382]   Íd., pág. 57.
[383]   Íd., pág. 58.
[384]   V. TAU ANZOÁTEGUI, Víctor, *El poder de la costumbre. Estudios
sobre el derecho consuetudinario en América hispana hasta la Emancipación,* Buenos Aires, Instituto de Investigaciones de Historia del
Derecho, 2001, pág. 28.
[385]   LLAMBÍAS, *op. cit.,* pág. 63.

En nuestro país también sigue esta postura, en el derecho civil, López Olaciregui:

> [...] la costumbre no implica solamente un hecho de la comunidad, sino que también presupone la intervención de la autoridad que tácitamente la aprueba al consentirla [...]. [...] el poder no solo consagra la costumbre consintiendo su vigencia, sino también positivamente, en la medida en que los jueces [...] la aplican, sea como fuente primordial [...] sea para suplir los vacíos de la ley[386].

Agustín Gordillo hace lo propio en el campo del derecho administrativo: "La costumbre no puede ser admitida como fuente de derecho administrativo a menos que una ley expresamente lo autorice, pues las constituciones prohíben generalmente que nadie sea obligado a hacer lo que la ley no manda ni privado de lo que ella no prohíbe"[387]. No obstante, luego la admite, pero a favor de los particulares, y no para que la administración cree deberes a cargo de los individuos: "[...] la costumbre puede ser aceptada como fuente únicamente en cuanto contenga la creación de derechos para los particulares frente a la administración"[388]. Entiendo que dicha diferenciación está basada en consideraciones de valor, que corresponde evaluar en la dimensión dikelógica de un análisis jurídico, ya que la costumbre es un aspecto del derecho fundamentalmente material. Si hay costumbres que gravan a los particulares, cabe analizarlas y confrontarlas con las normas, o la justicia en su caso.

---

[386] En SALVAT, *op. cit.*, pág. 53.
[387] *Tratado de derecho administrativo,* 5ª ed., Buenos Aires, Fundación de Derecho Administrativo, 1998, t. 1, parte general, cap. 7, pág. 73.
[388] Íd., pág. 74.

Delia Ferreira Rubio también se pronuncia por la necesidad del visto bueno estatal: "Descheneaux exige, además, que no haya una resistencia notable de los órganos encargados de aplicar la norma, ni de la doctrina; esta resistencia eliminaría o, por lo menos, minaría seriamente el carácter de norma jurídica de la costumbre"[389]. Con este criterio, prácticamente pierde virtualidad jurídica la costumbre como elemento o fuente del derecho. La misma línea de pensamiento sigue la autora cuando habla de la prueba de la costumbre: "Si se trata de una costumbre notoria y reconocida ya por la jurisprudencia, no será menester que quien la alega la pruebe [...]"[390]. Si se hace depender la fuerza jurígena de la costumbre del reconocimiento de las autoridades estatales, se le quita el papel que le corresponde como elemento o fuente autónoma del derecho.

E. La razón de la costumbre

Es interesante desarrollar en este tópico la razón por la cual obliga la costumbre. Al respecto, los glosadores explicaban que la autonomía de la costumbre como fuente deriva de que "[...] lo mismo resulta cuando el pueblo manifiesta su voluntad por actos que cuando lo hace por votos"[391]. El fundamento también se lo

---

[389] "Comentario al art. 17 del Cód. Civ.", en AA.VV., *Código Civil y normas complementarias. Análisis doctrinal y jurisprudencial,* 1ª ed., 2ª reimp., dirigido por Alberto Bueres y coord. por Elena Highton, Buenos Aires, Hammurabi, 2005, pág. 41.
[390] *Op. cit.,* pág. 43.
[391] FIGUEROLA, *op. cit.,* pág. 14.

encuentra en "[...] toda manifestación espontánea del orden jurídico [...]"[392].

De esta manera, cuando se comprende la razón, se comprende el motivo por el cual prevalece ante la ley, ya que esta es el producto del legislador, quien, de acuerdo a la teoría jurídico-democrática, es el mandatario del pueblo, el cual debe ceder ante una regulación directa del mandante. Al respecto, señala Savigny:

> Los jurisconsultos romanos admiten, como constante, toda regla establecida por una larga *consuetudo,* una costumbre de muchos años, y le dan por base el *consensus* tácito del *populus* que la aplica [...] el hábito era el fundamento del derecho, el cual venía a ser la obra de un acto de voluntad de los mismos individuos que tienen poder para votar leyes en los comicios[393].

El paso del tiempo, las sucesivas delegaciones, fueron sepultando el fundamento último de la representatividad, que es el mandato. Esto no nos hace olvidar que la costumbre enmarca su funcionamiento en un sistema, por lo que deberá armonizarse, sobre todo con la dimensión dikelógica.

F. Costumbre jerarquizada

Stahl decía que "el Derecho consuetudinario, no consiste en modo alguno en una concesión del legislador; es una fuente jurídica, sustantiva, directa, originaria"[394]. Ya que consideraba que la costumbre "[...] es la fijación

---

[392]   Íd.
[393]   SAVIGNY, *Sistema..., op. cit.,* pág. 148.
[394]   FIGUEROLA, *op. cit.,* pág. 15.

de la conciencia popular. Es decir que tiene una fuerza latente en el ánimo del pueblo que la impone y la hace cumplir"[395].

Cassagne sostiene: "Dado que el derecho es producto de la sociedad, negar que la costumbre sea fuente del derecho es ignorar la realidad"[396]. Y no comparte la opinión de Gordillo, que termino de señalar:

> Esta última opinión es equivocada por cuanto antepone las situaciones individuales al bien común, en tanto que deriva de la circunstancia considerar al derecho administrativo como disciplina que solo tiende a proteger a los particulares frente al Estado y no como una rama jurídica que hace posible que el Estado cumpla con sus fines públicos dentro del ordenamiento[397].

Si bien como principio general reconoce el valor de la costumbre por su sustrato real, a la hora de aceptarla retacea su generosidad inicial mezclando elementos que pertenecen a dimensiones distintas, desde la óptica trialista: "[...] la costumbre no es fuente cuando está desprovista de sustancia jurídica o cuando se opone a principios morales de justicia o a los valores básicos de la organización social o política"[398]. Lo mismo cabría decir si se habla de la normatividad; y no se ve razón para ser más estricto con la costumbre que con la ley.

Sentís Melendo también le adjudica un carácter autónomo, desde el punto de vista procesal:

> [...] el juez puede y debe conocer la costumbre (lo que quiere decir informarse de ella cuando con anterioridad al litigio

---

[395]   Íd.
[396]   CASSAGNE, *op. cit.*, pág. 170.
[397]   Íd., págs. 170-171.
[398]   Id., pág. 171.

no la conoce). Si no resulta que exista una costumbre aplicable al caso controvertido, la situación será la misma que cuando no existe ley aplicable: deberá entrar en funciones la fuente de derecho que le siga en orden de prelación [...][399].

G. Necesidad de la costumbre para la evolución del derecho

La costumbre cumple funciones imprescindibles en el mundo del derecho, ya que ante los problemas de relación que se presentan, los hombres ensayan soluciones y, ante la superación del error en los manejos de los criterios y la elección de un criterio digno de ser repetido, se establece la regulación mucho antes que la normación. Sobre todo es importante la costumbre en el ámbito comercial:

> La permanente evolución de las relaciones económicas, la revolución tecnológica, la ampliación de los mercados, la expansión de la economía, las renovadas necesidades del tráfico mercantil [...] determinan la aparición [...] de relaciones contractuales no previstas por los textos legales y que dan nacimiento a nuevas figuras contractuales[400].

Los que pueden considerarse ejemplos de codificadores, los integrantes de la comisión encargada de redactar el Código Civil francés, expresaron que

> [...] las necesidades de la vida son tan variadas, la comunicación de los hombres es tan activa, sus intereses son tan

---

[399]   SENTÍS MELENDO, Santiago, *El juez y el derecho* (iura novit curia), Buenos Aires, Europa-América, 1957, pág. 256.
[400]   FARINA, Juan Manuel, *Contratos comerciales modernos. Modalidades de contratación empresaria*, Buenos Aires, Astrea, 1994, pág. 277.

múltiples y sus relaciones tan extensas que es imposible al legislador preverlo todo. Señalaban que muchas cosas son abandonadas necesariamente al imperio de los usos, a la discusión de los hombres instruidos y al arbitraje de los jueces. Se afirmaba la imposibilidad de dar a los ciudadanos leyes para todos los temas [...][401].

En efecto, señala Ciuro Caldani: "[...] las costumbres *praeter*[402] *legem* y *contra legem*[403] [...] evidencian en magnitudes crecientes el fracaso de la idea de hermeticidad y autosuficiencia que subyace en los códigos y sistemas [normativos] [...]"[404].

Nos dice Amado Adip:

> Las leyes permanecen inmutables en los términos en que han sido dictadas; al contrario, las necesidades sociales cambian, se extienden, se transforman y si la norma escrita no se modifica en su texto, lo será en su aplicación [...]; y aun así, las sucesivas adaptaciones de la ley al medio siempre cambiante en que ha de aplicarse, la transformarán en anticuada, porque sus disposiciones se irán quedando atrás, mientras la vida avanza[405].

H. La costumbre y la economía

La necesidad como "naturaleza" de la costumbre, que además la hace extremadamente "existente", es

---

[401]   CIURO CALDANI, "El bicentenario del Código Civil francés (una comparación entre la historia jurídica francesa y la historia jurídica argentina)", suplemento de *JA* del 18.2.2004.

[402]   Para la definición, v. el pto. 8.2.E.2.

[403]   Para la definición, v. los ptos. 6.C y 8.3.E.3.

[404]   CIURO CALDANI, "Reflexiones...", *op. cit.*, pág. 793.

[405]   ADIP, *op. cit.*, pág. 63.

también puesta de manifiesto en el implacable mundo de los mercados, del derecho comercial:

> Los estatutos medievales, como los cuerpos legales contemporáneos, solo recogen las prácticas creadas por los mercaderes para satisfacer las necesidades del tráfico. En verdad, forman el manantial intermitente de donde brotan las normas legales adecuadas conforme a la rápida marcha de la economía, por lo cual se ha dicho que el legislador comercial es el propio comercio[406].

La presencia de la economía como aspecto de la realidad que influye en el derecho se vale actualmente de la costumbre:

> George Sand habrá sido una precursora en Occidente al vestirse con pantalones, pero no fue quien impuso una moda. Para la moda actual de vestir pantalones habría que buscar otros casos de constitución originaria. Pero, a su vez, la moda está vinculada con la mayor libertad de movimiento, el mayor abrigo, los menores costos involucrados, etcétera, todo lo cual pertenece al subsistema de la economía[407].

I. La costumbre y la necesidad

No obstante, la necesidad no solo es patrimonio de quienes actúan en el mercado; generalmente es sufrida, más que satisfecha, por quienes son excluidos de aquel. En sentido amplio, Gény habla de la necesidad como fundamento de la costumbre[408] y de la naturaleza de las

---

[406] RICHARD, y ROMERO, *op. cit.*
[407] AFTALIÓN, VILANOVA, y RAFFO, *op. cit.*, pág. 532.
[408] GÉNY, *Método...*, *op. cit.*, pág. 364.

cosas[409], y menciona tres consideraciones al respecto: a) la exigencia de igualdad entre los sujetos impone que una regla acreditada por largo tiempo se cumpla; b) el profundo sentimiento de respeto por la tradición; y c) el asentimiento de los interesados, aun de aquellos que se oponen y a quienes la regla constriñe, lo cual constituye la mejor garantía del equilibrio existente entre los intereses reglados. Frente a lo cual cabe decir que la costumbre reside, en última instancia, en la naturaleza de las cosas[410].

Hay que tener en cuenta, junto con Gény, que más allá de la igualdad teórica o parigual validez de ambas fuentes o elementos del derecho, no podemos huir a la confrontación sociológica de ellos, es decir, a qué preponderancia efectiva tienen en el desarrollo de la práctica jurídica.

> [...] desde que el Estado crece, la costumbre viene a ser más rara [...].
> [...] parece difícil concebir cómo ha de poder elaborarse una costumbre general sobre un punto de importancia, suponiendo esta comunidad de opiniones, entre tantas entidades investidas de grandísima independencia de juicio, bajo la autoridad soberana del poder central[411].

En efecto, el jurista francés recae en la secundarización de la costumbre: "[...] no debe por ello negarse

---

[409]   Íd., pág. 365. V. tb. a GARBINO, Guillermo, LAVALLE COBO, Jorge, PARDO, Alberto, y RIVERA, Julio César, "Artículo 17", en AA.VV., *Código Civil y leyes complementarias comentado, anotado y concordado*, t. 1, ed. al cuidado de Augusto Belluscio y Eduardo Zanonni, Buenos Aires, Astrea, 1993, pág. 94.

[410]   LLAMBÍAS, *op. cit.*, pág. 64.

[411]   GÉNY, *Método...*, *op. cit.*, pág. 317.

al primer lugar que le corresponde, después de la ley, entre las fuentes de la interpretación jurídica"[412].

Cabe acotar finalmente que aquella parte del derecho que la costumbre deroga sigue siendo derecho. Así como el derecho que creemos injusto sigue siendo derecho, es decir, una parte integrante de él, aunque no se adecua al valor, la norma jurídica escrita dejada de lado por la costumbre es también parte integrante del fenómeno jurídico, aunque es inexacta, es decir, inaplicada por los encargados del funcionamiento del mundo jurídico. Es un derecho que no "funciona"[413]. La importancia de la aclaración implica que, dada la "existencia" de lo derogado, se lo puede analizar y calificar por otra dimensión del derecho. En definitiva, se trata de una cuestión de transparencia en el análisis.

2. Naturaleza de la costumbre según el saber vulgar

A. Sentido común

Ya en Martín Fierro se encuentran pensamientos asociados al derecho, más precisamente, cómo lo percibe la población. El saber vulgar analiza y comprende lo que

---

[412]   Íd., pág. 341.
[413]   Algo similar sostenía Savigny respecto de la costumbre "errónea", en tanto, a pesar del error, no por ello perdía fuerza jurígena: "[...] se reconoce hoy que, respecto a la signatura y el sello de los testigos, se ha introducido desde la Edad Media una forma errónea, extraña al derecho romano; pero esta forma viciosa, consagrada por una larga costumbre, no es menos legal". *Sistema..., op. cit.*, t. 1, pág. 166. De allí que no sea necesario exigir racionalidad a la costumbre para ser tal. De cualquier modo, según el trialismo quedará el eventual análisis dikelógico en donde la justicia actúa como sentimiento racional.

efectivamente ocurre, coincidiendo con la naturaleza del fenómeno consuetudinario y más allá de lo que esté escrito. Decía el Moreno: "Hay muchos que son dotores, / y de su cencia no dudo; / mas yo soy negro rudo, / y, aunque de esto poco entiendo, / estoy diariamente viendo / que amplican la [ley] del embudo"[414]. Dicho refrán dice: "La ley del embudo / lo ancho para otros / lo estrecho para uno"[415]. El propio Hernández señala: "Es una vieja expresión, que el vulgo aplica al desigual proceder en los negocios. El origen lo revela Covarrubias: 'quando alguno es muy escrupuloso para los otros y licencioso para sí, suelen dezir que bebe por lo ancho del embudo, y a los demás da a beber por lo angosto' [...]"[416]. Con esto quiero significar que el sentido común no suele ser tan desacertado.

B. Cultura legalista y pretensión de verdad de la ciencia jurídica

No obstante, la clase media, influida por la educación formalista y conservadora, mantiene alguna asociación del derecho con la ley, en el sentido de que siempre espera que las leyes emanadas de los cuerpos legislativos solucionen los problemas que corren por carriles distintos de los ideales. Interesa el reparto de bienes y servicios, hacia quiénes se dirigen, en qué porcentajes y hacia

---

[414] HERNÁNDEZ, José, *Martín Fierro*, 32ª ed., Buenos Aires, Losada, 2004, pág. 204.

[415] V. http://es.wikipedia.org/wiki/Ley_del_embudo (15.5.2008). Agustín Gordillo hace una referencia semejante a este principio cuando dice: 'Para mis amigos, la justicia; para mis enemigos, la ley'". *La administración...*, *op. cit.*, pág. 98.

[416] *Op. cit.*, pág. 273.

quiénes no se dirigen. Una muestra de ello fue la canalización del hartazgo ciudadano contra la inseguridad, la impunidad y la inacción de los gobernantes, encabezado por el padre del joven asesinado Axel Blumberg[417]. Toda la gente que asistió a la plaza que se encuentra junto al Congreso argentino creyó que allí estarían quienes solucionarían sus problemas, cuando desde las leyes no se hace más que una petición de principios. Las leyes no se autoejecutan con solo dictarlas. ¿Acaso los reclamantes conocían la existencia de leyes anteriores sobre el tema? ¿Acaso los reclamantes se preguntaron por las condiciones materiales que se requerirían para cumplir las novísimas leyes sancionadas o a sancionarse? ¿Son suficientes las cárceles? ¿Es la cárcel la solución a sus problemas y a los de los que "delinquen"? No creo que el incremento de las penas sea la solución al problema o la baja de la edad de imputabilidad, sino investigar o confirmar qué hace el condenado en la cárcel mientras cumple su condena, además de estudiar las causas que lo llevaron a delinquir, para que él y otros no reincidan en el delito. Foucault ha tratado profundamente este tema.

> La prisión no puede dejar de fabricar delincuentes. [...] se quiere que la prisión eduque a los detenidos; pero un sistema de educación que se dirige al hombre ¿puede razonablemente tener por objeto obrar contra lo que pide la naturaleza? [...] Arbitrariedad de la administración: "El sentimiento de la injusticia que un preso experimenta es una de las causas que más pueden hacer indomable su carácter. Cuando se ve así expuesto a sufrimientos *que la ley no ha ordenado* ni aun previsto, cae en un estado habitual de cólera contra todo lo que lo rodea; no ve sino verdugos en todos los agentes

---

[417]   Que ocurrió en 2004 y cuyo juicio oral recién se realiza en 2006.

de la autoridad; no cree ya haber sido culpable: acusa a la propia justicia"[418].

La violencia proviene también de los propios encargados del control: "¿Quiénes son estos guardianes? Soldados liberados, hombres sin instrucción, sin inteligencia de su función, que tienen el oficio de guardar malhechores"[419].

La distancia que se produce entre la ley y la realidad social no deja de reflejarse entre el encarcelado y una vida distinta. Esta distancia y la sensación de ver lejanamente una posibilidad de reinserción social producen una recursividad delincuencial:

> "El primer deseo que va a nacer en él será el de aprender de los hábiles *cómo se eluden los rigores de la ley;* la primera lección se tomará de esa lógica ceñida de los ladrones que les hace considerar a la sociedad como una enemiga [...] ha roto en adelante con todo lo que lo ligaba a la sociedad [...] El quebrantamiento de destierro, la imposibilidad de encontrar trabajo y la vagancia son los factores más frecuentes de la reincidencia[420].

No es casual entonces que un país que desconoce la realidad piense en subterfugios para incorporarla al análisis. De ahí que sea tan conocido el dicho "hecha la ley, hecha la trampa". En niveles más acomodados esto se percibe en los innumerables artificios para lograr

---

[418] FOUCAULT, Michel, *Vigilar y castigar. Nacimiento de la prisión,* trad. de Aurelio Garzón del Camino, 1ª ed., Siglo XXI, Buenos Aires, 2005, págs. 270-271.

[419] Íd., pág. 271.

[420] Íd., pág. 272. El resaltado es mío.

aumentar los alquileres, pese a la prohibición de indexación[421] que contiene el art. 4 de la ley 25561[422].

Por otra parte, el filósofo estructuralista también demuestra no solo cómo es necesario un análisis paralegal, sino cómo se hace lo contrario de lo que la ley dice. Se produce lo que él llama la administración de la ilegalidad.

Por esta misma "cultura legalista" es que en las universidades

> se estudian los conceptos, su extensión lógica, sus relaciones entre ellos. Luego se amplía el conocimiento de la norma al conocimiento del sistema de las normas. Se examinan las relaciones, las jerarquías normativas [...] y se los va preparando [a los alumnos] para pensar en términos normativos, pero no se los prepara lo suficiente para hacerse cargo de los datos de la realidad con la que deben entenderse al actuar como abogados[423].

---

[421] V. GUTMAN, Daniel, "Alquileres: la indexación está prohibida pero igual se aplica", en *Clarín*, del 18.2.2002, en http://www.clarin.com/diario/2002/08/18/e-02015.htm (23.9.2008); SAN GIOVANNI, Daniela, "¿Qué cláusulas se agregan en los contratos para 'saltear' la prohibición de indexar?" del 13.9.2008, en http://abogados.infobaeprofesional.com/notas/71637-A-pesar-de-estar-prohibido-prolifera-la-indexacion-de-precios-en-los-contratos.html?cookie (23.9.2008). En estos artículos se hizo constante referencia a la imaginación para esconder la indexación, al ingenio dentro de la legalidad, a que no es posible encontrar un abogado que desconozca los convenios que contienen las actualizaciones, a que no se puede esquivar la inflación y a que las leyes quedaron desactualizadas. Todo lo cual alude a un problema psicológico en tanto no se admite lo que efectivamente ocurre.

[422] "El deudor de una obligación de dar una suma determinada de pesos cumple su obligación dando el día de su vencimiento la cantidad nominalmente expresada. En ningún caso se admitirá actualización monetaria, indexación por precios, variación de costos o repotenciación de deudas, cualquiera fuere su causa, haya o no mora del deudor, con las salvedades previstas en la presente ley."

[423] CUETO RÚA, *Una visión...*, *op. cit.*, págs. 209-210.

Van a tratar con clientes, jueces, otros abogados, conflictos, problemas, pero son entrenados en memorizar normas y conceptos. Esta cultura legalista, como vimos, se reproduce en el sistema penal. En efecto, se proclama en los papeles la reinserción social del condenado, caída en desuso, pero no se toma consciencia de los efectos de la pena y de cómo, en los hechos, "se borra con el codo lo que se escribió con la mano", con la ley. "La misma sentencia que envía a la prisión al jefe de familia, reduce cada día que pasa a la madre a la indigencia, a los hijos al abandono, a la familia entera a la vagancia y a la mendicidad. En este aspecto es en el que el crimen amenaza perpetuarse."[424] Por ello se dice que el sistema reproduce desigualdades en lugar de combatirlas.

Solo si se considera la realidad social como parte del funcionamiento del derecho, puede llegarse a conclusiones como las siguientes, que formula Foucault: a) la readaptación debe tener en cuenta las diferencias entre los encarcelados: físicas, morales, su grado de perversión, a fin de las posibilidades desiguales de corrección; b) debería poder recuperar la libertad el condenado si hay certeza respecto de su regeneración moral[425]; c) es importante la práctica de un oficio por el encarcelado a fin de que pueda sostener a su familia; d) es indispensable la existencia de personal especializado para la buena formación de los individuos; e) se impone un servicio médico y psicológico adecuado; f) debe lograrse

---

[424]   FOUCAULT, *Vigilar...*, *op. cit.*, pág. 273.
[425]   Lo cual se relaciona con el espíritu de la ley en la interpretación de institutos como la libertad condicional, ejecución condicional, etc.

la contención dentro y fuera de la prisión, a fin de hacer posible su readaptación[426].

Es importante que el encarcelado se sienta capaz de serle útil a la sociedad y que no la vea como a un enemigo a fin de que cumpla un rol en ella, y que esto permita a su vez la posibilidad de encontrar un sentido a la vida. El aprovechamiento del tiempo en la cárcel debe fortalecer su autoestima a fin de que pueda lograr en la sociedad una meta que considere como realizable. El ejemplo de buena conducta de sus vigilantes, más la contención psicológica por parte de expertos, no harían difícil la vuelta a la sociedad[427].

C. Costumbre y participación

La impronta legalista también se observa en la escasa participación de los habitantes en la solución de los problemas comunes. La ley presupone un encargado de producirla y que haya encargados de obedecerlas. La obediencia supone que alguien sabe más que otro, que es el encargado de obedecer; o que efectivamente hay una falta de interés. Y es así como la ley tiene como supuesto que haya algunos que digan a otros lo que tienen que hacer o dejar de hacer. Dicha concentración de poder también se ejerce en el ámbito de la producción del derecho, al no fomentar los mecanismos de democracia semidirecta, al desoír los reclamos populares, o al criminalizar la protesta social. El electorado también

---

[426]   FOUCAULT, *Vigilar...*, *op. cit.*, págs. 274-274.
[427]   Estas recomendaciones no deberían formar parte de la criminología, sino del derecho penal en su aspecto social, es decir, de la jurística-sociológica-penal.

deja que esta tendencia continúe, ya que hasta hoy solo se han presentado tres proyectos de iniciativa popular de leyes:[428] uno sobre derogación de las jubilaciones de privilegio, las cuales fueron modificadas parcialmente; otro sobre un programa nacional de nutrición; y otro que no fue tratado por el Congreso por defectos formales de la CGT y la CTA[429]. Sí ha tenido éxito una iniciativa del Defensor del Pueblo de la Nación[430], respecto de una modificación importante en materia de seguridad vial nacional, que se plasmó en la ley 26363[431], que modifica

---

[428] "Los ciudadanos tienen el derecho de iniciativa para presentar proyectos de ley en la Cámara de Diputados. El Congreso deberá darles expreso tratamiento dentro del término de doce meses. El Congreso, con el voto de la mayoría absoluta de la totalidad de los miembros de cada Cámara, sancionará una ley reglamentaria que no podrá exigir más del tres por ciento del padrón electoral nacional, dentro del cual deberá contemplar una adecuada distribución territorial para suscribir la iniciativa. No serán objeto de iniciativa popular los proyectos referidos a reforma constitucional, tratados internacionales, tributos, presupuesto y materia penal." (Art. 39, Const. Nac.). Señalan Burke y Bluntschli "[...] que la democracia inmediata es el imperio de una masa empujada por pasiones e intereses y 'la cosa más desvergonzada del mundo'". GOLDSCHMIDT, *La ciencia...*, *op. cit.*, pág. 311.

[429] V. http://www.iniciativapopular.org/TalleresAntecedentes.asp (8.3.2006).

[430] GILARDÓN, Florencia, "Comienzan a juntar firmas para que se sancione una Ley Nacional de Seguridad Vial", en *Clarín* del 16.2.2007, en http://www.clarin.com/diario/2007/02/16/um/m-01364819.htm (21.3.2007).

[431] La importancia de esta norma está dada por establecer una única autoridad de aplicación, encargada de coordinar las licencias de conducir y las infracciones de los conductores (art. 4), a fin de que no puedan evadirse al gestionar las licencias en diferentes provincias o en la ciudad de Buenos Aires Además, controlará las disposiciones laborales sobre descanso y jornada laboral de choferes (art. 4). La unificación de la información, por ej. a través del Registro Nac. de Antecedentes de Tránsito (art. 19), hará más ágil el otorgamiento

la 24449. Si bien la iniciativa corresponde a un funcionario nacional y no al electorado, dicha ley modificatoria ya tenía el antecedente de la 26353 de marzo de 2008, que ratifica el "Convenio Federal sobre Acciones en Materia de Tránsito y Seguridad Vial", suscripto en agosto de 2007 entre el Estado nacional, las provincias y la Ciudad Autónoma de Buenos Aires. Existió también un proyecto de iniciativa sobre la adquisición de medicamentos solo en farmacias[432], antes de la sanción de la ley 26567 en 2009.

Tengo la sensación de que siempre se espera todo de la ley y de la sapiencia de los encargados de hacerla. Esto lleva a preguntarnos por el rol que cumplimos como pueblo y si la solución pasa por algo que está más allá del debate acerca de promover la formación y sanción de leyes o su importación. Es interesante resaltar el proceso codificador francés y lo dicho en el discurso preliminar de la obra napoleónica:

> [...] se afirmaba que el derecho es la razón universal, fundada en la naturaleza de las cosas, mas el espíritu napoleónico no

---

de las licencias y efectivo el cumplimiento de las sanciones (art. 23 y 26). Hay nuevas faltas, como "[...] manejar utilizando auriculares, celulares y pantallas o monitores [...], no respetar la distancia mínima entre vehículos, violación de los límites de velocidad, transportar niños en el asiento delantero y un número de ocupantes superior a la capacidad del automóvil" (art. 33). También será obligatoria la verificación técnica vehicular (art. 4). Un observatorio vial (art. 18) será el encargado de investigar las causas de los accidentes de tránsito y proponer soluciones. Y se prohíben las publicidades y ventas de bebidas alcohólicas en sitios próximos a las rutas o caminos (art. 27 y 28). "Otro paso adelante", en http://www.pool-economico.com.ar/upload/plan_nacional_de_seguridad_vial_ley.doc (15.5.2008).

[432] Presentado por un grupo de entidades que agrupan a profesionales y trabajadores de la disciplina. V. www.cofa.org.ar/NNoticias/archivos/PLANILLA_CONSULTA_POPULAR.doc (9.6.2010).

podía dar una razón abstracta, sino enraizada en la historia. [...] los codificadores [...] señalaron que en materia de instituciones y de leyes los siglos de ignorancia son el teatro de los abusos y los siglos de la filosofía de las luces habían sido, muy a menudo, el teatro de los excesos. Afirmaba [...] que las leyes no son puros actos de poder, son actos de sabiduría, de justicia y de razón; son hechas para los hombres y [...] deben adaptarse al carácter, los hábitos y la situación del pueblo para el que son legisladas. Décadas antes Montesquieu había relacionado las leyes con la naturaleza de las cosas, haciéndose precursor de la sociología. Indicaban los codificadores que un gran Estado a la vez agrícola y comercial como Francia, que poseía diversas industrias, no podía tener las leyes simples que podían bastar para una sociedad pobre o reducida[433].

Con respecto a la recepción jurídica, dice Ciuro Caldani, en afinidad con la Escuela Histórica:

[...] la madurez significa poder vivir desde uno mismo y en relación con los demás, que un pueblo solo existe desde sí mismo y en relación con los demás. Ninguno de los grandes países tomados como modelos habría adoptado la política de recepción que, con diversos grados de lucidez pero siempre en vías de fracaso final, se encaró reiteradamente en nuestro medio desde muy diversas orientaciones políticas.
No sería justo ignorar la importancia de las reformas producidas en nuestro derecho civil, a menudo muy tensas, como las que se produjeron a partir de 1943, o las de 1968, pero creemos que no hemos podido superar la tendencia creciente a desconocer el complejo de nuestra propia situación[434].

En similar sentido y desde tiempos antiguos, se creía que el derecho formaba parte de la vida y no podía desvincularse de ella.

---

[433]   CIURO CALDANI, "El bicentenario...", *op. cit.*
[434]   Íd.

> [...] pensaba Solón que las leyes son mudables como lo es la vida de los hombres: interrogado acerca de su legislación, respondió que había dado a Atenas, no las mejores leyes posibles, sino las mejores que consentía el estado de sus conciudadanos, quienes las soportarían con agrado y las observarían indefectiblemente, porque las había acomodado a sus intereses[435].

Por ello, desconocer la costumbre es desconocer la vida del derecho. "La conveniencia de la recodificación se nutre recíprocamente con la necesidad de tener un proyecto de país, y este ha de edificarse considerando nuestra realidad. Solo es posible lo que permite la realidad de la 'Constitución material.'"[436]

3. Estabilidad de la costumbre

A primera vista, puede creerse que la costumbre no es de fiar al no constar en un papel. Esta idea puede comprenderse si nos atenemos a un paradigma científico empirista que considera ciencia, y susceptible de ser analizado por un método, solo a aquello que podemos captar con nuestros sentidos. Pero también la relación entre el sujeto y el objeto puede estudiarse, así como la relación entre los hombres. Precisamente es más importante aquello que une a los hombres. Así como lo señalo al hablar del origen de la palabra Derecho[437].

Por ello, si bien la costumbre, salvo la judicial, no consta en un papel, genera lazos de unión entre los hombres mucho más fuertes que la existencia de un papel o

---

[435] COSTA, *op. cit.*, pág. 97; y MONTESQUIEU, *op. cit.*, págs. 220-221.
[436] CIURO CALDANI, "El bicentenario...", *op. cit.*
[437] V. el pto. 7.1.B.

una votación legislativa que puede un día cambiarse por
otra. Es por ello que una visión del pueblo inglés como
conservador no es del todo desacertada, en tanto se guían
jurídicamente por el sistema de los precedentes –*stare
decisis*–, que es permanecer en lo decidido. Dice Ciuro
Caldani: "[...] los pueblos que pueden vivir al hilo del
derecho consuetudinario tienen un desenvolvimiento
más estable"[438]. El DNU es tan criticado, precisamente,
porque depende de la voluntad de una sola persona,
y así como un día puede dictárselo estatuyendo en un
sentido, de la misma manera en otro puede dictárselo
estatuyendo de forma contraria: "[...] el alto grado de
certidumbre que caracteriza al derecho consuetudinario;
certidumbre más fácil de encontrar en una convicción
común que en un acto de voluntad individual, reprodu-
ciéndose en cada caso concreto"[439]. La ley implicará una
voluntad colectiva, con un procedimiento más compli-
cado; pero al fin dará más signos de arbitrariedad que
una costumbre en cuanto al modo de cambio. Incluso
los jueces deben fundamentar muy detenidamente un
cambio de doctrina judicial, a fin de no hacer el ridículo
y exponerse a la crítica.

También Gény da cuentas de esta mayor estabilidad
y justicia de la costumbre: "[...] la seguridad indispensable a los intereses privados y la necesaria estabilidad de
los derechos individuales, así como la exigencia igualitaria que constituye el fondo de toda justicia, exigen que
una regla acreditada por un largo uso con el carácter de
obligación jurídica se imponga como ley [...]"[440].

---

[438]   "Reflexiones...", *op. cit.*, pág. 794.
[439]   SAVIGNY, *Sistema...*, *op. cit.*, t. 1, págs. 148-149.
[440]   *Método...*, *op. cit.*, pág. 337.

Lassalle nos acerca una importante advertencia con respecto a la costumbre, en el sentido de no dejarla de lado por su inorganicidad, ya que es un poder latente.

> [...] un poder mucho menos fuerte, pero organizado, se [...] [sostiene] a veces, muchas veces, años y años, sofocando el poder, mucho más fuerte, pero desorganizado, de la nación; hasta que ésta un día, a fuerza de ver cómo los asuntos nacionales se rigen y administran tercamente contra la voluntad y los intereses del país, se decide a alzar frente al poder organizado su supremacía desorganizada[441].

Si bien la costumbre tiene entidad ontológica y una naturaleza independiente, no por ello merece erigirse en el único aspecto a tener en cuenta en el derecho. Ella forma parte de un sistema, lo que equivale a decir que deberá interactuar con otros elementos que también forman parte del derecho. De ahí que será importante establecer el lugar que ocupa y las relaciones que contribuye a producir en el fenómeno jurídico, para lo cual nos valdremos del tridimensionalismo y los aportes de la teoría trialista del mundo jurídico.

---

[441]   LASSALLE, *op. cit.*, pág. 70.

SECCIÓN B
PERSPECTIVAS JURÍDICAS DE LA COSTUMBRE EN ESPECIAL

CAPÍTULO 8
ANÁLISIS TRIALISTA

Siguiendo dentro del tridimensionalismo al trialismo[442], consideramos el derecho como un conjunto de repartos, captados por las normas, y valorados ambos por la justicia. Es por esto que el trialismo nos brinda las categorías de la dimensión sociológica, normológica y dikelógica en armónica relación para captar el fenómeno jurídico. Si bien, como hemos visto en la parte ontológica, la costumbre es un fenómeno eminentemente material, en el sentido de ser captable por los sentidos, al ser una conducta social, como cualquier otro aspecto del derecho puede tener este triple abordaje[443], en tanto cada parte lleva también en sí al resto, formando por eso un todo. "Las partes tienen su singularidad cada una, pero no por ello son puros elementos o fragmentos del todo, al mismo tiempo son microtodo virtuales."[444] "[...] las partes [...] pueden establecer comunicaciones entre sí y efectuar intercambios organizadores; pueden ser eventualmente capaces de regenerar el todo."[445]

Dice Ilya Prigogine:

Muchas ideas de las que hablé pueden ser extrapoladas a los asuntos humanos, porque la sociedad es un sistema no

---

[442] Si bien el aporte de este trabajo implica relacionar el derecho con la complejidad, para profundizar las relaciones entre el trialismo y el pensamiento complejo p. v. GALATI, *La teoría...*, cit.

[443] Sobre el tema, p. v. la declinación trialista de Miguel Ángel Ciuro Caldani, "Reflexiones...", *op. cit.*, págs. 788-797.

[444] MORIN, *El Método 3...*, *op. cit.*, pág. 113.

[445] Íd.

lineal. Lo que usted hace me influye a mí. Lo que yo hago influye a otros. Y como hoy esas interacciones son mayores que nunca, podemos esperar fluctuaciones. Y con las fluctuaciones, una solución que era estable antes se hace inestable más tarde[446].

En esto coincidimos al sostener que la sociedad no es enteramente un sistema planificado a través de la ley, ya que esta es solo un instrumento que coadyuva a formalizar órdenes, organizaciones.

A. La costumbre como fuente del derecho

En primer lugar, no es la única fuente[447] del derecho, ya que concurre con otras a la formación del fenómeno jurídico. En efecto, entendemos el derecho como el resultado de la interacción de distintos elementos o dimensiones, más precisamente de tres: la sociológica, la normativa y la dikelógica. Así lo pensó Werner Goldschmidt, quien conceptúa el derecho como un conjunto de repartos, captados por las normas, y valorados, ambos, por la justicia. En este sentido, entendemos que a la formación del fenómeno jurídico confluyen en interacción elementos sociológicos, en su mayor medida conductuales, elementos normológicos, con todas las clases de disposiciones normativas existentes, y elementos valorativos que controlan los restantes elementos. En el marco de este despliegue tridimensional, la costumbre se presenta como un fenómeno eminentemente social, que podemos ubicar en la dimensión sociológica.

---

[446]   Entrevista publicada en *La Nación,* del 30.10.99, pág. 11; cit. por GRÜN, *Derecho...*, cit.

[447]   El trialismo hablará de "fundamento" del derecho, en este caso.

La costumbre incluye repartos de potencia e impotencia que realiza el grupo de una manera "ejemplar", es
decir, sin absoluta imposición, que se despliega mediante
el acatamiento espontáneo de los protagonistas hacia la
regla, a través del esquema: realización de una conducta,
juzgamiento de ella como digna de ser repetida y efec-
tivas repeticiones de aquella. Al estudiar la costumbre
desde el punto de vista trialista, no se realiza un mero
análisis, es decir, una descomposición al solo efecto de
fragmentar, ya que la costumbre es al mismo tiempo
un hecho social formado por conductas coincidentes
que siguen una regla, que eventualmente coaccionan,
que se pueden formalizar por escrito (como ocurre con
la jurisprudencia) y que los impulsa un valor. A su vez,
puede crear valores y criticar otras costumbres o normatividades. He aquí un análisis complejo del tema.

B. La costumbre como fuente real material de las normas

Coincide Goldschmidt con Savigny en considerar la
costumbre no solo como una fuente real de las normas,
material, sino también como fuente de conocimiento.
Más precisamente, el jurista germano-español no hablará del término "fuentes del derecho", porque sería
una verdad de Perogrullo, si se atiende a su visión tridimensional de él. Al suponerse que el derecho tiene
un origen/fundamento triple –social, normativo y valorativo[448]–, se hará hincapié en la problemática de las

---

[448]   "[...] al hablar de 'fuentes' se 'recorta' el curso del origen de las
mismas, que en última instancia se remonta a 'causas' y 'fundamentos' sociológicos y axiológicos referibles a todo el resto del mundo

"fuentes de las normas"[449], enfatizando en ellas tal vez para desenmascarar el sustrato sociológico que está en su base y con el fin de conectar la norma con el hecho que le da origen[450]. De lo que se trata es de comprender

---

jurídico' [...]". CIURO CALDANI, "Las fuentes de las normas", en *Revista de la Facultad de Derecho, UNR*, núms. 4/6, Rosario, 1986, pág. 233.

[449]   "Hay que distinguir entre las fuentes reales y las fuentes de conocimiento de las normas. Quien consulta las primeras adquiere un conocimiento directo de ellas, mientras que quien liba en las segundas no obtiene sino un conocimiento derivado. Las normas describen los repartos. Por consiguiente, las fuentes reales de las normas se encuentran irremediablemente en los mismos repartos. Lo que pasa es que algunas veces la descripción no está hecha, y debe desprenderse, por ende, del reparto en la misma oportunidad en que la necesitamos; se habla en este supuesto de 'fuentes materiales'. En otros casos, la autodescripción que de los repartos hacen los propios repartidores, se encuentra preestablecida, y es, por consiguiente, utilizable para quien busca la norma, en esta hipótesis se habla de 'fuentes formales'". GOLDSCHMIDT, *Introducción...*, *op. cit.*, págs. 216-217. "Las fuentes del conocimiento de las normas se hallan en la ciencia jurídica. La literatura jurídica nos ayuda a conocer el conjunto de normas elaborando científicamente sus fuentes reales." Íd., pág. 219.
Sigue también las ideas trialistas CASSAGNE, *op. cit.*, cap. V.

[450]   "El trialismo construye su noción de norma tratando de vincularla necesariamente con la vida. Parte de la noción de captación lógica, racional [...], pero no se queda en la racionalidad: la 'baja', la integra, en la relación con el reparto proyectado. El concepto [...] de norma está construido tratando de que la norma sea siempre confrontada con la realidad social; creer que el Derecho es solo norma le parecía insuficiente. Si no se perfora el velo normativo para reconocer la realidad social, la normatividad puede ser un ocultamiento de esa realidad." CIURO CALDANI, "Lecciones de Teoría General del Derecho", en *Investigación...*, núm. 32, Rosario, FIJ, 1999, págs. 42-43. Es por ello que el trialismo relaciona la norma con la realidad social en la interpretación, al reclamarla fiel, y en el cumplimiento de la misma al reclamarla exacta. Además de pregonar la función integradora de las normas y señalar la necesidad de la adecuación.

"[...] el origen real de las captaciones efectuadas en las normas [...]"[451].

Goldschmidt comienza la exposición de su obra de Teoría General del Derecho con el reparto aislado: la adjudicación de aquello que favorece –potencia– o perjudica –impotencia– al ser (o la vida, según Ciuro Caldani), y luego estudia el reparto vinculado, junto a otros, es decir, el "orden" de los repartos. Esta opción no es casual, ya que el fundador del trialismo considera que

> la Escuela Histórica, al concebir el derecho, en analogía con el lenguaje y con toda la cultura en general, como producto específico de cada pueblo en un momento determinado de su historia, se dirige al orden real de repartos como auténtica encarnación del espíritu del pueblo. [...] El espíritu del pueblo se expresa, principalmente, mediante el derecho consuetudinario. [...] [Y] la función de la ley se limita a precisar y completar el derecho consuetudinario y a ayudarlo cuando un proceso de evolución del derecho está ya en marcha[452].

C. El orden de las dimensiones del trialismo

El orden de la exposición de los elementos o dimensiones de lo jurídico no es accidental, ya que en la base de él, como ocurre en cualquier otra disciplina, se encuentra la materia: "[...] objetos materiales asequibles

---

Hablar de las "fuentes de las normas" no le impide a Goldschmidt decir que "en cuanto a las fuentes indirectas [...] hay que descollar la justicia. En efecto, la justicia interviene en el orden de repartos como fuente indirecta o mediata. Todos los repartidores, interesados o poderosos, deben controlar sus conductas incesantemente por medio del sentimiento racional de la justicia". *Introducción..., op. cit.,* pág. 218.

[451] CIURO CALDANI, "Las fuentes de las normas", *op. cit.,* pág. 232.

[452] GOLDSCHMIDT, *Introducción..., op. cit.,* págs. 215-216.

a los sentidos y a la razón [...]"[453]. Si bien el fundador
del trialismo era proclive a comenzar por el momento
normológico del análisis jurídico en materias abstractas, de lo cual da cuentas su obra *Derecho internacional
privado*[454], entiendo que la considerable importancia
de la dimensión sociológica, como representativa de
lo que hacen efectivamente los profesionales jurídicos
ante un marco de posibilidades, que se da aquí y no en
la norma[455], nos obliga a comenzar por este despliegue.
El principio del análisis se relaciona con la importancia
a reconocer el fenómeno consuetudinario.

---

[453]   Íd., pág. 21.

[454]   "Como la ciencia capta la realidad de manera lógica y neutral, y
        como la captación lógica y neutral de la realidad jurídica se lleva a
        cabo por medio de la norma, el método sistematizador de la ciencia
        del DIPr. ha de partir de la norma jusprivatista internacional." *Dere-
        cho internacional privado. Derecho de la tolerancia,* 8ª ed., Buenos
        Aires, Depalma, 1997, pág. 17. Creo que el fin de la teoría trialista
        puede desvirtuarse si no se parte de la base del fenómeno jurídico,
        lo primero que nos toca, que es "una" conducta adjudicadora que
        beneficia o perjudica al ser, sin perjuicio de creer que la ciencia es
        una disciplina no neutral ni enteramente lógica. P. v. en tal senti-
        do a: NIETZSCHE, Friedrich, *La gaya ciencia,* 1882; FOUCAULT,
        La verdad y las formas jurídicas, trad. de Enrique Lynch, México,
        Gedisa, 1986; FEYERABEND, Paul, *Adiós a la razón,* trad. de José
        R. de Rivera, Barcelona, Altaya, 1995; KUHN, Thomas, *¿Qué son las
        revoluciones científicas? y otros ensayos,* trad. de José Romo Feito,
        Barcelona, Altaya, 1994.

[455]   Los positivistas o normativistas deberían reparar en la importancia
        que, como ningún otro, Goldschmidt dio a la norma jurídica al
        conceptualizar la interpretación, tarea por excelencia de la dimen-
        sión normológica, como la encargada de develar la intención del
        legislador en relación con su fin. La fidelidad a su intención o fin
        implica mayor compromiso que la interpretación en Kelsen, quien
        la considera como un acto de voluntad que elige dentro de un marco
        de posibilidades. Cfr. a GOLDSCHMIDT, *Introducción..., op. cit.,* págs.
        279 y 280, y a CIURO CALDANI, *Metodología..., op. cit.* pág. 70.

D. La costumbre y la ley

Puede servirnos para conceptualizar la costumbre el distinguirla de la ley. Una primera distinción está dada por el hecho de que la costumbre no se encuentra formalizada, es decir, no consta por escrito en lugar alguno, sino que puede tomarse contacto con ella observando a los mismos integrantes del grupo comportándose de una determinada manera. Es este el criterio de Ciuro Caldani: "[...] la ley [...] se ha de ubicar [...] en el área gubernamental y con una formación rápida y a la [...] [costumbre] en el resto de la sociedad y con una gestación lenta"[456].

E. Definición de Goldschmidt de la costumbre

Goldschmidt define la costumbre en referencia al derecho consuetudinario, entendiéndolo como "la captación lógica en normas generales de familias de repartos basadas en la ejemplaridad"[457]. Este sentir popular acerca del derecho no solo se manifiesta en la costumbre, que Werner Goldschmidt asocia al ser en evolución, sino también en la revolución que mantiene afinidades con la costumbre, pero que difiere de ella en cuanto a su modo de manifestación, a su dinámica. Por ello dice que mientras la costumbre procede con cámara lenta[458], la

---

[456] CIURO CALDANI, "Reflexiones...", *op. cit.,* pág. 788.
[457] GOLDSCHMIDT, *Introducción..., op. cit.,* pág. 218.
[458] "Es un proceso lento, coherente, de continuo crecimiento, que vamos asimilando sin mayores resistencias, como si fuera la consecuencia previsible y racional del desarrollo de nuestra propia existencia." CUETO RÚA, *Fuentes..., op. cit.,* pág. 88.

revolución procede con cámara acelerada[459]. Y ambas categorías le permiten construir el concepto de derecho espontáneo:

> La ejemplaridad de los repartos [...] produce horizontalmente un orden de repartos, toda vez que los repartos al hilo conductor de su ejemplaridad se concatenan en repartos semejantes que desplazan, poco a poco, a los repartos reputados no ejemplares. Como este proceso de formación de familias de repartos es espontáneo, el conjunto de los repartos surgidos a raíz de la ejemplaridad se denomina [...], "derecho espontáneo"[460].

Luego de establecer la categoría, menciona las clasificaciones: "El derecho espontáneo se divide según el ritmo de su producción, que puede ser lento o vehemente, en derecho espontáneo consuetudinario y repentino"[461].

F. Definición de Ciuro Caldani de la costumbre

Concordantemente, el jurista rosarino conceptualiza la costumbre como "[...] ejemplaridad que surge al hilo del seguimiento de un modelo considerado razonable por la sociedad y satisface el valor natural relativo solidaridad"[462].

Analicemos ahora la costumbre a la luz de cada una de las categorías centrales de las dimensiones del trialismo.

---

[459] V. el pto. 8.3.C.5.
[460] GOLDSCHMIDT, *Introducción..., op. cit.,* pág. 91.
[461] Íd.
[462] CIURO CALDANI, "Reflexiones...", *op. cit.,* pág. 788.

1. Dimensión sociológica

A. La costumbre como organización repartidora

Habiendo ubicado la costumbre como un fenómeno material, es decir, observable mediante nuestros sentidos, cabe estudiarla dentro del orden de los repartos. Esto significa que en el centro del fenómeno jurídico se encuentra el reparto, entendido como conducta humana determinable que adjudica potencia o impotencia a hombres también determinables; adjudicación susceptible de ser valorada, luego, por la justicia. La costumbre, según una conceptualización intuitiva, es un hecho colectivo por antonomasia. Es por ello que el trialismo la ubica allí en donde entra en juego más de un reparto; más precisamente la caracteriza como un conjunto de repartos unidos espontáneamente al hilo de un criterio digno de ser repetido[463]. Es así como se la estudia dentro de uno de los modos constitutivos del orden de los repartos, lo que da por supuesto que en el mundo jurídico es posible un cierto orden.

Frente a esto, podría agregarse que al orden absoluto no se llegará, sino que se evitará el desorden, sobre todo si partimos de la premisa de que vivimos y nos desarrollamos en despliegues caóticos y por la evidente multicausalidad y multiinfluencia de los fenómenos. Por lo que podría hablarse, en vez del orden o estructura

---

[463]   Dice Cueto Rúa: "[...] es derecho el modo espontáneo de orientar socialmente nuestra conducta de manera tal que la coexistencia humana tenga lugar bajo el signo de lo positivamente valioso." *Fuentes..., op. cit.*, pág. 17.

de los repartos, del estudio de la espontaneidad de la costumbre dentro de la organización[464] de los repartos.

> El pensamiento que vincula remplazará la causalidad unilineal y unidireccional por una causalidad en forma de anillo y multirreferencial, corregirá la rigidez de la lógica clásica por medio de una dialógica capaz de concebir nociones al mismo tiempo complementarias y antagónicas, completará el conocimiento de la integración de las partes en un todo por medio del reconocimiento de la integración del todo dentro de las partes[465].

El trialismo ubica la costumbre en el modo constitutivo de los repartos que se desarrolla al hilo de la ejemplaridad y en contraste con la planificación gubernamental. Es tanto el énfasis puesto en la espontaneidad, que Goldschmidt también "introduce" la ejemplaridad en el modo constitutivo del conjunto de los repartos llamado plan de gobierno, al que añade el calificativo de "en marcha", connotando que es tal, con sus criterios, no solo aquel que figura en los papeles, sino también el que efectivamente se cumple, y no solo con los actores mencionados, por ejemplo en la Constitución, sino también con los que efectivamente actúan. No deben desconocerse, en este sentido, la Iglesia católica[466], el

---

[464]   No utilizamos la palabra "estructura", a fin de dar cuenta con más énfasis del devenir, del no-desorden. "[...] la idea de estructura no concibe más que una conjunción de reglas necesarias que manipulan y combinan las unidades de base. Permanece, [...] en la dependencia del paradigma del orden [...] y de los objetos simples." MORIN, *El Método 1...*, *op. cit.*, pág. 159.

[465]   MORIN, *La cabeza...*, *op. cit.*, pág. 97.

[466]   Los obispos influyen y presionan en temas que van desde la educación sexual, los métodos de contracepción, el aborto, las esterilizaciones quirúrgicas, la clonación terapéutica, el matrimonio,

Fondo Monetario Internacional[467], los medios de comu-

---

las uniones civiles, la eutanasia y las relaciones de la Iglesia con el
Estado, entre otros muchos temas.

[467] Es indudable que ha tenido responsabilidad en la crisis argentina
de 2001. "En la Argentina, el FMI sobreestimó el crecimiento del
producto bruto interno (PBI) para 2000, 2001 y 2002 en 2,3, 8,1 y
13,5 puntos porcentuales, respectivamente, dijo el CEPR. Y 'el FMI
empezó [luego de la crisis] a subestimar la fuerza de recuperación
de la economía argentina', agregó, indicando que para los años 2003
a 2006 los estimados fueron de 7,8, 5,0, 5,2 y 4,3%, respectivamente.
El grupo hace notar que las 'subestimaciones del Fondo para con
la Argentina ocurrieron en un momento durante el cual el Fondo
estaba en conflicto con el gobierno argentino sobre una serie de
políticas económicas que, contrario a las afirmaciones del Fondo,
demostraron al final ser exitosas'". "Y recordó que el FMI 'respondió
inmediatamente, en las primeras 24 horas, al golpe militar de abril de
2002, que derrocó (temporalmente) al gobierno elegido democráti-
camente del presidente Hugo Chávez, ofreciendo cualquier apoyo al
gobierno golpista'. Dijo que el 12 de abril de ese año, al día siguiente
del golpe, el entonces vocero del FMI Thomas Dawson anunció que
'estamos listos para asistir al nuevo gobierno de la manera que considere necesario'". "La Argentina y Venezuela, perjudicadas por el FMI",
en *La Nación*, del 5.4.2007, en http://www.lanacion.com.ar/nota.
asp?nota_id=897446&high=fondo%20internacional%20crisis%20
argentina%202001 (10.7.2008). Por su parte, señala el Ministerio de
Economía y Producción de Argentina: "[...] es contradictorio declarar
que no deben utilizarse fondos públicos para rescatar a acreedores
privados, pero en paralelo utilizar presiones políticas para apoyar
intereses privados y así lograr que el deudor en problemas presente
una oferta de reestructuración de una generosidad incompatible
con sus recursos." "Análisis núm. 2. Argentina, el FMI y la crisis de
la deuda", Buenos Aires, 2004, en http://www.mecon.gov.ar/anali-
sis_economico/nro2/2_fmi_crisis_deuda.pdf (10.7.2008). "Cuando
en la primera parte de 2002 se lo puso al tanto de la gravedad y
profundidad sin antecedentes de la crisis social, el cuerpo técnico
del FMI respondió, ante la atónita sorpresa de las autoridades
económicas, que la crisis social y su atención no hacían ni más ni
menos que demandar un ajuste fiscal aún superior." Íd., pág. 23. V.
tb. el informe de la Oficina de Evaluación Independiente del FMI,
que si bien no le adjudica responsabilidad, le señala "errores" como
el de "respaldar durante demasiado tiempo políticas inadecuadas",

nicación[468], los sindicatos, las organizaciones sociales como Abuelas y Madres de Plaza de Mayo, etc. Tampoco se habla de todos los criterios de reparto, ni cuál de ellos

---

"tampoco utilizó con eficacia los instrumentos disponibles", "el FMI no presionó a las autoridades para que dieran un giro fundamental al régimen de políticas y, en diciembre de 2001, interrumpió el respaldo financiero que prestaba al país". FONDO MONETARIO INTERNACIONAL – OFICINA DE EVALUACIÓN INDEPENDIENTE, "Comunicado de prensa núm. 04/02", en http://www.ieo-imf.org/news/pr/pdf/pr0402e.pdf (10.7.2008). Lo cual se relaciona con la apreciación del Ministerio de Economía y Producción argentino: "[...] el gobierno argentino reconoce que los desajustes fiscales fueron un factor desencadenante del desmoronamiento de la convertibilidad, sin embargo el Fondo tiende a restar importancia a otro factor de, al menos, relevancia equivalente: la elevada dependencia del esquema de convertibilidad del ingreso de capitales externos para sostener el crecimiento. La extrema volatilidad de los flujos de capitales hacia las economías emergentes combinada con la rigidez del esquema de convertibilidad, forzaba a la economía a realizar ajustes cada vez mayores, dada la elevada dependencia de capitales externos para sostener el crecimiento económico". "Análisis núm. 2...", *op. cit.*, pág. 24.

[468] Luego de la salida de Alberto Fernández como Jefe de Gabinete de Ministros de la Presidente Cristina Fernández de Kirchner, se ha desatado entre el gobierno y el multimedios "Clarín" un conflicto de impredecibles alcances. Lo que al principio comenzó con una disputa por la fusión de dos empresas de cable: Multicanal y Cablevisión, cuestionada por la ley de defensa de la competencia por eventual monopolio, siguió con la ley de servicios de comunicación audiovisual –o ley de medios "K"– que al pretender "democratizar" los medios, prohíbe determinadas concentraciones que obligarán al multimedios a desprenderse de señales estratégicas. A lo cual cabe sumar la disputa por la identidad de los hijos de la directora-propietaria de dicho multimedios, Ernestina Herrera de Noble, acusada de sustracción de los hijos que adoptó durante el último régimen militar. Dicho juicio comenzó en el año 2002, lo que denota, más allá de la definición, hasta dónde llega el poder de los influyentes, ya que llevó 8 años sin definición. Recuérdese también que Roberto Marquevich fue separado como juez por juicio político de dicha causa, luego de ordenar la detención de la dueña de "Clarín", finalmente liberada.

efectivamente se cumple, pudiendo seguirse ideas de centro, centro-derecha, centro-izquierda, izquierda, etc.

> La lectura de la literatura jurídica es de mayor garantía que la de la legislación, toda vez que los autores de categoría de libros de derecho no se contentan con repetir la ley, sino que mencionan por lo menos también los mandamientos extralegales, así como el hecho del incumplimiento o de la caída en desuso de una ley[469].

Con respecto al centro del fenómeno consuetudinario, cabe mencionar que

> la posibilidad de generalizar cada reparto y sus razones fundamentales conduce [...] a la ejemplaridad de los repartos reputados fundados. Así, [...] se considera ejemplar el hecho de que los interesados en tomar un medio de transporte o en entrar en un sitio de diversión, etc., formen una fila y que ocupen los asientos en el mismo orden en que se hallan estacionados en la fila[470].

Junto a este cabe mostrar otros ejemplos que vemos en la vida cotidiana y que Goldschmidt resalta: "[...] la costumbre de dar propinas [...] pese inclusive a ciertos laudos que prohíben expresamente su aceptación. [...] el uso de permitir que los vendedores de diarios los ofrezcan al público en los medios de transporte durante los viajes sin pagar por el transporte"[471].

> La ejemplaridad se lleva a cabo conforme al esquema: modelo-seguimiento. El reparto estimado fundado es concebido como modelo en vista del cual, por medio del seguimiento, se realizan nuevos repartos semejantes. El reparto que

---

[469] GOLDSCHMIDT, *Introducción..., op. cit.*, pág. 14.
[470] Íd., pág. 90.
[471] Íd., pág. 91.

desempeña el papel de modelo puede ser tanto un reparto autoritario como un reparto autónomo[472].

Con respecto al género de repartos que pueden ser objeto de la costumbre, Goldschmidt aclara:

> [...] también los mandamientos y los correspondientes repartos autoritarios pueden encontrar seguimiento; lo que pasa es que los mandamientos encuentran ya atención por la sencilla razón de su generalidad, por lo menos si esta es suficientemente grande[473].

B. Elementos de la costumbre

B.1. Sujetos. Considerando que la costumbre no deja de ser un reparto, los sujetos de esta son una porción del pueblo o el pueblo mismo, como repartidor; y recipiendario es el mismo pueblo o una porción de él. Siendo que el requisito del reparto es la determinación de sus sujetos, esta no se da en la costumbre, donde hombres anónimos son quizá los primeros repartidores; pero con el correr del tiempo y el afianzamiento de la costumbre, podemos identificar perfectamente a los repartidores y los recipiendarios. Por ejemplo, en el caso de la costumbre judicial, repartidores son los jueces, que actúan de determinada manera, y recipiendarios son los justiciables y todos los demás jueces del país, que por la tecnología actual pueden conocer el fallo de que se trate. En el caso de la costumbre propiamente popular, como la de formar fila en cada institución para

---

[472] Íd.
[473] GOLDSCHMIDT, *La ciencia...*, *op. cit.*, pág. 136.

acceder a un servicio, hay identificación entre repartidores y recipiendarios, ya que cualquiera puede hacer reconocer su derecho.

Cabe traer a colación aquí la distinción que menciona Néstor Sagüés en relación con los sujetos del derecho consuetudinario en el derecho público:

> [...] el derecho consuetudinario es producto del comportamiento social: seres más o menos anónimos inician ciertas conductas, después imitadas y seguidas repetidamente por grupos mayores, hasta que toda una comunidad las reputa obligatorias. En derecho constitucional, [...] la costumbre es producto de sus operadores específicos: Poder Ejecutivo, legisladores, jueces. Habitualmente –salvo cuando elige a ciertos gobernantes– el pueblo no es protagonista del derecho constitucional, en los países con democracias representativas donde, [...] "no delibera ni gobierna" (art. 22). En naciones con democracias semirrepresentativas, [...] cuando la comunidad interviene en la adopción de ciertas decisiones o da instrucciones a sus diputados, la participación popular es más intensa, y allí sí puede pensarse en más costumbres constitucionales elaboradas por los que forman parte del cuerpo electoral[474].

Se objeta que no puede haber libertad, sentido, o razón en actos colectivos como son los derivados de la costumbre. Pero "[...] como lo que se repite es conducta, y no puede haber conducta sin sentido, la identidad genérica [...] tendrá una unidad de sentido"[475].

En cuanto a quiénes beneficia y perjudica la costumbre, seguramente no beneficia a los gobernantes de turno, cuando va contra su planificación: "[...] la primacía de la ley es más fácilmente defendida por quienes tienen

---

[474]   *Op. cit.*, pág. 155.
[475]   BARBOZA, *op. cit.*, pág. 100.

LA COSTUMBRE EN EL DERECHO ARGENTINO

el gobierno o pueden alcanzarlo y en cambio la preponderancia de la costumbre es más frecuentemente la
posición de quienes difícilmente lograrán el gobierno"[476].

B.2. Objeto. Con respecto al objeto del reparto, vemos
que los negros estadounidenses, con motivo del reclamo
de "Plessy c. Ferguson"[477], fueron recipiendarios gravados
tanto de los repartidores inmersos en la sociedad, como
de los jueces, para culminar en la consagración de dicha
costumbre en la Corte Suprema federal, recibiendo la
impotencia que implica la discriminación arbitraria, no
pudiendo ser tratados de la misma forma que los blancos. La impotencia afectaba en este caso a la libertad.
La costumbre puede dar o dejar de reconocer todo tipo
de bienes: potencia o impotencia.

B.3. Forma. La costumbre adopta una forma espontánea, intuitiva. Sin llegar a la irreflexibilidad absoluta,
no da tiempo a la negociación, ni al cuestionamiento, se
impone por la fuerza de los hechos. Desde otro punto de
vista, puede hablarse de un acuerdo ante un asunto que
excluye la reflexión por la evidencia de la necesidad de
la regla. Prueba de ello es el caso de su no acatamiento,
que lleva al repudio social. Un juez que se encuentre ante
un pedido de reconocimiento del derecho que de ella
surge difícilmente podrá desconocerla; aunque sí podrá

---

[476]   CIURO CALDANI, "Reflexiones...", *op. cit.,* pág. 791.
[477]   163 U.S. 537 (1896). Autorizó la segregación en lugares públicos entre
blancos y negros en tanto las facilidades y los medios conferidos a
los negros fueran iguales a las de los blancos. El caso trató de una
persona de raza mixta que se negó a abandonar el asiento asignado
a los blancos, ante una petición del conductor del tren, frente a lo
cual fue acusado criminalmente. La doctrina de la Corte cambio
en "Brown vs. Board of Education of Topeka" (1952), en donde dijo
que "nuestra Constitución es ciega a los colores y no reconoce ni
tolera diferentes clases de ciudadanos." V. U.S. Supreme Court, 344
U.S. 141.

camuflarla intentando hacer aparecer su contenido como perteneciente al texto de una ley de palabras amplias, o encaminarla a través del conducto de la autonomía de la voluntad, o mediante el recurso al principio de que está permitido todo lo que no está prohibido, etc.[478]

Al inicio de la costumbre, en relación con los repartos que en el marco de ella se llevan a cabo, hay acuerdo en tanto hay coincidencia entre las personas que participan de la práctica[479]. Este acuerdo puede referirse tanto para llevar a cabo repartos autónomos como autoritarios. Solo cuando la costumbre ya está socialmente consolidada puede hablarse de imposición hacia aquellos que no estén de acuerdo; y en este sentido, se comprende que la costumbre no deja de ser un modo ordenador[480].

Este doble origen y cualidad: espontánea en el origen, tal vez, e imponente en su desenvolvimiento, es observado por la siguiente frase de un fallo judicial: "La repetición hace surgir una presunción cada vez más acentuada y extendida, en fuerza de la cual aquel determinado modo de obrar se contempla como *impuesto* por la voluntad colectiva y por la *necesidad* misma de las cosas"[481].

B.4. Razones. En cuanto a las razones de la costumbre[482], pueden apreciarse razones móviles y razones

---

[478] De allí que sugiera la prueba de ella a pesar de considerarla "derecho aplicable" y en este sentido, derecho que debe conocer el juez. V. el pto. 8.1.H.

[479] V. los ptos. 7.1.A y 8.3.C.

[480] "La costumbre misma, el hecho solo de repetirse ciertos actos de una manera constante y uniforme, constituye e implica ya una autoridad: es la autoridad del precedente". AFTALIÓN, VILANOVA, y RAFFO, *op. cit.*, pág. 191.

[481] Cit. por GARBINO *et al., op. cit.*, pág. 92. La cursiva me pertenece.

[482] "Las razones del reparto son enjuiciadas por los miembros del grupo dentro del cual el reparto se lleva a efecto. El enjuiciamiento

alegadas[483]. Por ejemplo, en el caso "Plessy vs. Ferguson", el verdadero móvil estaba dado por la falta de aceptación de la convivencia interracial; tal vez por prejuicios erróneos acerca de la inferioridad de una raza sobre otra. Las razones alegadas pueden sintetizarse en el "desigual" principio de "igualdad entre los iguales"[484]. Dentro de las "razones", el trialismo también analiza la razonabilidad social, que consiste en la evaluación que la comunidad hace del criterio base de la costumbre en cuestión. "Un reparto estriba en razones si la comunidad lo estima valioso, o sea, digno de ser repetido. Con ello no queda demostrado, de ninguna manera, que el reparto sea justo, problema dikelógico que todavía no nos toca abordar."[485] Este caso muestra cómo la decisión de la Corte Suprema de Estados Unidos emerge en un contexto comunitario que avalaba dicho accionar judicial arbitrariamente discriminador. A tal punto estaba arraigada dicha práctica, que cuando la Corte cambió

---

se inspira en los criterios que imperan, a tuerto o a derecho, en una comunidad determinada." GOLDSCHMIDT, *Introducción...*, *op. cit.*, pág. 90.

[483] "Muchas veces las razones alegadas constituyen meros pretextos detrás de los cuales se esconden móviles bien diferentes." Íd., pág. 57.

[484] V. el pto. 8.3.C.

[485] GOLDSCHMIDT, *Introducción...*, *op. cit.*, pág. 57; y CIURO CALDANI, "Reflexiones...", *op. cit.*, pág. 790. No obstante, este último autor señala: "[...] la costumbre verdaderamente *contra legem* significa la producción social de una carencia 'dikelógica' en la que, habiendo normas, se las descarta por considerarlas injustas." Íd., pág. 792. Por mi parte, entiendo que si bien un hecho social puede engendrar valoraciones a nivel dikelógico, como crítica a la normatividad, se trata de un problema de legitimación a los fines de la administración de la justicia que, de todas formas, no puede reducirse al nivel social. En este sentido, la ciencia también cobra protagonismo a los fines de la declaración de la carencia dikelógica.

el criterio, favorable a la convivencia interracial, el presidente Eisenhower tuvo que enviar las tropas federales para hacer cumplir las mandas judiciales.

En el caso de la costumbre popular, difícilmente se puedan dar móviles que no coincidan con las razones más evidentes, ya que la necesidad es la razón misma. De allí que se entienda que la costumbre judicial o jurisprudencia es la más reflexiva de todas las costumbres, lo que permitiría el "doble juego", y que la costumbre popular sea la menos reflexiva de todas las costumbres.

> La costumbre continúa ejerciendo una función importante aun en las fases ulteriores de la evolución social. En ella se reflejan los elementos psíquicos que pululan en la conciencia de un pueblo, las persuasiones y las necesidades fundamentales de su vida. La costumbre traduce en hechos las ideas que más o menos conscientemente tienen los asociados en torno a las necesidades de su vida común; esto es, aquellas ideas que, aun no siendo propias de todos, son sostenidas con la mayor eficacia y resultan, por ende, predominantes[486].

Es importante tener en cuenta que más allá de su evidencia, la costumbre estriba en razones.

> La publicidad de las razones, tanto del reparto autónomo como del reparto autoritario, puede producir el efecto de convencer a terceros de la bondad de los repartos, cuyas razones llegan a su conocimiento, y esta convicción puede estimularlos a llevar a cabo nuevos repartos autónomos y autoritarios, según los casos, que se basen en razones análogas a las publicadas. Siguiendo este proceso, se forma lo que comúnmente suele denominarse "derecho consuetudinario"[487].

---

[486]   DEL VECCHIO, *op. cit.*, pág. 368.
[487]   GOLDSCHMIDT, *La ciencia…*, *op. cit.*, pág. 418.

No debería confundirse la justicia con la razonabilidad social de la costumbre[488]. La primera es un valor que forma parte del derecho, mientras que la segunda es el criterio de valor que la sociedad imprime a los repartos que forman parte de la costumbre. La importancia de la diferenciación que realiza el trialismo estriba en el hecho de poder analizar y criticar costumbres injustas, pero no por ello menos jurídicas. Además, la exigencia de racionalidad puede esconder motivaciones de justicia que sería valioso transparentar; a fin de que no se alegue la irrazonabilidad para defender a amigos y el acatamiento de la regla cuando no se quiera defender a los que no son amigos[489]. Si la justicia forma efectivamente parte del derecho, que así se lo diga y que se exhiba para todos de la misma forma.

---

[488] "La costumbre no es un hacer cualquiera, sino un hacer calificado como justo por la comunidad; no es costumbre jurídica el robar de los ladrones [...] la costumbre es un hacer que pretende asegurar el orden y realizar la justicia [...] con la particularidad de referirse a la concepción de la justicia que tiene la comunidad y que se refleja en la forma colectiva de expresión que es el hacer de sus integrantes." LÓPEZ OLACIREGUI, en SALVAT, *op. cit.*, pág. 54. En el mismo desacierto incurre Ferreira Rubio: "[...] Llambías exige también la racionalidad de la costumbre y la identifica como la no contradicción con 'la moral cristiana'. A nuestro juicio, la racionalidad que se exige a la costumbre no es diferente de la racionalidad que está en la base del Derecho. Esta exigencia de racionalidad y su opuesto, la descalificación de lo irracional o lo 'irrazonable' en materia jurídica, asume diversas formas en los ordenamientos positivos. Sin embargo, pensamos que no se la puede vincular exclusivamente con un credo religioso en particular, sino a los principios básicos del Derecho, al respeto de la dignidad humana y a los criterios culturales que rigen cada comunidad." *Op. cit.*, págs. 40-41. V. tb. lo que digo en el pto. 7.1.I y 8.3.B.

[489] V. el pto. 7.2.A.

Gény impone como condición negativa de la costumbre que no contradiga el buen sentido, principios superiores, la razón o la moral[490]. En efecto, al asimilar la costumbre con la prescripción, señala que a aquella se aplica una máxima de esta, que es el de no poder prescribirse contra el orden público[491].

No creo que las consideraciones de justicia incumban a la costumbre de manera imprescindible, a punto de exigir su conformidad con un valor determinado –por nosotros– a fin de que adquiera eficacia jurídica[492]. Es obvio que anima a cada costumbre un valor determinado, pero no debe ella adecuarse a uno en especial. La consideración de exigencias a la costumbre desde el punto de vista del valor la trataremos en oportunidad de la consideración dikelógica a ella. Ya que entendemos que al derecho contribuyen no solo elementos sociológicos en donde se destaca la costumbre, sino también valorativos en donde prevalece la "idealidad" del objeto de estudio: el valor, que tiene una identidad diferenciada de lo material[493] y que es lo que en definitiva permite la crítica. Goldschmidt hace referencia a la diferencia ontológica entre la dimensión sociológica, donde es preponderante la conducta, y el ámbito de la idealidad, en donde el

---

[490] GÉNY, *Método...*, *op. cit.*, pág. 364.
[491] Íd., pág. 365.
[492] En contra: RICHARD, y ROMERO, *op. cit.*
[493] "Siendo realidad, los entes ideales son objetivos, lo que quiere decir que son trascendentes a la razón que únicamente los capta, pero no los inventa. Con miras a esta objetividad es posible controlar las afirmaciones de la razón como acertadas o desacertadas." GOLDSCHMIDT, *Introducción...*, *op. cit.*, pág. 369. "Un reparto estriba en razones, si la comunidad lo estima valioso, o sea, digno de ser repetido. Con ello no queda demostrado, de ninguna manera, que el reparto sea justo, problema dikelógico que todavía no nos toca abordar." Íd., pág. 57.

valor –justicia– controla a esa conducta; explicitando
que lo controlado tiene una entidad –"ser"– separada
de lo controlante, lo cual permite el control "imparcial".
Esa separación es la objetividad[494].

C. Requisitos de la costumbre

Muchos autores[495] analizan los elementos de la costumbre desde un punto de vista amplio e incluyen en
su estudio el llamado elemento objetivo y el elemento
subjetivo. Elemento objetivo sería aquel constituido
por la práctica uniforme y constante que cumple un
grupo determinado. Como dice Gény, se trata de "[...]
prácticas de la vida corriente, que por su repetición
no contradicha han adquirido una continuidad y una
constancia que prueban su arraigo [...]"[496]. También es
llamado este elemento material[497] o externo, que sería
el conjunto de las acciones, la exteriorización de una
regla, requiriendo dicho elemento material: a) formación
espontánea; b) práctica constante, y c) duración por un
tiempo prolongado.

Elemento subjetivo sería aquella conciencia de
la obligatoriedad de la práctica como regla jurídica.

---

[494]   Sobre la objetividad renovada en el trialismo producto de su contacto
       y relación con el pensamiento complejo p. v. GALATI, *La teoría
       trialista*... cit.
[495]   P. v. a GÉNY, *Método...*, *op. cit.*, pág. 311 y 348; CUETO RÚA, *Fuentes...*,
       op. cit., págs. 21, 93, y 111-113; AFTALIÓN, VILANOVA, y RAFFO,
       op. cit., págs. 631-632; SAGÜÉS, *op. cit.*, pág. 154; FONTANARROSA,
       op. cit., págs. 54-55; CASSAGNE, *op. cit.*, t. 1, pág. 169; GARBINO *et
       al.*, *op. cit.*, págs. 91-93; CANALE, *op. cit.*, pág. 207.
[496]   GÉNY, *Método...*, *op. cit.*, pág. 349.
[497]   DEL CARRIL, y GAGLIARDO, *op. cit.*, pág. 804.

También se suele llamar al elemento subjetivo interno o psicológico[498]. "Consiste en el sentimiento de que obran en virtud de una regla, no enunciada, que se impone a ellos como norma de derecho objetivo."[499] Como elemento interno lo comprende Figuerola, al señalar que puede entendérselo como la "aprobación tácita de los individuos de un grupo social", en tiempos más antiguos; más recientemente, como "el consentimiento del pueblo dado por sus representantes legales [...]"[500]. De "la convicción jurídica del pueblo[501]" hablará la Escuela Histórica del Derecho; y en latín será la *opinio juris,* u *opinio iuris et necessitatis*. Diciendo más adelante Figuerola que dicho elemento "[...] se encuentra enclavado en el sentimiento jurídico de los grupos sociales [...]"[502]. Es importante para Gény que "[...] se haya creado y mantenido [el uso] sin protesta formal de aquellos que hubiesen tenido interés en impugnarlo"[503].

Puede señalarse de manera general que los requisitos de la costumbre son: temporalidad, repetición, generalidad y *opinio juris*[504]. Fontanarrosa menciona como requisitos de la costumbre y sus actos, a fin de considerárselos fuente, los siguientes:

[...] a) uniformes, esto es, deben ser el resultado de una práctica unívoca compuesta de elementos homogéneos; b) frecuentes, es decir, ser repetidos en número apreciable; c)

---

[498] GÉNY, *Método...*, *op. cit.,* pág. 348.
[499] Íd., pág. 355.
[500] FIGUEROLA, *op. cit.*, pág. 13.
[501] Íd.
[502] Íd., pág. 14.
[503] *Método...*, *op. cit.,* págs. 349-350.
[504] V. GIMÉNEZ CORTE, *op. cit.*, pág. 266. Este autor añade la prueba, lo que no considero válido por las consideraciones que trato en el pto. 8.1.H.

generales, o sea, cumplidos por un número más o menos grande de miembros de la colectividad social; d) constantes, o duraderos en el tiempo [...]; e) cumplidos con la convicción de la necesidad de observar ese comportamiento como si se tratase de un derecho o de una obligación jurídica[505].

En cuanto a la repetición de la práctica en cuestión, cabe traer a colación un ejemplo brindado en el ámbito del derecho internacional, referido al derecho de asilo, en donde la Corte Internacional de Justicia decidió que existían incertidumbres respecto del ejercicio del asilo diplomático en América Latina, más precisamente de la facultad de la Embajada que concede de calificar el delito como común o político. En ese caso, se decidió que no había costumbre internacional. Sí se supone práctica generalmente aceptada la costumbre de no considerar la abstención de un miembro permanente del Consejo de Seguridad de la ONU como un veto[506].

Con respecto al requisito de la duración de la práctica, Aftalión nos dice que el correr de los tiempos actuales acortó dicha duración:

> [...] el "tiempo suficiente" no tiene por qué ser inmemorial[507] o de antiguo arraigo (inveterada) [...] el subsistema "Derecho" –que para ser efectivo debe armonizar con los otros subsistemas del grupo sociocultural– se encuentra forzado a cambiar más rápidamente de lo que supone la teoría tradicional. Así, la moda de la minifalda o de la bikini han forzado un cambio en la moral positiva, cambio que,

---

[505]   *Op. cit.*, págs. 55-56.
[506]   BARBOZA, *op. cit.*, pág. 91.
[507]   "La inmemoriabilidad que en Inglaterra debe caracterizar la costumbre a fin de que despliegue efectos vinculatorios, ha de remontar al año 1189." JAMES, Philip, *Introduction to English Law,* Londres, Butterworth, 1950, pág. 16; cit. por GOLDSCHMIDT, *La ciencia...,* *op. cit.,* pág. 73.

a su vez, ha forzado un cambio en el sentido de la palabra "obsceno", lo cual ha traído aparejado un cambio en las normas de derecho que establecen pena para exhibiciones obscenas[508].

Respecto de la generalidad, se dice que "en toda repetición hay hechos individuales diversos que responden a un género común"[509]. Adip señala que no basta para encontrarnos ante una costumbre con que la práctica sea realizada por las autoridades judiciales o administrativas, sino que se requiere además la intervención de los ciudadanos[510]. Creo que a ello puede contestarse que depende del tema que trate la costumbre, ya que hay prácticas que solo pueden realizar los funcionarios públicos y prácticas que solo o también pueden realizar los ciudadanos.

En lo relativo a la *opinio iuris,* hay que resaltar que el elemento poder juega en ella un papel importante, en tanto la fuerza de los hechos derivada del que tiene mayor influencia terminará contribuyendo fuertemente a que determinada práctica pueda ser considerada razonable. Aunque dicha influencia, si es perjudicial para el grupo, poco podrá durar[511].

---

[508]   AFTALIÓN, VILANOVA, y RAFFO, *op. cit.*, pág. 530. En el mismo sentido se pronuncia Barboza: "Actualmente no se requiere un lapso tan prolongado. Ello se debe a características propias de las actuales relaciones internacionales. [...] dichas relaciones ocurren en un medio en que las comunicaciones son, a diferencia de antaño, prácticamente instantáneas y [...] los transportes han aumentado increíblemente en velocidad". BARBOZA, *op. cit.*, pág. 94. Coincidentemente p. v. FERREIRA RUBIO, *op. cit.*, pág. 40.

[509]   AFTALIÓN, VILANOVA, y RAFFO, *op. cit.*, pág. 623.

[510]   ADIP, *op. cit.*, pág. 45.

[511]   "[...] el contenido de la opinio juris de cada Estado dependerá de su situación de poder en el orden internacional. [...] Así, ciertos Estados tendrán el sentimiento de estar ligados porque lo quisieron, porque

Los elementos interno y externo parecen fundirse cuando Adip explica el llamado elemento espiritual o psicológico: "[...] lo proporcionaría el convencimiento de que aquello debe hacerse del modo en que se lo hace no porque se le ocurra a uno, sino porque tal conducta aparece como exigida por los demás"[512]. La idea del elemento psicológico o espiritual lleva implícita la valoración que acompaña a toda norma.

Con respecto a los requisitos de la costumbre en general, cabe tener en cuenta que muchas veces son impuestos por las leyes o la propia doctrina, lo cual implica que desde un ámbito exterior a ella se la trata de regular, invadiendo su autonomía como fuente o elemento del derecho. "Es muy difícil reunir tantos requisitos, y es más difícil aún probarlos. Claro que estos requisitos son o eran [...] impuestos por la doctrina, tal vez la misma doctrina que deseaba que nunca se materializara una sola costumbre jurídica."[513]

D. Límites

La costumbre también se enfrenta con el problema de los límites, en tanto estos afectan a la conducta repartidora. Considero que el fenómeno consuetudinario no es una influencia humana difusa, en tanto podemos identificar a quienes reparten, individualmente y como grupo. "Las distribuciones tienen, como los repartos, una fuerza adjudicataria. Pero a diferencia de aquellos, esta

---

a ello consintieron libremente, otros sentirán que están obligados porque no podían no quererlo [...]." BARBOZA, *op. cit.*, pág. 104.
[512]   ADIP, *op. cit.*, pág. 55.
[513]   GIMÉNEZ CORTE, *op. cit.*, pág. 193. V. el pto. 2.G.

no consiste en hombres actuales identificables, sino en fuerzas de tipo diferente."[514] "[...] lo repetido es conducta. [...] [y] un aspecto [...] radica en el sentido en que dicha conducta también consiste."[515] Ciuro Caldani señala que la costumbre tiene afinidades con las influencias humanas difusas: "[...] la ley se refiere más a los individuos aislados y a fenómenos de repartición (oposición), en tanto que la costumbre se desenvuelve de manera más comunitaria y como realidad de agregación. [...] la ley acentúa el papel humano en la *conducción* del derecho y la costumbre es relativamente más afín a las *influencias humanas difusas*"[516]. Advierto que tratarla como una conducta, categorizarla como un reparto colectivo y, en tal sentido, desocultar sus motivos y consiguientemente su cuota de reflexión puede contribuir a no sobredimensionar la reflexión, el raciocinio y el análisis en la ley. Por otra parte, la irreflexión ha sido demostrada en innumerables oportunidades en los actos gubernamentales o su contracara, que es la necesidad de acumulación de poder.

Puede ser afectada por límites en tanto, con el correr del tiempo, las mentes humanas involucradas en la costumbre pueden darse cuenta de uno de esos límites y torcer el sentido de la costumbre en cuestión o dejar de cumplirla. Todo esto no ocurre con la naturaleza o el azar, que actúan totalmente a ciegas. Por ejemplo, en el caso de los decretos de necesidad y urgencia, la reflexión hizo que se pensara en el límite político y se los vedara en materia de régimen electoral, de partidos políticos, tributos y penal (art. 99, 3°, CN.); también en los fallos

---

[514]   GOLDSCHMIDT, *Introducción...*, *op. cit.*, pág. 78.
[515]   AFTALIÓN, VILANOVA, y RAFFO, *op. cit.*, pág. 624.
[516]   CIURO CALDANI, "Reflexiones...", *op. cit.*, págs. 788-789.

judiciales, incluso que avalaron dichos decretos, los jueces alegaban algunos límites. Lo mismo ocurre en el caso que da Galeano, donde el límite lógico o racional permitiría dejar de cumplir la costumbre de custodiar un banquito, en tanto ya no se da más la circunstancia de encontrarse recién pintado, con lo que bien puede ahora alguien acercarse a tocarlo[517]. La costumbre es especialmente sensible también a los cambios que se llevan a cabo en la economía.

Finalmente, en el reverso del análisis, la costumbre es un límite al legislador[518]. "Este hecho es sobre todo de importancia para la ineficacia de la prohibición del derecho consuetudinario derogatorio de leyes."[519]

E. Origen de la costumbre

Respecto del origen de los repartos, un análisis que incluya la consideración de la realidad situacional, los fines, los costos y los beneficios, implica una reflexión que en la costumbre no se da sino a mediano o largo plazo. Caben aquí las consideraciones de psicología social, es decir, los estudios que incluyan referencias a los movimientos colectivos. La interacción del individuo, el medio ambiente y la sociedad es el objeto de estudio de la psicología social: "[...] la psicología social [...] se ha ocupado [...] de un solo y único problema: ¿por qué se produce el conflicto entre individuo y sociedad?"[520].

---

[517]   V. pto. 4.E.
[518]   GOLDSCHMIDT, *La ciencia...*, *op. cit.*, pág. 115.
[519]   Íd.
[520]   MOSCOVICI, Serge, "Introducción: el campo de la psicología social", en AA.VV., *Psicología social I...*, *op. cit.*, pág. 18.

Moscovici señala aspectos que el derecho debería tener en cuenta para comprender el fenómeno consuetudinario, como son las desviaciones con respecto a la ortodoxia, en este caso, de la ley, o la captación del individuo por la masa[521], por ejemplo.

> [...] objeto central de la psicosociología [son] todos los fenómenos relacionados con la ideología y la comunicación [...] los primeros [...] consisten en sistemas de representaciones y de actitudes. A ellos se refieren todos los fenómenos familiares de prejuicios sociales o raciales, de estereotipos, de creencias, etc. [...] son estas representaciones las que dan forma a esta realidad mitad física y mitad imaginaria que es la realidad social[522].

Es por ello que cabe el análisis de estos factores a la hora de entender el sentido de las conductas individuales y colectivas: "[...] la psicología social analiza y explica los fenómenos que son simultáneamente psicológicos y sociales. Este es el caso de las comunicaciones de masas, del lenguaje, de las influencias que ejercemos los unos sobre los otros, de las imágenes y signos en general, de las representaciones sociales que compartimos [...]"[523].

Amado Adip considera que lo que se encuentra en el origen de la fuerza de la costumbre es la conciencia jurídica del pueblo, que a su vez se nutre de la moral, es decir, que puede hablarse de un origen ético[524]. En el mismo sentido se pronuncia Aftalión.

> La misma palabra "moral" deriva de la latina *mos mores,* que quiere decir costumbres [...] La práctica pragmatista

---

[521] Íd., pág. 19.
[522] Íd.
[523] Íd., pág. 27.
[524] ADIP, *op. cit.*, pág. 37.

de negociar la pena con el delincuente que está dispuesto a confesar y testimoniar contra sus cómplices no choca con la moral positiva de los norteamericanos pero sería considerada inmoral entre nosotros[525].

También Goldschmidt nos dice que los repartos son inspirados por el sentimiento de justicia.

En cuanto a las fuentes indirectas [se refiere a las de las normas] [...], hay que descollar la justicia. [...] Todos los repartidores, interesados o poderosos, deben controlar sus conductas incesantemente por medio del sentimiento racional de la justicia. [...] la justicia es fuente de promoción, más no fuente de constancia del orden de reparto. [...] la justicia debe ser promotora de repartos, los repartos son promotores del descubrimiento de la justicia[526].

Se trataría de "una intuición o visión espiritual que tendría [...] fundamento en la defensa de los derechos subjetivos, entre los cuales aparecen como los más arraigados en el hombre el de la libertad [...]"[527]. Agrego que se trata de la libertad para todos, es decir, libertad igualitariamente distribuida.

F. Formación de la costumbre

En cuanto a la formación misma de la costumbre como producto de la suma de las singulares conductas similares, es interesante la reflexión de un internacionalista público:

---

[525]   AFTALIÓN, VILANOVA, y RAFFO, *op. cit.*, págs. 529-530.
[526]   GOLDSCHMIDT, *Introducción...*, *op. cit.*, págs. 218-219.
[527]   ADIP, *op. cit.*, pág. 39.

Repetir una conducta significa que los hechos individuales de cada episodio responden a un género común. En el ejemplo del paso inocente, son otros los buques que entran por diferentes lugares en distintos mares territoriales, que hacen un recorrido diferente, etc. Dejamos de lado las diferencias que distinguen entre sí a los hechos individuales ocurridos y los elevamos a conceptos ideales, como "mar territorial", "buque", "paso". Ese género común a los sucesivos episodios de "idéntica" conducta es lo que se repite[528].

En relación con este tema, también Goldschmidt nos dice que tenemos que distinguir el reparto –conducta humana adjudicadora– de los rasgos irrelevantes de ellos[529].

G. Error en la costumbre

Una mención especial merece el tema de si el error en el origen de la costumbre vicia a esta como fuente jurídica. Sencillamente señala Gény que ello no es así: "[...] no vemos la razón [...] de por qué un error en los autores del uso ha de privar a este de autoridad [...]. El error en la formación de la costumbre no debe escatimarle su fuerza, como el error del legislador no disminuye el poder de la ley"[530]. En todo caso, de acuerdo a la intensidad del error, podrá configurarse un problema susceptible de análisis dikelógico.

---

[528]   BARBOZA, *op. cit.*, pág. 100.
[529]   V. lo que digo al hablar del concepto, terminología y etimología en el cap. 6.
[530]   GÉNY, *Método...*, *op. cit.*, pág. 361.

H. Prueba de la costumbre

Respecto de la prueba de la costumbre, lo que sostenga en este tópico dependerá de la naturaleza y jerarquía que asigne a la costumbre. El problema deviene porque al ser la costumbre un hecho, puede exigirse su prueba y que el juez no tenga que conocerla como ocurre con "el derecho". En este sentido, entiendo que no se exige a las partes de un juicio la prueba de la ley, ya que se presume conocida[531], por lo que tampoco podría exigirse la de la costumbre, si se la considera un elemento o fuente autónoma del derecho[532]. "Es [...] principio extraño a este derecho [romano] [...] que la costumbre debe ser, como simple hecho, probada por el que la invoca."[533] Cabe aquí la aplicación "[...] del aforismo *jura curia novit,* según el cual al juez corresponde proveer el derecho y a las partes, la prueba de los hechos".[534] La costumbre es derecho tanto como la ley y no necesita prueba alguna. "Porque si se quiere abusar del equívoco de una palabra, también podemos decir

---

[531]   Art. 20 del Código Civil: "La ignorancia de las leyes no sirve de excusa, si la excepción no está expresamente autorizada por la ley".

[532]   En el mismo sentido se expresa Puchta, cit. por GÉNY, *Método...,* *op. cit.,* pág. 345; RICHARD, y ROMERO, *op. cit.*

[533]   SAVIGNY, *Sistema...,* *op. cit.,* pág. 150.

[534]   LLAMBÍAS, *op. cit.,* pág. 64. V. tb. SENTÍS MELENDO, *op. cit.,* págs. 216-217. Ferreira Rubio se pronuncia en el mismo sentido, aunque exige que la costumbre sea notoria y reconocida por la jurisprudencia. *Op. cit.,* pág. 43. Si la costumbre es una fuente o elemento del Derecho autónomo no puede depender de otro. A nadie se le ocurriría decir que la ley depende de la costumbre para su prueba. Aunque señala Sentís Melendo: "[...] ¿no se discute, respecto de la ley, a veces, si está vigente o ha sido derogada? Y a nadie se le ocurre pensar que, por ello, se esté fuera de la cuestión jurídica y se haya entrado en el campo de la cuestión de hecho". *Op. cit.,* pág. 218.

que la ley es un hecho en sí misma, es decir, un acto promulgado en una cierta forma: tampoco puede aplicarse ley alguna que no se haya alegado positivamente y demostrado su existencia."[535] En el mismo sentido se pronuncia Sentís Melendo:

> [...] una parte puede oponer la inexistencia de una ley alegada por la otra; puede oponer que ha sido derogada, o que no ha llegado a estar en vigencia por falta de alguno de sus requisitos esenciales; puede oponer también que su tenor es distinto. Y nadie pensará que ello haya de determinar la apertura a prueba si en cuanto a los hechos hay conformidad. No. La prueba de la costumbre es imposible que constituya una carga procesal[536].

Como una forma de aclarar dudas en relación con el derecho consuetudinario, que pueden existir también con respecto al derecho oficial, puede esbozarse un canal procesal a fin de contener esas disquisiciones:

> [...] en todo procedimiento suele haber una fase final en que las partes alegan verbalmente o por escrito; y alegan en cuanto a los hechos y en cuanto al derecho. Y si al juez le está permitido solicitar la cooperación de las partes para buscar (para probar, suele decirse) la costumbre aplicable, ¿habría de prohibírsele que invitase a las partes a discutir sobre esa costumbre?[537]

---

[535] GÉNY, *Método...*, *op. cit.*, pág. 345.
[536] SENTÍS MELENDO, *op. cit.*, pág. 234.
[537] Íd., pág. 244. Excede a los fines de este trabajo el tratamiento de otros temas procesales, como los medios de información del juez acerca de la costumbre, vistos también como medios de prueba. No obstante, pueden enumerarse: la prueba escrita, las colecciones, la opinión de los autores, las resoluciones de los tribunales, testigos, dictámenes, informes, actos de notoriedad, presunciones. Al respecto p. v. íd., págs. 244-252.

En suma, "[...] si conocer el derecho es deber del juez, lo natural era que lo estudiase y no que se le ofreciese la prueba del mismo [...]"[538]. Además, "[...] la costumbre se forma espontáneamente por el mismo pueblo [...] [y] el juez forma parte del pueblo"[539].

Se puede alegar que habría inconvenientes en la determinación de la costumbre, ya que la imprecisión es una de sus características, y que las normas escritas son fáciles de probar por constar en el papel. A pesar de esto, la inflación legislativa en que ha incurrido Argentina, es decir, sobreabundancia de leyes y falta de orden en ellas, origina que haya disputas respecto de la norma aplicable y de su vigencia, por sucesivas derogaciones y diversos tipos de normas. No en vano la comunidad jurídica ha aceptado este estado de situación y ha encaminado la elaboración de un digesto jurídico[540] que sistematice las

---

[538] Íd., pág. 224. Incluso cita una disposición clave en el derecho aragonés: "[...] cuando el abogado, alegare algo en la causa diciendo que era observancia, costumbre o uso del Reino, y la parte adversa la negare, no se deben recibir testigos sobre ello, sino que el juez, de oficio, debe tener Consejo y averiguar si hay o no el tal uso." Íd. "[...] la *carga* de las partes termina donde comienza el *deber* de otro sujeto procesal que es el juez (no se trata aquí de *distribución* de la carga de la prueba, sino de *existencia* o no de esa carga)." Íd., pág. 237.

[539] Íd., pág. 227.

[540] V. la ley 24967 (BO. del 25.06.98) sobre el régimen de consolidación de las leyes nacionales generales vigentes y su reglamentación, o Digesto Jurídico Argentino y la ley 26939 de 2014. Cfr. tb., por ej., http://rig.tucuman.gov.ar/leyes/scan/scan/7692.pdf (18.12.2008). Cfr. tb. "En cuatro días, la Cámara decidió sobre 7.993 normas", del 6.12.2008, en http://www.lagaceta.com.ar/nota/303907/Politica/cuatro_dias_Camara_decidio_sobre_7.993_normas.html (18.12.2008); "En Tucumán rigen 1.662 leyes, luego de la depuración", del 6.12.2008, en http://www.lagaceta.com.ar/nota/303936/Notas_tapa/Tucuman_rigen_1.662_leyes_luego_dela_depuracion.html (18.12.2008); y "En el último día de revisión, la Legislatura dio

normas jurídicas. No cabe en este sentido adjudicar más desorden a la costumbre que el que puede haber en el ámbito legislativo.

Sin embargo, no puede desconocerse la impronta positivista o "cultura legalista", y ante dicha situación conviene que el profesional sea precavido y "produzca prueba", en el sentido de la costumbre de que se trate: "Su comprobación es solo medida cautelar para los contendientes ante la posibilidad de que el juez pueda ignorarlo, y por esa comprobación fijará el exacto contorno de la regla oral, pero sin que ello sea formalidad necesaria [...]"[541]. Por ello, señala también Gény: "[...] no solamente podrá excusarse en el juez su ignorancia de la costumbre, sino que la parte misma que la invoca no podrá, sin cometer una imprudencia, confiar en sus luces acerca de ella"[542]. Si la moraleja de un estudio sobre la costumbre apunta a resaltar el aspecto fáctico del derecho, no puede tampoco desconocerse otro hecho que es el del probable desconocimiento del juez de la costumbre de que se trate.

Con algunas semejanzas señala Garbino:

> Cuando ha sido reconocida en precedentes jurisprudenciales, o tratada particularmente por la doctrina, nada habrá que probar. Pero si está controvertida la existencia misma de la norma consuetudinaria, deben probarse los hechos que concurren como elementos constitutivos de ella[543].

---

de baja a más de 3.000 leyes", del 5.12.2008, en http://www.lagaceta.com.ar/nota/303824/Politica/el_ultimo_dia_revision_Legislatura_dio_baja_mas_3.000_leyes.html (18.12.2008).

[541] RICHARD, y ROMERO, *op. cit.* V. tb. SENTÍS MELENDO, *op. cit.*, pág. 231.

[542] GÉNY, *Método...*, *op. cit.*, pág. 346.

[543] *Op. cit.*, pág. 97.

Cabe aclarar también que la prueba de la costumbre se relaciona con su generalidad. En tanto si se da un cumplimiento masivo, se infiere que es notoria su existencia configurándose lo que el derecho procesal llama hecho público y notorio, es decir, exento de prueba[544].

I. Costumbre extranjera

No acuerdo con Sentís Melendo[545] en el respeto extremo que le dispensa, al punto de admitir la prueba de la costumbre si el derecho extranjero la considera un hecho[546]. Tampoco admitiría la calificación[547] o jerarquía

---

[544]   Incorrectamente señala el art. 377 del Cód. Proc. Civ. y Com. de la Nación: "Incumbirá la carga de la prueba a la parte que afirme la existencia de un hecho controvertido o de un precepto jurídico que el juez o el tribunal no tenga el deber de conocer". Cabe preguntarse qué excepción cabría incluir en la tajante manda que señala el art. 20 del Cód. Civil sobre la inexcusabilidad de la ignorancia de las leyes, y frente al principio procesal del *iura novit curia*. Tal vez las leyes pueden ser ignoradas, pero no por los jueces. Del Carril y Gagliardo entienden que la costumbre es un precepto jurídico. *Op. cit.*, pág. 808. Lo cual no comparto por lo que señalo en el cap. 7 sobre la naturaleza de la costumbre.

[545]   *Op. cit.*, pág. 257.

[546]   Es propio de los juristas internacionalistas dispensar un respeto cabal al elemento extranjero. En el mismo sentido, Soto considera que el juez que tenga que aplicar derecho foráneo debe hacerlo aun cuando, según su derecho, aquel sea inconstitucional. Y así señala que hay que respetar los regímenes extranjeros que no contemplen la democracia, el federalismo –a lo cual puedo agregar la división de poderes–. SOTO, Alfredo, "El derecho internacional privado argentino y sus temas constitucionales", en AA.VV., *Dos filosofías del derecho argentinas anticipatorias: homenaje a Werner Goldschmidt y Carlos Cossio,* coord. por Miguel Ángel Ciuro Caldani, Rosario, FIJ, 2007, pág. 178. Por mi parte, pienso que el problema sería realmente tal ante violaciones sustanciales del derecho extranjero a nuestro derecho constitucional, como la igualdad o la libertad.

[547]   SENTÍS MELENDO, *op. cit.*, pág. 257.

que se le dé, en tanto se trata de un problema de teoría general y, como tal, sustraído a los vaivenes legislativos, incluidos los del derecho internacional.

J. Juridicidad de la costumbre

La relevancia de considerar los requisitos, caracteres o elementos de la costumbre importa a fin de juridizar el comportamiento configurativo de esta, de manera que, si falta alguno de ellos, no podría hacerse valer, exigir, dicho comportamiento en derecho. Resalto que el hecho de la falta de sanción "estatal" no es óbice para considerar una práctica como consuetudinaria, ya que, precisamente, de lo que trata la costumbre es de un comportamiento jurídico no oficializado, no estatal; con la salvedad de la costumbre judicial.

A pesar de que la coacción es característica del accionar estatal, puede hacerse cumplir por la fuerza la costumbre[548]. Como el derecho es una unidad compleja en donde sus elementos actúan en interrelación, ante la eventual falta de cumplimiento de una norma consuetudinaria podrá requerirse la ayuda del Estado; los encargados del funcionamiento no la rechazarán por no ser emitidas las normas por organismos estatales, y lograrán su efectividad, incluso por la fuerza. La contracara de este aspecto será también el hecho de aceptar las sanciones que informalmente se impongan. Si social es la regla, social puede ser la sanción. No obstante, será

---

[548]   "[...] la costumbre jurídica es coercible, es decir que su observancia *puede* ser impuesta en forma coactiva [...]". AFTALIÓN, VILANOVA, y RAFFO, *op. cit.*, pág. 622. El resaltado me pertenece. Dice Adip: "La nota típica de la costumbre jurídica sería, [...] la coactividad". *Op. cit.*, págs. 29-30.

en la mayor parte de los casos en donde la costumbre implicará llevar a cabo prácticas desprovistas de sanción, ya que es de su esencia el acuerdo de sus protagonistas; por ejemplo, quienes forman una fila a la hora de adquirir un bien o un servicio pueden entre ellos exigirse y aceptarse, con o sin coacción.

K. Relación de la costumbre con la ley[549]

Signo distintivo del grado de sinceramiento y de libertad que existe en un pueblo es el papel que el legislador atribuye a la costumbre, por lo que urge analizar cómo se pronuncia la ley con respecto a esta otra fuente del derecho; especialmente respecto de la virtualidad derogadora de la costumbre *contra legem*. Ciuro Caldani señala el peligro que surgiría, según los críticos, de un reconocimiento formal: "[...] la posibilidad de que los jueces tengan en cuenta la costumbre *contra legem* para realizar una justicia mayor puede poseer una peligrosa fuerza expansiva minando la virtud intelectual de la legalidad"[550]. Ya John Locke expresaba con relación al problema de la resistencia al gobernante injusto:

> [...] si quienes dicen que esta doctrina "está sembrando la semilla de la rebelión" quieren con ello dar a entender que el decir al pueblo que está absuelto de prestar obediencia cuando se intenta invadir sus libertades o propiedades puede dar lugar a guerras civiles y a tumultos internos [...] es una doctrina impermisible porque resulta destructiva para la paz del mundo, entonces podrían agregar también, basándose en lo mismo, que los hombres honestos no pueden

---

[549]   V. tb. el pto. 8.2.C.
[550]   CIURO CALDANI, "Reflexiones...", *op. cit.*, pág. 796.

oponerse a los ladrones y piratas, porque esto puede dar ocasión a desorden y a derramamientos de sangre. Mas si alguna desgracia tiene lugar en casos así, no será por culpa de quien está defendiendo su derecho, sino de quien está violando el de su prójimo[551].

El jurista rosarino dice que "[...] nada se gana silenciando en la ley lo que los jueces continuarán haciendo de manera evidente"[552]. Por otra parte, si el abogado, categoría en la cual se incluyen jueces, docentes, investigadores y juristas, quiere revertir la mala fama que ha ganado su profesión a nivel social, puede comenzar por decir la verdad.

L. La forma escrita en el derecho

La costumbre lleva batallas perdidas en esta pelea, si se acepta que el que reparte y es parte siempre se queda con la mejor parte[553]: "[...] la ley es como el cuchillo: / no ofiende a quien lo maneja. // Le suelen llamar espada, / y el nombre le viene bien; / los que la gobiernan ven / a dónde han de dar el tajo: / le cai al que se halla abajo / y corta sin ver a quién"[554]. En este caso, los legisladores, para justificar su trabajo y sus dotes interpretativas de

---

[551] LOCKE, *op. cit.*, pág. 218.
[552] CIURO CALDANI, "Reflexiones...", *op. cit.*, pág. 796.
[553] Aunque no siempre es así: "La excepción puede ser la Constitución de la India, cuyo art. 13, inc. 3°, declara, dentro del concepto de ley, a cualquier uso o costumbre con fuerza de ley". SAGÜÉS, *op. cit.*, pág. 154.
[554] HERNÁNDEZ, José, *op. cit.*, pág. 204. V. tb. a CIURO CALDANI, *Comprensión jusfilosófica del* Martín Fierro *(nociones básicas de filosofía jurídica literaria. Aportes sobre justicia y belleza)*, Rosario, FIJ, 1984, pág. 41.

la voluntad popular "dispersa", concluirán que nadie
mejor que ellos para reflejar en las palabras de la ley la
voluntad del pueblo[555].

Se alega contra la costumbre:

> Falta de precisión, de certeza y de unidad son los grandes
> defectos de la costumbre; por esta misma razón, la técnica
> legislativa fue perfeccionándose paulatinamente y, al mismo
> tiempo, el campo de la costumbre se fue estrechando[556].

La supuesta dispersión de la costumbre no es tal.
Precisamente cuando un uso llega a consolidarse, nada
mejor que este para captar su existencia, ya que aquello
que surge espontáneamente goza de la más clara y trans-
parente de las intenciones. "El gobierno y la costumbre
son garantías de previsibilidad."[557] Con el predominio
de la forma escrita en el derecho, también está aumentando el número de normas escritas, entre las cuales
cabe mencionar: las leyes, los tratados, los decretos

---

[555]   El decreto 1025-2005 estableció un arancel para todos aquellos
que salgan del país; y a la vez estatuyó que quedarán exentos: "Los
menores de DOS (2) años de edad; los funcionarios diplomáticos y
consulares extranjeros oficialmente reconocidos; el personal oficial
de las misiones destinadas en nuestro país por la ORGANIZACION
DE LAS NACIONES UNIDAS (ONU) y sus organismos; los funcionarios diplomáticos y consulares argentinos en misión oficial, o
invitados por autoridad pública extranjera; las personas que circulen
habilitadas en carácter de tránsito vecinal fronterizo; los repatriados
por la DIRECCION NACIONAL DE MIGRACIONES; los expulsados,
reconducidos y custodias de los mismos; los integrantes de fuerzas
de seguridad argentina y las Fuerzas Armadas en misión oficial,
y los funcionarios argentinos en misión humanitaria o sanitaria
oficial" (art. 9). La mayoría de los nombrados pertenece al régimen
partidocrático que hace las normas.

[556]   BORDA, Guillermo A., *Manual de derecho civil. Parte general*, 17ª
ed., Buenos Aires, Perrot, 1995, pág. 12.

[557]   V. CIURO CALDANI, *Derecho...*, *op. cit.*, pág. 75.

de los cuatro tipos[558]: de necesidad y urgencia,[559] los delegados[560], los autónomos[561] y los reglamentarios[562]; las decisiones administrativas del jefe de Gabinete de Ministros, resoluciones ministeriales, de los secretarios de Estado, circulares, instrucciones de servicio, etc. Con lo que pretender que esto puede concluir en mayor

---

[558] Esta clasificación tiene en cuenta la relación de los decretos con la ley. CASSAGNE, *op. cit.*, pág. 142.

[559] Que son aquellos que pueden asemejarse a la ley, en cuanto a la creación de "derecho nuevo", por su generalidad y obligatoriedad, pero que no pueden dictarse respecto de determinadas materias, vedadas, que son: la tributaria, la penal, la de partidos políticos y electoral. P. v. al respecto el art. 99, 3° de la CN., y su convalidación post-reforma por la CSJN en el caso *Rodríguez...*, *op. cit.*, entre otros.

[560] Que son aquellos que también se asemejan a la ley, pero que no surgen de la iniciativa del Poder Ejecutivo nacional, sino por comisión del Congreso quien transfiere su potestad legisferante al órgano administrador, en materias de "administración y emergencia pública". P. v. al respecto los arts. 76 y 100, 12° de la CN. Un ejemplo de ley "delegante" puede verse en la 25561 de emergencia pública y de reforma del régimen cambiario. Creo que la materia vedada a los decretos de necesidad y urgencia también es extensible a los decretos delegados, ya que, en suma, ambos realizan actividad legislativa, que fuera prohibida, como principio general, por el art. 99, 3°.

[561] Son aquellos que implican una "[...] potestad reglamentaria autónoma o independiente, *ad intra*, sobre materias propias de la organización administrativa". CASSAGNE, *op. cit.*, pág. 134. En este caso, el presidente ejecuta actos que por distribución de competencias le corresponde. P. v. al art. 99, 1° de la Constitución federal, y otros incisos, como el 5°, 11°, 12°, 13°, 14°, etc. Es el caso de la reglamentación del recurso jerárquico en el ámbito de la Administración Pública central. Íd., pág. 146. Cassagne también cita al decreto sobre régimen de licencias para los agentes públicos.

[562] Que son los que se dictan a los fines de reglamentar los pormenores de la ley. P. v. al respecto el art. 99, 2° y 28 de la CN. Un ejemplo de este tipo de decretos puede observarse en la reglamentación de la ley 17801 de registro de la propiedad inmueble, reglamentada por el decreto 2080/80.

claridad y orden es una mera ilusión. Por ello puede usarse como juez de la vigencia de todas estas disposiciones normativas el criterio de los propios hombres, que se encargan de eliminar por inútiles o carentes de valor, desde su punto de vista, al enredado número de reglamentos escritos que se consideran de más.

La rivalidad entre la ley y la costumbre cobra vigencia cuando consuetudinariamente se da una regulación que no es captada por la norma; y cuando lo regulado por la norma no coincide con lo que efectivamente ocurre en los hechos.

Nuestra decisión por uno u otro mecanismo de regulación depende de nuestra conceptualización del fin que le asignemos al derecho. Si lo entendemos como un encargado de facilitar la convivencia entre los hombres, nuestro objetivo será el desarrollo, por cada uno de ellos, de un plan de vida acorde a sus cosmovisiones. Por lo tanto, nadie mejor que el grupo social mismo para que se dicten aquellas reglamentaciones que mejor se adecuen a sus intereses. La ley implica una relación de mando y obediencia por el hecho de que personas con funciones, distintas a las del pueblo, determinan qué es y qué no es lo que hay que hacer.

LL. La física social en el derecho

La prevalencia de una u otra fuente, o el reconocimiento de la existencia de la costumbre, depende de una concepción sobre el derecho, porque, como dije, si la costumbre es un fenómeno sociológico, su aceptación implicará incluir una dimensión social en el derecho, que reconoce el trialismo, y de la cual reniega, por ejemplo, el positivismo normológico. Una concepción integrativista es lo que permite a Gény decir que "[...] hay en el fondo, más bien que una *cuestión jurídica,* una *cuestión de física social,* que consiste esencialmente en apreciar la fuerza respectiva de las dos fuerzas que tienden al mismo fin y, sin embargo, están en oposición"[563]. Ahora bien, hay que definir si el derecho absorbe dicho conflicto sociológico. Lassalle se pronuncia abiertamente por captar dicha influencia cuando señala el ejemplo de un incendio que arrasa con toda la papelería que contiene la legislación; en cuyo caso, el legislador no podría sancionar las leyes nuevas a su antojo, con el contenido que mejor le pareciese[564].

Desde el punto de vista del ahorro de energía, y por fidelidad en la comunicación, siempre se preferirá que, si el pueblo ha dispuesto algo para la reglamentación de su vida cotidiana, nos atengamos a lo que él ha dispuesto, evitando que terceros se tomen el trabajo de interpretar su "voluntad", con el consiguiente peligro de desviación de la voluntad o de mal entendimiento de aquella. ¿Por qué esperar que otro diga lo que el pueblo debe hacer, cuando es el propio pueblo el que se ha manifestado? Por ello, Goldschmidt entiende que "evolución y revolución constituyen manifestaciones de la democracia directa que limitan la voluntad de los repartidores"[565].

---

[563] GÉNY, *Método..., op. cit.,* pág. 402.
[564] LASSALLE, *op. cit.,* pág. 56.
[565] *Introducción..., op. cit.,* pág. 92. V. tb. el pto. 7.1.E.

M. La costumbre judicial y la legislación plenaria

Para evitar que se me considere antirrepresenta-
tivo, lo mismo puede decirse de las conductas de la
judicatura y la actitud que toma la legislación plenaria
respecto de la jurisprudencia. El "tufillo" autoritario
que percibo en ocasión de manifestarse la ley contra la
costumbre popular se huele también aquí. Es el intento
de la planificación gubernamental por torcer la libre
voluntad de los jueces, en lugar de dejar que la misma
espontaneidad de la costumbre judicial vaya generando
las condiciones de libertad de expresión en los jueces
como para que el derecho, que lo entiendo como algo
vivo, pueda modificarse y seguir los cambios que marca
la realidad cotidiana. En el mismo sentido se pronuncia
Soler[566]. Asistimos a un conservadurismo plenarista que
ahoga la libre manifestación de la población judicial.

N. Legitimidad de la costumbre

También es posible que la ley común imponga su
inderogabilidad contra la costumbre[567]. Goldschmidt
decía que "una disposición normativa formal que esta-
blezca la inderogabilidad del derecho formal por parte
del derecho consuetudinario será inoperante, ya que
quedaría derogada por una costumbre contraria"[568].

---

[566]   V. el pto. 8.2.C.9.
[567]   En este sentido, cabe resaltar que no se impone la obligatoriedad de
        la costumbre, sino de la ley en el art. 1 del Cód. Civ. "Las leyes son
        obligatorias para todos los que habitan el territorio de la República,
        sean ciudadanos o extranjeros, domiciliados o transeúntes."
[568]   V. SAGÜÉS, op. cit., págs. 161-162.

Un argumento lógico y político más que elocuente considera que "[...] la conciencia jurídica del pueblo nunca habría sido delegada en mandatario alguno"[569]. Por su parte, Sagüés menciona dos argumentos para legitimar la costumbre: el democrático y el de la eficacia:

> Tradicionalmente se considera al derecho consuetudinario como válido por sí mismo, ya que traduce el comportamiento espontáneo y genuino de una comunidad [...]. Sin embargo, este razonamiento no es muy convincente en el derecho consuetudinario constitucional, que no es elaborado habitualmente por el pueblo, sino por los operadores máximos de la constitución. El argumento de la eficacia advierte que la costumbre constitucional tiene justificación como acto de sinceramiento y de realismo, ya que muestra al derecho constitucional como efectivamente es[570].

Parece no haber todavía, a esta altura del desarrollo de la ciencia jurídica, un total convencimiento de la fuerza jurígena de la costumbre, tratándose a veces de enmascarar tras el ropaje de la ley y sus institutos afines el valor que la vida jurídica no puede desconocerle:

> [...] Roberto H. Brebbia [...] sostuvo la irrelevancia de la costumbre derogatoria de la ley. Ilustra que la eventual validez de un remate en el que se han hecho ofertas por señas, y no a viva voz, como prescribe el art. 116 del C. de Comercio, no se explica por el poder derogatorio de facto de la costumbre *contra legem,* sino que surge de la circunstancia de haberse consentido por las partes esa nulidad de carácter relativo, que admite la confirmación expresa o tácita (arts. 1057 C. Civil)[571].

---

569   ADIP, *op. cit.,* pág. 63.
570   SAGÜÉS, *op. cit.,* pág. 162.
571   RICHARD, y ROMERO, *op. cit.*

Cabe preguntarse qué ocurriría si la norma dejada de aplicar por falta de uso se pretendiera aplicar luego. La costumbre contraria o desuetudo surtirá efectos abrogatorios. De manera que sería necesaria una nueva norma escrita o una costumbre afirmativa de lo establecido por la norma originaria dejada de aplicar, es decir, una conducta realizada por un funcionario, por ejemplo, y tolerada por los habitantes. Es el caso que nos trae Adip, de una ordenanza de la municipalidad de Buenos Aires que "[...] prohíbe salivar en las aceras, por razones de salubridad pública. Miles de personas salivan todos los días sobre aceras y calzadas de la metrópoli y, que se sepa, ninguna es sancionada por imperio de la mentada ordenanza"[572]. Gény menciona el caso de la mujer casada, incapaz por el Código Civil de la época, que recibe correspondencia a su nombre, sin la intervención de su marido; frente a lo cual, admitiría que se pidiese la anulación del pago así efectuado[573]. De manera que no sería necesario, como lo sostiene Gény, para la derogación de la ley por la costumbre "[...] que [esta] sea consolidada, o refrendada, como lo pide Kelsen, por la sanción del legislador o la negativa de los jueces a aplicar la norma que ha perdido vigencia"[574].

---

[572] ADIP, *op. cit.*, pág. 42.

[573] GÉNY, *Método...*, *op. cit.*, pág. 406. Como digo, es a todas luces inexplicable el cambio de Gény, que se pronuncia a favor de la costumbre hasta el momento que habla de sus efectos en relación con la ley. Sostiene que no hay que afectar la unidad legislativa del país. Íd.

[574] Íd., pág. 43.

Ñ. Jerarquía de las fuentes

Con respecto a la concurrencia entre ley y costumbre, y el problema jerárquico que se establece entre ellas como fuentes o elementos del derecho, teniendo ambas la misma validez, habrá que recurrir al principio de que norma posterior deroga norma anterior[575], salvo que esta fuese especial y aquella, general. En el mismo sentido se pronuncia Gény: "[...] debe sobreponerse necesariamente la fuente más reciente como tal [...] lo mismo que una ley posterior excluye a la costumbre más antigua que la contradice [...] de igual modo la costumbre más moderna derogará a la ley anterior por su desuso"[576]. Si algún significado hay que asignarle al trialismo, uno de ellos es el del equilibro entre las tres dimensiones que lo forman, sobre todo entre dos de ellas: la sociológica y la normológica. Aunque la intervención de la dimensión dikelógica podría pronunciarse por la prevalencia de la regulación popular, con los límites dikelógicos que señalo en oportunidad de hablar de las "costumbres injustas"[577].

El jurista francés hace una salvedad: "[...] debemos desconocer por antisocial todo uso que contraríe en su esencia las leyes que pura y simplemente consagren

---

[575] Adopto lo que Ciuro Caldani llama "monismo". Vélez Sársfield, al redactar el art. 17, adoptaba el dualismo, ya que "[...] la costumbre solo adquiría valor por invocación legal." "Reflexiones...", *op. cit.*, pág. 792.

[576] GÉNY, *Método...*, *op. cit.*, pág. 384.

[577] V. los ptos. 8.3.C y 8.3.B.

estos fundamentos indispensables de una sociedad organizada"[578]. Esto es ya un problema dikelógico[579].

No comparto la idea de Gény de buscar lo que diga algún precepto legislativo sobre el tema a fin de solucionar el problema jerárquico[580], ya que se trata de un conflicto de Teoría General del Derecho. En otras palabras, sería tanto como dejar a una de las partes de un juicio la resolución de este: siempre lo resolvería a su favor; aunque hago la salvedad de la constitución de India, como nos lo indica Sagüés[581]. A pesar de la jerarquización de la costumbre que hace Gény, al confrontar la consuetudo abrogatoria con la ley, se pronuncia sorpresiva y contradictoriamente por esta última con argumentos que no comparto: "[...] desde el punto de vista *político*, es incontestable que se tiene a la ley escrita por la regla *suprema* que debe prevalecer, por su carácter preciso y regular, sobre las manifestaciones inciertas, a veces incoherentes o poco precisas, a lo menos inorganizadas, del uso"[582]. También califica la costumbre de inconsciente, ciega, equívoca en su fuente y de alcance dudoso[583]. Señala como un argumento apenas plausible el hecho de que valorizar una costumbre contra una ley escrita pueda herir la unidad legislativa del país[584]. Si bien pide

---

[578]   Íd., pág. 395. Del Carril y Gagliardo introducen un tercer elemento de la costumbre que sería el axiológico. *Op. cit.*, pág. 805. Entiendo con el trialismo que el valor constituye una dimensión del derecho, integrada al fenómeno jurídico, pero no mezclada con los entes materiales o los ideales enunciativos.

[579]   V. el pto. 8.3.

[580]   GÉNY, *Método...*, *op. cit.*, pág. 397.

[581]   V. el pto. 8.2.C.6.

[582]   GÉNY, *Método...*, *op. cit.*, pág. 402. La cursiva me pertenece.

[583]   Íd., pág. 405.

[584]   Íd., pág. 406. También es extraño que en un momento cuestione la doctrina que dice que "la costumbre no es fuente de derecho,

que dicha excepción no doblegue el principio[585], cabe preguntarse hasta qué punto no lo hace, siendo tan vital para la vida de la costumbre que se la reconozca frente a su principal rival.

Negar poder a la costumbre para derogar la ley es tanto como querer silenciar al pueblo que espontáneamente se manifiesta: "[...] ese poder invisible, mediante el cual, sin sacudidas ni conmociones, los pueblos hacen justicia a sus malas leyes, y parece que protegen a la sociedad contra las sorpresas del legislador y al legislador contra sí mismo"[586].

Lassalle tenía plena conciencia de este poder de la costumbre:

> Allí donde la Constitución escrita no corresponde a la real, estalla inevitablemente un conflicto que no hay manera de eludir y en el que a la larga, tarde o temprano, la Constitución escrita, la hoja de papel, tiene necesariamente que sucumbir ante el empuje de la Constitución real, de las verdaderas fuerzas vigentes en el país[587].

Este planteo puede verse en el caso de las retenciones móviles a las exportaciones agropecuarias[588], que el

---

salvo en materia mercantil", y que luego valide dicha doctrina que consagra dicha excepción. V. íd., las págs. 329-330, y 407, respectivamente. En un sentido concordante al nuestro sobre la posición de Gény v. TAU ANZOÁTEGUI, *op. cit.*, págs. 30-31. Sí cabe atribuirle al jurista francés el mérito de la superación de una etapa de silencio e indiferencia. Íd., pág. 31.

[585] GÉNY, *Método...*, *op. cit.*, pág. 411.

[586] Íd., pág. 399.

[587] LASSALLE, *op. cit.*, pág. 81-82.

[588] A través de la resolución del Ministerio de Economía 125/08, "en el nuevo esquema de retenciones móviles es necesario aplicar, de manera diaria, una fórmula para determinar el derecho de exportación de cada producto", en "Argentina- Retenciones móviles

Poder Ejecutivo nacional pretendió llevar adelante en 2008. Si bien puede aceptarse el modelo económico de país que pretende el gobierno, al intentar una matriz productiva diversificada, tratando de desalentar la "sojización" del sector agropecuario, ante el alza de los precios internacionales por la escasez de alimentos y el consiguiente aumento de producciones de soja, el hecho de los piquetes de los productores y rentistas del campo llegó a su punto de fuerza más intenso cuando el país quedó prácticamente desabastecido por los bloqueos. Por otro lado, no todos los sectores alcanzados por el tributo tienen la misma rentabilidad, el mismo suelo y clima. Y las retenciones no fueron segmentadas, lo que sí trató de realizar la media sanción de la Cámara de Diputados[589], ni progresivas, según la resolución del 11 de marzo de 2008. También se alega que la "movilidad" afecta el sistema de mercado de futuro, alterándose la previsibilidad. Más allá de la polémica, el hecho del

---

han aumentado los derechos de exportación en todos los granos", del 4.4.2008, en http://www.apa.cl/index/noticias_det.asp?id_noti=1371&id_seccion=4&id_subsecciones=17 (10.4.2008). P. v. tb. CRETTAZ, José, "Las razones y sinrazones que esgrimió el gobierno", en *La Nación*, del 10.11.2007, en http://www.lanacion.com.ar/960676 (24.3.2008); "Vuelven a aumentar las retenciones agropecuarias", en *La Nación*, del 11.3.2008, en http://www.lanacion.com.ar/economia/nota.asp?nota_id=994630 (24.3.2008); "Es un nuevo castigo al campo", en *La Nación*, del 11.3.2008, en http://www.lanacion.com.ar/economia/nota.asp?nota_id=994816&origen=relacionadas (24.3.2008); GRONDONA, Mariano, "Argentina: el ingrediente ideológico de las retenciones", en http://independent.typepad.com/elindependent/2007/11/argentina-el-in.html (24.3.2008); "El campo cortó rutas y expuso su fuerte rechazo a las retenciones", en *El Litoral*, del 14.3.2008, en http://www.litoral.com.ar/index.php/diarios/2008/03/14/politica/POLI-06.html (24.3.2008).

[589]   V. el art. 6 del proyecto con media sanción del 4.7.2008 en http://www.hcdn.gov.ar/ (4.12.2008).

desabastecimiento muestra la fuerza de dicho sector. Aun las más nobles intenciones no pueden desconocer la realidad de lo que siente un sector económico importante de nuestro país.

O. Clasificación legal de la costumbre

La clasificación de la costumbre desde la ley en *secundum*[590], *praeter*[591], y *contra legem*[592] conlleva la presunción del sometimiento de la costumbre a los requisitos de la ley. De lo contrario, se admitiría sin más que cuando la costumbre regula un supuesto, la ley debe cederle espacio, por tratarse de la manifestación directa del mandante[593]. Nótese que precisamente ha sido una costumbre someter a la costumbre: "En todos [Argentina, Brasil, Chile, Paraguay, Uruguay] menos uno [Bolivia] de los países analizados se encuentran disposiciones legales que intentan limitar la eficacia de los usos y costumbres según la clasificación clásica: *secundum, praeter* y *contra legem*"[594].

P. Clasificación de la costumbre desde la costumbre

Puede ser interesante clasificar la costumbre de un modo distinto a como se lo ha venido haciendo, es

---

[590]   Para la definición, v. el pto. 8.2.E.1.
[591]   Para la definición, v. el pto. 8.3.E.2.
[592]   Para la definición, v. los ptos. 6.C y 8.2.E.3.
[593]   V. el pto. 7.1.E.
[594]   GIMÉNEZ CORTE, *op. cit.*, pág. 265.

decir, olvidando por un momento la clásica distinción de la costumbre en su relación con la ley, para abordarla desde ella misma. Por el ámbito espacial de validez, puede ser internacional, nacional, estadual o provincial, o municipal o local. Por el ámbito temporal de validez, puede ser pasada o presente; lo cual se relacionará con el hecho en análisis bajo la regla consuetudinaria. Por el ámbito personal de validez, puede estarse ante una costumbre de clase (baja, media, alta, urbana, suburbana), de género (masculino, femenino, transexual, travesti, homosexual, etc.), de generación (los años setenta, los años noventa).

El estudio de la costumbre también nos lleva, como señalé, a tomar una postura acerca de la conceptualización del derecho. Si la costumbre es la forma concordante en que un determinado grupo se comporta en cierta circunstancia, notaremos que no se ha formalizado conducta alguna en una norma escrita. De manera que por la espontaneidad, el anonimato "legislativo" y la escasa presión estatal, es muy probable que la regla consuetudinaria sea una de las que menos incumplimientos y sanciones generen. Y que no se aplique la fuerza pública para lograr el cumplimiento es una nota que también forma parte del fenómeno jurídico. Siempre que no lo entendamos solamente como un conjunto de normas dotadas de coerción, como lo creía Kelsen[595]. Ante este

---

[595]   Desde el punto de vista estático, "[...] el derecho aparece como un conjunto de normas determinantes de las conductas humanas; y en el segundo [dinámico], como un conjunto de conductas humanas determinadas por las normas. [...] la ciencia del derecho tiene por objeto las normas creadas por individuos que poseen la calidad de órganos o sujetos de un orden jurídico [...]". KELSEN, *op. cit.*, pág. 45.

hecho, tanto Goldschmidt[596] como Cueto Rúa[597] enseñan que el derecho no solo es desacuerdo y sanción, sino acuerdo y convivencia.

Una interesante división es la realizada por Figuerola, quien distingue entre

> [...] el derecho de honda raigambre popular [...] [y] el derecho que es conocido por el pueblo mediante la práctica de los tribunales y de la doctrina. Aquí es la forma la que desplaza al espíritu. Ya no ve en el conglomerado social un hálito de sabiduría o de intuición sino que es el jurisconsulto el que crea mediante la jurisprudencia un derecho que ya no intuye la masa[598].

2. Dimensión normológica

A. Concepto de norma

La norma es, según el trialismo, la captación lógica y neutral de un reparto proyectado. En el caso de la costumbre, lo que se capta es cada uno de los repartos coincidentes hasta encontrarse su causa común, que se enuncia así de manera lógica, general. Por ello, reconocer más a la costumbre nos acercaría a las ventajas del sistema anglosajón del precedente, en donde el método que prevalece es el inductivo.

---

[596] *Introducción..., op. cit.,* pág. 62.
[597] "Tendríamos a nuestra vista la sucesión de los fragmentos de ilicitud, pero se nos escaparía el estrato general y fundamental de la actividad espontánea y lícita, en los que aquellos fragmentos se encuentran [...] el sentido que los hace comprensibles. Ese estrato general de vida social espontánea, está elaborado en gran medida con costumbres [...]." *Fuentes..., op. cit.,* pág. 101.
[598] FIGUEROLA, *op. cit.,* pág. 13.

Teniendo a la vista la definición de norma, la costumbre es menos proyectiva, ya que actuar el derecho no es lo mismo que escribir el derecho. Aunque esta desventaja se compensa con la participación popular. Además, no se concibe el derecho como pura acción, sino tridimensionalmente, es decir, de manera compleja.

B. Estructura de la norma consuetudinaria

No por el hecho de no ser escrita, la costumbre deja de ser una norma. "En el caso de las costumbres pensamos que si cierto comportamiento se da con regularidad, entonces lo que es debe ser. Nos encontramos ante un conjunto de significaciones humanas cuyos contenidos son comprendidos como constituyendo comportamientos debidos."[599]

La costumbre, como reparto colectivo, adjudica potencia o impotencia y ese conjunto de repartos puede ser captado normativamente reflejando la estructura de la norma consuetudinaria. En términos trialistas, se trataría de diferenciar el reparto de su normación, es decir, de su captación lógica y neutral como reparto proyectado.

La costumbre comparte con la ley el hecho de que su estructura "lógica" consta de un antecedente y de un consecuente. Es decir, de un sector social supuesto, general, y la asignación de un determinado efecto, la reglamentación de la situación descripta[600].

---

[599]   CUETO RÚA, *Una visión...*, *op. cit.*, pág. 213.
[600]   "Toda norma general describe la reglamentación de un sector social supuesto, y consta, pues, necesariamente de dos partes: la que describe el sector social supuesto y la que esboza su reglamentación." GOLDSCHMIDT, *Introducción...*, *op. cit.*, pág. 205.

C. Tratamiento de la costumbre por la ley

C.1. Constitución Nacional. La Constitución argentina tiene duros pronunciamientos con respecto a esta fuente; primero en el art. 19, donde establece que nadie está obligado a hacer lo que la *ley* no manda, y luego en el art. 22, donde estatuye que el *pueblo* no delibera ni gobierna, sino por medio de sus *representantes*. Es así como se prohíbe la actividad jurígena en el pueblo y se obliga al acatamiento del producto del órgano legislativo. Aunque algunos sostienen, con razón, que cabe considerar la voz "ley" como "derecho" que está integrado por las normas consuetudinarias[601].

Si bien ya en la propia constitución de 1853-1860 existían atenuantes a este tajante principio, se habría hecho complementario con la reforma de 1994. Es decir, complementario de otro que manda considerar junto a la ley otras fuentes jurígenas. Por ejemplo, en la constitución originaria, se admitía la existencia del juicio por jurados, en donde el pueblo cobra protagonismo. También en el art. 33, que habla de los derechos no enumerados, es decir, no tratados por la ley, se deja en última instancia como fuente a la soberanía del pueblo. La reforma de 1994 mantuvo la disposición referida al juicio por jurados y tuvo una apertura a instituciones intermedias, es decir, ubicadas entre el pueblo y las autoridades, como por ejemplo, aquellas que están legitimadas para instaurar la acción de amparo colectivo prevista en el art. 43. En oportunidad de considerar los derechos de los usuarios y los consumidores, se prevé la participación de organizaciones afines protectorias (art. 42). A lo cual

---

[601]   LLAMBÍAS, *op. cit.*, pág. 66.

debe sumarse el contundente pronunciamiento del constituyente contemporáneo por las formas de democracia
semidirectas previstas en los artículos 39 y 40. Todo esto
me hace decir que, desde el punto de vista normológico,
la costumbre no es completamente ignorada, ni recibe un
papel meramente secundario en el mundo del derecho[602].

   C.2. Código Civil. Una de las disposiciones normativas clave a la hora de estudiar la costumbre es el artículo
17, que según la redacción de Vélez Sársfield reguló la
cuestión de la siguiente forma: "Las leyes no pueden ser
derogadas en todo o en parte, sino por otras leyes. El uso,
la costumbre o la práctica no pueden crear derechos,
sino cuando las leyes se refieren a ellos"[603]. En este caso,
Vélez prohibió tanto la costumbre derogatoria, al decir
que las leyes solo son derogadas por otras leyes, como la
costumbre integrativa, ya que la costumbre solo puede
actuar cuando haya remisión legislativa. El pensamiento
del jurista cordobés encontraba su razón de ser en la influencia que en la época ejercía la Escuela de la Exégesis,
producto de la sanción del Código Napoleón: "La Escuela
de la Exégesis francesa enlaza con la promulgación del
Código Civil francés de 1804. [...] el derecho positivo lo
es todo y todo el derecho positivo está constituido por la
ley; culto al texto de la ley"[604]. Por ello, "se niega valor a la

---

[602]   En contra: AFTALIÓN *et al., op. cit.,* pág. 560: "[...] en la práctica
        va quedando relegada a un segundo plano, en virtud del inmenso
        avance de la legislación en todos los órdenes". V. tb. el pto. 7.1.
[603]   Tal es también la versión del Cód. Civil español.
[604]   GOLDSCHMIDT, *Introducción..., op. cit.,* págs. 268-269. La inter-
        pretación debe estar dirigida a buscar la intención del legislador.
        Si habla de la "intención del legislador", se refiere a la intención
        manifestada en la misma ley. P. v. íd. págs. 269-270. "Detrás de la
        ley no hay más que esa intención que constituye toda la fuente
        del Derecho positivo y es preciso traducir. [...] de admitirse una
        interpretación creadora los autores y los magistrados usurparían

costumbre; las insuficiencias de la ley se salvan a través de ella, mediante la analogía. [...] se atribuye al derecho un carácter eminentemente estatal: *Dura lex, sed lex.* [...] el juez no será sino 'la boca de la ley' (Montesquieu)"[605].

Deben entenderse los fines del codificador tanto en relación con los planes de Napoleón en Francia como con respecto a los planes de Vélez y sus políticos contemporáneos en Argentina. Con respecto a Bonaparte:

> La pretensión exegética de someter absolutamente la sentencia a la ley es clara muestra del anhelo de la burguesía que había conquistado el poder de imponer su concepción económica y jurídica. La referencia al derecho natural solo estaba permitida al legislador burgués[606].

Además, "[...] la postulación del derecho como un mero sistema de normas [...] expresa ideológicamente la necesidad del capitalismo [...] instalado en el poder estatal [...] de hacer los negocios calculables"[607]. De allí los grandes inconvenientes que se desarrollan a partir de los reclamos de quienes no tienen las posibilidades fácticas de acceder a lo prometido por la normatividad. Y en este sentido, por la visión de las clases menos pudientes o por la de aquellos disconformes con dicho estado de situación, el derecho adquiere posiciones

---

el poder [...]." Íd., pág. 269. En el mismo sentido p. v. a NICOLAU, Noemí, "Acerca de la interpretación e integración de los contratos civiles", en *Boletín del Centro de Investigaciones de Filosofía Jurídica y Filosofía Social*, núm. 8, Rosario, FIJ, 1988, págs. 97 y 99.

[605] GOLDSCHMIDT, *Introducción...*, *op. cit.*, pág. 270.

[606] CIURO CALDANI, "Lecciones de Teoría General...", *op. cit.*, pág. 50. Para una comprensión de los fines bonapartistas respecto de la codificación francesa, p. v. CIURO CALDANI, "El bicentenario...", *op. cit.*

[607] COSSIO, *Radiografía...*, *op. cit.*, págs. 185-186. V. tb. a CIURO CALDANI, "Lecciones...", *op. cit.*, t. III-I, Rosario, FIJ, 1994, pág. 230.

más críticas. Cossio señala que dicha base capitalista
adquiere jurídicamente diversas formas de proyectarse:

> [...] no obstante la heterogeneidad [...] se llega académica-
> mente mediante la teleología y la normatividad, en la órbita
> alemana; legislativamente mediante la codificación y la im-
> peratividad, en la órbita francesa; y judicialmente mediante
> los precedentes y la intangibilidad, en la órbita inglesa[608].

Similar relación hizo un pensador de la Reforma
Universitaria de 1918: "[...] el intento de ese 'invisible'
ejército de la reacción capitalista y cerril por ahogar la
fecunda espontaneidad polémica de la vida civil y por
confinar los ideales que empujan el 'hoy indeciso' hacia
un mañana más pleno"[609].

Con respecto a Argentina, Vélez Sársfield necesitaba
asegurar el cumplimiento de sus fines expresados en el
Código, reprimiendo la existencia afín a la etapa colonial,
expresada, por ejemplo, en el gaucho:

> Los gobiernos que sucedieron a Rosas plantearon el proble-
> ma en dos sentidos: convivencia con los salvajes o destruc-
> ción. De esos dos términos no se salió y se osciló entre uno
> y otro ya sea pactándose, ya sea enviando expediciones. En
> todo caso, lo principal, un desierto en la zona más fértil del
> país, seguía siendo un cáncer que corroía cualquier idea
> ordenadora, sobre todo porque impedía la expansión de la
> ganadería, punto de partida y de llegada del ser nacional,
> especie de superconciencia nacional irremplazable[610].

---

[608] Íd., pág. 186.
[609] ROCA, Deodoro, "El último oligarca", en "Ciencias, Maestros, Universidades", en AA.VV., *Homenaje a la Reforma Universitaria*, Universidad Nacional de Rosario, 1998, pág. 118.
[610] JITRIK, Noé, *El mundo del ochenta*, Buenos Aires, Centro Editor de
América Latina, 1982, págs. 14-15.

En el mismo sentido se pronuncia Ciuro Caldani:

La concepción de la cultura y del país en que se apoyaba la estrategia sarmientina se había expresado [...] en *Facundo* (1845), con su interpretación de la oposición entre "civilización" y "barbarie", e incluso tal vez en la carta a Mitre en la que hablaba de la sangre del gaucho como abono de la tierra [...] Sarmiento pensaba en un país "moderno", angloafrancesado y afín a la cultura norteamericana, de caracteres burgueses, con muchos ferrocarriles y comunicaciones telegráficas, [...] propiedad privada y libertad de contratación, con una escuela pública, laica, común, gratuita y obligatoria, inspirada por maestras norteamericanas, y poblado por inmigrantes idóneos. El régimen de vagos y malentretenidos contribuía a la estrategia así perfilada. [...] En 1871 comenzó a regir el Código Civil, y en 1872 apareció la primera parte del *Martín Fierro,* en la que el gaucho lloraba su desgracia[611].

El gaucho representaba la costumbre que debía sofocarse a toda costa para lograr la idea de país que tenía en mente la Generación del 37, complementada por la acción de la Generación del 80: "Los 'urbanizantes' desprecian el ruralismo, desdeñan la vida campesina y se sienten incómodos en ella o la ignoran. De ahí el silencio en los ambientes cultos frente a la aparición del *Martín Fierro,* en 1872"[612].

Es extraño que Vélez Sársfield, inspirado por el Código Napoleón, no haya tenido en cuenta las enseñanzas de los integrantes de la comisión redactora del proyecto: "Decían los codificadores que las leyes

---

[611] CIURO CALDANI, "Perspectivas estratégicas del razonamiento y la actuación de los jueces", suplemento especial LexisNexis *JA* del 31.3.2004, pág. 30.

[612] JITRIK, *op. cit.*, págs. 22-23.

conservan sus efectos en tanto no son abrogadas por otras leyes o hayan caído en desuetudo"[613].

Es común que quien se instala en el poder quiera romper con aquello que lo precedió. Y esto ocurre frecuentemente en los procesos revolucionarios, que generalmente se dan en países con fuertes influencias racionalistas y propensos a las abstracciones, como en los de raíz continental europea. "En general hay una tendencia a que los procesos revolucionarios se expresen al principio como órdenes y luego se consoliden en sistemas."[614] Ya que en estos últimos la función residual elaboradora de normas recae en los encargados del funcionamiento, no en los autores.

Contra el art. 17 del CC. también se pronuncia Cossio en tanto el derecho, para la egología, no se agota en la norma ni en el plano lógico-formal, ya que, "como efectivamente la ley no es el derecho, es claro que en el desuso de la ley no está afectado el principio de identidad"[615]. Así como señala que nunca bastó con prohibir los delitos para que los hombres no delinquieran[616], no bastará con prohibir la costumbre para que ella no tenga efecto. "Nada impide [...] que caiga en desuso el propio artículo [se refiere al art. 17 del CC.] que contiene la prohibición, desde que la existencia del derecho, estando en la conducta de los hombres, aparece o desaparece con una gran independencia respecto a la existencia puramente vivencial de las leyes"[617].

---

[613]   CIURO CALDANI, "El bicentenario...", *op. cit.*
[614]   CIURO CALDANI, *Metodología...*, *op. cit.*, pág. 76.
[615]   COSSIO, "La bi-valencia...", *op. cit.*, pág. 758.
[616]   Íd., pág. 759.
[617]   Íd.

C.3. El derecho de los pueblos originarios. Siempre es fácil criticar, una vez habida la perspectiva histórica. No obstante, el problema que Vélez tenía en el siglo XIX hoy lo tenemos en el siglo XXI con otros personajes. No debemos olvidar la preexistencia de los pueblos originarios[618], cuyas regulaciones coexisten con el derecho estatal. Así lo ha reconocido el legislador constituyente de 1994 en el art. 75, inc. 17°[619]. Es claro que el derecho de los pueblos originarios forma parte de la cultura jurídica de dicha comunidad[620]. Por ejemplo, sus costumbres tal vez lo llevan a no concebir el derecho real de dominio, sino utilizar la voz "tierra", más apta para denominar un espacio de vida comunitario. El respeto de su cultura

---

[618]   Sobre el tema, p. v. ZAMUDIO, Teodora, "Derecho de los Pueblos Indígenas", en http://www.indigenas.bioetica.org/inves30. htm (8.10.2007); "Una perspectiva sobre los pueblos indígenas en Argentina", en http://www.cels.org.ar/Site_cels/publicaciones/ informes_pdf/2002_Capitulo11.pdf (19.10.2003). Cfr. tb. CIURO CALDANI, "La comprensión del plurijuridismo y el monojuridismo en una nueva era", en *La Ley*, 26.5.2006, págs. 1/4, t. 2006-C, págs. 1246 y ss.

[619]   "Reconocer la preexistencia étnica y cultural de los pueblos indígenas argentinos. Garantizar el respeto a su identidad y el derecho a una educación bilingüe e intercultural; reconocer la personería jurídica de sus comunidades, y la posesión y propiedad comunitarias de las tierras que tradicionalmente ocupan; y regular la entrega de otras aptas y suficientes para el desarrollo humano; ninguna de ellas será enajenable, transmisible ni susceptible de gravámenes o embargos. Asegurar su participación en la gestión referida a sus recursos naturales y a los demás intereses que los afecten. Las provincias pueden ejercer concurrentemente estas atribuciones."

[620]   En referencia a México y Guatemala, y aplicable a Argentina, se señala que es necesario "[...] terminar con 'cinco siglos de colonialismo jurídico', [...] revisar los criterios de unidad nacional, [...] reconocer las autonomías autóctonas y también someter a un nuevo examen el principio de igualdad jurídica tomando en cuenta las diferencias económicas y culturales". TAU ANZOÁTEGUI, *op. cit.*, pág. 35.

hacía insostenible también su conversión al catolicismo, como lo sostenía la versión de la constitución anterior a 1994[621]. Por otra parte, los recursos naturales, como los ríos, son elementos de unión más que de separación, lo que refuerza su sentido comunitario de la propiedad y la necesidad de su participación en lo referente a regulaciones sobre ellos.

A la hora de comparar los distintos regímenes jurídicos, en un caso penal se decidió absolver a un aborigen que había dañado propiedad ajena en el entendimiento de que era propia[622]. Se adujo que en el caso concurría un estado de justificación putativo, por la errónea consideración acerca del legítimo ejercicio de un derecho (art. 34, 4°[623], CP.). Con respecto a la solución de este caso, se dijo:

> El decisorio comentado hizo que la dimensión normológica descendiera al plano fáctico, enlazando el artículo 75, inciso 17, con los artículos 31 y 75, inciso 22 de la CN. y, dentro de esta última norma, con el artículo 27 del PIDCP y la preceptiva aplicable del Convenio núm. 169 de la OIT sobre Pueblos Indígenas y Tribales en Países Independientes; posteriormente, los conjugó con el artículo 34, incisos 4° y 1°, del CP., para ofrecer una solución valiosa desde el plano dikelógico[624].

En otro caso se pretendía, por un condenado por una comunidad aborigen, que no se repitiera la sanción

---

[621] Art. 67, inc. 15°: "Proveer a la seguridad de las fronteras; conservar el trato pacífico con los indios, y promover la conversión de ellos al catolicismo".

[622] ZAMUDIO, *op. cit.*

[623] "El que obrare en cumplimiento de un deber o en el legítimo ejercicio de su derecho, autoridad o cargo [...]."

[624] ZAMUDIO, *op. cit.*

en el ámbito de la competencia provincial. Se trataba de un joven que había recibido una herida de bala y que había perdido la visión de un ojo, por lo cual fue condenada su familia a entregar el 25% de sus animales[625]. Es dable destacar también la labor de los Estados al tratar de integrar a los "médicos originarios". Tan arraigados están en los pueblos originarios, que es mejor estrategia intercambiar información y técnicas integrándolos[626] que ir contra una corriente medicinal milenaria, de manera que ambos sistemas de salud puedan resultar beneficiados. Gran problema ocasionaría el caso de la bigamia o poligamia[627], o incluso el incesto[628]. El robo de vacas, permitido para unos, puede ser abigeato para el derecho estatal[629].

Cabe resaltar que el Convenio 169 de la OIT sobre Pueblos Indígenas y Tribales en Países Independientes, aprobado por ley 24071[630] y de jerarquía supralegal, establece en su art. 9, 1°[631] el deber de las autoridades y los tribunales llamados a pronunciarse sobre cuestiones penales de tener en cuenta las costumbres de los pueblos

---

[625] Íd.
[626] Ibídem.
[627] GONZÁLEZ GALVÁN, Jorge Alberto, *Derecho Nayerij. Los sistemas jurídicos indígenas en Nayerij,* México, Universidad Nacional Autónoma de México, 2001, en http://www.bibliojuridica.org/libros/libro.htm?l=10 (28.6.2004), pág. 70.
[628] Íd., pág. 61. Tanto la madre de la niña como su abuelo materno aluden a la necesidad de poner en libertad al violador porque es él quien las mantiene. Íd., pág. 81.
[629] Íd., págs. 61 y 80.
[630] Promulgada de hecho el 7.4.1992.
[631] "En la medida en que ello sea compatible con el sistema jurídico nacional y con los derechos humanos internacionalmente reconocidos deberán respetarse los métodos a los que los pueblos interesados recurren tradicionalmente para la represión de los delitos cometidos por sus miembros."

indígenas para la represión de los delitos cometidos por sus miembros. En un caso que se dio en la provincia de Formosa, donde dos hombres abusaron sexualmente de una niña wichi, la mayoría se pronunció por la primacía del "bloque de constitucionalidad", haciendo referencia a la Convención sobre los Derechos del Niño. Si bien la mayoría alude a la libertad sexual con que se conducen los menores aborígenes, incluso con miembros que no son de su etnia, también menciona la histórica opresión de las mujeres, por ser tales, pobres e indígenas. Uno de los jueces de la minoría califica dicha costumbre como "chineo", que consiste en perseguir menores y tomarlas sexualmente por la fuerza, lo cual constituye "[...] una pauta cultural tan internalizada que es vista como un juego juvenil [...]"[632].

Un proyecto de Cód. Proc. para comunidades aborígenes prevé la extinción de la acción penal cuando el caso hubiera sido resuelto por órganos aborígenes, salvo los casos de homicidio doloso y delitos agravados por el resultado de muerte.

Es de una importancia extrema que, en honor al objetivo que me propongo en este trabajo, no asociemos lo expresado por la normatividad –muy "amigable" con la minoría aborigen– con la realidad jurídica, ya que es común ver en ella los graves padecimientos que sufren los pueblos originarios. Es destacable, en este sentido, la creación del Instituto Nacional de Asuntos Indígenas[633]

---

[632] "González, Rubén y Bonilla, Hugo, s. abuso sexual", fallado por el Superior Tribunal de Justicia de Formosa el 29.4.2008. V. http://www.diariojudicial.com/nota.asp?IDNoticia=35234# (6.5.2008).

[633] V. http://www.desarrollosocial.gov.ar/INAI/site/default.asp (18.12.2008). Tal vez debiera llamárselo más felizmente Instituto Nacional para la Protección y el Desarrollo de los Pueblos Originarios (INPPO).

para coordinar desde allí acciones que tiendan a hacer reales los derechos declarados por las normas. Por ejemplo, el de propiedad común de las tierras, consagrado por el art. 75, inc. 17º de la CN. y reconocido por la ley 26160, promulgada en 2006[634].

La pauta constitucional se encuentra en concordancia con la desincriminación del coqueo[635]. La coca es considerada sagrada por los aymaras[636]. Precisamente, en el ámbito penal, deben tener en cuenta los hechos que, si bien típicos desde el punto de vista estatal, no acarrean una perturbación social[637]. Para ello se requiere una visión no positivista del derecho. El respeto también puede canalizarse a través de la falta de comprensión de la criminalidad del acto, por la posesión de pautas valo-

---

[634] Pero aún no puesta en práctica. Se han prorrogado los plazos procesales relativos a ejecución de sentencias, actos procesales, o administrativos tendientes al desalojo o desocupación de tierras que tradicionalmente ocupan las comunidades originarias. También se prorrogan los plazos para el relevamiento técnico-catastral a fin de diagnosticar la situación dominial de las tierras. Si bien el dec. 1122-2007 reglamenta la ley en cuestión, la ley 26554 del 2009 puso como nuevo término de la prórroga el 23.11.2013.

[635] V. el pto. 8.2.C.3 y 8.2.E.2.d.

[636] ZAMUDIO, *op. cit.*

[637] V. en este sentido el fallo "Arriola" de la CSJN del 26.8.2009 que declaró por unanimidad inconstitucional la penalización de la tenencia para consumo de estupefacientes. En los párrafos pertinentes alude a la falta del "perjuicio" a terceros, a la sociedad. "Obviamente que la conducta no punible solo es aquella que se da en específicas circunstancias que no causan daños a un tercero" (consid. 29). Lo que halla consagración normativa en el art. 19 de la CN. en tanto "[...] se garantiza un ámbito de libertad personal en el cual todos podemos elegir y sostener un proyecto de vida propio" (consid. 32). Lo que rememora al supremo principio de justicia del trialismo. Es así que la criminalización penal de la tenencia para consumo "[...] invade la esfera de libertad personal excluida de la autoridad de los órganos estatales" (consid. 36).

rativas distintas. Si bien se pone como límite del respeto la "dignidad humana"[638], debo decir que el verdadero respeto, si quiere llamarse tal, es casi total y que, al fin, no estamos seguros de lo que sea la "dignidad humana", ni siquiera en el ámbito que no es aborigen, y sobre todo a partir de la visibilidad de los problemas biojurídicos. ¿Cuándo comienza la vida y la muerte? ¿Qué es el sexo y el género? ¿Cuándo debe abortarse? ¿Cómo debe ser el matrimonio, la adopción? ¿Cuáles son los límites a la investigación científica en humanos o embriones? El problema se presenta a partir de las penas de algunas comunidades aborígenes sobre destierro, prisión perpetua y confiscación[639]. Para el caso del destierro se ha ensayado como solución la mera expulsión de la comunidad en cuestión, pero no del Estado en el que aquella se encuentra. Con respecto a la confiscación, no se debe afectar la subsistencia de la persona. A la hora de imponer las penas colectivas, estas no respetan el debido proceso y la integridad de los parientes del condenado; por otra parte, la pena no puede ser desproporcionada[640]. Un caso trató de la negativa de un cabildo indígena a adjudicar una parcela de tierra a un condenado, luego de lo cual este fue encontrado en la comunidad sustrayendo alimentos porque sus hijos tenían hambre[641]. Valen aquí las consideraciones que hice respecto de la "unitas multiplex"[642].

---

[638] V. ZAMUDIO, *op. cit.* Otros derechos aluden como límite a un principio superior al del respeto a la diversidad ética o cultural. Íd.
[639] Ibídem.
[640] ZAMUDIO, *op. cit.*
[641] Íd.
[642] V. los ptos. 2.F y 4.A.

C.4. Las lagunas y el Código Civil. Es de resaltar que Vélez Sársfield, tanto como los sucesivos reformadores, no han modificado el art. 16 del Código Civil, disposición clave en materia de fuentes, ya que regula el mecanismo a seguir ante una laguna normológica, oportunidad en donde la costumbre no es mencionada ni siquiera como fuente "muleta". "Si una cuestión civil no puede resolverse, ni por las palabras, ni por el espíritu de la ley, se atenderá a los principios de leyes análogas; y si aún la cuestión fuere dudosa, se resolverá por los principios generales del derecho, teniendo en consideración las circunstancias del caso." No obstante, algunos autores creen que la costumbre prevalece sobre el recurso a la analogía y los principios generales del derecho:

> [...] si los usos y las costumbres son específicos para los casos en cuestión, prevalecen como tales sobre la analogía con otros casos y sobre los principios positivos meramente generales que, por este carácter, tienen menos fuerza reguladora que dichas soluciones específicas[643].

Precisamente, se recurre a la analogía y a los principios generales del derecho como instrumentos para cubrir el vacío, cuando no hay regulación consuetudinaria que aborde el caso directamente.

Coinciden con esta postura otros autores: "Con la ley vigente [se refieren a la reforma de la ley 17711], debe tenérsela por fuente autónoma, con jerarquía únicamente inferior a la ley[644], a la que debe recurrirse antes

---

643   CIURO CALDANI, "El Código Civil argentino y las fuentes del derecho (acerca de los artículos 16 y 17 del Código Civil)", en *Boletín...*, núm. 15, Rosario, FIJ, 1992, pág. 38.
644   Lo cual no comparto.

que a la analogía y los principios generales"[645]. Esta es también la opinión de Llambías: "[...] ella [se refiere a la costumbre] ha constituido una norma particular que ha venido a sustraer los hechos a que se refiere de la aplicabilidad de los principios generales de la ley"[646].

En última instancia, la prevalencia de ambas fuentes o elementos, es un problema de Teoría General del Derecho, es decir, propio de la ciencia jurídica, y no se agota en las disposiciones que estatuya el legislador[647].

Pero la postura de Vélez no debe entenderse en términos absolutos, ya que preveía alguna relación amistosa entre la ley y la costumbre, es decir, de contribución de aquella con respecto a esta, en la nota al art. 167 del Código Civil.

> Las personas católicas, como las de los pueblos de la República Argentina, no podrían contraer el matrimonio civil. Para ellas sería un perpetuo concubinato, condenado por su religión y por las costumbres del país. La ley que autorizara tales matrimonios, en el estado actual de nuestra sociedad, desconocería la misión de las leyes, que es sostener y acrecentar el poder de las costumbres y no enervarlas y corromperlas. Sería incitar a las personas católicas a desconocer los preceptos de su religión, sin resultado favorable a los pueblos y a las familias[648].

Cabe tener en cuenta el contexto en el que fue expresado el reconocimiento de marras.

C.5. La reforma de 1968. La versión del artículo 17 del Código Civil según la reforma del dec.-ley 17711 es un poco más abierta a la realidad social, la cual había

---

[645]   GARBINO *et al., op. cit.,* pág. 97.
[646]   LLAMBÍAS, *op. cit.,* pág. 66.
[647]   V. el pto. 2.F.
[648]   V. RICHARD, y ROMERO, *op. cit.*

mostrado su influencia desde la vigencia del Código velezano: "Los usos y costumbres no pueden crear derechos sino cuando las leyes se refieran a ellos o en situaciones no regladas legalmente". Aquí se incorpora a la costumbre integrativa y se acepta la existencia de lagunas en el derecho, lo cual no es poco si se advierte la fuerte influencia positivista[649] y kelseniana en nuestro país, aunque se mantiene el principio de la primacía de la ley, ya que las situaciones no deben estar regladas legalmente para que funcione la costumbre[650]. Con respecto a la costumbre derogatoria, se guarda el silencio de la resignación o el de "el que calla otorga"; aunque de la literalidad de la norma surge que solo la costumbre puede crear derecho en las condiciones de la *secundum* y de la *praeter,* ya que se emplean las palabras "no pueden" y "sino", en la frase "los usos y costumbres no pueden crear derechos sino...". Con lo cual el ámbito de acción se reduce a la costumbre *secundum* y *praeter.* Este criterio también es seguido por algún proyecto de reformas al Código Civil[651]. En el mismo sentido se pronuncian otros autores:

> La ley 17711 ha suprimido, al reformar el art. 17, la solución de Vélez al problema de la desuetudo ("las leyes no pueden ser derogadas en todo o en parte sino por otras leyes"), sin que ello implique aceptar la posibilidad de la costumbre *contra legem,* puesto que la norma actual es taxativa ("los usos y costumbres *no pueden* crear derechos *sino* cuando

---

[649]   Cfr. a JITRIK, *op. cit.,* págs. 54-62.
[650]   GARBINO *et al., op. cit.,* pág. 95.
[651]   AA.VV., *Proyecto de Código Civil de la Rep. Arg. Unificado con el Cód. de Comercio. Nota de elevación. Fundamentos. Y legislación comparada,* Buenos Aires, Abeledo-Perrot, 1999, pág. 158. Los firmantes del mismo son: Héctor Alegría, Atilio Alterini, Jorge Alterini, María Josefa Méndez Costa, Julio César Rivera, y Horacio Roitman.

las leyes se refieren a ellos *o* en situaciones no regladas legalmente").

La supresión del primer párrafo de la anterior redacción se debe, simplemente, a la convicción de que el problema de la desuetudo no puede solucionarse en la propia ley[652].

Por el papel subordinado de la costumbre hacia la ley se pronuncian también Ferreira Rubio: "[...] la norma del art. 17 en su redacción actual es clara: la costumbre no crea derechos (y, por lo tanto, tampoco los elimina) [...]"[653]; y Alonso y Rizicman: "Como nuestro sistema está fundado básicamente en la ley, la costumbre no tiene por sí eficacia para abrogarla"[654]. Es este el clásico credo civilista[655].

No es esta la opinión de Ciuro Caldani:

> [...] desde la exclusiva admisión de la costumbre *secundum legem* se ha pasado a la aceptación literal de las costumbres *secundum* y *praeter legem* y a la posibilidad de que mediante la interpretación histórica –sobre todo por la supresión del primer párrafo del texto de Vélez– se acepte, como creemos acertado, también la costumbre *contra legem*[656].

Creo que la intención del legislador[657] fue dar primacía a la ley por sobre la costumbre, lo cual denota que la interpretación histórica coincide con la interpretación

---

652   GARBINO *et al., op. cit.,* pág. 96.
653   *Op. cit.,* pág. 42.
654   *Op. cit.,* pág. 82.
655   V. GIMÉNEZ CORTE, *op. cit.,* págs. 41 y 188.
656   "El Código Civil...", *op. cit.,* pág. 37.
657   La interpretación consiste en desentrañar el sentido de la norma, el cual es expresado por su redactor, es decir, se trata de averiguar cuál fue la intención del legislador y/o su espíritu, para lo cual debemos confrontar los términos de la disposición con el espíritu del legislador a fin de analizar si lo querido fue debidamente expresado. "El supremo principio de toda interpretación consiste en la lealtad del

literal y sistemática de la norma. Digo norma y no disposición legislativa, ya que contribuye a sostener esta tesis la relación entre las disposiciones 17 y 16, que forman la norma sobre "fuentes"[658]. En este último artículo no se menciona la costumbre como fuente del derecho[659].

A esto hay que sumar que, en el mensaje de elevación del proyecto de ley 17711, los redactores de la comisión dicen: "Se ha tratado de evitar en lo posible las innovaciones que pudieran suscitar reacciones polémicas, por no contar con el auspicio de las más autorizadas fuentes de opinión"[660]. Esto implica una intención reformadora tímida con respecto al tema en cuestión, es decir, difícilmente los autores hayan pretendido consagrar la costumbre *contra legem*. Además se enumeraron las reformas que se consideraron más importantes, como la incorporación del ejercicio abusivo de los derechos, la lesión, por ejemplo, no mencionándose la reforma del art. 17.

Creo que el objetivo de subordinar la costumbre a la ley es claro en la intención, en el sistema del Código y en la literalidad de sus términos. Guillermo A. Borda, quien fuera Ministro del Interior en la época de la reforma,

---

intérprete con el autor de la norma a interpretar." GOLDSCHMIDT, *Introducción...*, *op. cit.*, pág. 263.

[658] "Tampoco se debe confundir la norma general con los preceptos legales en los cuales se encarna. El precepto legal constituye una unidad gramatical, mientras que la norma configura una unidad jurídica." Íd., pág. 206.

[659] En el mismo sentido se pronuncian Del Carril y Gagliardo: "[...] en la mente del legislador, se pretendió mantener a la ley con preeminencia sobre la costumbre dentro de la jerarquía de fuentes del derecho, lo que también surge de la subsistencia del art. 16, intacto en su texto originario." *Op. cit.*, pág. 809.

[660] DE ZAVALÍA, Víctor, *Reformas al Código Civil (ley 17711)*, Buenos Aires, Zavalía, 1968, pág. 14.

sostiene en una obra específicamente dedicada al tema y refiriéndose al fenómeno consuetudinario del desuso que "[...] este debe siempre considerarse como un fenómeno anormal, excepcional. No debe consagrarse en la ley, siguiendo el prudente consejo de Cruet: 'Sí, es cierto que el desuso mata las leyes, pero es mejor no decirlo'"[661]. Es increíble cómo podemos observar una clara intención de ocultamiento en el funcionamiento del derecho, lo cual no se compadece con la transparencia que debe reinar en el manejo de los asuntos públicos. La sinceridad, la honestidad y la claridad nunca deben faltar en ciencia alguna.

Más adelante expresa: "Nosotros pensamos, en cambio [contradiciendo a Llambías], que no puede dudarse de la prelación que, como principio, debe reconocerse a la ley sobre la costumbre: de lo contrario, podría pensarse que carece de fuerza obligatoria una ley que a designio deroga una costumbre"[662]. Aunque luego dice coincidir con una opinión de Llambías relacionada con la sinceridad que debe darse en el mundo jurídico. Esta "indecisión" doctrinaria fue reflejada en la exposición de motivos, lo que explica el silencio al respecto y en la tibia derogación de la primera parte del art. 17, que no hace más que reconocer y rendirse a la realidad de los hechos.

Si bien la norma rectamente interpretada da prevalencia a la ley y no reconoce la costumbre *contra legem*, el trialismo no agota el análisis en las dimensiones sociológica y normológica, sino que permite que la normatividad pueda dejarse de lado por su injusticia. Doy

---

[661]   BORDA, *La Reforma de 1968 al Código Civil*, Buenos Aires, Perrot, 1971, pág. 32.

[662]   Íd. En contra: HERNÁNDEZ, Carlos, *op. cit.*, pág. 196.

las razones por las que este apartamiento es posible al hablar de las distintas preferencias de la costumbre con respecto a la ley: "preferencia ontológica" (pto. 8.A), "preferencia dikelógica" (pto. 8.B) y "preferencia epistemológica" (pto. 8.D).

En realidad, lo desarrollado, tanto por la versión anterior como por la contemporánea al dec.-ley 17711, no importa más que una expresión de deseo, ya que la costumbre no pide permiso para nacer y desarrollarse, y solo se podrá direccionar en más o en menos la costumbre popular o la judicial, entre otras. Richard y Romero indican que el argumento de la no derogación de la ley por la costumbre porque lo dice la ley implica una petición de principio[663]. Por mi parte, he desarrollado[664] dicha idea en la consideración epistemológica de la costumbre, es decir, abordando un análisis filosófico-científico del objeto costumbre.

> Si la costumbre es derogatoria de las leyes [...] no se ve qué razón le impediría derogar total o parcialmente el artículo 17 [...]. Se trata de algo similar al sentido que podría tener una Constitución escrita por la que se declarase solemnemente que quedan absoluta y totalmente prohibidas las revoluciones [...] Si las revoluciones no fuesen un procedimiento válido para la creación normativa, todos los países del mundo vivirían en la ilegalidad, porque no hay uno solo que no reconozca un hecho revolucionario como base última de su presente organización constitucional[665].

Tal es también la opinión de Cossio: "Nada impide [...] que caiga en desuso el propio artículo que contiene la prohibición, desde que la existencia del derecho, estando

---

[663]   RICHARD, y ROMERO, *op. cit.*
[664]   V. el cap. 4 y el pto. 8.1.K.
[665]   CUETO RÚA, *Fuentes..., op. cit.*, pág. 69.

en la conducta de los hombres, aparece o desaparece con una gran independencia respecto de la existencia puramente vivencial de las leyes"[666]. Similar opinión es la de Goldschmidt, quien señala que

> [...] mientras que nadie discute que la revolución victoriosa tiene fuerza de crear derecho[667], muchos niegan parigual vigor a la costumbre. Pero la discriminación en un punto tan importante entre fenómenos hondamente afines y que solo discrepan en su ritmo vital, procediendo la costumbre con "cámara lenta", mientras que la revolución marcha con "cámara acelerada", carece de todo fundamento[668].

Cuando Morin trata la contienda epistemológica entre el cerebro y el espíritu, el materialismo y el espiritualismo, dice: "[...] toda negación del espíritu ilustra la asombrosa potencia de la idea, y por tanto del espíritu, puesto que es el espíritu el que rechaza su propia existencia para no afectar a la idea que se hace de la materia!"[669]. En efecto, es una perfecta costumbre de los legisladores desconocer el valor de la costumbre.

C.6. Ventajas de la costumbre. La costumbre, por su espontáneo desarrollo y por el seguimiento que genera, aventaja en diversos sentidos a la ley: en su momento de aparición a la hora de solucionar problemas; por el rápido seguimiento que genera, sin imposiciones; y por propugnar una auténtica participación del sector de la comunidad o de la comunidad de que se trate.

---

[666] COSSIO, *Teoría...*, *op. cit.*, págs. 256-257.
[667] Dice el autor en una cita: "Negarlo nos conduciría a conclusiones absurdas, como considerar a los Estados Unidos o a la Argentina todavía como colonias inglesa o española, respectivamente". *Introducción...*, *op. cit.*, pág. 92.
[668] Íd.
[669] MORIN, *El Método 3...*, *op. cit.*, págs. 81-82.

En tal sentido, se resalta este papel preponderante de
la costumbre:

> [...] el derecho legislado se halla siempre con cierto atraso con
> respecto a la realidad, ya que los institutos jurídicos tienen
> su germen, por lo común no en la fantasía de los juristas o
> del legislador, sino en la inventiva de los comerciantes que,
> generalmente, se plasma como primer disciplina en los usos
> y luego en la costumbre antes que la legislación se ocupe
> de ellas. [...] La costumbre –que ningún legislador moderno
> podría abolir ni ignorar eficazmente- es un medio a través
> del cual el derecho [...] se va adaptando incesantemente a
> las necesidades de la vida[670].

El desconocimiento de la costumbre implicaría el
desconocimiento mismo de la historia del derecho:

> [...] esta fue la [...] explicación histórica del derecho comer-
> cial: los comerciantes han ido creando su propio derecho
> sobre la base de costumbres, cuando las fórmulas del derecho
> clásico resultaron insuficientes para dar adecuada solución
> a los nuevos problemas que el intenso tráfico comercial fue
> originando a partir de la segunda mitad del medioevo[671].

Una prueba de la importancia del no desconocimiento de la costumbre está dado por dos leyes sobre
factura conformada y la regulación del cheque de pago
diferido registrado, que alteran las costumbres comerciales con un costo operativo y falta de simplificación[672].
   Un importante aporte en la relación de la costumbre
con la ley lo brinda Sagüés:

---

[670]   FARINA, *op. cit.*, pág. 277.
[671]   Íd., pág. 278. V. tb. GIMÉNEZ CORTE, *op. cit.*, págs. 18-21.
[672]   RICHARD, y ROMERO, *op. cit.*

[...] por falta de sinceramiento jurídico, es raro que una constitución reconozca el valor de la costumbre constitucional. La excepción puede ser la Constitución de la India, cuyo art. 13, inc. 3º, declara, dentro del concepto de ley, a cualquier uso o costumbre con fuerza de ley[673].

A pesar de la elocuencia del texto indiano, no debe olvidarse el estudio de lo que los operadores en realidad entienden del texto al hacerlo funcionar en los casos.

C.7. El Código de Comercio. El código mercantil argentino también estatuye disposiciones que hacen referencia a la costumbre:

a) la parte II del Título Preliminar dice: "En las materias en que las convenciones particulares pueden derogar la ley, la naturaleza de los actos autoriza al juez a indagar si es de la esencia del acto referirse a la costumbre, para dar a los contratos y a los hechos el efecto que deben tener, según la voluntad presunta de las partes".

b) la parte V dispone: "Las costumbres mercantiles pueden servir de regla para determinar el sentido de las palabras o frases técnicas del comercio, y para interpretar los actos o convenciones mercantiles".

c) el art. 217 establece que "las palabras de los contratos y convenciones deben entenderse en el sentido que les da el uso general, aunque el obligado pretenda que las ha entendido de otro modo".

d) el art. 218 estatuye que "siendo necesario interpretar la cláusula de un contrato, servirán para la interpretación las bases siguientes: 6. El uso y práctica generalmente observados en el comercio, en casos de igual naturaleza, y especialmente la costumbre del lugar donde debe ejecutarse el contrato prevalecerán sobre

---

[673]   *Op. cit.*, pág. 154.

cualquier inteligencia en contrario que se pretenda dar a las palabras [...]".

e) el art. 219 señala que "si se omitiese en la redacción de un contrato alguna cláusula necesaria para su ejecución, y los interesados no estuviesen conformes en cuanto al verdadero sentido del compromiso, se presume que se han sujetado a lo que es de uso y práctica en tales casos entre los comerciantes en el lugar de la ejecución del contrato"[674].

f) y el art. 220 dice que "cuando en el contrato se hubiese usado para designar la moneda, el peso o medida, de términos genéricos que puedan aplicarse a valores o cantidades diferentes, se entenderá hecha la obligación en aquella especie de moneda, peso o medida que esté en uso en los contratos de igual naturaleza".

De todo lo cual puede inferirse que la costumbre cumpliría un papel secundario, ya que dependería de la autonomía de la voluntad, es decir, contribuiría a aclararla cuando esta no haya regulado el caso; o solo serviría a aclarar las dudas interpretativas de las convenciones. En ninguna disposición se admite que la costumbre pueda derogar la ley comercial. No obstante, la suma de las "voluntades" de los comerciantes constituiría la costumbre comercial, tan cara y útil a esa rama del derecho.

Aunque en algún fallo se ha dicho que los usos y las costumbres mercantiles se deben aplicar antes de buscar soluciones entre las disposiciones del Código Civil[675].

---

[674] Si se alquila un local comercial y nada se dice con respecto a pintarlo o no al devolverlo al dueño, pueden recabarse informes de las cámaras inmobiliarias, etc.

[675] C. Nac. Civ. y Com. Federal, Sala 3ª, 31/5/89, "Neo Plas S.A. c. Banco Nac. de Desarrollo", en *J.A.*, 1989-IV-27; cit. por RICHARD,

C.8. El derecho canónico. La Iglesia católica no acepta el valor de la costumbre: "Tiene fuerza de ley tan solo aquella costumbre que, introducida por una comunidad de fieles, haya sido aprobada por el legislador, conforme a los cánones que siguen" (can. 23)[676]. No hay que olvidar que, como dice Adip, la finalidad de la Iglesia es la salvación de las almas, no la realización de la justicia[677]. Se señala que la costumbre no puede ser irrazonable –aquella reprobada por el derecho–, ni ser contraria al derecho divino (can. 24). Esto se entiende si se recuerda que según el jusnaturalismo teológico todo poder humano proviene de delegación divina y que los padres de la Iglesia han encarnado al derecho en leyes: natural, racional y humana, según San Agustín y Santo Tomás.

> [...] en una rama como el derecho canónico, donde el poder y la planificación tienen especial origen divino, el valor originario corresponde con más intensidad a la ley. [...] hay grave peligro cuando en las restantes ramas [jurídicas] el poder humano se coloca en el lugar del poder de Dios[678].

Thibaut pensaba, a la hora de polemizar con Savigny por la codificación en Alemania, en escapar a la influencia del derecho canónico.

> Se trata de un montón de preceptos obscuros, truncos e incompletos, en parte provocados a raíz de opiniones equivocadas de los antiguos intérpretes del derecho romano y,

---

y ROMERO, *op. cit.* Tal es también la opinión de Spota. *Tratado...*, *op. cit.*, pág. 403.
[676] "Código de Derecho Canónico", en http://www.vatican.va/archive/ESL0020/__P3.HTM (4.12.2008).
[677] ADIP, *op. cit.*, pág. 18.
[678] CIURO CALDANI, "Reflexiones...", *op. cit.*, pág. 797.

por lo que atañe a la influencia del poder espiritual sobre las relaciones temporales, se inspiran en un despotismo que hace imposible a todo sabio gobernante sometérseles[679].

C.9. La jurisprudencia obligatoria. Otro intento de amordazar el valor de la jurisprudencia y su metodología, que implica el despliegue de la evolución del derecho de los jueces mediante el esquema modelo-seguimiento, son los intentos de establecer jurisprudencia obligatoria. Lo cual puede darse mediante la reglamentación del fallo pleno o plenario, o mediante el establecimiento del control concentrado de constitucionalidad, que prevé el monopolio en el tratamiento de la materia constitucional por parte de un tribunal superior y, por ende, el acatamiento de sus fallos por los tribunales jerárquicamente inferiores. Todo esto hace menos democrático aún al Poder Judicial, ya que solo un grupo de jueces en el tribunal concentrado o el gobierno de la mayoría en los plenarios son los encargados de "decir el derecho" (*iuris dictio*).

Dice Goldschmidt, en tal sentido, que la jurisprudencia plenaria o la casación serían repartos autoritarios, haciéndose acreedores de la consecuente mala presunción que sobre ellos pesa, y que veremos[680] al hablar de la comprensión dikelógica de la costumbre.

> Si el legislador establece la vinculatoriedad de los fallos de la Corte Suprema de Justicia de la Nación [CSJN] para los demás tribunales nacionales [...] o si ordena la obligatoriedad de las sentencias plenarias tomadas por las diferentes salas de un solo tribunal para las salas aisladas y para los juzgados inferiores, no nos encontramos con derecho es-

---

[679]   THIBAUT, y SAVIGNY, *op. cit.*, pág. 29.
[680]   V. el pto. 8.3.B.

pontáneo, sino con una ley normal, o sea, con el principio
de un reparto autoritario que atribuya potencia al órgano
decisorio e impotencia a los tribunales sometidos a él[681].

En similar sentido se pronuncia Soler contra los
plenos y plenarios, aunque desde su perfil unidimen-
sionalista normológico:

> [...] si la jurisprudencia [...] [resulta] tan obligatoria como
> la ley misma, tanto para los magistrados como para los
> particulares, [...] las referidas disposiciones, que establecen
> la obligatoriedad, revisten el carácter de verdaderas disposi-
> ciones superconstitucionales, a pesar de estar contenidas en
> una modesta ley de organización de tribunales. La unidad
> del orden jurídico, [...] impone a los jueces, en todo caso, la
> aplicación de las leyes dentro del marco de la Constitución
> y en el orden de prelación establecido por esta[682]. [...] Frente
> a la Constitución, todas las leyes del Congreso y de las Le-
> gislaturas son iguales. Pero, con las disposiciones referidas,
> resulta que todas las leyes son iguales menos esas dos, porque
> estas restan al juez la facultad de aplicar la Constitución,
> declarando la inconstitucionalidad de alguna ley, en el caso
> en que las cámaras en pleno se hayan pronunciado en el
> sentido contrario, es decir, por la constitucionalidad de la
> ley discutida[683].

---

[681] GOLDSCHMIDT, *Introducción...*, *op. cit.*, pág. 238.

[682] V. el art. 31 y el art. 75, incs. 22° y 24° de la CN.

[683] SOLER, Sebastián, *Derecho penal argentino,* 5ª ed., actualizado por
Guillermo Fierro, Buenos Aires, Tea, 1987, pág. 160. Una morigera-
ción de esta tesis que combate Soler la señala Goldschmidt: "Los
acuerdos plenarios, [...] no deben declarar inconstitucional una ley
para no imponer esta tesis a los tribunales inferiores (caso Flucker,
L., pleno, Cám. Crim. Cap., sent. 4/VIII/1964, en *JA*, 1964-VI, pág.
323)." *Introducción...*, *op. cit.*, pág. 239. Aunque luego, el último autor
cita un caso en que se desconoció dicho principio: "Papp Aneris A.
c. Jallen, A.", en *JA*, del 8/7/1971.

Hay que agregar que, contrariando uno de los contenidos del principio republicano de gobierno que manda conocer los actos de los gobernantes, dichos plenos son apenas conocidos por algunos abogados, a pesar de ser tan obligatorios como las leyes[684].

En referencia al control de constitucionalidad y los fallos plenarios, señala Goldschmidt:

> [...] el hecho de que un litigante planteare la pretendida "inconstitucionalidad" de un fallo plenario, no releva al juez de 1ª instancia dentro de la jurisdicción [sic] del fallo plenario, de la obligación de aplicarlo [...], siendo [...] el tribunal de alzada quien deberá expedirse sobre la procedencia del planteamiento[685].

No coincido con esta última postura, ya que se frustraría el tratamiento tridimensional del derecho con excesiva consideración de la ley. Además de existir de por sí como planificación que, si bien encamina, coarta en alguna medida nuestra libertad, impondría su planificación en el elemento más flexible del derecho, que es la labor de los tribunales, los que con su accionar imponen la necesaria cuota de relación con los hechos que deja de lado la norma por su carácter abstracto. Se trata de un orden que va contra la función misma del juez y su existencia como órgano independiente del resto de los poderes y de la misma corporación judicial.

Un intento de establecer la jurisprudencia obligatoria de la CSJN se dio durante el gobierno de Juan Domingo

---

[684] "[...] se hacen obligatorios los acuerdos de cámara, incluso para los particulares, como si fueran la ley, a pesar de que a su respecto no se llenan los requisitos de publicidad establecidos por el art. 2º del C.C., a los cuales la ley misma [...] subordina su propia obligatoriedad." SOLER, *op. cit.*, pág. 161.

[685] GOLDSCHMIDT, *Introducción...*, *op. cit.*, págs. 238-239.

Perón y su Constitución de 1949, que dispuso en el artículo relativo a la competencia de los jueces federales lo siguiente: "La Corte Suprema de Justicia conocerá como Tribunal de Casación en la interpretación e inteligencia de los Códigos a que se refiere el inciso 11 del artículo 68[686]. La interpretación que la Corte haga de los artículos de la Constitución por recurso extraordinario, y de los códigos y leyes por recurso de casación, será aplicada obligatoriamente por los jueces y tribunales nacionales y provinciales. Una ley reglamentará el procedimiento para los recursos extraordinario y de casación y para obtener la revisión de la jurisprudencia"[687].

En este sentido, cabe señalar lo que la Corte ha interpretado de su propia costumbre en relación con la Constitución. Señala Sagüés:

> En ciertos casos argumentó que los jueces tenían el deber moral de seguir sus directrices ("Pastorino", Fallos, 25:368), [...] con una salvedad: los jueces pueden apartarse del criterio de la Corte dando fundamentos suficientes, y siempre que ese alejamiento no signifique desconocimiento deliberado de la autoridad y prestigio del alto tribunal ("Santín", Fallos, 212.59). [...] Algunas veces, la Corte habla lisa y llanamente del deber de los tribunales inferiores "de someterse a sus precedentes", dada la "autoridad institucional de sus fallos" y "en su carácter de supremo intérprete de la Constitución nacional" ("Jáuregui", Fallos, 315:2386)[688].

Un tratamiento puramente formal del tema implicaría que cada juez pueda hacer funcionar la norma de la manera que considere adecuado, incluyendo la posibilidad de interpretarla de acuerdo a su mejor saber y

---

[686]   Actual 75, inc. 12°.
[687]   Art. 95 según la numeración del año 1949.
[688]   *Op. cit.*, pág. 282.

entender. Pero el juez forma parte de un sistema judicial jerárquico en donde, si se trata materia constitucional, el caso puede terminar en el máximo tribunal federal, que sentará su doctrina al respecto. Es decir, razones de economía procesal invitan a evitar a los justiciables mayor martirio del que ya padecen al atravesar un juicio; pesar que se multiplicaría al agregarse instancias. No obstante, el juez no deja de percibir situaciones en las cuales el superior tribunal puede ser propicio a aceptar un cambio de doctrina. Si bien la norma no habla de una casación constitucional, en los hechos se da. A pesar de esto, creo que un grupo de jueces no puede centralizar la interpretación de la Constitución, que debe ser librada a cada uno de los jueces mediante el control difuso. Por ello, la autoridad de los fallos de la Corte debe ser meramente moral. Lo contrario implicaría sometimiento y estancamiento del derecho en lo que el Alto Tribunal diga. Por otra parte, dicha Corte no deja de ser el más político de los órganos judiciales con todos los intereses que ello implica, que muchas veces tuercen el sentido de la justicia que corresponde a un caso. Sentido que jueces anónimos pueden reencauzar ante la falta de presiones de tanta importancia como las que se dan en la máxima instancia federal.

C.10. El derecho internacional. El Estatuto de la Corte Internacional de Justicia prevé para la resolución de las controversias a "la costumbre internacional como prueba de una práctica generalmente admitida como derecho" (art. 38, 2°). Al hablarse de la preeminencia de las fuentes en el derecho internacional, algunos sostienen que prevalece la norma posterior ante conflicto entre una norma escrita –tratado– y una norma consuetudinaria imperativa -*ius cogens*-[689]. Aunque cabe tener en cuenta que frente al eventual incumplimiento de un tratado por sus celebrantes, prevalece la desuetudo por la fuerza de los hechos[690].

La Compraventa Internacional de Mercaderías, regulada por la Convención de las Naciones Unidas de Viena de 1980, establece en su art. 9 la regulación de la costumbre:

> 1) Las partes quedarán obligadas por cualquier uso en que hayan convenido y por cualquier práctica que hayan establecido entre ellas.
>
> 2) Salvo pacto en contrario, se considerará que las partes han hecho tácitamente aplicable al contrato o a su formación un uso del que tenían o debían haber tenido conocimiento y que, en el comercio internacional, sea ampliamente conocido y regularmente observado por las partes en contratos del mismo tipo en el tráfico mercantil de que se trate.

Se trata de un generoso reconocimiento, propio del derecho internacional, tal vez la rama más respetuosa del elemento "social". Si bien al principio se somete la costumbre a la autonomía de la voluntad, que según el trialismo es también respetuosa de la esfera de libertad de las partes al llegarse al resultado en cuestión por el acuerdo de ellas, configurando un reparto autónomo que tiene preferencia dikelógica[691], luego se reconoce la costumbre *praeter legem* y se toma de la normología escrita el requisito de la presunción de conocimiento de

---

[689]   BARBOZA, *op. cit.*, pág. 87.

[690]   Íd.

[691]   "Pasaba el derecho de los contratos a las costumbres, de estas a la ley y a la sentencia, por obra de aquellos mismos que lo habían experimentado en la práctica de los negocios". RICHARD, y ROMERO, *op. cit.*

la norma, imponiendo a las partes el "deber" de conocer la costumbre.

C.11. El derecho laboral. La ley 20744 establece en su art. 1 que "el contrato de trabajo y la relación de trabajo se rigen: a) por esta ley; b) por las leyes y estatutos profesionales; c) por las convenciones colectivas o laudos con fuerza de tales; d) por la voluntad de las partes; e) por los usos y costumbres". Si bien el orden es sugerente, Del Carril y Gagliardo señalan que el art. no establece una jerarquía de fuentes[692]. Habría que sumar el principio de la aplicación de la norma más favorable al trabajador del art. 9[693], que podría ser la consuetudinaria. Tal es el espíritu que anima también al art. 8[694]. Además, el art. 21 sostiene que "habrá contrato de trabajo, cualquiera sea su forma o denominación, siempre que una persona física se obligue a realizar actos, ejecutar obras o prestar servicios en favor de la otra y bajo la dependencia de esta, durante un período determinado o indeterminado de tiempo, mediante el pago de una remuneración. Sus cláusulas, en cuanto a la

---

[692] *Op. cit.*, pág. 810.
[693] "El principio de la norma más favorable para el trabajador. En caso de duda sobre la aplicación de normas legales o convencionales prevalecerá la más favorable al trabajador, considerándose la norma o conjunto de normas que rija cada una de las instituciones del derecho del trabajo.
Si la duda recayese en la interpretación o alcance de la ley, los jueces o encargados de aplicarla se decidirán en el sentido más favorable al trabajador."
[694] "Condiciones más favorables provenientes de convenciones colectivas de trabajo. Las convenciones colectivas de trabajo o laudos con fuerza de tales, que contengan normas más favorables a los trabajadores, serán válidas y de aplicación. Las que reúnan los requisitos formales exigidos por la ley y que hubieran sido debidamente individualizadas, no estarán sujetas a prueba en juicio."

forma y condiciones de la prestación, quedan sometidas a las disposiciones de orden público, los estatutos, las convenciones colectivas o los laudos con fuerza de tales, y los usos y costumbres".

D. Fuentes de las normas

El trialismo habla de las fuentes de las normas que pueden ser reales o de conocimiento. Expresando que con el término "reales" se hará referencia a la constatación directa del origen de la norma; y si se tiene que la norma describe al reparto, este será fuente de aquella[695]. La fuente real puede ser de constancia material o formal, consistiendo la diferencia en la manifestación que, por escrito o mediante algún otro signo, hagan los repartidores de la descripción de su propia conducta. En este sentido, ubicaré a la costumbre como fuente real material[696], ya que la costumbre conlleva un conjunto de repartos similares unidos por ser el primero digno de ser repetido. Goldschmidt dice: "Las fuentes reales de constancia material pueden contener [...] familias de repartos sobre todo al hilo de la ejemplaridad (por ejemplo, la costumbre de formar fila en ciertas ocasiones con la convicción de que solo así se adquiere derecho al servicio que se busca)"[697].

Por fuente de conocimiento se hará referencia a una constatación mediata de la norma, es decir, indirecta, entendiéndose por tal la que pueda brindar la literatura

---

[695]   V. a GOLDSCHMIDT, *Introducción...*, *op. cit.*, pág. 217.
[696]   V. tb. a CIURO CALDANI, "Reflexiones...", *op. cit.*, pág. 791.
[697]   GOLDSCHMIDT, *Introducción...*, *op. cit.*, pág. 217.

jurídica: la doctrina y la jurisprudencia en uno de sus aspectos[698].

La costumbre, en términos amplios, es una fuente del derecho; más específicamente una fuente real material de las normas. Con cierta similitud con el trialismo, señala Cossio:

> La teoría egológica acepta la necesidad científica que impulsa al empirismo para no quedarse en la normación simple de las fuentes formales, pues el dato jurídico es una realidad de hecho cuyo conocimiento no se agota con subsumirse en la norma que lo regula o encapsula. [...] y si la invocación de fuentes materiales tendiera a esclarecer las causas de producción de un hecho, se estaría haciendo sociología; desde este punto de vista la objeción racionalista es correcta. Pero no es menos correcta la objeción empirista cuando señala que la existencia de un fenómeno no está conocida por el solo hecho de subsumirlo en los conceptos pertinentes, pues la existencia es un prius que se justifica por la existencia misma[699].

El jurista argentino identifica las fuentes del derecho con la noción de "fuerza de convicción": "Ya la vida biológica suministra una analogía en cuanto que el organismo se crea a sí mismo por crecimiento, sin necesidad de suponer que recibe su nueva existencia de las causas externas que cooperan con ella"[700]. De manera que Cossio señala que no cabe reducir el problema de las fuentes a las formales: "[...] hay una razón inmanente, a saber: su justificación, para que una decisión

---

[698]   Ya que puede considerarse también a la jurisprudencia como un reparto en sí; mejor dicho, un conjunto de repartos unidos al hilo de la ejemplaridad judicial. P. v. íd. pág. 240.
[699]   COSSIO, *Teoría...*, *op. cit.*, pág. 141.
[700]   Íd., pág. 143.

jurídica alcance la existencia que es su ser. El derecho aparece así, por crecimiento desde sí mismo"[701]. Esto le permite señalar la hipocresía que se da algunas veces en el ámbito del tribunal: "Es común en la experiencia tribunalicia saber que los jueces han dictado una solución basándose en razones axiológicas que no se atreven a expresar porque, según la confesión de ellos, no serían razones jurídicas"[702].

Goldschmidt no habla de fuentes del derecho, que ya lo supone tridimensional, sino de fuentes de las normas. En sentido concordante se pronuncia Ciuro Caldani:

> [...] si el derecho es considerado tridimensional [...] algunas serán las fuentes de las normas (dimensión normativa), otras las fuentes de los repartos (dimensión sociológica) y otras las fuentes de la valoración (dimensión dikelógica). No hay que confundir las fuentes de las normas, con las fuentes del derecho[703].

La teoría trialista, fuertemente apegada a la realidad social, o mejor dicho, a nuestra relación con dicha realidad, al considerar las fuentes de las normas no se quedará con la autodescripción que de sus repartos hagan los propios repartidores –neutralmente–, sino que, a fin de tener una visión completa de las fuentes formales, considerará necesario lo que Goldschmidt llama el "salto a las fuentes materiales", que consiste en la comprensión del reparto en su totalidad, ya que la formalización trata de un solo momento de su existencia. Es allí donde también alude al "derecho consuetudinario"[704].

[701] Íd., pág. 144.
[702] Íd., págs. 142-143.
[703] CIURO CALDANI, "Lecciones de Teoría General...", *op. cit.*, pág. 50.
[704] GOLDSCHMIDT, *Introducción...*, *op. cit.*, pág. 235.

Ciuro Caldani señala un defecto que padece la ley, y que no sufre la costumbre:

> Por pertenecer al nivel de las fuentes formales la ley suscita los problemas de correspondencia con las fuentes materiales (fidelidad y exactitud) que [...] son ajenos a la materialidad del derecho consuetudinario. La ley debe evitar el riesgo de convertirse en literatura de propaganda[705], en tanto que en la materialidad de la costumbre ese peligro no existe[706].

D.1. Fuentes de conocimiento y la costumbre. Goldschmidt también menciona como fuentes de las normas a las de conocimiento, lugar en donde cabe ubicar a la doctrina[707]. Veamos qué papel le asignan a la costumbre algunos juristas.

Rodolfo Fontanarrosa, destacado comercialista argentino, considera que la costumbre tiene un papel secundario:

> [...] como consecuencia de la evolución social y jurídica, el derecho codificado fue sustituyendo paulatinamente al consuetudinario, hasta dejar a este reducido a su mínima expresión. La ley escrita reemplaza a la costumbre y la elimina, como manifestación más completa y lograda de la voluntad social, formulada por medio de sus órganos gubernativos competentes. [...] Y podrá ser también fuente formal en aquellos casos en que no estando regida una relación por

---

[705] Recuérdese que en los albores de la corrida bancaria del año 2000, por fuga de capitales, ante la imposibilidad de sostener el peso frente al dólar, el Congreso sanciona el 29.8.2001 la ley 25466 de "intangibilidad de los depósitos" y meses después, el Poder Ejecutivo incauta los depósitos y restringe la extracción de fondos de cuentas. La ley era inexacta.

[706] CIURO CALDANI, "Reflexiones...", *op. cit.,* pág. 791.

[707] Un importante referente es AA.VV., "La coutume", en *Recueils de la société Jean Bodin pour l'histoire comparative des institutions,* Bruxelles, De Boeck Université, 1990.

la ley escrita, los individuos se comportan respecto de ella observando constante, regular y uniformemente la misma conducta, con la convicción de que su proceder responde a una necesidad social[708].

Tampoco reconoce el carácter autónomo que tiene como fuente del derecho o de las normas, desconociendo la fuerza de los hechos, Guillermo Borda, quien manifiesta rotundamente que "[...] la costumbre no puede derogar ni sustituir una ley"[709]. "Este principio es elemental en todo derecho positivo; de lo contrario se fomentaría la desobediencia, pues bastaría que la comunidad se opusiera al cumplimiento de una ley para que esta cayere en desuso y perdiera su fuerza obligatoria."[710] En efecto, Goldschmidt explica dicho "principio elemental" cuando hace referencia al derecho de resistencia:

> [...] el individuo [...] puede ejercer la autotutela (legítima defensa, etc.), le corresponde, si el Estado bloquea el despliegue de su personalidad y no respeta su libertad, un derecho de resistencia contra el poder estatal. [...] puede cobrar muchas formas, desde la resistencia pasiva –por ejemplo, en la forma de repudio de pagar impuestos [...]– hasta la revolución. [...] Tal derecho no se encuentra nunca en el orden jurídico so pena de que el mismo incurra en contradicción, ya que significaría que la misma persona ordenare permitiendo simultáneamente al destinatario de la orden que se opusiere a ella. El derecho de resistencia se deriva del deber de actuar el valor justicia, si la realidad es desvaliosa y puede ser rectificada por nosotros[711].

---

[708]   FONTANARROSA, *op. cit.*, pág. 55.
[709]   BORDA, *Manual de derecho civil...*, *op. cit.*, pág. 46.
[710]   Íd.
[711]   GOLDSCHMIDT, *La ciencia...*, *op. cit.*, pág. 206.

No obstante la firmeza de las palabras del famoso civilista, caen por su propio peso al tener que reconocer la fuerza insobornable de los hechos:

> Pero si este principio, como tal es indiscutible, también es verdad que en *ocasiones,* ha habido que admitir que no puede aplicarse a algunas situaciones singulares. En efecto, la vida del derecho es tan *vigorosa,* que más de una vez los tribunales se han visto *forzados* a admitir la derogación de la ley por la costumbre y a reconocer el predominio de esta sobre aquella[712].

El mismo rol secundario le atribuye a la costumbre Ferreira Rubio[713]: "Admitir, sin limitación alguna, que la costumbre puede derogar la ley significa introducir un alto grado de incertidumbre en el marco de las relaciones jurídicas y es del todo incompatible con los principios esenciales de la Constitución Nacional"[714]. Tal es también la opinión de Alonso y Rizicman: "[...] solo podrá recurrirse al derecho consuetudinario cuando las leyes aplicables al caso no lo sean por no ajustarse exactamente al punto controvertido ni por deducción analógica [...]"[715].

Similar opinión sostienen Augusto Belluscio y Eduardo Zanonni: "'Las costumbres son medios de

---

[712] BORDA, *Manual de derecho civil...*, *op. cit.*, pág. 46. Los resaltados me pertenecen.

[713] Presidenta de Poder Ciudadano y consultora de Transparency International (Transparencia Internacional).

[714] *Op. cit.*, pág. 42.

[715] "Comentario al art. 17 del Cód. Civ.", en AA.VV., *Código Civil comentado,* arts. 1 a 158, dirigido por Julio César Rivera, 1ª ed., Santa Fe, Rubinzal-Culzoni, 2004, pág. 82.

expresión del derecho tan válidos como la ley escrita,' pero le están subordinadas"[716].

Cabría preguntar si no es el común sentir popular, como costumbre, el que sostiene la vigencia de la ley en situaciones normales, en todos los casos[717]; y siendo que la derogación de la ley por la costumbre sería el anverso del reverso que ya mencioné: una ley sin efectividad, no puede sostenerse más que en el plano lógico o ideal enunciativo. De esta manera, la costumbre es la base primordial del derecho, aunque lleve ínsita la paradoja de tener, como un ejemplo de costumbre, el que los operadores del derecho la tomen como algo secundario. Llegará algún día el momento en que la costumbre cobre su protagonismo, aunque al menos sea con la manifestación de la costumbre de ensalzar las leyes...

Tienen una postura de vanguardia en el derecho argentino Alterini, Ameal y López Cabana, quienes al estudiar el derecho de las obligaciones, en la parte relativa a la responsabilidad civil, afirman que la antijuridicidad no solo significa oposición de una conducta a lo dispuesto en una ley, como presupuesto de la reparación, sino que "[...] son también ilícitas las conductas contrarias a los fines de la norma jurídica al conceder un derecho, o adversas a la buena fe, la moral y las buenas *costumbres,* en cuanto importan un ejercicio irregular del derecho

---

[716]   GARBINO *et al., op. cit.,* pág. 91.
[717]   Por lo que la costumbre no actuaría en situaciones aisladas, sino como parte integrante del derecho. No es esta la opinión de Borda, quien luego de mencionar un caso de costumbre derogatoria, dice: "Naturalmente, estas decisiones son *excepcionales* y solo pueden darse en hipótesis *extraordinarias".* BORDA, *Manual de derecho civil..., op. cit.,* pág. 47.

subjetivo, y configuran así un acto abusivo (art. 1071, Cód. Civ. [...])"[718].

Análoga apertura podemos encontrar en el ámbito del derecho de los contratos, donde Mosset Iturraspe dice, al hablar del objeto del contrato, que

> la violación del orden público no se halla subordinada a la infracción de un texto legal en particular. La operación jurídica tenida en vista por las partes puede contradecir "los principios fundamentales e intereses generales sobre los cuales descansa el ordenamiento jurídico" y en tal caso es nula por ilicitud [...]. El concepto de orden público es relativo, mutable de país a país y de época a época. [...] Las buenas costumbres, cuya transgresión vuelve inmoral el contrato, se identifican con la moral. Así se desprende del uso que de ambas expresiones efectúa el Codificador. [...] Para Orgaz deben entenderse por tales aquellas que viven en las costumbres valiosas de la comunidad[719].

---

[718]   ALTERINI, Atilio Aníbal, AMEAL, Oscar José, y LÓPEZ CABANA, Roberto, *Derecho de obligaciones civiles y comerciales*, 5º ed., Buenos Aires, Abeledo-Perrot, 1995, pág. 160. El resaltado me pertenece.

[719]   MOSSET ITURRASPE, Jorge, *Contratos*, 1ª ed., Santa Fe, Rubinzal-Culzoni, 1995, págs. 227-228. No es esta su opinión cuando habla de uno de los presupuestos de la responsabilidad civil: "Creemos, [...] que la antijuridicidad no tiene otro paradigma que la transgresión de la norma, o mejor aún, del plexo normativo, pero puede adoptar formas diferentes y darse en planos diversos". Íd., pág. 402. ¿Serán estas "formas diferentes" incluibles en el marco de posibilidades de la norma? Puede verse al respecto y refiriéndose a Kelsen, a GOLDSCHMIDT, *Introducción..., op. cit.*, págs. 101-107. Actitud anacrónica si se compara la mismísima apertura que trajo consigo la reforma al Código Civil por el dec. ley 17711, y el tratamiento por el autor de la figura del enriquecimiento sin causa, quien establece como uno de sus requisitos la "falta de título convencional o legal". MOSSET ITURRASPE, *Contratos, op. cit.*, pág. 517.

El citado jurista manifiesta en una nota que no debe identificarse la moral con la del catolicismo[720] y que Jorge Joaquín Llambías no comparte dicho criterio. Mosset pone de relieve un aspecto que cuesta entender a aquellos partidarios de la omnipotencia legislativa y a aquellos que ven en la ley la exclusiva fuente del derecho. Trae a colación un párrafo de Puig Brutau: "El artículo [se refiere al 953 del Cód. Civ.] que contiene un *standard* [...] equivale a una ventana abierta a la realidad, pues obliga a decidir una controversia sobre la base de tener en cuenta elementos normativos situados fuera de la norma en sentido formal"[721].

Spota se pronuncia a favor de la costumbre *contra legem:* "Cuando el legislador es omiso o no presta oídos a la costumbre *contra legem,* entonces la costumbre se abre paso, a pesar de la ley, más allá de esta y hasta desconociéndola"[722]. También critica la postura de Marienhoff que califica como apegada a la lógica conceptual, a propósito de la derogación consuetudinaria del art. 2340 inc. 6 del Cód. Civ[723]. Dijo: "Es indudable [...] que las costumbres han desempeñado el papel motor de las ideas que hoy se imponen, pese a una doctrina esporádica y apegada a una estéril lógica, reñida con la

---

[720] En el mismo sentido: HERNÁNDEZ, *op. cit.,* pág. 202.
[721] MOSSET ITURRASPE, *Contratos, op. cit.,* pág. 229. Lo cual da a entender que hay otras dimensiones además de la normativa en el mundo del Derecho. Se podrá decir que el art. 953 es el que habilita a la costumbre. Se podrá contestar que es la fuerza de la costumbre la que obliga a la ley a ese reconocimiento. Aunque el mencionado jurista considere a las costumbres como algo "meta o extrajurídico"... Íd. V. tb. el pto. 8.2.E.3.k
[722] SPOTA, *Tratado..., op. cit.,* pág. 411.
[723] Que señalo en el pto. 8.2.E.3.i.

realidad y los intereses económicos, públicos y privados que están en juego"[724].

En el ámbito del derecho penal, Zaffaroni nos dice cuál es el alcance, no poco importante, de la costumbre, si es que podemos asimilarla a lo que él llama "ética social":

> El principio de legalidad penal, a los efectos que aquí nos ocupan, constituye la expresión de que la única fuente de la legislación penal argentina es la ley.
> La doctrina, la jurisprudencia y la costumbre no son fuentes de conocimiento de la legislación penal argentina. La ética social debe ser tenida en cuenta en la interpretación de la ley cuando la misma ley –tácita o expresamente– se remite a esas pautas de conducta, como sucede cuando, por ejemplo, la ley se refiere a la mujer honesta (art. 120 CP.), o es menester marcar los límites del cuidado debido para determinar si hubo culpa (art. 84), o los límites del fraude comercial o industrial y las maniobras competitivas y publicitarias lícitas en esas actividades, etc.[725]

D.2. Proyectos de fuentes. Su estudio puede servir cuando necesitemos "manifestaciones extranormativas" a los fines interpretativos, ya que una forma de entender mejor a los legisladores originarios es contrastando sus pensamientos con lo que entienden los prelegisladores.

Con respecto al tema que nos ocupa, el anteproyecto de reformas al Cód. Civ. de Juan Antonio Bibiloni no se pronuncia acerca de la necesidad de introducir modificación alguna al artículo 17, que en aquel entonces no contaba con la reforma del dec.-ley 17711[726]. Lo mismo

---

[724] Íd., págs. 412-413.
[725] ZAFFARONI, Eugenio, *Manual de derecho penal. Parte general,* 6ª ed., Buenos Aires, Ediar, 1997, pág. 80.
[726] BIBILONI, Juan Antonio, *Anteproyecto de Reformas al Código Civil Argentino. Presentado a la comisión encargada de redactarlo,* t. 1, parte general, Buenos Aires, Valerio Abeledo, 1929. Cfr. tb. FIGUE-

ocurrió con el proyecto de 1936, que adoptó la siguiente redacción: "Las leyes solo pueden ser derogadas por otras leyes. El uso, la costumbre o la práctica, no crean derechos, salvo cuando la ley se refiera a ellos"[727].

El Anteproyecto de Código Civil del Instituto de Derecho Civil del Ministerio de Justicia de la Nación del año 1954 dispone en el art. 5: "[...] Si la cuestión controvertida no pudiera decidirse por aplicación de norma legal, consuetudinaria o emanada de tribunal de casación, se atenderá a los principios generales del derecho y a las exigencias de la equidad teniendo en consideración las consecuencias del caso"[728]. En la nota al art., el propio Llambías, director del instituto y firmante del proyecto, señala que si bien es materia de la ciencia del derecho lo relativo a la interpretación de las leyes, es un hábito la inclusión de directrices como la del art. 16 del Cód. Civ. y la que el instituto propone[729].

El Proyecto de Ley de Unificación de la Legislación Civil y Comercial de la Nación de 1987 culminó en la ley 24032[730], que intentó reformar el Código Civil, unificán-

ROLA, *op. cit.* pág. 17; DEL CARRIL, y GAGLIARDO, *op. cit.*, pág. 808.

[727] AA.VV., *Reforma del Código Civil,* t. 2, Buenos Aires, Kraft, 1936, pág. 245. Cfr. LLAMBÍAS, *op. cit.*, pág. 69; y DEL CARRIL, y GAGLIARDO, *op. cit.*, pág. 808. La comisión estaba compuesta por Roberto Repetto, Rodolfo Rivarola, Héctor Lafaille, Enrique Martínez Paz y Gastón Tobal. El informe no se pronuncia por el art. 17. *Op. cit.*, t. 1, págs. 1-2.

[728] Cfr. tb. a RICHARD, y ROMERO, *op. cit.*

[729] AA.VV., *Anteproyecto de Código Civil de 1954 para la República Argentina,* Universidad Nacional de Tucumán, 1968, pág. 37. Los colaboradores del anteproyecto son: Roberto Ponssa, Jorge Mazzinghi, Jorge Bargalló Cirio y Ricardo Alberdi.

[730] También se conoce este proyecto como el de 1987 de unificación de la legislación civil y comercial. *Anales de la Legislación Argentina,* t. LII-A, Buenos Aires, La Ley, 1992, pág. 3.

dolo con el Código de Comercio. No obstante la iniciativa, fue vetada aquella ley por el decreto 2719/1991. En la parte pertinente, proponía la modificación del art. 16, el cual quedaría redactado de la siguiente manera: "Si el caso no pudiera ser resuelto ni por las palabras ni por el espíritu de la ley, se tomarán en cuenta su finalidad, las leyes análogas, los usos y costumbres y los principios generales del derecho, conforme las circunstancias del caso"[731]. La redacción es similar a la del proyecto de 1993, aunque agrega innecesariamente "su finalidad", que bien puede incluirse en el concepto de "espíritu de la ley". Si bien la definición de la interpretación normativa incumbe a la ciencia jurídica, podría aceptarse que se distinga, por un lado, entre "intención", y por el otro, entre "propósito", "espíritu" o "fin" de la ley: "[...] corresponde atender a la voluntad del repartidor [...] no solo a lo que pensó –'intención'– sino dando preferencia a lo que quiso –el 'fin'–"[732].

En las notas explicativas se señala que se mantiene la redacción del art. 17. Además, la comisión expresa que se incorporan los usos y las costumbres con motivo de la unificación y la importancia que les asigna a ellos el derecho comercial, lo cual, si bien es cierto, desmerece la importancia que tiene la costumbre en el derecho civil. La comisión señala: "No se toma [...] partido respecto de la eficacia o ineficiencia de la costumbre *contra legem* y

---

[731]   AA.VV., *Proyecto de Código Civil. Elaborado por la Comisión Especial de Unificación Legislativa Civil y Comercial de la Honorable Cámara de Diputados de la Nación*, Buenos Aires, Astrea, 1987, pág. 73. Los firmantes del proyecto son Héctor Alegría, Francisco de la Vega, Atilio Alterini, Horacio Fargosi, Jorge Alterini, Sergio Le Pera, Miguel Araya y Ana Piagi. El presidente de la Comisión Especial de Unificación Legislativa Civil y Comercial fue Osvaldo Camisar.

[732]   CIURO CALDANI, *Metodología..., op. cit.*, pág. 70.

se acepta, con suficiente apoyo doctrinario, que el tema de su virtualidad corresponde a la Teoría General del Derecho antes que a la autoridad del legislador"[733]. Lo cual implica una elegante forma de reconocer la fuerza de los hechos.

El proyecto de unificación de la legislación civil y comercial del año 1993 no se pronuncia por modificación alguna al art. 17. Sin embargo, cambia el art. 16 incluyendo, entre las fuentes muletas de la ley, la costumbre: "Si el caso no pudiera ser resuelto ni por las palabras ni por el espíritu de la ley, se tendrán en cuenta las leyes análogas, los usos y costumbres, y los principios generales del derecho, conforme con las circunstancias del caso"[734]. A la hora de justificar dicha modificación, se señala: "Se reproduce el texto actual del artículo 16 con una terminología más prolija, incluyéndose los usos y costumbres como elemento a ponderar en materia de interpretación de la ley, lo cual se torna imprescindible frente a la unificación del derecho privado"[735]. La aclaración hecha es aún más restrictiva que el texto, ya que este coloca a la costumbre como fuente subsidiaria, mientras que el informe la coloca como elemento interpretativo de la ley, con lo cual, según Goldschmidt, cabe operar en el caso una interpretación restrictiva –se quiso menos que lo expresado–, sobre la base del elemento histórico.

En el caso del Proyecto de Código Civil de la República Argentina unificado con el Código de Comercio, redactado por la comisión designada por el dec. 685/95, se

---

[733]   AA.VV., *Proyecto de Código Civil. Elaborado...*, *op. cit.*, pág. 37.
[734]   AA.VV., *Unificación de la legislación civil y comercial. Proyecto de 1993. Sancionado por la Cámara de Diputados a consideración del Senado*, Buenos Aires, Zavalía, 1994, pág. 9.
[735]   Íd., pág. 209.

incluye la siguiente redacción para el artículo referido a la costumbre: "6° Usos y costumbres. Los usos y costumbres son vinculantes: a) Si las leyes, o los interesados, se remiten a ellos. b) Si se trata de situaciones no regladas legalmente. El tribunal debe establecer de oficio el contenido del uso, sin perjuicio de su facultad de requerir la colaboración de las partes y del derecho de estas de alegar y probar su existencia y contenido"[736].

Como puede observarse, nada se dice con respecto a la costumbre derogatoria y a la desuetudo. No obstante, peor que no hacer referencia a ella hubiera sido el haberse pronunciado contra ella; lo cual habría sido ingenuo. De lo que sí estoy seguro es que ese proyecto de código o cualquier código del mundo regirán en cuanto no sea contradicho en gran parte por la costumbre.

Por último, cabe agregar lo dispuesto por el Anteproyecto de Código Civil y Comercial de 2012 elaborado por la comisión presidida por Ricardo Lorenzetti e integrada por Elena Highton de Nolasco y Aída Kemelmajer de Carlucci[737], anteproyecto que fue presentado al Poder Ejecutivo el 24.2.2012 y que sufrió modificaciones.

En este sentido, como no podría ser de otra forma, el proyecto de Código reafirma su validez, señalando

---

[736] AA.VV., *Proyecto de Código Civil de la Rep. Arg...*, *op. cit.*, pág. 158.

[737] Según composición del art. 3 del dec. 121/2011. Tuvo por misión producir un texto homogéneo entre el Código Civil y Comercial de la Nación (art. 2), que los "vistos" del decreto llaman "derecho privado". El anteproyecto se publicó en la editorial Zavalía de Buenos Aires en 2012. El proyecto del Poder Ejecutivo con las modificaciones al anteproyecto p. v. en Buenos Aires, Infojus, 2012, en http://www.infojus.gov.ar/_pdf/codigo_civil_comercial.pdf (4.10.2012). El proyecto finalmente presentado respetó lo establecido por el anteproyecto en la materia tratada por este trabajo. Cuando aluda al Proyecto será el publicado en la editorial Zavalía.

en el art. 1 que "los casos que este Código rige deben ser resueltos según las leyes que resulten aplicables". Luego habla incorrectamente de la interpretación, ya que los jueces interpretan según sus criterios, y por eso el Poder Judicial es independiente del Legislativo. Si el proyecto hubiera sido redactado por jueces de instancias funcionalmente iniciales, difícilmente hubiera hablado de interpretación, diciendo lo que otros jueces tienen que hacer. Cuando le toca el turno a la costumbre, se expresa: "Los usos, prácticas y costumbres son vinculantes cuando las leyes o los interesados se refieren a ellos o en situaciones no regladas legalmente, siempre que no sean contrarios a derecho". Se podría haber dicho solamente "costumbres". Así se consagra la validez desde la ley de la costumbre *secundum legem* y de la *praeter legem*. Esto coincide con lo señalado en los fundamentos: "[...] el anteproyecto regula el valor de la costumbre contemplando los casos en que la ley se refiera a ella o en ausencia de regulación"[738]. No se refiere a la costumbre *contra legem,* pero se infiere que la niega, también por el papel de "principal" que la adjudica a la ley como fuente: "[...] se regula la ley como fuente formal principal [...]"[739] y se considera que "se destaca en primer lugar la ley [...]740" al hablar de "las fuentes". El tótem legalista se hace más fuerte cuando se señala que la declaración de inconstitucionalidad debe ser la última opción y si hay dos sentidos interpretativos se debe optar por el que favorezca la validez de la ley en conformidad con la Constitución. "El juez debe tratar de preservar la ley

---

[738]   *Op. cit.*, pág. 594.
[739]   Íd., pág. 593.
[740]   Íd., pág. 594.

y no destruirla."[741] Lo que va contra el espíritu de este trabajo y de la tesis trialista en cuanto jurista es el que a sabiendas reparte con justicia. Consecuentemente, lo que hace del derecho algo que valga es su deber de preservar la justicia, afianzarla, como dice el Preámbulo de la Constitución Nacional. Al final se señala que dicha costumbre no debe ser contraria a "derecho", con lo cual se introduce en la ley, de manera innecesaria, un problema filosófico-jurídico[742], que existe de todas formas a pesar de lo dicho por el proyecto de ley. Podría decirse, en apoyo a la tesis trialista, que la costumbre es válida siempre que no sea injusta, reconociendo que tanto la costumbre como el valor forman parte del "derecho".

A diferencia del Código de Vélez, el proyecto no alude a las fuentes suplentes de la ley a la hora de resolver un tema no tratado por ella, salvo cuando habla de la interpretación, en donde menciona a "las leyes análogas", "las disposiciones que surgen de los tratados sobre derechos humanos", "los principios" y "los valores jurídicos". En primer lugar, es impropio de un texto normativo emitir pautas interpretativas, por lo ya señalado. En segundo lugar, se confunden las fuentes de las normas con la manera en que estas se interpretan. Se insiste en el desacierto: "A fin de aportar coherencia con el sistema de fuentes, se incorpora un artículo relacionado con reglas de interpretación"[743]. Con lo cual, por ejemplo, se mezcla la doctrina, que es una fuente de las normas o del derecho, con la manera de interpretar.

---

[741] Íd.
[742] A pesar de que los "fundamentos" del proyecto digan que "se ha tratado de incluir solo aquellas definiciones que tienen efecto normativo y no meramente didáctico [...]". Íd., pág. 589.
[743] Íd., pág. 594.

Se interpreta aludiendo a los elementos literal, lógico, histórico, sistemático, y nada de ello se menciona en el art. 2. Si un legislador quiere resaltar la importancia de los "derechos humanos", tiene que ubicar en el máximo nivel normativo las disposiciones que hagan alusión a ellos, como se hizo en 1994 con el actual art. 75, 22°, pero no señalar pautas interpretativas en el futuro Código Civil. La Corte será la que, fruto de la costumbre judicial, sugiera dicha manera de interpretar. Cuando se confrontan las "leyes análogas" y la costumbre, puedo inferir que el anteproyecto le da prevalencia a aquellas. En los fundamentos se señala:

> Se mencionan las leyes análogas, que tradicionalmente han sido tratadas como fuente y aquí se las incluye como criterios de interpretación [sic], para dar libertad al juez en los diferentes casos[744]. Ello tiene particular importancia en supuestos en los que pueda haber discrepancias entre la ley análoga y la costumbre, como sucede en el ámbito de los contratos comerciales[745].

En los "fundamentos" no se dice qué fuente tiene prevalencia, pero de la lectura del anteproyecto se infiere que es la ley, ya que "los casos que este Código rige deben ser resueltos según las leyes que resulten aplicables" (art. 1). Ante un eventual conflicto entre una costumbre *praeter legem* y una ley análoga, se estará, según el anteproyecto, a esta última. Y como el anteproyecto confunde la interpretación con las fuentes, menciona allí a todo

---

[744] Si se quisiera dar libertad al juez se promovería la derogación de los fallos plenos y plenarios. Y tampoco se le diría cómo tiene que interpretar.

[745] *Op. cit.*, pág. 595.

menos la costumbre para interpretar la fuente estrella, que es la ley (art. 2).

Es extraño que se justifique la ausencia del tratamiento del tema de las fuentes, que sí sería algo elogiable, sosteniendo que de ello se ocupa el derecho constitucional[746]. Si bien esto es cierto por la supremacía constitucional (art. 31, CN.) y la rigidez de reforma de la Constitución (art. 33), se pueden hacer menciones, en cada rama, para su área. Si el derecho se separa en ramas, es porque no todas son iguales respecto de sus fuentes. A los fines de este trabajo, es encomiable que la comisión señale que "[...] cabe distinguir entre el derecho como sistema y la ley, que es una fuente, principal, pero no única"[747]. En mi caso, sostengo en paridad de jerarquía a la ley y la costumbre. No obstante, puede leerse en el Anteproyecto que él "[...] distingue normativamente [sic] el derecho de la ley. Una identificación entre ambos no es admisible en el estadio actual de la evolución jurídico-filosófica"[748]. Tantas aclaraciones en materia de filosofía jurídica son innecesarias en una norma. De manifestaciones extranormativas como los fundamentos de un anteproyecto de ley se espera el desarrollo profundizado de lo que quiere el autor para la vida civil de los ciudadanos, en este caso, no una lección de Teoría General del Derecho, que incumbe a la doctrina.

Es interesante que el proyecto aluda a los "valores jurídicos", en tanto se toma consciencia de la complejidad del derecho desde la propia ley, con lo cual, ayuda a tomar consciencia del tema a los autores positivistas y a

---

[746] Íd., pág. 591.
[747] Íd.
[748] Íd., pág. 592.

los investigadores para incluir en la ciencia del derecho a dicho aspecto indispensable[749]. La complejidad del derecho es resaltada nuevamente cuando se expresa que "se ha tratado de conservar, en lo posible, las palabras ya conocidas y utilizadas por la doctrina y jurisprudencia. Sin embargo, hay numerosos cambios sociales, científicos, culturales, económicos, que demandan el uso de palabras ajenas al lenguaje jurídico"[750]. Todo depende de qué se considere "jurídico", pero es evidente que las dimensiones social y dikelógica pugnan por entrar según el espíritu del legislador del anteproyecto.

E. Funcionamiento de las normas relativas a la costumbre

Aquí no estudiaré la costumbre desde el punto de vista de la ley en su parte estática, sino cómo han entendido la costumbre los encargados del funcionamiento de las normas a la hora de resolver un caso. Es decir, el efectivo juzgamiento del papel jurígeno de la ejemplaridad. En este apartado veremos si efectivamente se ha

---

[749]   Se expresa por ejemplo que "[...] la Corte Suprema de Justicia de la Nación [...] reiteradamente ha hecho uso de los principios que informan el ordenamiento y ha descalificado decisiones manifiestamente contraria a *valores jurídicos*". Íd., pág. 595. El resaltado me pertenece.

[750]   V. íd., pág. 590. También se señala, reconociendo abiertamente la complejidad del mundo jurídico, que "[...] los operadores jurídicos tengan guías para decidir en un sistema de fuentes complejo, en el que, frecuentemente, debe recurrirse a un diálogo de fuentes, y a la utilización no solo de reglas, sino también de principios y valores." Íd., pág. 591. También expresa la necesidad de "[...] la apertura del sistema a soluciones más justas que derivan de la armonización de reglas, principios y valores." Íd., pág. 592.

cumplido el reparto proyectado en la norma civil (art. 17, Cód. Civ.) sobre el papel que la costumbre ha de desempeñar en el derecho. Indagaré cuál es el reparto realizado, es decir, qué hicieron finalmente los jueces.

Utilizaré una clasificación propia, que, como todo producto humano, no tiene generación espontánea, sino que toma ingredientes de distintas clasificaciones. Distinguiré entre costumbre "afirmativa", "integrativa" y "derogatoria", y en cada apartado haré referencia a algunos casos de las principales ramas del mundo jurídico.

Se ha dicho que "la costumbre es un medio de expresión del derecho tan válido como la ley escrita"[751], aunque estos antecedentes fueron afectados por la reforma del art. 17. Cabe resaltar aquí que se trata de antecedentes en materia de temas de Teoría General del Derecho, es decir, que rozan la filosofía del derecho, en donde la base es la argumentación y no los hechos que puedan o no confirmarse empíricamente. En legislación alguna puede determinarse el valor de una fuente, ya que la razón mandada no puede legislar en el corazón "intelectual", como decía Blaise Pascal.

> Conocemos la verdad no solamente por la razón, sino también por el corazón. Es de este último modo como conocemos los primeros principios [...]. Los conocimientos de los primeros principios: espacio, tiempo, movimiento, números, son tan firmes como los que nos dan nuestros razonamientos, y sobre esos conocimientos del corazón y del instinto es preciso que se apoye la razón y que fundamente todo su discurso. [...] los principios se sienten, [...] y es tan inútil y tan ridículo que la razón demande al corazón pruebas de sus primeros principios, [...] como sería ridículo que el

---

[751] C. N. Civ., Sala "A", en *La Ley,* 116, y Cám. C. y Com., La Plata, en el tomo 1947, IV, pág. 759.

corazón demandara a la razón un sentimiento de todas las proposiciones que esta demuestra, para quererlas recibir. Esta incapacidad no debe servir, [...] más que para humillar a la razón –que quisiera juzgarlo todo–, pero no para combatir nuestra certeza. ¡Como si solo la razón fuera capaz de instruirnos[752]!

Es así que "el corazón tiene razones que la razón no conoce [...]"[753].

Cabe aclarar que cuando Goldschmidt habla, dentro de las etapas del funcionamiento de las normas, de la elaboración, por carencia, más precisamente por carencia histórica, que es aquel supuesto no previsto por el legislador, por imprudencia, olvido, por un hecho sobreviniente o el surgimiento de nuevos hechos científicos[754], no deben contemplarse en este caso los supuestos regidos por la costumbre, en donde no cabría integrar el ordenamiento normativo recurriendo a la costumbre, sino que la propia costumbre es el derecho que regula el caso de que se trate[755].

Debe tenerse en cuenta que, respecto al funcionamiento de las normas, cabe asociar la costumbre a la razonabilidad social, con la cual guarda importantes relaciones. Por ejemplo, es difícil que los jueces no se sientan influidos por la opinión pública: "[...] Le législateur, le juge, les auteurs sont en effet, plus ou moins consciemment, guidés par l'opinion et par la coutume de la communauté, dans la manière dont ils développent ou appliquent le droit"[756].

---

[752] PASCAL, Blaise, *Pensamientos,* trad. de J. Llansó, Barcelona, Altaya, 1993, pág. 48.

[753] Íd., pág. 131.

[754] GOLDSCHMIDT, *Introducción...*, *op. cit.*, pág. 290.

[755] V. tb. a RICHARD, y ROMERO, *op. cit.*

[756] DAVID, *op. cit.*, pág. 130. "El legislador, el juez, los autores son en efecto, más o menos conscientemente guiados por la opinión y

E.1. Costumbre afirmativa. Se hace referencia, no a la costumbre que contradice a la ley, sino a aquella que cumple fielmente sus preceptos. Otro aspecto de esta costumbre es resaltado por Ciuro Caldani, quien señala que se trata de la costumbre de "invocación"[757], en tanto la ley pide su auxilio para regular una situación. También se la llama *propter* o *secundum legem.*

E.1.a. Derecho civil. Hay diversos casos, ya que el código homónimo hace referencia en muchas ocasiones a ella al reclamar su ayuda. Una enumeración de los artículos[758] al respecto realizan Francisco Figuerola y Amado Adip: 950[759], 1180[760], 1210[761], 1336[762], 1424[763],

---

por la costumbre de la comunidad, en las materias en las que ellos desarrollan o aplican el Derecho." (Trad. del autor). V. tb. lo que digo en el pto. 8.1.B.4.

[757]   "Reflexiones...", *op. cit.,* pág. 789.

[758]   Los resaltados que se verán en los artículos son míos.

[759]   Art. 950. "Respecto a las formas y solemnidades de los actos jurídicos, su validez o nulidad será juzgada por las leyes y *usos* del lugar en que los actos se realizaren."

[760]   Art. 1180. "La forma de los contratos entre presentes será juzgada por las leyes y *usos* del lugar en que se han concluido."

[761]   Art. 1210. "Los contratos celebrados en la República para tener su cumplimiento fuera de ella, serán juzgados, en cuanto a su validez, su naturaleza y obligaciones, por las leyes y *usos* del país en que debieron ser cumplidos, sean los contratantes nacionales o extranjeros."

[762]   Art. 1336. "La venta hecha con sujeción a ensayo o prueba de la cosa vendida, y la venta de las cosas que es *costumbre* gustar o probar antes de recibirlas, se presumen hechas bajo la condición suspensiva, de si fuesen del agrado personal del comprador."

[763]   Art. 1424. "El comprador debe pagar el precio de la cosa comprada, en el lugar y en la época determinada en el contrato. Si no hubiese convenio sobre la materia, debe hacer el pago en el tiempo y lugar en que se haga la entrega de la cosa. Si la venta ha sido a crédito, o si el *uso* del país concede algún término para el pago, el precio debe abonarse en el domicilio del comprador. Este debe pagar también el instrumento de la venta, y los costos del recibo de la cosa comprada."

1427[764], 1504[765], 2268[766], 1556[767], 1574[768], 1595[769], 1627[770],

---

[764] Art. 1427. "El comprador está obligado a recibir la cosa vendida en el término fijado en el contrato, o en el que fuese de *uso* local. A falta de un término convenido o de *uso*, inmediatamente después de la compra."

[765] Art. 1504. "Cuando el *uso* que debe hacerse de la cosa estuviere expresado en el contrato, el locatario no puede servirse de la cosa para otro *uso*. Si no estuviese expresado el goce que deba hacerse de la cosa, será el que por su naturaleza está destinada a prestar, o el que la *costumbre* del lugar le hace servir. El locador puede impedir al locatario que haga servir la cosa para otro *uso*."

[766] Art. 2268. "El comodatario no puede hacer otro *uso* de la cosa, que el que se hubiese expresado en el contrato; y a falta de convención expresa, aquel a que está destinada la cosa, según su naturaleza o *costumbre* del país. En caso de contravención, el comodante puede exigir la restitución inmediata de la cosa prestada, y la reparación de los perjuicios."

[767] Art. 1556. "El locatario está obligado también a pagar el precio al locador o a quien pertenezca la cosa en los plazos convenidos, y a falta de convención, según los *usos* del lugar, a conservar la cosa en buen estado, y a restituir la misma cosa al locador o a quien perteneciese acabada la locación."

[768] Art. 1574. "Aunque en el contrato esté expresado el tiempo en que el locatario deba hacer los pagos, o cuando la *costumbre* lo determinase por la clase de la cosa arrendada, él puede oponer a terceros que estén obligados a respetar la locación, los recibos de alquileres o rentas que tenga pagados adelantados, salvo el derecho del perjudicado, si tal pago no fue de buena fe."

[769] Art. 1595. "El subarrendatario no puede oponer al locador originario los pagos anticipados que hubiese hecho, a no ser que ellos hubiesen tenido lugar por una cláusula de la sublocación, o fuesen conformes al *uso* de los lugares."

[770] Art. 1627. "El que hiciere algún trabajo, o prestare algún servicio a otro, puede demandar el precio, aunque ningún precio se hubiese ajustado, siempre que tal servicio o trabajo sea de su profesión o modo de vivir. En tal caso, entiéndese que ajustaron el precio de *costumbre* para ser determinado por árbitros.
Las partes podrán ajustar libremente el precio de los servicios, sin que dicha facultad pueda ser cercenada por leyes locales. Cuando el precio por los servicios prestados deba ser establecido judicialmente sobre la base de la aplicación de normas locales, su determinación deberá adecuarse a la labor cumplida por el prestador del servicio, los jueces deberán reducir equitativamente ese precio, por debajo del valor que resultare de la aplicación estricta de los mínimos arancelarios locales, si esta última condujere a una evidente e injustificada

1632[771], 2268[772], 2285[773], 2307[774], 2621[775], 2631[776], 2873[777],

_____

desproporción entre la retribución resultante y la importancia de la labor cumplida." (Párrafo incorporado por ley 24432). V. SPOTA, *Tratado...*, *op. cit.*, pág. 400.

[771] Art. 1632. "A falta de ajuste sobre el modo de hacer la obra, y no habiendo medida, plano o instrucciones, el empresario debe hacer la obra según la *costumbre* del lugar, o ser decidida la diferencia entre el locador y locatario, en consideración al precio estipulado."

[772] Art. 2268. "El comodatario no puede hacer otro uso de la cosa, que el que se hubiese expresado en el contrato; y a falta de convención expresa, aquel a que está destinada la cosa, según su naturaleza o *costumbre* del país. En caso de contravención, el comodante puede exigir la restitución inmediata de la cosa prestada, y la reparación de los perjuicios."

[773] Art. 2285. "Si el préstamo fuese precario, es decir si no se pacta la duración del comodato ni el uso de la cosa, y este no resulta determinado por la *costumbre del pueblo*, puede el comodante pedir la restitución de la cosa cuando quisiere. En caso de duda, incumbe la prueba al comodatario."

[774] Art. 2307. "Entran en la clase de gastos del artículo anterior [empleo útil], los gastos funerarios hechos con relación a la calidad de la persona y *usos* del lugar, no reputándose tales gastos en bien del alma después de sepultado el cadáver, ni el luto de la familia, ni ningunos otros, aunque el difunto los hubiese determinado." V. SPOTA, *Tratado...*, *op. cit.*, pág. 399.

[775] Art. 2621. "Nadie puede construir cerca de una pared medianera o divisoria, pozos, cloacas, letrinas, acueductos que causen humedad; establos, depósitos de sal o de materias corrosivas, artefactos que se mueven por vapor, u otras fábricas, o empresas peligrosas a la seguridad, solidez y salubridad de los edificios, o nocivas a los vecinos, sin guardar las distancias prescriptas por los reglamentos y *usos* del país, todo sin perjuicio de lo dispuesto en el artículo anterior. A falta de reglamentos, se recurrirá a juicio de peritos."

[776] Art. 2631. "Cuando por la *costumbre del pueblo*, los edificios se hallen construidos de manera que las goteras de una parte de los tejados caigan sobre el suelo ajeno, el dueño del suelo no tiene derecho para impedirlo. Una construcción semejante no importa una servidumbre del predio que recibe las goteras, y el dueño de él puede hacer construcciones sobre la pared divisoria que priven el goteraje del predio vecino, pero con la obligación de hacer las obras necesarias para que el agua caiga en el predio en que antes caía."

[777] Art. 2873. "El usufructuario de un monte disfruta de todos los provechos que pueda producir según su naturaleza. Siendo monte talar o de madera de construcción puede hacer los cortes ordinarios que

3020^{778}, 3040^{779}, 3880^{780}.

El caso "Estancia Campana Cué S.A. c. Aircom S.A.", fallado por la Sala 1ª de la Cám. Civ. y Com. de San Isidro el 23.4.1973[781], trató de la celebración de un contrato de hangaraje, para ubicar a un avión, que luego desaparece. Se condena a la empresa por daños y se apela la sentencia de primera instancia. La empresa condenada se defiende aduciendo que de acuerdo a los usos aeronáuticos el hangaraje no implica custodia de la aeronave. El propietario de la aeronave dice que el contrato es de naturaleza compleja: locación más depósito oneroso, con lo que se implica también a la guarda. Uno de los camaristas sostiene que más allá de la

---

haría el propietario, acomodándose en el modo, porción y épocas a las *costumbres* del país. Pero no podrá cortar árboles frutales o de adorno, a los que guarnecen los caminos, o dan sombra a las casas. Los árboles frutales que se secan o que caen por cualquier causa, le pertenecen, pero debe reemplazarlos con otros."

[778] Art. 3020. "El propietario de la heredad dominante puede ejercer su derecho en toda la extensión que soporten, según el *uso local*, las servidumbres de igual género de la que se encuentra establecida a beneficio de su heredad."

[779] Art. 3040. "El propietario del predio sirviente no pierde el derecho de hacer servir el predio a los mismos *usos* que formen el objeto de la servidumbre. Así, aquel cuyo fundo está gravado con una servidumbre de paso, o cuya fuente o pozo de agua en su heredad, está gravado con la servidumbre de sacar agua de él, conserva la facultad de pasar él mismo para sacar el agua que le sea necesaria, contribuyendo en la proporción de su goce a los gastos de las reparaciones que necesita esta comunidad de uso."

[780] El Cód. Civ. señala como crédito privilegiado "los gastos funerarios, hechos según la condición y fortuna del deudor. Estos comprenden, los gastos necesarios para la muerte y entierro del deudor y sufragios de *costumbre*; los gastos funerarios de los hijos que vivían con él y los del luto de la viuda e hijos, cuando no tengan bienes propios para hacerlo [...]". Inc. 1. V. SPOTA, *Tratado..., op. cit.*, pág. 399.

[781] Publicado en *El Derecho*, t. 52, pág. 187 y ss.

reglamentación –legal o consuetudinaria–, debe estarse
a la intención de las partes reflejada en el contrato. El
Código Aeronáutico dice que en caso de laguna se tomarán los principios generales del derecho, los usos y
las leyes análogas y los principios del derecho común,
en ese orden. Aclaro que la ley no habla de las convenciones particulares. Luego señala el fallo que "[...] para
probar la costumbre es necesario antes probar la razón
de ser de la costumbre [...]". En este sentido, recurre a
elementos lógicos y de sentido común: "La suma pagada
por ese estacionamiento, si no responde a preservar la
aeronave de las inclemencias del tiempo [...], conlleva
alguna prestación del aeródromo, que no es otra que la
de su guarda. El pago de un sereno con recorrida casi
permanente [...] es también elemento descalificante de
la locación. El pago de otros empleados de la demandada que necesariamente deben ayudar a hangarar las
aeronaves [...]". Se alude como refuerzo de lo dicho que
"generalizada jurisprudencia"[782] sostiene la posición del
camarista. Otro juez resuelve la cuestión por remisión
a leyes análogas del derecho comercial; por lo que se
trataría de un contrato de depósito, naciendo "[...] para
el que custodia el deber de responder por su negligencia
que haya hecho posible el hurto de la misma [...]". Afirma
que la demandada no probó la costumbre que invoca,
negándole valor a un instrumento acreditante, por tener escuetos renglones[783]. La empresa fue condenada,

---

[782]   Si es jurisprudencia es generalizada.
[783]   P. v. en este mismo trabajo lo que digo respecto de la prueba de la
        costumbre. Adelanto que no es necesaria, aunque sí conveniente,
        ya que no todos piensan que la costumbre tiene, como mínimo, el
        mismo valor, en juicio, que la ley. Creo que el valor de la costumbre
        es, en principio, superior al de la ley; aunque no al del valor justicia.
        V. el pto. 8.1.N.

aunque los argumentos en ningún momento aludieron a la costumbre como fuente de derecho.

E.1.b. Derecho penal. En este ámbito se da la costumbre en el caso de la legítima defensa, que la prevé el art. 34, inc. 6 como causa de justificación:

> [...] planteado el caso de la legítima defensa en circunstancias que habrían hecho propicio al victimario el huir del lugar de la provocación, la ley no pregunta por qué no se alejó del lugar, aun cuando el abandonar el sitio de la disputa pudo significar la mejor solución al conflicto.
>
> Ni el legislador, ni el juez, piden una conducta contraria a la costumbre, muy argentina, de hacer frente al autor de la provocación [...][784].

Es importante tener en cuenta que el legislador no puede utilizar la costumbre a su antojo, ya que un argumento ético nos dice que si se vale de ella en los casos regulados y en los no previstos, no puede desentenderse de ella cuando contradiga la ley. La costumbre no es descartable, manejable a su antojo. Decía Savigny: "[...] no menos grande error sería el creer que el derecho popular está destinado únicamente a llenar las lagunas accidentales de la legislación [...]"[785]. De ahí la importancia de tratar los puntos siguientes.

E.2. Costumbre integrativa. En este tópico haré mención de la costumbre como la encargada de regular un supuesto no cubierto por la ley. Es decir, la costumbre abarca en este caso un vacío legislativo o laguna del derecho. Ciuro Caldani la menciona como "paralelismo"[786]. También se la llama *praeter legem*.

---

[784]   ADIP, *op. cit.*, pág. 61. También agrega el autor el ejemplo de la emoción violenta al sorprender al cónyuge en pleno adulterio.

[785]   SAVIGNY, *Sistema...*, *op. cit.*, pág. 86.

[786]   CIURO CALDANI, "Reflexiones...", *op. cit.*, pág. 789.

E.2.a. Derecho constitucional. Un típico caso se da
en el supuesto del control de la constitucionalidad de las
disposiciones normativas. La terminología no es inocente
y, en este caso, se denomina a una de las atribuciones que
tiene uno de los órganos del Estado –el Poder Judicial–,
por la referencia a un texto normativo, la Constitución.
Como si el control de constitucionalidad de las leyes
consistiera en el mero análisis de la compatibilidad que
deben guardar las disposiciones infraconstitucionales
con el texto de la Constitución[787]. Si partimos de una
visión tridimensional del derecho, el contralor debe
implicar, en primer lugar, la correspondencia de la disposición normativa con la regla fundamental, que puede
encontrarse en la constitución –fuente formal– o en la
norma constitucional consuetudinaria –fuente material–.
A lo que habría que agregar el control de la disposición
de acuerdo a los valores fundamentales, expresados
mayormente en el texto, pero que no terminan allí su
despliegue, sino que también pueden captarse del sentir
popular, para, finalmente, realizar el contralor dikelógico,
que implica la compatibilidad de la disposición consuetudinaria o normativa pasada por el tamiz del valor
justicia. ¡Urge en nuestro ámbito jurídico un control de
constitucionalidad trialista!

Esta exposición no se compadece con el concepto
que maneja la doctrina tradicional respecto de lo que ella
entiende por "control de constitucionalidad", en donde
este término tiene su razón de ser en relación con la
norma constitucional. Estaríamos entonces frente a un

---

[787] "Lo constitucional" se ha visto ampliado a partir de la reforma de
      1994, al incluirse los tratados internacionales enumerados en el art.
      75, inc. 22° y los que con posterioridad a 1994 ha elevado a jerarquía
      constitucional el Congreso.

control que realiza la tercera parte de lo que nosotros entendemos como control fundamental.

El llamado control de constitucionalidad de las leyes no está previsto expresamente en el texto de la Constitución Nacional. Recuérdese que nuestros constituyentes de 1853-1860 tomaron como modelo constitucional al texto fundamental norteamericano, sistema en donde se planteó el problema de la identificación del encargado del control de constitucionalidad en ausencia de texto legal. Se trató de una carencia histórica por falta de previsión del legislador constituyente. En el caso "Marbury contra Madison", la Corte Suprema de Justicia Federal de Estados Unidos de América declaró como de su competencia la declaración de inconstitucionalidad de las leyes. Se planteó el problema de una ley de organización de los tribunales que autorizaba a la Corte a emitir un mandamiento –orden– a cualquier funcionario. Pero en el caso se acudió a la Corte originariamente en un supuesto no previsto como de competencia originaria, aunque sí autorizado por una ley de organización judicial, por lo que la orden solo cabía a través de la competencia apelada. Y la ley que lo permitía en cualquier tipo de "jurisdicción" era inconstitucional. En el fallo se trataba de un juez nombrado pero que no contaba con el diploma correspondiente para que se le tomara el juramento de rito y que peticionó se ordenara al Ejecutivo su entrega[788]. En nuestro país, la recepción de la doctrina estadounidense sobre contralor de constitucionalidad se dio a través del caso "Eduardo Sojo"[789], en donde el Congreso pretendió, a través de una ley, extender la competencia originaria de

---

[788]   P. v. el fallo y un excelente comentario en MILLER, Jonathan, GELLI, María Angélica, y CAYUSO, Susana, *Constitución y poder político*, Buenos Aires, Astrea, 1992, t. 1, pág. 5 y ss.

[789]   Fallos, 32:120.

la Corte al establecer que todo juez puede entender en la acción de hábeas corpus. En ambos casos se establece la doctrina de que "[...] el Congreso no puede asignar jurisdicción originaria a la corte en casos diferentes de los especificados en la constitución"[790].

No obstante, hay que tener en cuenta que en el Reino Unido no se admiten las declaraciones de inconstitucionalidad por los jueces. Dicha facultad no está contemplada. Ello se debe al enorme valor que los jueces les asignan a las decisiones del Parlamento, lo cual se relaciona también con el valor que se le reconoce al precedente judicial[791]. No se piensa que el pueblo pueda "equivocarse", lo que implica también que no se tiene una idea acerca de la "verdad" o la "justicia", que es tomada como modelo para la crítica, y establecer la equivocación. Todo lo cual entraña uno de los mayores problemas en la filosofía del derecho.

Sagüés recuerda como costumbre judicial el recurso extraordinario por sentencia arbitraria[792]. En relación con este tema, la CSJN ha sostenido que considerar la costumbre como fuente de derecho no puede suscitar cuestión constitucional por arbitrariedad: "[...] la tacha de arbitrariedad no resulta configurada por la circunstancia de que la sentencia, sin alterar los hechos en que se funda la acción, y sobre la base de una interpretación de la prueba documental que menciona, haya hecho mérito de una costumbre cuya existencia no habría sido invocada por las partes"[793].

---

[790] Pág. 121.
[791] MORINEAU, Marta, *Una introducción al* Common Law, México, Universidad Nacional Autónoma de México, 2001, pág. 25.
[792] *Op. cit.*, pág. 157.
[793] "Cía. Azucarera San Antonio SA. c. Acevedo, Ángel", del 17.4.1963, publicado en *El Derecho*, t. 4, págs. 833-834.

Bidart Campos menciona otros supuestos, como el caso del derecho de la reforma constitucional, cuyas pautas no están formalizadas totalmente en el art. 30:

> [...] para declarar la necesidad de la reforma, el congreso actúa con sus cámaras por separado (y no en asamblea), y emite un acto con forma de ley (aunque su naturaleza no sea legislativa); es otra norma no escrita la que señala que la mayoría de dos tercios de votos debe computarse sobre el total de los miembros, y no sobre los presentes; la que prescribe que el congreso ha de puntualizar los temas, contenidos o artículos que se consideran necesarios de revisión; la que deriva al cuerpo electoral la elección de los miembros de la convención reformadora. Ninguna de estas normas se encuentra formulada por escrito en el art. 30, y sin embargo, a través de la observación del orden de conductas, estamos en condiciones de inferir su existencia [...][794].

Otra norma consuetudinaria es "[...] la que impone computar la depreciación monetaria para fijar el monto de la indemnización expropiatoria"[795].

En Brasil es costumbre inmemorial que el Poder Ejecutivo, luego del trámite de rigor, promulgue un tratado internacional a fin de que sea aplicable en el derecho interno, lo cual no está previsto en la Constitución[796].

E.2.b. Derecho administrativo. Tampoco tuvo ni tiene regulación legal la responsabilidad directa[797] del

---

[794] *Filosofía del derecho constitucional,* Buenos Aires, Ediar, 1969, pág. 217.
[795] Íd., pág. 218.
[796] GIMÉNEZ CORTE, *op. cit.,* pág. 66.
[797] No se trata de la responsabilidad por la acción u omisión de sus funcionarios. Tampoco cabe fundar la responsabilidad del Estado en el art. 1113, ya que este no puede asemejarse al dueño o patrón, ya que los agentes son órganos de la persona jurídica Estado. V. CASSAGNE, *op. cit.,* pág. 282. "[...] la responsabilidad del Estado por los actos de sus órganos (agentes con competencia para realizar los hechos o actos pertinentes que dan origen a los daños) es

Estado[798]; no obstante lo cual, la jurisprudencia que se desarrolló a partir del caso "S.A. Tomás Devoto c. Gobierno Nacional" permite responsabilizar al Estado por el accionar culposo de sus agentes. Se trataba de un

> [...] campo que locaba [...] Devoto en la provincia de Entre Ríos, [y] [...] ocurrió un gran incendio ocasionado por las chispas de un brasero que utilizaban unos empleados del Telégrafo Nacional que tenían el encargo de unir los hilos de la línea telegráfica que pasaba por el campo. El incendio provocó daños de considerable magnitud que llevaron a la sociedad perjudicada a entablar una demanda de daños [...] contra el Gobierno nacional[799].

A partir del año 1933, una "jurisprudencia constante [sic] de la CSJN [...] estatuye tal responsabilidad del Estado en beneficio de los particulares perjudicados y sin perjuicio [...] del derecho de la Nación a pedir indemnización del funcionario culpable"[800]. El caso también puede analizarse bajo la perspectiva de la costumbre *contra legem,* ya que el art. 43 del Cód. Civ. según Vélez no permitía responsabilizar a las personas jurídicas. A lo cual cabe agregar que la doctrina creía que "al establecer[se] la responsabilidad de los funcionarios a raíz de hechos ilícitos [art. 1112, CC.], [se] excluye la responsabilidad del Estado"[801].

---

siempre una responsabilidad directa, fundada en la idea objetiva de la falta de servicio, aun cuando no excluye la posibilidad de que se configure la falta personal del agente público." Íd., pág. 285.

[798] Sí tenía regulación la responsabilidad indirecta a través de la Ley de Demandas contra el Estado nº11634, que derogó el requisito de la venia legislativa previa. Para una historia de la evolución de la responsabilidad del Estado p. v. a CASSAGNE, *op. cit.* y a DROMI, Roberto, *Derecho administrativo,* 6ª ed., Buenos Aires, Ciudad Argentina, 1997.

[799] CASSAGNE, *op. cit.,* pág. 281.

[800] GOLDSCHMIDT, *Introducción..., op. cit.,* pág. 290.

[801] Íd., pág. 290.

Sí se han dado casos de asignación específica de responsabilidad al Estado, como el caso de la ley 23982 de consolidación de la deuda pública del Estado. Señala Gordillo:

> En el plano legislativo, es grave la eliminación por ley de la responsabilidad del Estado por los actos y hechos de sus entidades descentralizadas, como así también el dictado de leyes acortando el tiempo para demandar deudas antiguas al Estado, acompañadas por la jurisprudencia, lo que hace más difícil demandar al Estado[802].

Respecto del problema del último gobierno de facto y la reparación de daños a quienes sufrieron sus consecuencias, "[...] con el objeto de reparar la injusticia que significaría privar a las víctimas de todo resarcimiento (tal como resultaría de la aplicación estricta de la legislación civil), el Congreso de la Nación sancionó, entre otras, las leyes 24411[803] y 25914"[804] (consid. 6)[805].

---

[802]   GORDILLO, *Tratado...*, cit., t. 2, pág. 7.

[803]   "Beneficios que tendrán derecho a percibir por medio de sus causahabientes, personas que se encuentren en tal situación [desaparición forzada de personas]. Recaudos para su obtención. Alcances." Promulgada el 28.12.1994. V. http://www.infoleg.gov.ar/infolegInternet/anexos/0-4999/793/texact.htm (11.12.2008).

[804]   "Establécense beneficios para las personas que hubieren nacido durante la privación de la libertad de sus madres, o que siendo menores hubiesen permanecido detenidos en relación a sus padres, siempre que cualquiera de estos hubiese estado detenido y/o desaparecido por razones políticas, ya sea a disposición del Poder Ejecutivo nacional y/o tribunales militares. Alcances a víctimas de sustitución de identidad. Requisitos que se deberán acreditar para acogerse a los beneficios de la ley. Procedimiento para el cálculo de la indemnización." Promulgada el 25.8.2004. V. http://www.infoleg.gov.ar/infolegInternet/anexos/95000-99999/97981/norma.htm (11.12.2008).

[805]   Fallo de la CSJN del 30.10.2007, "Larrabeiti Yáñez, Anatole Alejandro y otro c. Estado Nacional", publicado en *La Ley*, del 14.12.2007. Se trata de un caso sobre responsabilidad extracontractual del Estado

E.2.c. Derecho internacional público. Esta rama también ha exhibido normas consuetudinarias integrativas o *praeter legem:*

> [...] costumbres formadas sobre la base de textos que no alcanzan la jerarquía de tratados, o de resoluciones de la Asamblea General, [...] [son] las reglas sobre, [...] la extensión del mar territorial (hasta las 12 millas) o de la zona económica exclusiva (hasta las 200 millas), que surgieron del proceso de codificación emprendido por la III Conferencia de la ONU sobre el derecho del mar, y fueron consideradas indudablemente normas consuetudinarias mucho antes de que la Convención correspondiente entrara en vigencia. Entre otras razones, porque las leyes nacionales de muchos países fueron recogiendo en sus textos los conceptos de la Convención adoptada, pero aún entonces no vigente[806].

Puede verse entonces cómo esta rama incorpora a la teoría general el supuesto en donde una costumbre toma su nacimiento de un texto escrito.

En otra ocasión, en esta rama del mundo jurídico se puede observar una costumbre bilateral:

> [...] la CIJ reconoció que una costumbre bilateral podía formarse entre dos Estados en el caso del derecho de pasaje sobre territorio indio, un caso entre la India y Portugal, en el que Portugal reclamaba derecho de paso entre su colonia de Damao y ciertos enclaves en territorio indio para restablecer el orden perturbado por insurrección local[807].

También hay materias total o parcialmente reguladas por la costumbre, como "[...] la responsabilidad

---

por la desaparición forzada de personas durante el último gobierno de facto.

[806]   BARBOZA, *op. cit.*, pág. 98.
[807]   Íd., pág. 99.

internacional, el procedimiento arbitral, la protección diplomática y en buena medida la sucesión de Estados"[808]. Otro caso es el de la costumbre de los buques de todas las banderas de navegar el mar territorial de los Estados costeros, que se llama el derecho de paso inocente.

Cabe agregar el tema de la inmunidad de los jefes de Estado, ya que solo hay regulación normativa con la Convención sobre Relaciones Consulares y la Convención sobre Misiones Especiales. "El régimen de las inmunidades pertenece a la costumbre internacional. Si ciertas convenciones mencionan los privilegios de los jefes de Estado y otros dirigentes, ningún tratado regula la materia de manera general."[809] Dicha costumbre pudo verse en acción cuando la Corte Internacional de Justicia de La Haya denegó la validez del mandamiento de detención al ministro de Asuntos Exteriores de la República Democrática del Congo, emitido por un juez de instrucción del Reino de Bélgica, acusándolo de crímenes graves contra el derecho internacional. El Congo hizo alusión a la regla de derecho internacional consuetudinario y la Corte aceptó dicha postura.

> Elle [la Corte] estime que des enseignements utiles peuvent être tirés de ces conventions [Convención de Viena sobre Relaciones Diplomáticas de 1961, y Convención de New York sobre Misiones Especiales de 1969] sur tel ou tel aspect de la question des immunités, mais qu'elles ne contiennent toutefois aucune disposition fixant de manière précise les

---

[808] Íd., pág. 88.
[809] RÍOS RODRÍGUEZ, Jacobo, "Límites y beneficiarios de la inmunidad de los gobernantes", en *Revista Electrónica de Estudios Internacionales*, núm. 13, 2007, en http://www.reei.org/reei%2013/ RiosRdriguez(reei13).pdf (1.1.2009). "Ninguna convención regula por el momento de manera general el estatuto privilegiado del jefe de Estado y sus inmunidades." Íd.

immunités dont jouissent les ministres des affaires étrangères. C'est par conséquent sur la base du droit international
coutumier que la Cour doit trancher les questions relatives
aux immunités de ces ministres soulevées en l'espèce. En
droit international coutumier, les immunités reconnues au
ministre des affaires étrangères ne lui sont pas accordées
pour son avantage personnel, mais pour lui permettre de
s'acquitter librement de ses fonctions pour le compte de
l'État qu'il représente[810].

También es librada a la costumbre la normación
de los tratados, ya que solo hay norma jurídica textual
en lo relativo a los tratados entre Estados y por escrito, lo que es materia de la Convención de Viena sobre
Derecho de los Tratados de 1969. Toda otra convención
entre otros sujetos del DIP, y entre éstos y los Estados,
no tiene regulación normativa. "Según lo dispuesto en
el artículo 1 de la Convención sobre el Derecho de los
Tratados, esta es aplicable a los tratados entre Estados y,

---

[810] "Asunto relativo al mandato de detención del 11.4.2000 (República
Democrática del Congo c. Bélgica)", en "Resúmenes de fallos, opiniones consultivas, órdenes de la Corte Internacional de Justicia.
Documento no oficial", pág. 233, en http://www.icj-cij.org/docket/
files/121/13742.pdf (1.1.2009). "Ella estima que útiles enseñanzas
pueden extraerse de esas convenciones sobre tal o cual aspecto de
la cuestión de las inmunidades, pero que ellas no contienen sin
embargo ninguna disposición fijando de manera precisa las inmunidades de las que se sirven los ministros de asuntos exteriores. Es
por consecuencia sobre la base del derecho internacional consuetudinario que la Corte debe dilucidar las cuestiones relativas a la
inmunidad de estos ministros planteados en la especie. En derecho
internacional consuetudinario, las inmunidades reconocidas a los
ministros de asuntos exteriores extranjeros no le son acordadas
para su ventaja personal, sino para permitirle cumplir libremente
sus funciones por cuenta del Estado que él representa." (Trad. del
autor). Sobre el tema p. v. a BORZI ALBA, Ma. Angélica, *Inmunidades
y privilegios de los funcionarios diplomáticos*, 2ª ed., Buenos Aires,
Abeledo-Perrot, 1982.

por tanto, deja fuera de su ámbito a las organizaciones internacionales."[811]

Es de destacar el caso conocido como de las "pesquerías"[812], en donde el Reino Unido de Gran Bretaña e Irlanda del Norte (RU) demanda a Noruega por establecer por decreto la delimitación de la zona de pesca reservada a sus nacionales. El RU solicitó a la CIJ si dicha delimitación era conforme al derecho internacional (DI). La CIJ concluyó que dicha demarcación respetaba el DI. La zona en disputa es muy rica en peces, lo que hace a la subsistencia de los habitantes de la tierra firme. Los británicos solían acercarse a pescar, pero a partir de la queja del rey de Noruega a comienzos del siglo XVII dejaron de hacerlo por 300 años. En 1906 retomaron las incursiones, se produjeron incidentes y por decreto del 12.7.1935 se delimitó por Noruega dicha zona de pesca. Y ante los apresamientos y condenas, el RU inició la demanda ante la CIJ. Las dos partes aceptan el principio de delimitación: el de las líneas de base, que debe seguir la marca de la bajamar, aunque difieren en su aplicación. Luego de hacer consideraciones particulares respecto de bahías, las líneas y las formaciones terrestres y otra diferencia mínima, sostiene la CIJ que el método

---

[811]   "Participación de la ONUDI en la Convención de Viena sobre el Derecho de los Tratados entre Estados y organizaciones internacionales o entre organizaciones internacionales, del 21 de marzo de 1986. Nota del Director General", 2001, en http://www.unido.org/fileadmin/import/userfiles/timminsk/9gc06-span.pdf (1.1.2009).

[812]   Fallado por la Corte Internacional de Justicia (CIJ) el 18.12.1951. V. "Caso de las pesquerías", en "Resúmenes de los fallos, opiniones consultivas y providencias de la Corte Internacional de Justicia. 1948-1991", Naciones Unidas, Nueva York, 1992, págs. 29-30, en http://www.icj-cij.org/homepage/sp/files/sum_1948-1991.pdf (18.12.2008).

empleado en el decreto de 1935 no es contrario al DI.
Su fundamento se basó en la costumbre.

> [...] un decreto noruego de 1812, así como varios textos pos-
> teriores (decretos, informes, correspondencia diplomática),
> muestran que el método de las líneas rectas, impuesto por
> la geografía, ha sido consagrado en el sistema noruego y
> consolidado por una práctica constante y suficientemente
> larga. La aplicación de ese sistema no ha encontrado oposi-
> ción en otros Estados. Incluso el Reino Unido no lo impugnó
> durante muchos años: solo en 1933 presentó una protesta
> oficial y definida. Sin embargo, interesado tradicionalmente
> en cuestiones marítimas, no podía ignorar las manifestacio-
> nes reiteradas de la práctica noruega, que era notoria. La
> tolerancia general de la comunidad internacional muestra,
> por tanto, que no se consideraba que el sistema noruego
> fuera contrario al derecho internacional[813].

Se trata de una de las ramas del mundo jurídico en
la que más predomina la costumbre[814].

E.2.d. Derecho penal. En el caso "Víctor
Bahamonde"[815], se pretendió completar una norma
penal en blanco haciendo referencia a la costumbre.
En este caso, el empleado público no había llevado a la
Intendencia, como era costumbre, el dinero que con-
servó en la caja de seguridad del Parque Nahuel Huapi,
y se le imputó posibilitación culposa de sustracción
de caudales públicos, previsto en el art. 262[816] del CP.

---

[813] "Caso de las pesquerías", *op. cit.,* pág. 30.
[814] De allí que excede al presente trabajo un tratamiento más amplio
y profundizado del tema.
[815] Fallado por la sala 2 de la Cám. Nac. de Casación Penal, el 30.5.97,
publicado en JA. t. 1998-III, pág. 243.
[816] "Será reprimido con multa del veinte al sesenta por ciento del valor
substraído, el funcionario público que, por imprudencia o negligencia o por inobservancia de los reglamentos o deberes de su cargo,

Los jueces señalan que la ley penal en blanco no hace referencia a la costumbre y que tampoco había en el caso reglamento que integrar por la costumbre, por lo que absuelven al condenado en primera instancia. De esta manera se refuerza el tradicional principio de que la costumbre no es fuente en derecho penal y agregaría que salvo para beneficio del reo, ya que se trataría de una norma más benigna en los términos del art. 2[817] del CP.

Otro caso en el que la costumbre ayuda a la desincriminación de una conducta penal aduanera es "José Coronel y otro"[818], en donde se pretendía agravar la figura de contrabando alegando que la coca es una sustancia prohibida, ya que así es calificada en algunas disposiciones reglamentarias. Se trata de la res. 34869/51 del Ministerio de Salud Pública, la ley 17818, que solo autoriza la importación para destino científico, médico o experimentos clínicos; el dec. 648/78, que prohíbe la importación de hojas de coca, y el dec. 722/91; a pesar de que la ley de estupefacientes desincrimina su tenencia para consumo personal[819]. De esta manera el tribunal

---

diere ocasión a que se efectuare por otra persona la sustracción de caudales o efectos de que se trata en el artículo anterior."

[817] "Si la ley vigente al tiempo de cometerse el delito fuere distinta de la que exista al pronunciarse el fallo o en el tiempo intermedio, se aplicará siempre la más benigna.

Si durante la condena se dictare una ley más benigna, la pena se limitará a la establecida por esa ley.

En todos los casos del presente artículo, los efectos de la nueva ley se operarán de pleno derecho."

[818] Fallado por la Cám. Fed. de Salta el 3.10.95, publicado en *JA* t.1996-II, pág. 36.

[819] Art. 15, ley 23737: "La tenencia y el consumo de hojas de coca en su estado natural, destinado a la práctica del coqueo o masticación, o a su empleo como infusión, no será considerada como tenencia o consumo de estupefacientes."

fundamenta la licitud en la práctica generalizada, de todos los estratos sociales, y señala además que no es dañina a la salud, ya que no produce dependencia física ni psíquica. El tribunal alude al vacío legislativo referente a la autorización administrativa para el ingreso de dichos vegetales. Con referencia a la costumbre, el juez Falú señala:

> [...] existe un total divorcio entre las leyes y decretos dictados por el gobierno nacional hasta el año 1978, con la realidad social a la cual iban dirigidas. No obstante las prohibiciones y propósito de erradicar el coqueo o el uso de dicho vegetal para infusiones, se siguió introduciendo el mismo a nuestro territorio y se continuó con la costumbre señalada sin que las normas jurídicas tuvieran aplicación práctica alguna. Es que cuando las leyes desconocen o pretenden derogar costumbres arraigadas, de vigencia histórica casi inmemorial, no llegan a tener eficacia en la realidad de la vida social y se tornan en meras disposiciones abstractas carentes de operatividad.

Compara también esta costumbre del coqueo con la del cigarrillo:

> [...] es un consumo lícito, probablemente mucho más lícito que la costumbre de fumar. Este verdadero vicio tiene efectos nocivos para la salud, pero a nadie se le ocurriría prohibir el uso de los cigarrillos o cigarros mediante leyes porque seguramente en tal caso se continuaría en el ejercicio de esa costumbre, haciéndose caso omiso de las prohibiciones legales.

De manera que al ser un contrabando menor, los expedientes se remitieron a la Aduana.

E.2.e. Derecho civil. Goldschmidt trae como ejemplo de costumbre *praeter legem,* el del apellido de la mujer casada[820]. Tema que quedó bajo la órbita legislativa a partir de la ley 23515, que estableció que "será optativo para la mujer casada añadir a su apellido el del marido, precedido por la preposición 'de'" (art. 8), además de la reglamentación del uso del apellido del marido en caso de separación y divorcio (arts. 9 a 11, ley 18248). Antes de esta regulación, en el caso "P. de B., M. c. B., J."[821], se reconoce la costumbre *praeter legem* de la mujer casada que hace suyo el apellido del marido "[...] en virtud de un uso inmemorial, constante, uniforme, universal y seguido con la convicción de su obligatoriedad". No obstante, en el caso, se trataba de una mujer separada que pretendía la supresión del apellido de su esposo, fundando su pedido en la ley 13010 que establecía que las mujeres serán empadronadas, dándoseles libreta cívica –documento de identidad– con el apellido paterno o de sangre. La mayoría del tribunal niega el pedido argumentando que a pesar de estar separada sigue casada, y que, de utilizar el apellido paterno, aparecería como soltera no siéndolo, violándose el derecho-deber de identidad, ocultándose el estado civil y motivando equívocos en la sociedad. También se dijo que aunque el marido preste conformidad, el nombre escapa a la autonomía de la voluntad de los interesados. En la disidencia se dijo que, si bien es costumbre que las mujeres casadas lleven el apellido del marido, en el caso de las divorciadas algunas lo llevan y otras no, con lo que faltaría la generalidad. Y para dejar a salvo la investidura de la ley, se agregó que no se les puede imponer algo que ella no manda (art. 19, CN.).

---

[820] GOLDSCHMIDT, *Introducción...*, *op. cit.*, pág. 92.
[821] Fallado por la Sala "A" de la Cám. Nac. Civ. el 27.5.1964.

El caso es curioso, ya que se enfrentan dos hechos: el de aceptar la costumbre del apellido de la mujer casada y el del apellido de la mujer separada que, de hecho, no convive más con su marido. El caso puede resolverse salvando la costumbre, pero apartando el supuesto de la mujer separada, por no darse el denominador común, que es el vínculo matrimonial constituido por la frecuencia de trato, es decir, la convivencia. La costumbre requiere uniformidad en los hechos que constituyen la práctica y no puede tratarse de la misma manera a hechos distintos: la mujer casada, por un lado, que sí constituye una práctica general, y la separada, por el otro, que no reúne ese requisito para ser costumbre. Aunque sea habitual que la mujer separada utilice el apellido de casada, difícilmente lo aprobaría en tanto implicaría seguir con un estado de situación que no es el real. Sí se necesitaría la sentencia de separación personal que avale dicho estado de hecho.

Un caso muy emparentado con el anterior es el que señala Spota:

> [...] el régimen de los apellidos compuestos, ¿qué otra base que la costumbre tiene? Nuestra jurisprudencia se inspira en ella para decidir los interesantes problemas que se presentan, permitiendo conservar el apellido de la abuela materna, al lado del apellido del padre, y prescindiendo del apellido de la madre, "deformando" así lo que surgiría de los verdaderos y próximos grados de la filiación por la línea materna (v. Cám. Civ. 2ª Cap., mar. 6/945, *La Ley*, t. 38, p. 112 [...][822].

---

[822] V. SPOTA, *Tratado..., op. cit.,* pág. 406.

El caso mencionado por Spota es "Jorge del Río c. Adrián Jorge Homar del Río y otra"[823]. En momento alguno en el caso se hace alusión a la costumbre como fuente o elemento del derecho, aunque su alusión deviene implícita ante la falta de regulación legal del nombre en aquella época. El problema se suscitó porque Jorge del Río –en adelante "Jorge"– demandó a Adrián Jorge Homar del Río –en adelante "Adrián"– de utilizar su nombre sin su autorización y causarle perjuicio en su profesión, ya que Adrián se hacía llamar Jorge del Río, suprimiendo su patronímico paterno y su primer nombre. Jorge es abogado y destacado publicista, por lo que alegó confusión en sus clientes, ya que en el programa de radio donde se usaba su nombre aparecía como secretario de un abogado y otros perjuicios. La sentencia de primera instancia señala que "[...] el patronímico de las personas es el de su padre", lo cual es costumbre inveterada en nuestro país. Pero el demandado alega que ley alguna (art. 19, CN.) le obliga a ello. La segunda instancia señala frente a ello que de "[...] la organización patriarcal que da el código a la familia legítima, sin lugar a dudas se desprende que el nombre que corresponde a las personas que de ella descienden es el patronímico del padre o jefe de familia y que es el único que tienen la obligación de llevar [...]". De manera que se condenó al demandado a abstenerse de usar el nombre "Jorge del Río", sin obligación de reparar.

Siguiendo en el ámbito del nombre de las personas, un interesante problema se planteó entre dos costumbres, una nacional y otra internacional. Se trata de un fallo que permitió la adopción de un nombre extranjero,

---

[823] Fallado por la Cám. Civ. 2ª de la Capital, el 6.3.1945, y publicado en *La Ley*, t. 38, págs. 112-116.

que no tenía traducción en el idioma nacional[824]. Edwin Patrick Moxey intentó que su hijo llevara el nombre de Patricio Keith Fleming. En esa época, nuestro país no contaba con una regulación legal sobre el nombre[825], por lo que se le niega el pedido en el Registro Civil, y la sentencia de 1ª instancia hace lo propio, alegando que no se le puede "[...] dar un nombre a su hijo que no figure en la lista de los santos de la Iglesia católica [...]". Llegado el caso a la Cámara, esta señala que "[...] la costumbre ha consagrado como nombres los contenidos en el calendario [...] los nombres de carácter histórico o dotados de celebridad mundial. Lo que no ocurre [...] con los nombres Keith y Fleming [...]". Llegado el caso a la Corte, esta denigra la costumbre con argumentos positivistas: "[...] la costumbre [...] si bien es fuente de derecho al efecto de interpretar los actos o convenciones mercantiles [...] no lo es en materia civil, que busca la solución legal en otras fuentes [...]". El tribunal no se cuestiona profundamente qué diferenciaría una rama de la otra a los fines de la admisión de dicha fuente o elemento del derecho. Se hace alusión al art. 17: "Es necesario [...] que la ley civil se refiera expresamente a la costumbre para que ella pueda invocarse como fuente legal [...]". Un asunto de Teoría General del Derecho no puede ser resuelto por una ley que forma parte del estudio, como la costumbre, de dicha teoría general. Prueba de la distinta concepción es que la redacción del art. 17 cambió en 1968, y se señala la sumisión de los jueces a la ley: "[...] no autoriza a los jueces a suplir la ley estableciendo prohibiciones de carácter general,

---

[824] Fallo de la CSJN del 20.4.1945, publicado en *La Ley,* t. 38, págs. 409-411. V. SPOTA, *Tratado..., op. cit.,* pág. 406.
[825] Lo que ocurre en el año 1969 con la ley 18248.

sustituyéndose al legislador". Es extraño que la Corte diga que la única prohibición vendría de un "[...] nombre afrentoso o inmoral", basándose en el art. 953, cuando este artículo alude a las "buenas costumbres".

La costumbre del caso habría prohibido los nombres, por existir efectivamente, como lo señalo más atrás. Si la Corte consideraba que dar al pequeño un nombre del santoral violaba la libertad de cultos, esto debía formar parte de la libertad inherente a la justicia, que habría sido violada por la costumbre en cuestión. Pero que una costumbre sea injusta no implica que se la desconozca como fuente o elemento del derecho. Cabe destacar que el voto en disidencia aludió a la falta de regulación legal, lo que autorizaba la aplicación de la costumbre *praeter legem,* por una combinación de los arts. 17 y 16 del CC., siendo esta una interpretación sobre normas de derecho común, que la instancia extraordinaria de la Corte no estaba habilitada a revisar.

Gény menciona el caso de la costumbre que ayuda a entender el concepto de firma que la ley exige en materia de testamento ológrafo[826].

E.2.f. Derechos reales. En esta rama del mundo jurídico se ha desarrollado una costumbre judicial consistente en impedir la venta de los sepulcros, como regla[827]:

> La naturaleza peculiar de los sepulcros, su destino de guardar los restos de los ascendientes u otras personas de la familia,

---

[826]   GÉNY, *Método..., op. cit.,* pág. 313.

[827]   Solo ha existido la prohibición legal de embargar el sepulcro en el Código Procesal Civil y Comercial de la Nación. Esta costumbre tiene larga data. Dice Cicerón: "Es una cosa grande el tener los mismos recuerdos familiares, participar de los mismos ritos sagrados y tener comunes los sepulcros". MARCO TULIO CICERÓN, *Sobre los deberes,* trad. de José Guillén Cabañero, Barcelona, Altaya, 1994, pág. 30.

el respeto casi sagrado que el hombre común suele sentir por la sepultura de sus familiares, ha movido a los jueces a sentar el principio de la indivisibilidad del condominio [...] por más que los sepulcros tienen un valor económico, son adquiridos no con ánimo de lucro [...] sino para darse a sí mismo y a su descendencia un lugar de descanso definitivo. No es posible que las querellas o el espíritu utilitario de los herederos aventen el cadáver del causante, privándolo del lugar del reposo. La tumba con los restos de la familia debe permanecer en condominio forzoso para perpetuar la tradición y la veneración por los antepasados[828].

En el caso "Margarita Veneau de García"[829], el agente fiscal señala la profundidad de la fuente o elemento del derecho en estudio, al negarse a aceptar que uno de los herederos ceda su parte de un sepulcro. Alude a la subjetividad: "[...] razones de orden afectivo y espiritual, que implican a veces una contradicción flagrante con las reglas aplicables a las cosas [...] cuando no una restricción particular a la propiedad, el dominio o a la norma común de que el patrimonio del deudor es la prenda de su acreedor". Si no hubiera restricciones, se perjudicaría a los herederos que no han cedido sus derechos "[...] obligándoles a presenciar cómo sus muertos comparten la última morada terrenal con quienes les fueron absolutamente extraños". Sus expresiones aluden a un análisis del problema, más que a un estudio y cálculos normativos, "[...] dado el objeto de los sepulcros –guarda de despojos humanos y el culto y memorial de los

---

[828] BORDA, *Manual de derechos reales,* 4º ed., Buenos Aires, Perrot, 1994, pág. 314. Llambías también lo menciona como un caso de costumbre *praeter legem. Tratado de derecho civil..., op. cit.,* pág. 66.

[829] Fallado por la Cám. Civ. 2ª de la Cap. el 7.5.1945, y publicado en *La Ley,* t. 38, págs. 623-625.

muertos– y el respeto particular que a ellos se debe; por donde la naturaleza y el destino de los sepulcros imponen limitaciones lógicas y necesarias para que su propiedad guarde armonía con sus fines [...]". Y hace alusión a la costumbre como fuente o elemento del derecho: "Habría sido un atentado a sentimientos y costumbres encarnados con hondas raíces en nuestras tradiciones, comunes a cualquier credo religioso [...]". No escapando de su análisis la importante herramienta de la historia del derecho: "[...] aun en las formas rudimentarias de agregación social, con rarísimas excepciones, el culto de los muertos ha sido siempre motivo de respeto y de preceptos, transmitidos en forma verbal antes de que el derecho se manifestara por escrito en el primer cuerpo jurídico que se conoce –el llamado código de Hammourabi– [...]".

El juez de primera instancia comparte dichas apreciaciones negando la inscripción a favor del cesionario de la mitad de la bóveda en cuestión, y la Cámara confirma dicha resolución.

Del Carril y Gagliardo mencionan como caso de costumbre *praeter legem* a la hipoteca por saldo de precio: "Corresponde que se constituya garantía hipotecaria por el saldo de precio en una compraventa aunque nada se haya previsto al respecto en el boleto, por tratarse –entre otras circunstancias del caso– de un uso y práctica corriente"[830]. Esta idea parece precipitada frente al principio de especialidad de la hipoteca, según lo establece el art. 3109[831], que por otra parte concuerda

---

[830]   *Op. cit.*, pág. 811.
[831]   "No puede constituirse hipoteca sino sobre cosas inmuebles, especial y expresamente determinadas, por una suma de dinero también cierta y determinada. Si el crédito es condicional o indeterminado

con la caracterización de los derechos y las garantías
reales a través de un *numerus clausus*[832]. Borda señala
que la violación del principio de especialidad acarrea
la nulidad de la hipoteca[833]. Por otra parte, la hipoteca
solo se constituye de la manera que señala el Código
Civil -art. 3115[834]- y Vélez señala en la nota a este artículo
que no hay hipotecas legales[835]. Por otra parte, la forma
de la hipoteca es la escritura pública, como lo señala
el art. 3128[836], y para que sea oponible a terceros, debe
registrarse[837] conforme a la ley 17801. No obstante,

---

en su valor, o si la obligación es eventual, o si ella consiste en hacer
o no hacer, o si tiene por objeto prestaciones en especie, basta que
se declare el valor estimativo en el acto constitutivo de la hipoteca."

[832] Cfr. los artículos 2502 y 2503 del Código Civil, los cuales señalan
que los derechos reales solo se constituyen por ley y que son los
que enumera el Código, respectivamente.

[833] *Manual de derechos reales, op. cit.*, pág. 522.

[834] "No hay otra hipoteca que la convencional constituida por el deudor
de una obligación en la forma prescripta en este título."

[835] Lo mismo hace en la nota al art. 3203: "[...] reglar de una manera
precisa los derechos hipotecarios y concluir con las hipotecas legales
hasta que la experiencia y el ejemplo en otras naciones, nos enseñen
los medios de salvar las dificultades del sistema de inscripción de
todos los títulos que hemos mencionado." V. a MARIANI DE VIDAL,
Marina, *Curso de derechos reales*, t. 3, Buenos Aires, Zavalía, 1993,
pág. 129.

[836] "La hipoteca solo puede ser constituida por escritura pública o por
documentos, que sirviendo de títulos al dominio o derecho real,
estén expedidos por autoridad competente para darlos, y deban
hacer fe por sí mismos. Podrá ser una misma la escritura pública
de la hipoteca y la del contrato a que acceda."

[837] Art. 3135: "La constitución de la hipoteca no perjudica a terceros,
sino cuando se ha hecho pública por su inscripción en los registros
tenidos a ese efecto. Pero las partes contratantes, sus herederos y
los que han intervenido en el acto, como el escribano y testigos, no
pueden prevalerse del defecto de inscripción; y respecto de ellos, la
hipoteca constituida por escritura pública, se considera registrada.

si se promueve pleito y se condena a suscribir la escritura, bajo apercibimiento de ley, la sentencia no constituiría una hipoteca judicial, pues esta surge por voluntad de los interesados que se han comprometido a ello. [...] Es decir que el art. 3128 [...] no se opone a la validez de la promesa de constituir hipoteca, instrumentada en documento privado[838].

Es unánime la doctrina sobre los derechos reales en el sentido de condenar el siguiente fallo o de no tratar la costumbre en la constitución de la hipoteca, por considerarlo un tema sobreentendido[839]. Se señala que la convencionalidad es esencial[840]. "Ello fulmina de nulidad a las hipotecas que no tienen origen convencional[841]". A la hora de la condena de dicho fallo, se señala, por un lado, que quien invoca un uso o costumbre debe probar su existencia, pero por el otro se dice que la costumbre

---

"Al constituir la hipoteca, el propietario puede, con consentimiento del acreedor, reservarse el derecho de constituir ulteriormente otra de grado preferente, expresando el monto a que esta podrá alcanzar."

[838]   HIGHTON, Elena, "De la hipoteca (comentario a)", en AA.VV., *Código...*, 2ª ed., t. 5 C, *op. cit.*, 2004, págs. 332-333.

[839]   P. v. en tal sentido a HIGHTON, *Hipoteca: la especialidad en cuanto al crédito*, 2ª ed., Buenos Aires, Depalma, 2000, especialmente págs. 55-58; MARIANI de VIDAL, *Derecho hipotecario. Con las reformas de la ley de concursos 19551*, Buenos Aires, Víctor P. de Zavalía, 1972, especialmente págs. 77-106; GHERSI, Carlos, y WEINGARTEN, Celia, *Código Civil. Análisis jurisprudencial. Comentado, concordado y anotado*, 2ª ed., t. IV, Rosario, Nova Tesis, 2004, especialmente págs. 487-488.

[840]   "En el derecho argentino, no hay otra hipoteca que la convencional y está revestida de características esenciales, tales como: especialidad del inmueble y del crédito, el de onerosidad y publicidad." "Banco de Previsión Social c. Pinturerías Rojas Hnos., S.R.L.", fallado por la sala I de la Corte Suprema de Justicia de Mendoza el 27.5.1983, publicado en "El Derecho", t. 122, pág. 662.

[841]   GHERSI, y WEINGARTEN, *op. cit.*, pág. 488.

se halla en el mismo plano que la ley[842]. Si están en un pie de igualdad, ¿por qué entonces se exige probar la costumbre y no la ley? Otra parte de la crítica señala:

> [...] reiterar nuestra profunda preocupación, la forma como ha sido interpretado el artículo 1198 dada la peligrosidad latente en el sentido de que los jueces podrían de esta manera crear –ante el silencio de las partes–, una serie de normas supletorias ajenas totalmente al Código Civil y que indudablemente perjudicarían en mucho la seguridad y buena fe de las transacciones[843].

Creo que no son los jueces sino la población la que interviene en la regulación de este caso a través de la creación de una costumbre, que es la fuente o elemento del derecho aplicable al caso. Además, la estabilidad que posee la costumbre suele ser mucho mayor que la de la ley[844] y genera entonces mayor seguridad en las transacciones. Finalmente se señala: "La costumbre como fuente de derechos es admitida por el artículo 17 del Código Civil para marchar al lado de la ley o bien secundándola en caso de lagunas del derecho, pero en modo alguno esta laguna puede considerarse extendida a los contratos, ya que si nada dicen, nada puede hacer la costumbre"[845].

---

[842]   NUTA, Ana, "La eficacia de la costumbre y la obligación de constituir hipoteca por saldo de precio", en NUTA, Ana Raquel, ROTONDARO, Domingo, ABELLA, Adriana, NAVAS, Raúl *et al.*, *Derecho hipotecario*, 2ª ed., Buenos Aires, Abeledo-Perrot, 1997, pág. 277.

[843]   Íd. La autora vuelve sobre la contradicción al señalar que la constitución de hipoteca por saldo de precio será una costumbre si así se prueba con respecto a los requisitos particulares y, a renglón seguido, al decir que si no se pactó en el boleto de compraventa, el tribunal no puede obligar a otorgarla. Íd., pág. 278.

[844]   V. el pto. 7.3.

[845]   NUTA, *op. cit.*, pág. 278.

El tema en análisis cuenta con un caso: "Cuenca, Claudio c. Guimarey, Jorge"[846], donde se celebró un boleto de compraventa de un inmueble, se recibió la seña y restaba el saldo del precio a abonar escalonadamente. La controversia surgió cuando debiéndose celebrar la escritura se exigió que ella fuera acompañada de una hipoteca que garantizara dicho saldo. El comprador inicia entonces el juicio para que se condene a escriturar. El vendedor adujo que había una obligación implícita en el boleto de constituir la garantía.

El juez de primera instancia condena a otorgar la escritura y la consiguiente hipoteca, ya que considera que la forma más usual del pago del saldo del precio es asegurándolo a través de la constitución de dicha garantía real sobre el mismo inmueble. El comprador sostiene que "[...] la costumbre no genera normas obligatorias, salvo en los supuestos que prevé el art. 17 CC., los que no se dan en la especie; y, en subsidio, que no existe ni se ha probado que exista la pretendida costumbre de garantizar con hipoteca sobre el inmueble vendido, el pago del saldo del precio (consid. 3)".

El juez Cichero, que llevó adelante el voto de la Sala, señala que no surge de las circunstancias del caso el propósito de las partes de prescindir de las reglas de uso en esa clase de negocios. Estos usos son los que permiten suplir las omisiones, en función del principio de buena fe. Según el art. 1198, los contratos obligan a todo lo que está expreso y a las consecuencias que están virtualmente comprendidas. En una oportunidad mezcla la costumbre con la interpretación del contrato y la justicia: "[...] las costumbres, los usos sociales y los fines económicos del

---

[846]   Dictado por la Sala "D" de la Cámara Civil de la Capital Federal el 22.2.1972; publicado en "JA", t. 15, del año 1972, págs. 290-295.

contrato juegan un papel importante en la interpretación [...] esa labor interpretativa debe estar presidida por la idea de justicia excluyente de soluciones irrazonables o contrarias a la equidad (consid. 3)". También resalta la parte del 1198 que señala aquello que los contratantes "verosímilmente pudieron entender". Cuando la voluntad es insuficiente, el juez debe recurrir a pautas objetivas para reconstruirla, contando entonces con los usos, las costumbres y la práctica de los negocios (consid. 3). Alude además al art. 218 del Código de Comercio, referido a la interpretación de los contratos (consid. 4).

Creo que el problema no alude a la interpretación sino a la confrontación entre ley y costumbre, porque como lo señalé, el principio de la convencionalidad-legalidad en materia de hipoteca, con sus requisitos tan precisos, requiere más que voluntad para inaplicarla. Y lo mismo cabe decir respecto de la exigencia de escritura y registración. El propio art. 3148 habla de la nulidad de la hipoteca por violar el principio de especialidad. En suma, dichos requisitos deben ser inaplicados por una fuente jurígena de similar jerarquía a la productora; es decir, la voluntad no es la que inaplica a la ley, sino la costumbre. Recuérdese que en una oportunidad señalo que cuando el mandante habla desautoriza al mandatario[847].

El fallo en cuestión es importante porque también cita otros precedentes relacionados[848], en uno de los cuales se consideró que la garantía hipotecaria es condición tácita de la venta.

Si bien la solución y el espíritu que animan al fallo son antiformalistas, debió consignarse que la costumbre fue la fuente o el elemento predominante para la

---

[847] V. el pto. 7.1.E.
[848] V. *La Ley*, 97-407, *La Ley*, 131-262, y *El Derecho*, 9-381.

resolución del caso, porque generalmente los negocian-
tes se manejan o manejaban de ese modo y nada había
para extrañarse. En efecto, dice el fallo: "[...] es difícil
concebir que el propietario de un bien lo enajene a un
tercero (que no ha demostrado tener solvencia económica ni relaciones amistosas o de otro tipo con él), sin
exigirle garantía por el saldo de precio [...] cuyo pago
total se cumpliría a los 3 años (consid. 3)". Otra expresión
desacertada se da cuando dice que el juez se concreta a
"[...] aplicar la regla que le proporciona su experiencia
de la vida, es decir, sus conocimientos privados no jurídicos [...]. (Consid. 3)". Para el trialismo, se trata de un
comportamiento ejemplar, consuetudinario, analizable
en la jurística-sociológica. Por su parte, Cossio funda el
derecho en la experiencia conductual[849]. No obstante,
señala el sentenciante: "[...] como la vida es más fuerte
que las leyes, la jurisprudencia terminó por reconocer en
ciertos casos fuerza obligatoria a la costumbre. Ejemplo
típico es el del nombre de las personas y también el de
los sepulcros (consid. 4)". Afortunadamente, al hablar de
la prueba de la costumbre, asimila la costumbre a la ley,
ya que "[...] la costumbre [...] [es] la expresión de una
regla jurídica, de modo que no hay razón para apartarse
del principio según el cual el derecho se supone siempre
conocido (consid. 5)". El juez señala pertinentemente la
jerarquización en el caso del elemento psicológico en
tanto "[...] deben estar convencidos de que es un deber
jurídico proceder de ese modo, toda vez que, condu-
ciéndose en otra forma, lesionarían el derecho de otro
(consid. 5)". En efecto, "[...] el vendedor que reclama la
constitución de una hipoteca para asegurar el pago del

---

[849]   V. los ptos. 3.C y 8.2.D.

precio actúa consciente de que hace uso de un derecho. Recíprocamente, el comprador que se rehusare a hacerlo, debe tener consciencia de que lesiona el derecho ajeno (consid. 5)".

E.2.g. Derecho de familia. Una importante lucha entre la costumbre y la legislación –¿que resolverá en definitiva la Corte estadounidense?– es la que se desató entre el hábito que tiende a convertirse en costumbre, de uniones entre parejas homosexuales, y la intención del expresidente George Bush (h) de prohibir estas uniones mediante el mecanismo de una enmienda constitucional[850]. Este debate cobró notoriedad cuando el estado de Massachussets se convirtió "en el primer y único estado de Estados Unidos en permitir el matrimonio entre personas del mismo sexo"[851]. No tardaron en oírse voces a favor: "Hasta que me case, solo soy un ciudadano de segunda clase", dijo uno de los contrayentes. Ante lo cual puede oponerse: "'Si van a permitir esto, ¿por qué no el incesto? ¿Por qué no que la gente se case con animales? ¿Por qué no la poligamia?', preguntaba un manifestante, Ben Phelps, de Kansas"[852]. Si bien puede discutirse

---

[850]   Recuérdese que, a diferencia de nuestra Constitución (formal y material), que exige: ley declarativa de la necesidad de la reforma, elección de legisladores constituyentes y convención reformadora, la Constitución estadounidense puede reformarse como si fuera una ley, aunque con una mayoría especial: las de las dos terceras partes de las Cámaras del Congreso y con posterior ratificación de, al menos, "las tres cuartas partes de los Estados separadamente, o por medio de convenciones reunidas en tres cuartos de los mismos" (art. 5). Todo lo cual parece aventar las opiniones en el sentido de la mayor rigidez de nuestro mecanismo reformador constitucional.

[851]   P. v.: "Una pareja homosexual contrae matrimonio en Boston", en http://www.cnnenespanol.com/2004/americas/eeuu/05/17/matrimonios.homosexuales2/index.html (17.5.2004).

[852]   Íd.

la justicia de estas uniones[853], será difícil cuestionar el nacimiento de una costumbre al respecto, ya que entre los grupos homosexuales, un porcentaje considerable de los que viven en el país del norte desea contraer matrimonio, al igual que los grupos heterosexuales, siendo estas manifestaciones perceptibles, es decir, existen como tales. "En Cambridge, más de 260 parejas del mismo sexo llenaron solicitudes para obtener licencias de matrimonio en las primeras horas del día"[854]. Cabe realizar luego la valoración en el ámbito de la dimensión dikelógica.

E.2.h. Derecho comercial. Es interesante el desarrollo de la costumbre en este campo, donde pueden

---

[853] Cuando Lorenzetti analiza este tema, a propósito del caso "Comunidad Homosexual Argentina", aprueba las prácticas individuales, que ingresan en la esfera de intimidad –art. 19, CN.–, pero parece que no está de acuerdo con el reconocimiento a través de la personería jurídica, ya que la supedita a la persecución del bien común. LORENZETTI, Ricardo, "Ineficacia y nulidad del objeto de los contratos: un enfoque basado en las normas fundamentales", en *Revista de Derecho Privado y Comunitario,* núm. 8, "Nulidades", Santa Fe, Rubinzal-Culzoni, 1997, pág. 176. No obstante, la Corte que él integra reconoció personería jurídica a ALITT (Asociación Lucha por la Identidad Travesti y Transexual). En Argentina, organismos como la Comunidad Homosexual Argentina (CHA) y la Federación Argentina de Lesbianas, Gays, Bisexuales, y Trans (FALGBT) lucharon para que finalmente la Cámara de Diputados diera media sanción al matrimonio entre personas del mismo sexo. V. "Diputados aprobó el matrimonio gay", en *Página 12,* del 5.5.2010, en http://www.pagina12.com.ar/diario/ultimas/20-145172-2010-05-05.html (25.6.2010). Finalmente, con la aprobación de la Cámara de Senadores, se sancionó la ley 26618, llamada del "matrimonio igualitario", formalmente promulgada por la Presidente Cristina Fernández de Kirchner. Siguiendo en el ámbito de Estados Unidos, Nueva York aprobó el matrimonio homosexual en 2011. V. "Nueva York aprobó el matrimonio homosexual", en *La Nación,* del 26.6.2011, en http://www.lanacion.com.ar/1384485-nueva-york-aprobo-el-matrimonio-homosexual (4.7.2011).

[854] "Una pareja homosexual...", cit.

observarse numerosas figuras jurídicas nacidas al amparo de la necesidad de los comerciantes o empresarios.
Puede verse la costumbre en relación con los llamados
contratos "con tipicidad social", en oposición a la tipicidad legal, que es la brindada por la ley con respecto
a la regulación de los elementos y caracteres del contrato. La tipicidad social no es otra que la que brinda
la costumbre[855]. Y allí se han encontrado los contratos
de "[...] licencia, [...] hospedaje, [...], garaje, el contrato
bancario de caja de seguridad, el de descuento, etc."[856].
Y es importante diferenciarlos de los contratos nacidos
de la autonomía de la voluntad (art. 1197, CC.):

> Estos contratos no constituyen una creación original de las
> partes singulares que lo celebran; la costumbre les ha ido
> otorgando una fisonomía propia, y las partes, al celebrar-
> los, se someten a su disciplina. [...] hay en estos contratos
> [...] una plena diferencia con aquellos que constituyen un
> "invento" original de las partes contratantes. En caso de
> tener que resolver un conflicto derivado de un contrato
> [...] con tipicidad consuetudinaria, ante la insuficiencia del
> documento escrito, el intérprete debe acudir a los usos y
> costumbres, conforme lo ordenan los caps. II y V del Título
> preliminar del Cód. de Comercio, y los arts. 217, 218, inc.
> 6º, y 219 del mismo cuerpo legal. En materia civil, el art. 17
> del Cód. Civil dispone que es lícito acudir a los usos para
> resolver situaciones no regladas legalmente[857].

---

[855] Dice Mosset Iturraspe: "El artículo 1155 del Proyecto de Diputados,
       al aludir al contenido del contrato, especifica cómo se integra el
       mismo: [...] 3. Los usos y las costumbres en cuanto resulten apli-
       cables [...]". "Contratos", *op. cit.,* pág. 317.
[856] FARINA, *op. cit.,* pág. 283. El autor agrega más adelante el "aviso
       publicitario", la "pensión", el contrato que se formaliza cuando una
       persona acude a un restaurante, etc.
[857] Íd.

Otro caso interesante es el que se presentó entre una sociedad de hecho distribuidora y una sociedad anónima editora de revistas: "Tri-Bi-Fer Soc. de hecho c. Columba SA."[858]. La editora alega incumplimientos, como carecer de libros de comercio, no practicar balances, falta de publicidad, devolver revistas, descenso de las ventas e invasión de zonas de ventas de otras distribuidoras. Ante esto, los jueces de Cámara señalan que en el caso, ante ausencia de pacto comisorio expreso, se debió haber intimado el cumplimiento, antes de decidir romper la relación convencional, distribuyendo la editora misma las revistas. Uno de los problemas giró alrededor del plazo del contrato, en tanto la distribuidora sostuvo que se estaba ante un contrato perpetuo y hereditario. Frente a esto, el juez Cuartero dijo: "Puede que, *de hecho,* ello sea así, pero niego *obligatoriedad* a esa costumbre, por sencillamente irracional[859]: el derecho personal derivado del contrato se convertiría en un derecho real". La costumbre del caso atentaría contra la esfera de libertad que el derecho debe asegurar, en este caso, vinculada con la libertad de comercio; lo cual revela un problema dikelógico[860]. Finalmente, los jueces de Cámara resolvieron confirmar la sentencia de 1ª instancia que condena a la distribuidora demandada.

Un típico ejemplo es el de la cuenta corriente mercantil, en donde la capitalización de los intereses surge de la costumbre, lo cual se entiende si se la concibe como

---

[858]   Fallado por la Sala "D" de la Cám. Nac. Com., el 28.4.1988, y publicado en "JA", t. 1989-II, págs. 443-452.
[859]   V. el pto. 8.1.B.4.
[860]   V. el pto. 8.3.

la concesión de un crédito, que jamás puede presumirse gratuito[861].

E.2.i. Derecho laboral. El plenario "Mirta Gilabert y otro c. Sociedad Italiana de Beneficencia de Bs. As., Hospital Italiano[862]" trataba del beneficio del preaviso, que no estaba contemplado para el personal dependiente de los empleados no mercantiles y sí en algunos estatutos especiales. A pesar de esto, se sostuvo que por inveterada costumbre debía corresponderles a ellos también, o la indemnización sustitutiva, en su caso. Cuando el texto en cuestión remite a las indemnizaciones correspondientes, no hace referencia a la sustitutiva del preaviso[863]. No obstante, se limitó a la costumbre en el voto del juez Torre:

> [...] es la ley la que priva sobre la costumbre y esta solo resulta aplicable en la medida que lo posibilita la derogabilidad relativa de aquella y cuando estableciere mayores beneficios en favor del trabajador. Resulta, asimismo, claro, que esta derogación relativa solo atiende a la preexistencia de la norma a "derogar" y, por ello, es del caso señalar que la vigencia pacífica durante 18 años del preaviso en relación a los trabajadores a que se refiere el temario de la convocatoria, ha configurado una "costumbre" que, en la medida de su forma interpretativa, confrontada con la legislación anterior, sirve de base o patrimonio auténtico para establecer sus alcances [...].

---

861   V. GIMÉNEZ CORTE, *op. cit.*, pág. 43.
862   Fallado por la Cám. Nac. del Trabajo en pleno, el 19.2.1975, y publicado en Lexis N° 60002337.
863   "Los empleados y obreros comprendidos en el art. 2 de este decreto ley, que sean despedidos en los supuestos previstos por el art. 157 ap. 3 CCom., tendrán derecho a percibir las indemnizaciones allí establecidas para cada caso."

El juez también hace referencia al elemento histórico y al lógico: "En pasaje alguno de ese mensaje se hace referencia a que las reformas comporten la exclusión de ningún sector de trabajadores de un beneficio pacíficamente acostumbrado hasta entonces, como era el preaviso y su indemnización sustitutiva. La exclusión solo se refiere en el texto a los obreros de la construcción". El juez también menciona el elemento sistemático en la interpretación, en tanto el preaviso consiste en una medida orientada a la protección del trabajador contra el despido arbitrario (art. 14, CN.).

El juez Morell señala que "en doctrina, se ha expresado que la indemnización de despido se presenta pues como un apéndice de la obligación de dar preaviso; como un plazo suplementario del preaviso durante el cual el empleado despedido guarda el derecho al sueldo sin tener el deber de prestar servicio". Los jueces Cascelli, Trueba y Abad adhieren al voto de Morell. El juez Fernández Madrid se pronuncia por el reconocimiento, señalando que el preaviso se encuentra legislado y remarcando la tarea interpretativa. Los jueces Rodríguez Aldao, Ruiz Díaz y Fernández votan en el mismo sentido. El juez Siniscalchi hace alusión a la naturaleza del preaviso, que "[...] ha funcionado siempre como una garantía bilateral que tendió a evitar la mala fe de las partes por rescisión intempestiva. Configura, por otra parte, un valor entendido o implícito en los contratos de tracto sucesivo". También señala que dicha obligación fue establecida antes por la costumbre que por la ley. El magistrado también alude a consideraciones de justicia, que prefiero separar del tema de las fuentes de las normas:

[...] sería irritante sostener que por un desliz de técnica legislativa se pueda dejar fuera del ámbito protector y tuitivo
a toda una masa de trabajadores, que, por el solo hecho de
que su empleadora revista una calidad jurídica determinada
(entidades civiles), se los coloque en un pie de desigualdad
con respecto a sus pares de la industria o del comercio.

Por lo que vota por admitir el preaviso. En el mismo
sentido votan los jueces Toro, Rubio, Zuanich, Policicchio,
Cesio, Pellicciotta y Bonet Isla. El juez Goyena agrega el
argumento del principio "in dubio pro operario", vo-
tando también por el reconocimiento. Finalmente, el
juez Matarrese conforma la unanimidad, por la cual los
empleados civiles no serían privados del beneficio del
preaviso, a pesar de no estar previstos en la normativa
del caso.

Se trató en el caso "Scotti, Roxana c. Emirian, Artin
y otros"[864] de un premio por fin de temporada basado
en la costumbre. Los jueces rechazaron dicha costumbre porque no se había acreditado su generalidad en la
actividad o sector profesional, ya que se trataba de un
uso de empresa.

E.2.j. Derecho procesal. Puedo señalar con Cueto
Rúa, de manera general, es decir, no circunscribiendo
las siguientes afirmaciones a un tipo de costumbre, las
variaciones entre el proceso judicial tal cual es enseñado
en la universidad y el proceso vivo de los tribunales:

> Ustedes han vivido la experiencia de la obtención del título de
> abogado, y luego de la práctica de la profesión [...] ¿Recuer-
> dan la diferencia entre lo leído y lo estudiado en los tratados
> [...]? Entramos en contacto con la vida diaria del tribunal,

---

[864]   Fallado por la sala 10 de la Cám. Nac. del Trab., el 31.5.1999; en
Lexis N° 30000241.

con los jueces, los secretarios, los fiscales, los defensores, los oficiales con sus manías, sus rutinas, sus prejuicios, sus excesos, sus hallazgos, sus grandezas y sus pequeñeces, el secretario tratando de abrirse camino, el oficial primero, manteniendo los expedientes, los empleados de mesa de entradas con sus hábitos y su paciencia[865].

En el caso "T., S. L. c. R., F. C.", que tuvo lugar en la ciudad de Rosario, se planteó la cuestión de si era procedente la regla consuetudinaria que establecía que ante el estudio de un caso por una sala que debía integrarse con un vocal suplente, éste debía analizar el caso luego de los dos jueces de cámara titulares. Allí se cuestionó que la regla afectara el principio constitucional de igualdad, respondiendo negativamente el pleno del caso del año 1997. Se dijo por diez vocales que "el orden de estudio de una causa en nada afecta la paridad de los vocales de la Cámara, ya sea que se expidan en primer, segundo o tercer orden, puesto que vierten en su estudio y votos todo lo que al respecto quieran expresar"[866].

E.2.k. Derecho internacional privado. Es evidente aquí, en función de la época histórica en la que nos encontramos, la fuerza de la costumbre comercial:

La repetición más o menos constante y más o menos generalizada de esta práctica, consistente en regular las partes por sí mismas sus asuntos [eligen el derecho aplicable, especifican las obligaciones, condiciones y sanciones, reglamentan la forma, los plazos, y modo de cumplimiento, entrega, calidad y cantidad de mercadería, documentación, garantías, y procedimientos de pago, moneda, intereses, modos de resolver los conflictos], estableciéndose siempre o la mayoría de las veces para los mismos tipos de contratos, las

---

[865]   CUETO RÚA, *Una visión...*, op. cit., pág. 218.
[866]   P. consultarse este caso en "JA", t. 1998-IV, pág. 557.

mismas o muy similares cláusulas, fue generando, y genera, usos y costumbre en la práctica contractual internacional[867].

Cabe resaltar que todas las variantes que puede presentar la costumbre comercial internacional se unen al hilo del común denominador de la ausencia de participación estatal. Estas variantes son: las condiciones generales de contratación y las *standards forms;* las reglas de las asociaciones profesionales y las *guidelines;* los principios generales del comercio internacional y los *restatements of law;* los códigos de conducta, las convenciones internacionales aún no vigentes y las *model laws;* los laudos arbitrales, la normativa procesal y la equidad[868].

En un caso donde se había demandado el cumplimiento contractual, se discutía cuál de las partes era responsable y la CSJN prescinde de las disposiciones del Código Civil y aplica las cláusulas "Free on board" (FOB), que reglamentan consuetudinariamente el cumplimiento del contrato de compraventa y sostienen que la parte se libera poniendo la mercadería en buen estado a bordo. Este significado no es tomado de la ley, sino de los Incoterms[869] según la Cámara de Comercio Internacional, vale decir, de la jurisprudencia que los aplica[870]. "Cuando una cláusula de estas características es insertada en un contrato, el significado y alcance ju-

---

[867] GIMÉNEZ CORTE, *op. cit.*, págs. 189-190.
[868] Íd., págs. 190-191. No constituye el objeto de este trabajo explicar las características de dichas modalidades, las cuales pueden apreciarse en la obra citada. V. íd., págs. 194 y ss.
[869] International Commercial Terms. V. el sitio de la Cámara de Comercio Internacional http://www.iccwbo.org/incoterms/ (25.6.2010).
[870] Se trata del fallo "Perú, Gobierno de la República de, c. SIFAR, Soc., Ind. Financ.", de 12.1956. V. GIMÉNEZ CORTE, *op. cit.*, pág. 44.

rídico de la misma no surge de ninguna ley, surge solo de esas reglas consuetudinarias."[871]

Otro caso es el de la regulación de los contratos de crédito documentado para instrumentar la compraventa internacional de mercaderías, a cargo de las Reglas y los Usos Uniformes (RUU), también de la Cámara de Comercio Internacional, a la sazón, costumbre comercial internacional, según la jurisprudencia argentina[872]: "[...] ya que no hay convenciones internacionales sobre la materia, y existen muy pocas leyes nacionales sobre el tema. [...] incluso en los países que teóricamente limitan el alcance de los usos jurídicos, los contratos de crédito documentado son regulados por medio de estas reglas"[873]. En otro caso, se trató de determinar la fecha límite para la apertura de la carta de crédito, plazo no fijado por las partes, lo que motivó la demanda del exportador al importador por incumplimiento del contrato y daños, al no haber abierto a tiempo la carta, y por ello no pudo remitirse el embarque. El tribunal arbitral, basándose en casos anteriores, dijo que los usos comerciales aludían a la fecha de embarque como límite de dicha apertura[874]. En otra oportunidad, un holandés y un alemán celebraron un contrato en el que unas cláusulas generales de la asociación de comerciantes alemanes se aplicaron a pesar de que el comprador no hizo referencia a dichas cláusulas cuando el vendedor contestó el pedido, las cuales regularon el juicio por

---

[871] Íd., págs. 194-195.
[872] Íd., pág. 45.
[873] Íd., pág. 194.
[874] Íd., pág. 192.

cobro de intereses por constituir usos del comercio que no deben ignorarse[875].

Los *incoterms* y las RUU son ejemplos de normas consuetudinarias escritas[876]. También se los llama *soft law*[877].

"La mayoría de los bancos de Brasil, Argentina, Uruguay, Chile y Paraguay se han adherido a estas reglas [uniformes, guías, o directrices para redactar contratos]. Es decir que la mayoría de los cobros bancarios en el MERCOSUR se rigen por estas normas."[878]

También cabe resaltar la oportunidad en la que se aplicó la Convención sobre Compraventa Internacional de Mercaderías a pesar de no estar suscripta por los países de las partes del contrato, por considerarse que se trataba de un reflejo de las costumbres comerciales[879].

E.2.l. Derecho romano. Como señala Savigny, "[...] la prohibición de las donaciones entre esposos y la sustitución pupilar deben su origen a las *mores*"[880].

---

[875]   Íd., pág. 196.
[876]   Íd., pág. 194.
[877]   Sobre el tema p. v. a TORO HUERTA del, Mauricio, "El fenómeno del soft law y las nuevas perspectivas del Derecho Internacional", en "Anuario Mexicano de Derecho Internacional", vol. VI, 2006, págs. 513-549, en http://www.bibliojuridica.org/estrev/pdf/derint/cont/6/art/art12.pdf (25.6.2010). "[...] tales instrumentos no imponen obligaciones internacionales; sin embargo, esto no significa que carezcan de todo efecto jurídico, pues en diversas ocasiones reflejan el estado del desarrollo de normas consuetudinarias o son la base de tratados futuros e incluso, por su propia naturaleza, en tanto generan expectativas de comportamiento, están regidos de alguna manera por el principio de la buena fe, lo que explica su utilidad y cumplimiento." Íd., pág. 538. Por mi parte creo que la costumbre genera obligaciones tanto como la ley.
[878]   GIMENEZ CORTE, *op. cit.*, pág. 197.
[879]   Íd., pág. 192.
[880]   SAVIGNY, *Sistema...*, *op. cit.*, pág. 151.

E.2.ll. Teoría general del derecho. Como recuerda Guarinoni, raramente son objeto de legislación los criterios para resolver cuestiones de jerarquía normativa[881]. Como aquel famoso método que se refiere a la temporalidad y la materialidad como criterios adjudicadores de primacía:

> Conflictos entre fuentes de la misma jerarquía, por ejemplo, entre leyes, se resuelven a favor de la última: la última ley deroga la anterior [...], a no ser que la última fuese general y la anterior especial, en cuyo caso se mantiene, al lado de la fuente posterior general, la anterior especial [...], a menos que la ley general contenga alguna expresa referencia a la ley especial o que exista manifiesta repugnancia entre las dos en la hipótesis de subsistir ambas[882].

E.3. Costumbre derogatoria o desuetudo. Si bien hablo de costumbre derogatoria, no necesariamente las costumbres que menciono han derogado formalmente las disposiciones normativas en cuestión. Se brindarán aquí casos de costumbres que han establecido un criterio distinto al de la ley –consuetudo abrogatoria– y aquellas disposiciones legislativas que han caído en desuso –desuetudo–.

E.3.a. Derecho comercial. Numerosos ejemplos sobre desuso, no solo del derecho comercial, son brindados por Richard y Romero:

---

[881]   GUARINONI, Ricardo, "Después, más alto y excepcional. Criterios de solución de incompatibilidades normativas", en *Doxa...*, núm. 24, Alicante, 2001, pág. 547; tb. en http://www.cervantesvirtual.com/ servlet/SirveObras/01372719768028837422802/doxa24/doxa24_21. pdf (11.6.2008).

[882]   GOLDSCHMIDT, *Introducción...*, *op. cit.*, pág. 243.

[...] la legislación de debentures, warrants, el uso de bonos por las sociedades, la factura conformada, el anticresis, las convenciones matrimoniales, la dote, el cheque de pago diferido, el uso de pluralidad de ejemplares en la letra de cambio, la resaca de la letra de cambio y en general las inscripciones ordenadas por el Código de Comercio, con excepción de la matrícula [...]. También se puede decir que ha caído en desuso la consignación cambiaria del pagaré y [...] la consignación liberatoria de la prenda con registro [...][883].

Otros casos de costumbres *contra legem* son: la no exigencia de matriculación al comerciante a los fines de acceder al concurso preventivo (art. 26, C. Com.); no se consideran instrumento público los libros de los corredores como lo piensa el art. 979, 3° del C. Civ.[884]

El propio Guillermo Borda, contrario a reconocer el valor de la costumbre, muestra un caso de aceptación de la llamada costumbre derogatoria:

Se ha decidido que el artículo 16 del Código de Comercio, que dispone que "ningún rematador podrá admitir posturas por signos ni anunciar puja alguna sin que el mayor postor lo haya expresado en voz clara e inteligible", ha quedado derogado por la práctica que admite posturas por señas; por consiguiente, el postor que lo ha hecho de esta manera, no puede invocar aquella disposición legal para pretender que no está obligado a comprar. Se ha resuelto también que el desuso de ciertos reglamentos de tránsito provoca su caducidad[885].

Con respecto al remate, se planteó su nulidad por el vicio de forma, ya que se aceptó una postura por seña cuando se exige legalmente la expresión verbal. El

---

[883] RICHARD, y ROMERO, *op. cit.*
[884] Íd.
[885] BORDA, *Manual de derecho civil...*, *op. cit.*, pág. 47.

art. 16 del Código de Comercio, como vimos, señalaba: "Ningún rematador podrá admitir posturas por signos, ni anunciar puja alguna, sin que el mayor postor la haya expresado en voz clara e inteligible". En el caso "Pascual Materazzi"[886], la sala 1 de la Cámara Civil de la Capital Federal, en el año 1936, sostuvo, a partir del voto de Gastón Tobal, que "[...] la costumbre, no obstante haber sido proscrita como fuente de derecho [...] impone en la práctica sus normas, aun cuando una regla distinta se encuentre establecida en la ley (consid. 1)". En efecto, el camarista que impulsó la resolución señaló las ventajas de dicho mecanismo, captado por los martilleros y los intervinientes:

> [...] los martilleros, luego de haber oído de viva voz la base inicial formulada por un postor, continú[an] [...] aceptando las ofertas por meros signos [...] con una doble ventaja, primero porque aceleran la operación venciendo la interesada timidez de los clientes que evitan formularlas en voz alta, y segundo porque hasta el éxito se afianza, dado que cada seña ellos la interpretan por lo general como ofertas de $1.000 o 100 según los casos, y siempre que el cliente no proteste o reclame [...] (consid. 1).

Apuntando dicho juez a la raíz del problema: "Tal es el resultado de una práctica psicológica, fruto del diario ajetreo de la profesión [...] (consid. 1)". También hace alusión a la teoría de los actos propios:

> [...] los actores pretenden que hicieron sus posturas por signos, todo ello sin perjuicio de que luego, al creerse damnificados, acudan, cuando el precepto legal les beneficia, a la regla del código e intenten fundarse en que ella fue

---

[886] Publicado en *JA*, t. 53, págs. 325-326, cit. por DEL CARRIL, y GAGLIARDO, *op. cit.*, pág. 807.

violada, no obstante que también confiesen incurrieron en la práctica que condena la ley. (Consid. 1).

Es innegable que los remates se desarrollan así, más allá de lo que señala la ley. Por otra parte, se ve aquí cómo la costumbre tiene su razón de ser; de manera que no es completamente irreflexiva, como muchas veces se le critica.

Auguste Simunius menciona el caso de los nombres de las sociedades anónimas suizas:

> Le Code fédéral des obligations de 1881 avait, dans son article 873, interdit aux sociétés anonymes de porter le nom de personnes vivantes. On est unanime aujourd'hui à reconnaître que cette interdiction a été abrogée par une coutume dérogatoire. [...] Peu à peu cet usage s'est répandu. Personne n'a protesté. Les autorités du registre de commerce ont enregistré les sociétés malgré leur nom illégal. [...] La situation est donc la même que si l'article 873 avait permis aux sociétés anonymes de porter le nom de personnes vivantes[887].

E.3.b. Derecho de las obligaciones. Un caso de costumbre *contra legem,* aunque no aceptada, se dio en el caso "Descole, Alicia y otros c. Empresa Ferrocarriles

---

[887]   SIMUNIUS, Auguste, "Quelles sont les causes de l'autorité du droit ?", en AA.VV., *Recueil d'études sur les sources du droit. I, Aspects historiques et philosophiques,* Paris, Duchemin, 1977, en http://gallica2. bnf.fr/ark:/12148/bpt6k9374q.image.f234.vignettesnaviguer.langES (27.3.2008), pág. 212. "El Código Federal de las Obligaciones de 1881 había, en su artículo 873, prohibido a las sociedades anónimas de llevar el nombre de personas vivas. Hay unanimidad hoy en reconocer que esta prohibición ha sido abrogada por una costumbre derogatoria. [...] Poco a poco este uso se ha expandido. Nadie protestó. Las autoridades del registro de comercio registraron las sociedades a pesar de su nombre ilegal. [...] La situación es entonces la misma que si el artículo 873 hubiera permitido a las sociedades anónimas llevar el nombre de personas vivas." (Trad. del autor).

Argentinos"[888]. Se trataba de una persona que había cruzado las vías del tren con las barreras bajas, en zigzag. La conducta es violatoria de la ley 13893. El mismo tribunal dice que en ocasión del reclamo por el seguro de vida, este fue negado por mediar culpa de la víctima. Por la actora se alegó que resultaba habitual por parte de los peatones y vehículos la maniobra que realizó la víctima para cruzar las vías. A lo cual la Sala dijo que "[...] la costumbre *contra legem* no puede generar derechos [...]". En este caso, también por la propia seguridad de las personas se estatuye la prohibición de cruzar con las barreras bajas. Si fuera el caso de una práctica generalizada, cabe entonces rechazarla por injusta, en tanto no puede atribuirse a una persona los errores de otra, como su autosacrificio, su suicidio, o su culpa; con lo que se restringiría su esfera de libertad económica.

Muy relacionado con este caso se encuentra "Servat Paglayán de Marcarién c. Francisco Trucco"[889]. Se trataba de un automovilista que atropelló a un ciclista, "[...] quien marchaba detrás de un camión y pretendió adelantarse al mismo, acelerando su marcha, en cuyas circunstancias fue embestido por el automóvil que iba por su mano, a velocidad normal". El problema radica en dicha "velocidad normal", de entre 35 y 40 kms. Ocurre que "esa velocidad es superior a la que autoriza el reglamento [...]", que fue considerado no vigente por el juez de primera instancia del caso, sin mayor argumento que la afirmación. El ciclista fue atropellado por un automovilista que cruzó la bocacalle a mayor velocidad que la

---

[888]   Fallado por la CSJN el 2.4.1998 y publicado en "Fallos", t. 321, pág. 700.

[889]   Fallado por la Cám. Civ. 1ª de la Cap. Fed. el 29.10.1941 y publicado en *La Ley*, t. 25, págs. 198-207.

reglamentaria, es decir, 20 kms, como lo establece el art.
57 del reglamento. No obstante esto, la Cámara señala
que "[...] la moderación o el exceso de la velocidad no
han de juzgarse en estos casos con sujeción a lo dispuesto por reglamentos de tránsito que no corresponden al
actual ritmo efectivo de este último [...]", con lo cual, se
aspira a que la realidad forme parte también del derecho.
También se alude al comportamiento de las autoridades,
más allá del papel constitutivo de la normatividad, que
avaló dicho desuso. Y además, critica el abstraccionismo:

> La responsabilidad no dependerá solo de la velocidad abs-
> tractamente juzgada desde el punto de vista de una dispo-
> sición municipal o policial caída en desuso con la explícita
> tolerancia de la misma autoridad, sino del conjunto de
> todas las circunstancias del hecho: lugar del accidente,
> intensidad del tránsito, comportamiento de la víctima en
> la emergencia, etc.

A pesar de la postura general de Spota, en este caso,
a través de su comentario a fallo, no admite el desuso
en cuestión, en tanto la normatividad del caso "[...]
tutela la seguridad pública, la vida y el patrimonio de
los habitantes"[890]. A renglón seguido, sentencia drástica-
mente: "La violación de la ley, venga de donde venga, no
deja de ser un acto contrario a derecho, sin que la falta
de vigilancia de la autoridad policial o administrativa
cohoneste la propia culpa"[891]. Por mi parte, no distingo
costumbres por el objeto o bien jurídico que regulan a
los fines de su existencia, sino por su justicia, a los fines

---

[890] SPOTA, "La infracción a los reglamentos de tránsito en la responsa-
       bilidad aquiliana ¿Hay 'caducidad' de los reglamentos por 'desuso'
       de los mismos?", en *La Ley,* t. 25, pág. 207.
[891] Íd.

de su validez; lo cual corresponde a otro análisis, dentro del nivel jurídico, que es el dikelógico, pero que no quita valor jurístico-sociológico a la costumbre.

E.3.c. Derecho civil. Richard y Romero mencionan como casos de costumbres *contra legem* los siguientes[892]: a) la adquisición de bienes en condominio por los cónyuges viola el régimen de bienes de la sociedad conyugal[893]; b) la atribución de responsabilidad solidaria por las obligaciones de la supuesta sociedad conyugal,

---

[892]   RICHARD, y ROMERO, *op. cit.*

[893]   No considero que se prohíba la adquisición de bienes en condominio por los cónyuges, ya que se los considerará gananciales en tanto no sean producto de herencia, legado o donación. V. HERNÁNDEZ, Lidia, "Comentario al art. 1272", en *Código..., op. cit.*, t. 3 C, 2005, págs. 140-141. "Cuando se adquieran partes indivisas por uno de los cónyuges durante la sociedad conyugal de un bien que pertenece ya al otro cónyuge con terceros, la parte adquirida será ganancial. El ejemplo citado por Zanonni es ilustrativo: la mujer recibe por herencia de su padre un inmueble en condominio con sus hermanos. Más tarde los cuñados le venden al marido su parte indivisa y este adquiere con fondos gananciales." Íd., pág. 141. "El derecho que los cónyuges tienen sobre los bienes gananciales es, genéricamente, el propio del condominio, y, específicamente, el propio de la sociedad conyugal, que tiene sus caracteres típicos irreductibles como los de cualquier otra comunidad específica [...]." V. TRIGO REPRESAS, Félix, y LÓPEZ MESA, Marcelo, *Código Civil y leyes complementarias anotadas*, Buenos Aires, Depalma, 1999, t. IV-A, pág. 699. Belluscio sostiene: "[...] no veo inconveniente alguno en que haya condominio entre cónyuges de partes indivisas gananciales. La posibilidad de condominio de partes indivisas propias está explícitamente admitida en el Código Civil (art. 1264), lo que define la posibilidad de condominio entre cónyuges." BELLUSCIO, Augusto, *Manual de derecho de familia*, 6ª ed., Buenos Aires, Depalma, 1996, t. 2, pág. 104. Sigue esta opinión el caso "Otero, Antonio c. Posiecznik, Pedro y otra", fallado por CSJ de Buenos Aires, el 24.3.1992, publicado en *La Ley*, 1992-E, pág. 75 y ss. Kemelmajer de Carlucci tb. acepta esta categoría de bienes. V. el fallo "Gómez de Becerra, Alicia A. en: 'López, Emilio c. Amengual, Francisco y otros'", fallado por la sala 1 de la CSJ de Mendoza, el 6.8.1991, publicado en *La Ley*, 1991-E,

en violación del art. 5[894]; c) la vocación hereditaria del cónyuge sobreviviente respecto de los gananciales del causante, ya que el supérstite solo recibe la mitad de los gananciales a título de socio (art. 3576 C. Civ.), y respecto de la otra mitad es excluido por los descendientes y concurre con los ascendientes y excluye a los colaterales[895].

También hay ejemplos de desuetudo en el ámbito del derecho civil, en tanto la costumbre inaplica los convenios leoninos que ofrecen ventas por mensualidades de inmuebles mediante pacto comisorio[896]. Señala Spota:

---

pág. 561 y ss. Este supuesto parece más bien un caso de costumbre integrativa o *praeter legem*.

[894] Art. 5: "Los bienes propios de la mujer y los bienes gananciales que ella adquiera no responden por las deudas del marido, ni los bienes propios del marido y los gananciales que él administre responden por las deudas de la mujer." "Se advierte fácilmente que el sistema actual coordina la separación de administración de los bienes propios y gananciales adquiridos por cada cónyuge y la división de responsabilidad por las deudas contraídas por aquellos." HERNÁNDEZ, Lidia, *op. cit.*, pág. 153 y ss. Salvo las excepciones del art. 6: "Un cónyuge solo responde con los frutos de sus bienes propios y con los frutos de los bienes gananciales que administre, por las obligaciones contraídas por el otro, cuando sean contraídas para atender las necesidades del hogar, para la educación de los hijos, o para la conservación de los bienes comunes." La responsabilidad es solidaria o mancomunada si fue contraída la deuda por ambos cónyuges. Íd., pág. 166.

[895] Borda precisa este ejemplo señalando que "[...] una vez liquidada la sociedad conyugal, los bienes que cada cónyuge recibió en carácter de gananciales, dejan de ser gananciales para convertirse en bienes propios de cada uno de los esposos. Y en los bienes propios, el cónyuge concurre por cabeza con los hijos [...]". *Tratado de derecho civil. Sucesiones*, 7ª ed., con la colab. de Federico Peltzer, Buenos Aires, Perrot, 1994, t. 2, pág. 43.

[896] SPOTA, *Tratado...*, *op. cit.*, pág. 48. V. tb. RICHARD, y ROMERO, *op. cit.*

Tampoco han de cerrarse los ojos ante fenómenos tan interesantes como los que surgen de la aplicación de la *lex commissoria* en las ventas de inmuebles por mensualidades y pretender aplicarles las normas que rigen la posesión ilegítima y de mala fe, así como la venta con pacto comisorio[897].

La injusticia del caso se revelaba en el hecho de que el vendedor pedía la resolución del contrato ante la falta de pago de alguna mensualidad, se quedaba con lo pagado y el adquirente no podía reclamar porque no estaba inscripto el contrato. Lo que vino a remediar la ley 14005: "[...] la cláusula que prevea el pacto comisorio expreso en la compraventa de lotes por mensualidades no puede ser aplicada cuando el adquirente hubiere abonado más del 25% del precio o efectuado mejoras por un valor equivalente al 50% del mismo (art. 8 de la ley 14005) [...]"[898].

En el mundo de los contratos, Mosset Iturraspe nos muestra casos en donde, a través del estándar de las buenas costumbres, se introduce al jurista en el análisis del aspecto popular del derecho. Encontrándose en primer lugar el "contrato usurario", que "se da no solo cuando se pactan intereses excesivos [...] sino también siempre que se contrata en franco desequilibrio, con aprovechamiento de la necesidad, desconocimiento, ligereza, etc."[899]. Otro caso puede observarse en el siguiente ejemplo:

---

[897] SPOTA, *Tratado...*, *op. cit.*, pág. 408.

[898] NICOLAU, "Acerca...", *op. cit.*, pág. 98. Para profundizar en el tema p. v. a SPOTA, "La moral y buenas costumbres y las ventas de inmuebles por mensualidades", en *JA*, t. 1942-III, págs. 361-6.

[899] MOSSET ITURRASPE, *Contratos*, *op. cit.*, pág. 230. V. tb. LORENZETTI, *op. cit.*, pág. 174.

Es inmoral [...] el contrato celebrado entre dos profesores [...] mediante el cual uno de ellos se comprometió, por una suma de dinero, a redactar un trabajo intelectual destinado a un concurso en que participaría el otro, con el objeto de obtener una beca para viajar al exterior, engañando así a la entidad que lo otorgaba y perjudicando a los otros concursantes que se valen por sí[900].

Un buen ejercicio que nos propone el autor en análisis es el del contrato de "claque", que "[...] tiende a asegurar el éxito de una pieza teatral, conferencia, concierto, etc., mediante expresiones ruidosas de entusiasmo por parte de ciertos espectadores que, como contraprestación, reciben un precio en dinero"[901]. Creo que el engaño está como objetivo en el contrato y ello lo invalida como acto jurídico.

Así, "en otras 'operaciones jurídicas', tales como los contratos relativos a 'casas de tolerancia' [...], o los destinados a provocar o mantener relaciones extraconyugales [...] la ilicitud proviene de la causa ilícita y no del objeto"[902]. Que tales actos constituyan una costumbre es un hecho que no puede escapar a nuestro conocimiento, lo cual no implica que dejemos de analizar estas conductas a la luz de la justicia, constituyendo este un problema dikelógico. Por un lado, existe un previo compromiso de fidelidad hecho ante un oficial del Registro Civil y que se llama matrimonio. En el supuesto de las casas de tolerancia, se está ante la forma –un lugar– que puede llenarse de distintos contenidos. Contenidos que debe-

---

[900]   MOSSET ITURRASPE, *Contratos, op. cit.,* pág. 230. V. tb. LORENZETTI, *op. cit.,* pág. 177.
[901]   MOSSET ITURRASPE, *Contratos, op. cit.,* pág. 231.
[902]   Íd. Si bien Lorenzetti no aclara su postura, expone fallos que condenan el contrato para la explotación del prostíbulo. V. *op. cit.,* pág. 177.

rán ser juzgados en cada caso. Si dos personas solteras concurren allí, ningún problema puede presentarse; cosa que no ocurre ante una relación sexual entre dos personas, si una de ellas está casada. Pero la relación extramatrimonial bien pudo mantenerse en un lugar no denominado "casa de tolerancia". El problema no es el prostíbulo, sino la violación al deber de fidelidad.

Lorenzetti hace referencia a la legitimidad de los grupos que hacen presión –lobby– para obtener un beneficio de quien está encargado de elaborar una norma[903]. También alude a un caso estadounidense en donde se concluyó por la legitimidad de la maternidad sustituta[904].

Un interesante caso que muestra la fuerza de la vida jurídica más allá de la forma de la ley puede observarse en el boleto de compraventa de inmuebles. El Código de Vélez establece que dicho contrato debe celebrarse en escritura pública, según el art. 1184, inc. 1º, CC. No obstante la tajante letra de la ley, en muchas ocasiones los celebrantes se han valido de un instrumento privado, llamado "boleto", a través del cual se obligaban a transmitir el dominio del inmueble y a cambio se recibía una parte del precio en dinero. Contra la entrega de la posesión, luego se pagaba el resto del dinero y se realizaba la escritura pública. Pero ocurría que el boleto se celebraba, una parte del precio se pagaba y luego por diferentes circunstancias, o no se pagaba el resto del precio, o no se entregaba la posesión, por lo que los reclamos llegaban a los tribunales, y los jueces expresaban que, siendo la obligación de transferencia de la propiedad mediante escritura una obligación personal, intransferible –sobre todo a los herederos–, no podía celebrarse la escritura

---

[903]   Íd., págs. 171-172.
[904]   Íd., págs. 172-174.

por los causahabientes del dueño obligado a transferir, o no podría obligarse al dueño a transferir la propiedad, ya que no cabía forzarlo a firmar[905], resolviéndose el contrato en una obligación de indemnizar. Se consideraba el boleto de compraventa como un contrato preliminar y no como un contrato definitivo, por lo que el juez no podía celebrar el "contrato definitivo". En este caso, a pesar de que la letra y la intención de Vélez Sársfield coinciden en que el contrato definitivo debe celebrarse por los contrayentes mediante la forma de la escritura pública[906],

---

[905] V. al respecto los arts. 505, 2º, 630 del CC. Vale especialmente el art. 626: "El hecho podrá ser ejecutado por otro que el obligado, a no ser que la persona del deudor hubiese sido elegida para hacerlo por su industria, arte o cualidades personales".

[906] Es de un inmenso valor la nota de Mosset Iturraspe, quien dice, citando a Goñi y Lagomarsino, que "[...] las constancias de los 'manuscritos' de Vélez, conservados en la Biblioteca Mayor de la Universidad de Córdoba, cuya lectura permite inferir que el codificador abandonó, después de haber proyectado un texto similar al art. 1589 del Código Civil francés, la tesis que asimila la promesa de venta a la venta, incorporando los arts. 1185 y 1187." MOSSET ITURRASPE, *Contratos, op. cit.*, pág. 277. Todo lo cual configura una verdadera manifestación extranormativa que traduce la voluntad del legislador. P. v. al respecto y con relación al valor de la interpretación histórica, lo que digo en el pto. 8.2.C.5. En el mismo sentido p. v. a NICOLAU, "Interpretación o elaboración de normas en materia contractual", en *Boletín...*, núm. 7, Rosario, FIJ, 1986, pág. 70. "El legislador tomó el art. 1187 del anteproyecto de Freitas, quien consideraba la obligación de escriturar como una obligación personalísima. [...] No hay indicios que nos permitan dudar que Vélez entendía que el contrato del art. 1185 era un contrato preliminar y que al momento de celebrarse la escritura pública debían las partes renovar su consentimiento para celebrar el contrato definitivo y por tanto ese consentimiento no podía ser suplido por el juez." Íd., pág. 71. Para un recorrido histórico completo p. v. el voto de Sánchez de Bustamante en "Cazes de Francino c. Rodríguez Conde", fallo pleno dictado por la Cám. Nac. Civ. el 3.10.1951 y publicado en "La Ley", t. 64, págs. 476-488, (consid. 5).

ante la negativa a pasar del preliminar configurado por el instrumento privado boleto, al definitivo constituido por la escritura, se burlaban los arts. 1184, 1185 y 1187 del Código Civil y se les hacía decir lo que no decían[907]: que solo la escritura servía para transferir el dominio y que constituía el cumplimiento del contrato, pero no el contrato mismo. Cuando en realidad, como lo señala el juez Sánchez de Bustamante en "Cazes de Francino[908]":

> [...] para la transferencia del derecho de propiedad, es indispensable la tradición (arts. 577 y 3265) y la extensa nota al primero, donde impugna ásperamente la teoría del código francés, al no dejar intervalo entre la perfección del contrato y la transmisión de la propiedad, al confundir el contrato

[907] Coincide en este punto Mosset Iturraspe: "Es indudable para nosotros que el Código de Vélez distinguió el contrato formal definitivo, para el cual impuso solemnidades relativas, del contrato preliminar, celebrado con libertad de formas, por instrumento privado o verbalmente." *Contratos, op. cit.*, pág. 275. Luego de lo cual transcribe lo resuelto en el IV Congreso Nacional de Derecho Civil: "'El boleto de compraventa es un precontrato del que nace la obligación de escriturar. No hay contrato de compraventa de inmuebles por la sola formalización del boleto'". Íd. Para concluir en un cambio de opinión "por razones de índole práctica o de política jurisprudencial ante el auge de la especulación abusiva, admisible en el orden judicial". Íd., pág. 276. Estos cambios aparentemente mágicos e inexplicables para muchos se dan por la fuerza de la costumbre, que es el modo en que la "población inmobiliaria" se maneja en función de las "necesidades del tráfico jurídico". Antes, Mosset se mostraba "más respetuoso de la ley". Íd., pág. 278. Y luego basa su cambio en la llamada "jurisprudencia de intereses". Íd., pág. 276. Movimiento integrante de la escuela antiformalista del derecho, que reacciona al predominio de la exégesis con motivo del Código Civil francés, cuyo precursor fue Felipe Heck, uno de los pioneros de la visión tridimensional del derecho. P. v. al respecto a CIURO CALDANI, "Lecciones...", *op. cit.*, 1994, t. III-II, págs. 246 y ss.

[908] Fallo pleno dictado por la Cám. Nac. Civ. el 3.10.1951 y publicado en *La Ley*, t. 64, págs. 476-488.

con el propio dominio, y al no distinguir entre el título para adquirir y el modo de adquirir. (Consid. 5).

Todas estas idas y vueltas tenían el único fin de no reconocer que la fuerza de la costumbre indicaba que se habían derogado los mencionados artículos del Código Civil y se habían elaborado de la siguiente forma: "El contrato de compraventa de inmuebles se celebra por instrumento privado y tal acuerdo obliga por sí a transferir directamente el dominio y a percibir todo el precio mediante la celebración de la pertinente escritura pública"[909]. En efecto, como señala Podetti: "[...] en el caso 'sub examine' y *en general* en los boletos de compraventa que se estilan entre nosotros, se habla de venta ('hemos vendido') y la escrituración constituye solamente una etapa de perfeccionamiento formal de lo querido, resuelto y estipulado"[910]. Cabe destacar también que las dos posturas representan el liberalismo económico, por un lado, que respeta la autonomía de la voluntad y sobre todo el derecho de propiedad, al separar la venta de la promesa de venta, y no obligar al contratante a vender; mientras que la otra representa la intervención del Estado en la persona del juez que sustituye la voluntad remisa, aludiendo al régimen general de las obligaciones. El juez Funes parece hacer referencia más a la costumbre que a

---

[909] Nicolau no alude a la costumbre sino a la injusticia de la norma del art. 1187, rectamente interpretado: "Es injusto impedir la conservación de un contrato cuando el incumplimiento de uno de los contratantes puede ser suplido por el hecho de un tercero." *Interpretación..., op. cit.,* pág. 72. Señala el voto del juez Sánchez de Bustamante que Rezzónico no tiene el valor de declarar la injusticia, ajustándose al texto claro de la ley, aunque de "jure condendo" aspira a una solución distinta. V. el consid. 5 de su voto en "Cazes de Francino".

[910] El resaltado es mío.

la justicia cuando alude a la necesidad de interpretar la
ley de acuerdo a los fines sociales. Señala: "Es necesario
que la interpretación del juez sea la que todo el mundo
podrá hacer, colocándose en el estado actual y en las
condiciones sociales donde viven aquellos a quienes la
ley se aplica". Precisamente alude a la característica de
previsibilidad que conlleva la práctica consuetudinaria,
que repite una conducta modelo: "Si no, si fuera de otra
manera, la aplicación de la ley correría el riesgo de ser
una sorpresa para todos y dejaría una amenaza perpetua
para los intereses privados".

El acuerdo terminó declarando que "[...] en el supuesto de que en juicio ordinario por escrituración de
compraventa voluntaria de un bien inmueble proceda
la condena a escriturar, puede el juez firmar la escritura,
si no lo hace el obligado".

Los jueces se han referido al art. 1627 en el caso
"Zureta c. Ponzet de Longueville"[911]. Se trataba de un
médico que demandaba a una sucesión por el pago de
sus honorarios en una cantidad determinada o la que
resultara de la estimación de los árbitros que señala el
artículo. Puede leerse en el voto del juez Repetto:

> La fijación del valor de tales servicios la somete la ley en
> carácter obligatorio, a la jurisdicción distinta de la nuestra, la
> somete a la jurisdicción arbitral. Y entonces pregunto, ¿cómo
> darles a los jueces por mano del tribunal pleno la compe-
> tencia para conocer sobre la determinación del precio de
> costumbre, si la ley de fondo expresamente se la ha negado?

El juez Helguera señala que la fijación del precio por
los árbitros implicaría un gasto desmedido y pérdida de

---

[911]   Fallado por la Cám. Nac. Civ. en pleno de Buenos Aires, el 24.12.1919,
        publicado en *JA*-V-68, (Lexis Nº 70007982).

tiempo por asuntos de poca monta[912]. El tiempo le dio la razón al juez, con la incorporación del segundo párrafo al artículo en cuestión que alude a las regulaciones arancelarias locales[913] y a la equidad. Dicho magistrado fija por el tribunal mismo el importe, fundado en el art. 220 del CPCCN.

El juez Repetto entendía que dicho artículo no se aplicaba al caso porque lo sustrae de la competencia de los jueces, lo cual no requería de interpretación por la claridad de la disposición. Sostiene que no es función de los jueces modificar las leyes y que en todo caso su misión se limita a dirigir una nota al Poder Ejecutivo solicitando la reforma de la ley. Por su parte, el juez Zapiolla dijo que los médicos no están comprendidos en dicho precepto porque no perciben salarios, sino honorarios, y que una operación quirúrgica no se determina por el precio de costumbre. Y precisamente señala que es habitual que los jueces fijen los honorarios de abogados, médicos y peritos en los juicios. Dicho artículo se aplica a los trabajos y obras manuales. El juez Gigena señala:

> [...] si nuestro codificador, no se ha ocupado en el capítulo de la locación de servicios, de los servicios inmateriales, como los denomina Freitas, es porque no ha querido comprenderlos en sus disposiciones con mejor criterio sin duda, que Freitas, que involucra en un mismo capítulo, a los servicios de los criados de servir, con los servicios de las personas que ejercen profesiones liberales.

No fue la intención de Vélez regular la intelectualidad referida a los servicios que brindan los profesionales liberales, como señala el juez Dupuis. Este magistrado

---

[912] En el mismo sentido p. cfr. a NICOLAU, "Acerca...", *op. cit.,* pág. 94.
[913] V. íd.

también alude a la "práctica establecida" de fijar los honorarios de manera judicial. Por lo que se debería haber reconocido poder a la costumbre para regular los precios respecto de los trabajos manuales. En el caso, fueron los jueces quienes fijaron el importe y no como lo manda el artículo, al ordenar que se designen árbitros. Por otra parte, la incorporación del segundo párrafo al art. revela la evolución de la figura.

E.3.d. Derechos reales. En el ámbito de los Derechos Reales, un caso no aceptó la viabilidad de la costumbre *contra legem.* Se trataba de un consorcista que efectuó el cerramiento de su balcón en violación a la ley de propiedad horizontal que prohíbe modificar la forma externa del edificio, "[...] a fin de preservar la estabilidad, salubridad, seguridad o estética del edificio"[914], dice el fallo. En el caso se alegó que otras unidades habían efectuado cerramientos, aunque no de la envergadura de la que aquí se examina, dijo la Sala. Lo importante de lo manifestado en esa oportunidad es que "[...] el hecho de que existan otras violaciones del reglamento [...] de ninguna manera justifica la que el propio demandado reconoce estar cometiendo. De lo contrario, habría que concluir [...] que cualquier incumplimiento reglamentario se encuentra permitido, lo que sería evidentemente absurdo". Esto hace recordar la opinión de Hart en cuanto sostiene que una costumbre existe en tanto es reconocida por los jueces. Más que una expresión de ciencia

---

[914] "Consorcio Pueyrredón c. Chteimberg, Norberto G.", del 15.4.1993 fallado por la Sala "F" de la Cám. Nac. Civ. y publicado en "JA", t. 1994-II, pág. 343. En el mismo sentido p. v. "Consorcio Avda. Coronel Díaz 2542/2544/2546 c. Intellectus Investment Inc., s. acciones del art. 15 ley 13512", fallado por el mismo tribunal el 20.4.2001, en Lexis N° 30000286.

jurídica, estos dichos parecen una "norma de habilitación", en tanto implica reconocer, no la costumbre, sino
la fuerza de los hechos. Es obvio lo que dice Hart, en
tanto cualquier problema dependerá de lo que diga el
juez, pero pienso que la costumbre tiene valor más allá
de lo que diga el juez. En el caso, la costumbre existía,
al menos en el edificio y en muchos otros, ya que basta
ver cualquier edificio como para notar los cerramientos
de diversos tipos que existen. Creo que se trata de una
costumbre local, es decir que depende del consorcio en
cuestión. Aunque la prohibición tendría una razón: que
no se sobrecargue el edificio, con riesgo de deterioros. La
falta de seguridad que derivaría de la falta de cálculo del
peso extra en los balcones provoca peligro de perjuicios
materiales y aun personales. De manera indirecta se
exigiría una razón a la costumbre y se abonaría la teoría
de que la costumbre es, en principio, irreflexiva. Nótese
que el trialismo agrega a la costumbre la reflexión a través
del elemento justicia, en tanto la dimensión dikelógica
critica a las anteriores dimensiones.

La Sala cita la opinión de Borda para argumentar
contra la costumbre derogatoria:

> [...] la situación en análisis se halla específicamente reglada.
> La costumbre *contra legem*, [...] carece de valor jurídico; de
> lo contrario se fomentaría la desobediencia, pues bastaría
> que la comunidad se opusiera al cumplimiento de una ley
> para que esta cayera en desuso y perdiera fuerza obligatoria.
> [...] la costumbre no puede derogar ni sustituir una ley. Solo
> en ocasiones de gran excepcionalidad podría admitirse
> que no puede aplicarse, situación que el caso en estudio
> no reviste [...].

En este caso, si bien la costumbre existe, cabría pasar
a otro plano de análisis, el dikelógico, y hacer prevalecer

la vida y salud de los consorcistas, por sobre las mayores comodidades que puedan derivarse del cerramiento de los balcones.

Siguiendo en esta rama tradicional del derecho, puede recordarse también el caso que cita Spota:

> [...] cuando llegue a afianzarse aquella corriente jurisprudencial que niega la *reivindicatio* contra el tercer poseedor de inmuebles adquiridos a título oneroso y con *bona fide*, siendo el *tradens* también de buena fe, ¿quién podría creer que invoca un derecho vigente al alegar normas como los arts. 599, 787, 1051, 2601-3 y 3270, frente a un *usus fori* que dé prevalecencia a aquella doctrina, halle o no esta última apoyo en una norma como la resultante de combinar los arts. 2777-8[915]?

Recuérdese que con la reforma de 1968 se modificó el texto del art. 1051, que quedó redactado de la siguiente forma:

> Todos los derechos reales o personales transmitidos a terceros sobre un inmueble por una persona que ha llegado a ser propietario en virtud del acto anulado, quedan sin ningún valor y pueden ser reclamados directamente del poseedor actual; salvo los derechos de los terceros adquirentes de buena fe a título oneroso, sea el acto nulo o anulable[916].

E.3.e. Derecho registral. Tampoco fue aceptada la costumbre *contra legem* que se pretendió aducir en el caso "M., A." fallado por el Tribunal de Superintendencia

---

[915] SPOTA, *Tratado...*, *op. cit.*, pág. 394.

[916] El texto anterior decía: "Todos los derechos reales o personales transmitidos a terceros sobre un inmueble por una persona que ha llegado a ser propietario en virtud del acto anulado, quedan sin ningún valor y pueden ser reclamados directamente del poseedor actual".

del Notariado el 22.3.1973. En esa oportunidad, un escribano, valido de su "prestigio", obtenía partidas de dinero que luego aplicaba a préstamos hipotecarios. Llegó a recurrir al dinero mediante avisos en periódicos y así resultaba ser intermediario en relaciones de préstamo –mutuo hipotecario–. Pero la ley notarial solo encarga al escribano realizar los actos que le fueren encomendados (art. 10, ley 12990)[917]. De manera que debe intervenir en los casos en que sea requerido (art. 11). Finalmente fue sancionado con la cancelación de su matrícula, la vacancia del registro y el secuestro de los protocolos. El tribunal, luego de señalar los elementos de la costumbre, repara en el "psicológico": "[...] si bien el texto actual del art. 17 del Código Civil –luego de la reforma por la ley 17711– no contiene impedimento literal para la admisibilidad de la fuerza vinculante de la costumbre *contra legem*, [...] la práctica repetida no crea, por sí sola, norma consuetudinaria". Es en este caso donde a través de una característica de la costumbre se pretende introducir en ella elementos extraños, ya que es muy poco probable que el pueblo preste atención a los principios generales del derecho. Tal vez sí atienda a los principios generales, pero del sentido común: "Dicho elemento psicológico [...] impone la coincidencia de la práctica con los principios generales del derecho para que sea jurígena, 'pues no se permite a los particulares que puedan [...] dificultar la realización del plan del Estado' [...]". Es allí donde discrepo, ya que el Estado sirve a los particulares

---

[917] Este principio es clave en materia notarial, ya que se trata de resguardar la "objetividad" o independencia del escribano, frente a su condición de fedatario. El Estado deposita en él la fe pública, ya que él garantiza que lo que ocurre frente a su conocimiento realmente sucede.

y no ellos al Estado. Y si se cree que algo no concuerda con principios superiores que bien pueden calificarse de "derecho natural", no hay que buscar excusas para decirlo. En el caso, la primacía de la entereza del valor verdad, que garantiza al valor igualdad, integrante del supremo principio de justicia, impone que se rodee al escribano de las mayores condiciones de objetividad para su labor. El Tribunal dijo que un principio básico de la función notarial es que no puede ser intermediario porque no es un comerciante y que por ética notarial no puede hacer propaganda. Reglas derivadas de aquel principio básico de la imparcialidad.

Se trata de incorporar, mezclando y confundiendo, consideraciones axiológicas en un tema casi absolutamente sociológico, como es el análisis de lo consuetudinario. Creo que debería aceptarse la existencia de la costumbre, aunque declarándosela injusta. Claro que es extremadamente difícil para las mentes positivistas el recurso al valor justicia[918].

Siguiendo en el ámbito del notariado, Gény recuerda una regla que se inaplicó: "[...] la práctica notarial que había falseado el sentido del artículo [...] de la ley [...] no exigiendo la presencia real en los actos notariales de un segundo notario o de los testigos instrumentales"[919].

Spota recuerda la inaplicación de una reglamentación sobre honorarios de los escribanos.

> Este último arancel es el que se declaraba vigente por la ley org. trib. Cap., núm. 1532, art. 320, de oct. 16/884. Es cierto que, con respecto a este arancel, los tribunales no

---

[918]   Sobre la influencia de los paradigmas, en sentido epistemológico, en la adopción de una doctrina jurídica p. v. GALATI, *La teoría trialista...*, cit., t. 1, cap. 10.

[919]   GÉNY, *Método...*, *op. cit.*, pág. 392.

siempre supieron reconocer su desuso, entendiendo que debía aplicarse (v. voto del doctor Salvat, al cual adhirió la Cám. civil 2ª, Cap., oct. 24/938, *JA*, t. 64, p. 240, *La Ley*, t. 12, p. 358[920], [...]), pese a que ello pudiera implicar un "abuso de los clientes en perjuicio de los escribanos públicos". Esta solución timorata de los tribunales (v. no obstante, Cám. civil 2ª Cap. jun. 3/942, *La Ley*, t. 27, p. 716 [...] fallo en el cual se declaraba el desuso del arancel), no llegaba hasta a [sic] aplicar el arancel por "los trabajos independientes y distintos del otorgamiento de la escritura propiamente dicha", los cuales debían "pagarse por separado". Pero, de hecho, el arancel referido no tenía vigencia [...][921].

En efecto, en el caso mencionado por Spota, "Adelina Cardellino de Cardellino s. suc."[922], el tribunal señala sencilla pero categóricamente que la resolución de primera instancia regula los honorarios del notario con prescindencia del arancel "[...] porque en la práctica ha caído en desuso, por lo cual los tribunales no pueden persistir en su aplicación, que por lo ínfima, no comporta una adecuada retribución para la labor desarrollada".

E.3.f. Derecho de familia. No prosperó el intento de que un niño llevara el nombre de "Junior", prevaleciendo la ley de nombre 18248, en sus limitaciones del art. 3[923]. El tribunal, por mayoría, señala que no es un nom-

---

[920] En el mismo sentido, la sentencia de la Cám. Civil 1ª de la Cap. del 1.8.1945, publicada en *La Ley*, t. 39, pág. 797. V. SPOTA, *Tratado...*, *op. cit.*, pág. 401.

[921] Íd., pág. 401.

[922] Fallado por la Cám. Civ. 2ª de la Capital, el 3.6.1942 y publicado en *La Ley*, t. 27, pág. 716.

[923] Especialmente el apartado 2: "Los nombres extranjeros, salvo los castellanizados por el uso o cuando se tratare de los nombres de los padres del inscripto, si fuesen de fácil pronunciación y no tuvieran traducción en el idioma nacional. Queda exceptuado de esta prohibición el nombre que se quisiera imponer a los hijos de los funcionarios o empleados extranjeros de las representaciones

bre sino "[...] un calificativo del nombre para significar precisamente el carácter o la posición de un miembro dentro de una determinada familia". Con respecto a la costumbre, se señala:

> [...] la manera o costumbre de designar a alguien para diferenciarlo de otra persona de su misma familia, en el caso del padre, en modo alguno puede constituir un nombre propio en los términos de la ley 18248. Y ello, aunque tal uso haya adquirido cierta publicidad cuando se alude al hijo del Presidente de la República[924], como corrientemente se hace en las publicaciones que el recurrente ha arrimado como prueba, es precisamente, para diferenciarlo del padre.

También señalan los jueces Dupuis y Mirás que no es costumbre en nuestro país llamar de esa forma a los niños. El juez en disidencia sostiene que la invención de los nombres es una facultad de los padres y que constituye una realidad. Señala que el vocablo se encuentra incorporado a la lengua española y que la lista de nombres permitidos por el Registro se fue ampliando. Entiendo que la obligatoriedad deviene de la ley o de la costumbre, con lo que cabría investigar sobre el grado de aceptabilidad del nombre propuesto. Claro que el hecho de constituir una costumbre no lo eximiría de consideraciones dikelógicas, como la pauta de igualdad, ante otros rechazos efectuados por el Registro. Cabe considerar también la protección del idioma nacional, en tanto si se admitiera "junior" por "hijo", luego se admitiría "John" o "Joseph" por "Juan", etc., etc., afectándose las raíces de nuestra identidad cultural.

---

diplomáticas o consulares acreditadas ante nuestro país, y de los miembros de misiones públicas o privadas que tengan residencia transitoria en el territorio de la República".
[924] Se trataba del expresidente Carlos Menem.

E.3.g. Derecho de sucesiones. Cabe traer también a colación el caso de la región vasca en Francia y la de Béarn, en donde el principio de la igualdad hereditaria, tal como fue instaurada por el Código Civil, ha debido durante mucho tiempo, y actualmente, luchar contra la recurrente costumbre anterior del privilegio del primogénito[925].

E.3.h. Derecho constitucional. No obstante el fuerte mensaje del original artículo 17 del Código Civil, que prohibía la costumbre derogatoria, podemos ver una aplicación de ella a partir de los famosos casos "Siri" y "Kot". Estos fallos, iniciadores de una costumbre judicial, fueron reputados ejemplares, dignos de ser repetidos, por los restantes jueces. Estas sentencias de la Corte son de los años 1957 y 1958, respectivamente. Y la acción de amparo, contra actos de autoridad pública, fue contemplada normativamente en 1966 con la ley 16986; y contra actos de particulares en 1968 a través de la reforma al Código Procesal Civil y Comercial de la Nación. A tal punto se ha considerado ejemplar este proceso constitucional, que en la Argentina de la "necesidad y la urgencia", que vive en continua emergencia, se ha "ordinarizado" su uso, mientras que en la constitución formal dicho proceso fue pensado como una "acción expedita y rápida de amparo, siempre que no exista otro medio judicial más idóneo" (art. 43, CN.). Ha nacido una nueva costumbre *contra legem.* En aquellos casos se desconocieron las pautas procedimentales de los códigos procesales, ya que ambos pedidos deberían haberse sustanciado por los trámites ordinarios, de haberse seguido las directivas legales.

---

[925] TERRÉ, Dominique, "Le pluralisme et le droit", en *Archives de Philosophie du Droit,* núm. 49, Paris, Dalloz, 2006, pág. 79.

Recuerda Bidart Campos: "Hasta el año 1957, nuestro derecho constitucional material ignoraba la garantía de amparo. [...] el amparo no solo resultó desconocido, sino expresamente negado por la jurisprudencia"[926]. Se alegaba que

> [...] los jueces no pueden, a falta de ley procesal, crear vías ni procedimientos no previstos, porque deben atenerse a lo que la ley les depara; si la ley no ha reglamentado el amparo, los jueces no pueden admitirlo por analogía con otras vías adoptadas para casos que, pese a la similitud, son diferentes [...][927].

Sin embargo, la fuerza de los hechos derivada de la razonabilidad de lo demandado en el caso "Siri" generó en los jueces de la mayoría la necesidad de torcer la letra de la ley, ante una herramienta que no cuajaba en los textos procesales del momento. En efecto, Ángel Siri fue detenido y clausurado su diario sin que autoridad alguna alegara las causas de tal proceder y habiéndosele negado el pedido en primera instancia. En tal caso, no es casual que la actual redacción del art. 43 de la Constitución federal siga casi al pie de la letra los fundamentos de este caso, ya que en aquella oportunidad era "manifiesta" la "arbitrariedad" de que era objeto el accionante en cuanto a derechos de raigambre constitucional violados: libertad de trabajo y de expresión. La voluntad de protección de la Corte fue categórica: "Las garantías individuales existen y protegen a los individuos por el solo hecho de estar

---

[926] BIDART CAMPOS, Germán José, *Tratado elemental de derecho constitucional argentino*, t. 1, Buenos Aires, Ediar, 1986, pág. 491.

[927] Íd.

consignadas en la Constitución, e independientemente de las leyes reglamentarias"[928].

Similar situación ocurrió con relación al caso "Kot SRL.". Aquí se admitió la acción de amparo con respecto a actos de particulares –en "Siri" se trataba de un acto lesivo proveniente de autoridad pública–. Los trabajadores de la empresa de la cual Juan Kot era socio gerente decidieron ocupar la fábrica ante la negativa de reincorporar a trabajadores despedidos, y no obstante la orden de la autoridad administrativa provincial, autoridad que un mes antes había declarado ilegal la huelga. Llegado el caso a la Corte, esta no hace lugar al pedido de rechazo del sobreseimiento de los trabajadores con respecto al delito de usurpación y no hace lugar al pedido de desocupación del inmueble. Kot se presenta ante la Cámara, ahora peticionando en función de "amparo" y citando el caso "Siri", por violación de la libertad de trabajo y la propiedad privada. La alzada rechazó la petición por un problema terminológico, ya que el hábeas corpus solo estaba previsto para la protección de la libertad personal o corporal, sin poder hacerse extensivo a otros derechos. Pero la CSJN hizo lugar al pedido, alegando que el distinto agresor –en este caso, "particular", y no "estatal" como en "Siri"– no podía ser fundamento del rechazo del pedido. Precisando luego lo que sería la futura redacción del art. 43 de la CN. al afirmar que

> [...] siempre que aparezca de modo claro y manifiesto, la ilegitimidad de una restricción cualquiera a alguno de los derechos esenciales de las personas así como el daño grave e irreparable que causaría remitiendo el examen de la cuestión a los procedimientos ordinarios, administrativos

---

[928] P. v. la sentencia completa en "Fallos de la CSJN", del 27.12.1957.

o judiciales, corresponderá que los jueces restablezcan de inmediato el derecho restringido por la vía rápida del recurso de amparo. En tales hipótesis los jueces deben extremar la ponderación y la prudencia a fin de no decidir, por el sumarísimo procedimiento de esta garantía constitucional, cuestiones susceptibles de mayor debate y que corresponda resolver con los procedimientos ordinarios[929].

La fuerza de la costumbre judicial hizo que en 1966 se dictara la ley 16986 de "acción de amparo" contra actos u omisiones de autoridad pública. Luego, la ley 17454 sancionó la "acción de amparo contra acto u omisión de un particular", que se incorporó al Código Procesal Civil y Comercial de la Nación[930]. Para adquirir dicho proceso en 1994 consagración constitucional en sus distintas variantes.

Los decretos de necesidad y urgencia, practicados desde tiempos inmemoriales, aunque con distintos nombres, violaban abiertamente el principio republicano de la división de poderes y la función misma del Congreso como órgano legislativo, a pesar de lo cual constituyeron práctica corriente de los distintos presidentes, reafirmándose con Alfonsín y Menem hasta que, precisamente, estos dos últimos idearon la reforma constitucional de 1994 que los consagró legislativamente, al no poder menos que reconocer la fuerza de la costumbre presidencial[931].

---

[929] P. v. la sentencia completa en "Fallos de la CSJN", del 5.9.1958.

[930] "En su esquema básico, el instituto amparista fue legislado acogiendo en lo fundamental las pautas que había anticipado la jurisprudencia, con muy pocas innovaciones." BIDART CAMPOS, *Manual de la constitución reformada*, t. II, Buenos Aires, Ediar, 1998, pág. 374.

[931] "Esos decretos, no contemplados por la Constitución de 1853-1860 y opuestos a su esquema de poder, resultaron cada vez más frecuentes, admitidos por muchos tribunales y generalmente cumplidos, pero rechazados por parte de la doctrina, aunque aceptados por otra. La

Un triste caso de costumbre derogatoria es el que se ha dado en el ámbito jurídico-partidario: "La autoridad de los gobiernos de facto no deriva de ningún precepto constitucional y, ello a pesar, fue acatada por los distintos órganos del Estado, con excepción del parlamento, que fue disuelto"[932]. En nuestra historia constitucional hemos sufrido varios gobiernos de facto; muchos de los cuales no mejoraron la situación precedente, es decir, no fueron hechos como verdaderas revoluciones contra regímenes injustos. La cruel costumbre fue la de creer que los graves problemas debían resolverse con las armas. Actualmente hay un rechazo de gran parte de la sociedad hacia los gobiernos de facto y su preferencia hacia los llamados gobiernos democráticos, que se suceden sin interrupciones desde 1983. Parecería que los 30 años de democracia que Argentina cumplió el 10.12.2013 indican una costumbre por la solución democrática al problema del gobierno, aunque todavía existen asignaturas pendientes.

Siguiendo en el ámbito del derecho público, nos encontramos con costumbres de diverso tipo. Una que ha cobrado actualidad, más no resonancia, es la de las disposiciones normativas secretas: "La ley secreta es la que no solamente no se publica, sino que además recibe expresamente el carácter de 'secreta' (o reservada), para que no sea conocida de manera alguna"[933]. Cueto Rúa las vincula

---

Corte Suprema no se había expedido sobre su constitucionalidad hasta 1991, pero, en el caso 'Peralta', los convalidó bajo ciertas condiciones (LL, 1991-C-158). En ese momento pudo reputarse consumado al derecho consuetudinario admisorio de tales decretos." SAGÜÉS, *op. cit.*, pág. 156.

[932] ADIP, *op. cit.*, pág. 59.
[933] BIDART CAMPOS, *Tratado...*, *op. cit.*, pág. 235.

[...] con problemas de Estado relativos a las relaciones internacionales o las fuerzas armadas. Estas leyes suelen disponer la afectación de fondos, o autorizar gastos especiales, por lo que se las puede considerar "administrativas" en su naturaleza, fijando el procedimiento que deben seguir los funcionarios del Estado. Por ello mismo no se hace necesario su publicación, desde que los funcionarios son notificados de los actos mediante los cuales se les imparten instrucciones u órdenes[934].

En oportunidad del juicio a la exfuncionaria de la administración Menem, la ingeniera María Julia Alsogaray, en donde se la acusó y condenó por el delito de enriquecimiento ilícito[935], surgió durante su desarrollo la discusión en torno a los sobresueldos a los funcionarios públicos, con motivo de la ley "secreta" 18302, que preveía fondos reservados de los que no se rendía cuenta ni se emitía recibo. Esta es, aproximadamente –ya que por su carácter no se sabe la fecha precisa de su sanción—, del año 1969. Por lo que se habría hecho repetidamente uso de ella. Si bien importante doctrina justifica dichas normas, no se da en el caso el supuesto que habilitaría su dictado, que es el sigilo en los manejos de temas "de Estado", que son aquellos que hacen a su subsistencia misma, como lo relativo a la organización de las Fuerzas Armadas, el manejo de la energía nuclear, las relaciones internacionales sobre guerra y paz, etc. En este caso, la ley secreta no se encuentra en los supuestos de excepción que habilitarían su dictado, por lo que viola el principio de la forma republicana y democrática de gobierno, ya

---

[934]   *Fuentes...*, *op. cit.*, pág. 48. Para mayor detalle, p. v. a SAGÜÉS, *Las leyes secretas. El sigilo legislativo en el derecho constitucional argentino*, Buenos Aires, Depalma, 1977.

[935]   La sentencia fue confirmada por la sala 4 de la Cám. Nac. de Casación Penal el 9.6.2005. Fue condenada a 3 años de prisión en suspenso.

que la existencia de representantes del pueblo no implica ausencia del pueblo a la hora de controlar los actos de los gobernantes mediante el imprescindible conocimiento de estos. Se está ante una costumbre cuya presunción de justicia ha caído.

La administración de la provincia de Santa Fe no ha quedado fuera del ámbito de estas "mañas" propias de los gobiernos autoritarios. Aquí no se ha dado un caso de norma formalmente secreta, como el de la ley 18302, en donde el secreto se daba desde el punto de vista normológico, al no publicarse la ley; sino que se dio un caso de reserva material, es decir, una norma poco visible desde el punto de vista sociológico. Por un lado, formalmente se publicaron los decretos 328 y 397 del entonces gobernador Jorge Obeid, pero el secreto se da en la picardía de los funcionarios, incluido el gobernador, que no dan a conocer actos de gobierno tan importantes. Se trató de una conmutación de penas efectuada por dichos decretos de los días 15 y 18 de marzo de 2004. Por ellos se decide "conmutar las penas a 280 reclusos, lo que equivale a más del diez por ciento de la totalidad de la población carcelaria de la provincia"[936]. Lo recalcitrante de la medida resulta del hecho de haber sido "tomada en un momento en que el grueso de la sociedad reclama por mayor seguridad, [y también] está dado por el hecho de que algunos de los beneficiados con la 'gracia oficial' fueron condenados por la justicia por graves hechos delictivos"[937]. Si bien en este caso se analiza el secreto de la medida, no solo los decretos atentan contra el principio republicano y

---

[936]   "Santa Fe dispuso una conmutación de presos", en http://www.
        tiempodejusticia.com/principal.htm (22.4.2004).
[937]   Íd.

democrático de gobierno resultando injustos, sino que resultan ilegales, en cuanto la naturaleza de la conmutación impide que se realice en forma masiva, lo cual sería tarea de la Legislatura[938]. Y ante la gravedad de los casos objeto de la conmutación, se demuestra que no se ha contemplado "cada caso en particular"[939]. De allí que pueda cuestionarse la juridicidad de la medida.

En ambos casos se va contra el principio republicano de gobierno que establece que los actos de los gobernantes deben ser públicos. En el caso de los indultos, se ha hecho "costumbre" hacerlos a fin de año y los 25 de mayo; a la vez que es "costumbre" no darlos a conocer como sí ocurre con las obras públicas que suscitan actos, ceremonias, cortes de cintas y reinauguraciones.

Parecería que esta tendencia se estaría revirtiendo a partir de la ley 26134 de 2006 que publicita leyes secretas, deja sin efecto el carácter secreto o reservado de toda

---

[938] Confirma la práctica otra similar efectuada por el ex gobernador Carlos Reutemann el 4.7.2003 a través del decreto 1748. P. vérselo en http://www.santa-fe.gov.ar/gbrn/sin/mitemplate.php?tiponorma=decreto&anio_norma=2003&fecha_norma=04/07/2003&gestion_dec=0&nro_dec=1748 (18.12.2008).

[939] "Santa Fe...", cit. Ante la consulta de un canal de aire rosarino, el Director del Servicio Penitenciario de la Prov. admitió que hubo falta de estudio de los "pormenores" de algunos casos. Un caso que no fue tratado en sus "pormenores" fue seguramente el de "un policía de la localidad de Pérez, [...] que en un episodio de extrema locura acribilló con su pistola reglamentaria de 9 mm. a su propia esposa, una cuñada y una abuela, además de intentar matar a otras cuatro personas. [...] fue condenado [...] a 'prisión perpetua', [y] sin embargo con esta conmutación su reclusión se reduce a 25 años pero al tener derecho de recuperar la libertad con el cumplimiento de los dos tercios de la condena, es muy probable que este hombre condenado por la justicia a 'prisión perpetua' en cinco o seis años más recupere plenamente su libertad." Íd. Cabe pensar si en ese poco tiempo pueden generarse las condiciones de resocialización.

ley que así lo disponga y prohíbe toda sanción en este sentido para el futuro. Repárese en que la importancia de la prohibición sería normativamente más eficaz si se hubiera plasmado en la Constitución, ya que un eventual cambio de criterios por alternancia de mayorías partidarias o de ánimos puede derogar el principio sentado por la citada ley. Una ley posterior, secreta, no podría derogar a la 26134, si no hace una referencia a la general, es decir, si no reforma el principio de prohibición de leyes secretas. Porque al haber incompatibilidad o repugnancia manifiesta entre ambas, prevalecería la intención general, frente a la particular[940]. Es aquí donde entiendo que hay una excepción al principio "la ley posterior deroga a la anterior, salvo que la primera sea general y la segunda particular". Se trataría de una excepción a la excepción. Guarinoni sostiene que el criterio material –especial, general– prevalece sobre el temporal y cede ante el jerárquico; de manera que la norma especial prevalece siempre sobre la general, salvo que esta última sea superior[941]. El criterio material también se aplica en el caso del derecho penal con la ley más benigna[942].

Como en suma hay que interpretar la Constitución, a la hora de hablar de la validez de las leyes secretas, entiendo que prevalecería la norma especial secreta, por ejemplo, ante un caso de ataque exterior o conmoción interior. En cuyo caso, la repugnancia cede ante la particularidad de la subsistencia del Estado. Se trata de un tema vital, en cual no caben los mandamientos generales[943].

---

[940] Cfr. GOLDSCHMIDT, *Introducción...*, *op. cit.*, pág. 243.
[941] GUARINONI, *op. cit.*, pág. 558.
[942] Íd., pág. 551.
[943] GOLDSCHMIDT, *Introducción...*, *op. cit.*, pág. 75.

[...] con miras a lo vital, dentro o fuera de la comunidad, no pueden darse reglas generales de previsible funcionamiento. O el legislador se abstiene de dar normas generales al efecto. O el legislador, bajo la falsa apariencia de normas, emite meras pautas que no permiten prever su aplicación en ningún caso. O, en fin, el legislador da verdaderas normas generales; en este supuesto, las normas luego no se cumplen[944].

En suma, la prevalencia de un criterio u otro remite a un problema dikelógico[945].

Pueden verse ejemplos de costumbre *contra constitutionem*, según denominación de Sagüés, en

[...] el poder de veto que varias constituciones otorgan al rey (Holanda, Bélgica, etc.), pero que este no instrumenta desde hace décadas (desuetudo); la prohibición de reelección presidencial en los Estados Unidos [...] en cuanto un tercer período (hipótesis de suma o adición, contravenida sin embargo por Franklin D. Roosevelt, aunque posteriormente fue impuesta por la XXII enmienda); o el caso de las intervenciones federales en la Argentina, motivadas en razones ajenas a las previstas por el art. 6º de la Constitución [...] [De lo cual] puede inferirse una poco feliz norma consuetudinaria que autoriza a practicar la intervención por voluntad discrecional de aquellos dos poderes[946].

El constitucionalista rosarino también menciona como ejemplos de derecho consuetudinario a "la admisión de los 'indultos anticipados', realizados antes de haber sentencia condenatoria contra el indultado[947], la

---

[944]   Íd., pág. 76.
[945]   Íd., pág. 242. Al fin, cabría un estudio más profundo del tema a través del análisis trialista.
[946]   SAGÜÉS, *op. cit.*, pág. 159.
[947]   V. GOLDSCHMIDT, "La doctrina del mundo jurídico (programa de la ciencia jurídica como ciencia socio-dikenormológica)", en *Ciencia jurídica (Aspectos de su problemática jusfilosófica y científico-positiva,*

aceptación como constitucional del Código Aeronáutico, pese a no estar incluido en el art. 75, inc. 12 [...]"[948].

Un caso de desuetudo puede verse en la derogación de facto de la facultad del presidente de expedir patentes de corso[949]. La expedición de patentes de corso implicaba una "campaña que hacían por mar los buques que tenían patente de su gobierno para perseguir y capturar los buques mercantes de países enemigos y quedarse con todas o parte de las presas"[950].

_____

actual), La Plata, Instituto de Filosofía del Derecho y Sociología, Fac. de Cs. Jcas. y Sociales, Univ. Nac. de La Plata, 1970, pág. 196. El art. 99 enumera entre los poderes del presidente el de "indultar o conmutar las penas por delitos sujetos a la jurisdicción federal, previo informe del tribunal correspondiente, excepto en los casos de acusación por la Cámara de Diputados." (Inc. 5º). Desde el elemento literal puede decirse que el artículo habla de indultos por "delitos"; lo cual implica que el indulto debe recaer luego de que un tribunal haya determinado la culpabilidad de un individuo por la comisión de una acción ya calificada como delictual. Gracias al elemento sistemático, puede verse que se viola el principio de inocencia del acusado, su derecho –no su deber— a demostrar su inocencia y defenderse de las acusaciones y pruebas incriminantes, ya que el indulto presupone precisamente el haber cometido un delito.

[948] SAGÜÉS, *op. cit.,* pág. 257.

[949] "Corresponde al Congreso: [...] Conceder patentes de corso y de represalias, y establecer reglamentos para las presas." (Art. 67, inc. 22º, Const. de 1853-'60).

[950] *Gran diccionario Salvat,* ed. especial para *La Nación,* Barcelona, Salvat, 1992, tomo 1, voz "corso", pág. 400. Un corsario argentino fue Hipólito Bouchard, nacido en Francia, quien en 1817 obtuvo patente de corso del gobierno argentino. Al mando de la fragata *La Argentina,* viajó durante dos años, en los que atacó buques ingleses, franceses, españoles y malayos. Obtuvo el primer reconocimiento de la independencia argentina del rey de Hawai. Y continuó su raid por naciones de Centroamérica; razón por la cual muchas naciones de allí tienen a la bandera argentina como base. "El francés Hipólito Bouchard obtiene patente de corsario argentino", en diario *La Capital,* del 27.6.2004.

La concesión de *patentes de corso y de represalias,* y el establecimiento de reglamentos para las presas (inc. 22)[951], que implican la autorización y aprobación del congreso a la facultad concurrente del poder ejecutivo (art. 86, inc. 18), es una norma *sustraída por mutación* a la constitución, desde que nuestro estado adhirió a la convención de París de 1856 aboliendo la práctica de la piratería[952].

Esta facultad concurrente de los órganos legislativo y ejecutivo fue derogada por la convención nacional constituyente de 1994, siguiendo la pauta consuetudinaria derogatoria por falta de uso.

Deroga de hecho las disposiciones normativas de los artículos 1 y 109 de la Constitución Nacional, la jurisprudencia que ha reconocido validez jurídica a los tribunales administrativos y militares. A pesar de que el Presidente tiene vedado el ejercicio de funciones judiciales, por el principio de la división de poderes que surge de la forma republicana de gobierno y de la división de las funciones del poder en tres departamentos que así marca la propia Constitución, y por el principio del juez natural que asegura la inviolabilidad de la defensa en juicio, se ha admitido que organismos dependientes del Poder Ejecutivo: administrativos, militares, impositivos, etc., conozcan y decidan en materias fundamentales a los individuos. Esta costumbre administrativa, sumada a la costumbre judicial que la avalaba, fue revisada en el caso "Elena Fernández Arias c. José Poggio"[953]. La propia Corte

---

[951]   Según numeración anterior a la reforma constitucional de 1994.

[952]   BIDART CAMPOS, *Tratado...*, *op. cit.*, t. 2, pág. 144.

[953]   Fallo del 19.9.1960, publicado en "Fallos de la CSJN", Buenos Aires, 1960, vol. 247, págs. 646-672. Si bien el fallo no admite la validez de las "Cámaras Paritarias de Arrendamientos y Aparcerías Rurales" (consid. 23), Sagüés sostiene que la Corte admitió dichos tribunales. *Op. cit.*, pág. 630. Ocurre que la Corte analiza los argumentos a

señala dicha jurisprudencia (consid. 9), con respecto a la fiscalización de impuestos, los accidentes de trabajo, los apremios en sede administrativa, los permisos en materia de derecho de reunión, las faltas municipales, las potestades jurisdiccionales de la autoridad aduanera, etc. (consid. 11).

En efecto, se trata de órganos administrativos que ejercen funciones jurisdiccionales (consid. 4). La Corte explica que dichos organismos responden al premioso reclamo de los hechos que componen la realidad de este tiempo, y que constituyen una realidad compleja y vasta, incompatible con la visión de los constituyentes históricos (consid. 5). Por otra parte, la administración es el órgano pertinente para dar ágil respuesta a un reclamo que de otra forma sería insatisfecho (íd.). Frente a la tajante disposición del art. 95, actual 109, la Corte señala que la Constitución no es un dogma rígido, sino una creación viva, que se adapta al progreso de la sociedad (consid. 10). En realidad se está hablando de una elaboración de norma, y se la encubre bajo la forma de una interpretación mutativa[954]. Hay que agregar que dicha función jurisdiccional tiene el límite del control judicial suficiente, lo que implica una revisión ulterior a fin de que no ejerzan un poder absoluto (consid. 13).

Cabrá analizar si en el proceso administrativo se realiza el "principio de defensa en juicio". Dudo que ello ocurra, por el origen de los funcionarios, ya que son nombrados por el Presidente; por la calificación profesional, que no es la de los jueces letrados que son abogados (arg. arts. 111 y 114, CN); y por estar ubicados

---

favor y en contra y finalmente se pronuncia por la admisión de los contrarios.

[954] Sobre un concepto de interpretación v. el pto. 8.2.C.5.

en la Administración, que es un poder del Estado que tiene un fin distinto al del Poder Judicial, ya que aquella está inspirada por el afán administrador/recaudador y el de la mayoría, y éste, por el afán protector de los derechos del hombre, incluidos los de las minorías.

En suma, la Corte diferencia la actuación de la administración con atribuciones jurisdiccionales, en relación con derechos entre particulares, y refiriéndose a derechos públicos (consid. 18). También se dice que el recurso extraordinario no es el que cumple con la pauta del control judicial suficiente (consid. 19). Es por ello que el Alto Tribunal señala la opción: "[...] o las leyes de cuya aplicación se agravia la demandada son inconstitucionales, o se acepta que el Poder Legislativo –so color de proteger altos intereses públicos– puede vulnerar derechos como el de defensa, y convertir en su opuesto a las instituciones que los constituyentes decretaron [...]" (consid. 22).

Otra forma de manifestación de la costumbre *contra legem* a la "inversa" o por omisión del mandato legal es la desuetudo. Este caso se ha dado con respecto al establecimiento del juicio por jurado[955]. Como todo injerto que desconoce la base sobre la cual va a ser establecido, el juicio por jurados no responde a la idiosincrasia del pueblo argentino. Tomando las categorías trialistas de plan de gobierno en marcha y de ejemplaridad a la hora de organizar los repartos, nuestro país nunca fue afín a la ejemplaridad, sino que está "acostumbrado" a someterse a la planificación gubernamental, en donde personas distintas de nosotros, del pueblo, deciden lo

---

[955] "Los arts. 24 y 102, CN., prevén el juicio por jurados en las causas criminales, el cual, sin embargo, no ha sido establecido." GOLDS-CHMIDT, *Introducción...*, *op. cit.*, pág. 234.

que debemos o no debemos hacer. El juicio por jurados es una institución que requiere nada más y nada menos que "participación": son los propios ciudadanos quienes conocen y deciden respecto de la culpabilidad o inocencia del acusado. No por casualidad una idea de reflotar el juicio por jurados en Argentina se dio con motivo de la sensación de inseguridad que se vive en nuestro país[956]. La población, harta de sufrir la presión de los "delincuentes", explota en continuas manifestaciones hacia los gobernantes, los cuales pensaron en una inteligente forma de canalizar dicho pedido a través del jurado popular. La oportunidad de la iniciativa fue excelente[957]. He aquí otra manifestación de que, si la ley

---

[956] P. v. en tal sentido el proyecto del Ministerio de Justicia, Seguridad y Derechos Humanos del Poder Ejecutivo Nacional en http://www. jus.gov.ar/planestrategicodeseguridad/pdf/participacion_civica.pdf (8.7.2004).

[957] No obstante, es muy acertada la percepción de otras caras de la inseguridad, no siempre visibles: "Podemos estar preocupados por: a) la inseguridad de los niños '*de la calle*', que limpian los vidrios de los autos o nos entretienen en los semáforos; b) la inseguridad del ejército de desempleados, que carecen de los recursos mínimos para la subsistencia básica [...]; c) la inseguridad de las personas que viven en asentamientos o '*villas de emergencia*', [...]; d) la inseguridad de las innumerables personas que trabajan '*en negro*' y por ello carecen de los servicios de salud [...] y de la posibilidad de acceder, algún día, a la jubilación; [...] f) la inseguridad de las personas presas, condenadas o procesadas, que viven en condiciones inhumanas de hacinamiento, en las cuales proliferan situaciones de violencia y enfermedades, y entre ellas el sida, muchas veces contagiado a raíz de violaciones; g) la inseguridad de los ancianos de familias de escasos recursos, quienes son *amontonados* en geriátricos de pésimas condiciones y que con alarmante regularidad se incendian o derrumban; h) la inseguridad de las personas que se alimentan de basura, [...]; i) la inseguridad de los que duermen en las calles o plazas [...]. Por último también podemos estar preocupados por la inseguridad de quienes viven en *countries* o son asaltados." RAFFO,

no es vivida por sus destinatarios, su validez misma está en cuestión[958]. Concuerda Agustín Gordillo:

> [...] la generalizada violación del orden jurídico administrativo que todos advertimos puede deberse a la falta suficiente [de] integración coherente a valores constitucionales de rango superior, producida a su vez en alguna medida por la falta de adecuada y suficiente participación, libertad y control respecto de la formación del orden jurídico y del accionar administrativo, todo lo cual conspira contra su efectiva vigencia, al socavarle el indispensable soporte del consenso y la adhesión de la comunidad[959].

No obstante esto, en la provincia de Córdoba rige a partir de 2004, por ley 9182, un jurado popular para delitos aberrantes, de corrupción y económicos, compuesto por 11 miembros, 8 de los cuales son ciudadanos comunes y los 3 restantes, jueces de Cámara del Poder Judicial. Los ciudadanos establecen por mayoría la culpabilidad o inocencia del acusado, y los camaristas gradúan la pena[960].

La costumbre derogatoria también puede verse con respecto a uno de los requisitos para ser senador nacional, y que se extiende al cargo de Presidente; el cual, a pesar de la reforma constitucional de 1994, prosigue en el texto. Ya que en los hechos no se exige que un candidato a senador nacional disfrute "de una renta anual de dos mil pesos fuertes o de una entrada equivalente" (art. 55, CN).

Julio, "*Ideología y derecho*. El libro perseguido de Carlos Cossio", en AA.VV., *Dos filosofías...*, *op. cit.*, págs. 210-211.

[958]   "[...] los repartos autoritarios tampoco constan por completo en las fuentes formales". GOLDSCHMIDT, *Introducción...*, *op. cit.*, pág. 234.

[959]   GORDILLO, *La administración...*, *op. cit.*, pág. 18.

[960]   V. http://www.telediariodigital.com.ar/leer.asp?idx=13122 del 23.8.2005 (19.11.2007).

En su momento también se inaplicó la Constitución Nacional en lo relativo a la distribución de competencias tributarias, que eran desconocidas por las leyes de coparticipación que conjuntamente acordaban las provincias más la Ciudad de Buenos Aires con la Nación. Por la Constitución de 1853-1860 correspondía a las provincias como facultad exclusiva la de establecer impuestos directos, y excepcionalmente a la Nación, que concurría en facultades con aquellas, únicamente para el establecimiento de impuestos indirectos. La excepcionalidad en el dictado de impuestos directos por la Nación se volvió algo regular, y lo "consuetudinario" hizo surgir el derecho de la Nación a mandar dichos impuestos: "[...] el impuesto nacional a los réditos o a las ganancias se ha venido prorrogando sin solución de continuidad desde 1932, convirtiendo en permanente lo que está prescripto como temporario"[961].

Como dije:

> [...] antes de la reforma constitucional de 1994 las provincias tenían reconocidas sus atribuciones en materia de creación de impuestos directos aplicando a *contrariu sensu* el ex art. 67, inc. 2º, que se las reconocía excepcionalmente a la Nación y por el principio del ejercicio de los poderes no delegados. Y se entendía por interpretación sistemática que tanto Nación como provincias concurrían en materia de creación de impuestos de carácter indirecto (arts. 4 y 67, 2º para la Nación y por el lado provincial al no existir una norma que prohibiera en ese sentido y no existir atribución expresa y exclusiva en esa materia a la Nación [...][962].

---

961 QUIROGA LAVIÉ, Humberto, *Constitución de la Nación Argentina comentada*, 4ª ed., Buenos Aires, Zavalía, 2003, pág. 366.

962 GALATI, "Autonomía municipal y poder impositivo", en *Zeus*, t. 89, pág. 103.

Quiroga Lavié reconoce la inaplicabilidad de la norma constitucional:

> Las provincias debían adherir al sistema de distribución establecido en la ley, para tener derecho al mismo: de ese modo se obligaban a derogar los impuestos internos provinciales y a no establecer en el futuro impuestos que, si bien eran de su competencia constitucional, se encontraban ya dispuestos en el régimen de unificación sancionado por el Congreso. La doctrina sostuvo por mucho tiempo que las potestades impositivas de las provincias eran irrenunciables para ellas [...] pero los hechos y las necesidades fiscales del país superaron los ápices normativos. Una prueba evidente de la inaplicabilidad de la Constitución [...][963].

Otra desuetudo se dio en referencia a la evaluación de la cuenta de inversión por parte del Congreso, que prevé el art. 75, inc. 8° de la CN. Es aquí donde el Poder Legislativo puede controlar el cumplimiento por parte del Ejecutivo de lo planificado en la ley de presupuesto de recursos y gastos.

> La cuenta de inversión del presupuesto debe ser aprobada por el Congreso, y lo hace a través de la Comisión Parlamentaria Mixta creada a tal efecto por la ley 24156 [...]. Sin embargo durante muchos ejercicios, y no solamente durante los gobiernos de facto, no se ha producido dicha aprobación legislativa. Para remediar semejante *incumplimiento constitucional* la ley de contabilidad ha dispuesto que se reputen aprobadas automáticamente las cuentas de inversión, si ello no ha ocurrido por decisión expresa al quinto año posterior a su presentación[964].

---

[963]   QUIROGA LAVIÉ, *op. cit.*, pág. 367.
[964]   Íd., pág. 387.

Al revisar la página de internet del Ministerio de Economía de la Nación, el Congreso solo ejerce dicha facultad en tres oportunidades: "[...] en el transcurso del ejercicio fiscal 2006, el HONORABLE CONGRESO NACIONAL, ha procedido a la aprobación de las Cuentas de Inversión de los años 1997 y 1998, mediante las Leyes Nros. 26098 y 26099 respectivamente"[965]. Y durante el año 1993, por la ley 24963[966].

E.3.i. Derecho administrativo. Goldschmidt trae un nuevo caso muy común en el desarrollo del derecho administrativo: el de considerar un recurso interpuesto fuera de tiempo a la manera de una denuncia de ilegalidad de un acto administrativo, a la que debe dársele curso oficialmente[967], lo cual fue recepcionado por la Ley Nacional de Procedimientos Administrativos [art. 1, e), 6)].

Cabe traer a cuento también la derogación del art. 2340, inc. 6°[968] del Código Civil que señala que son de dominio público las islas: "[...] la jurisprudencia admite, sin embargo, la posibilidad de la usucapión a favor de los particulares, aparte de que el legislador local las ha 'desafectado', colocándolas en el comercio jurídico de derecho privado"[969]. Dicha doctrina se configuró en

---

[965] Del mensaje de elevación del proyecto de aprobación de la cuenta de inversión por el ejercicio presupuestario 2006. V. http://www. mecon.gov.ar/hacienda/cgn/cuenta/2006/tomoi/01mensaje.htm (20.11.2007).

[966] http://www.mecon.gov.ar/hacienda/cgn/cuenta/1993/ley_apro-bacion_cuenta_1993.htm (20.11.2007).

[967] GOLDSCHMIDT, *Introducción...*, op. cit., pág. 236.

[968] "Quedan comprendidos entre los bienes públicos: [...] 6. Las islas formadas o que se formen en el mar territorial o en toda clase de río, o en los lagos navegables, cuando ellas no pertenezcan a particulares [...]."

[969] SPOTA, *Tratado...*, op. cit., pág. 412.

el caso "Pancracio Cardile c. Prov. de Bs. As."[970] En el caso se trataba de la disputa acerca de la construcción de una servidumbre de paso en una isla, negada por uno de los propietarios, precisamente por invocar la propiedad de una parte de ella; lo cual implicaba que uno de los fundos se encontrara cerrado por los otros y no tuviera más salida que por el Río de la Plata. La provincia sostuvo que "el actor pretende la supresión y el cierre de una vía de acceso de imprescindible necesidad pública. Es decir, el interés particular primando sobre el interés público y social". A lo cual agregó que "si el Estado estuviera sujeto a las disposiciones del derecho común en materia de tierra pública, tendría que estar promoviendo continuamente juicios posesorios [...]".

La CSJN finalmente aceptó la propiedad privada de las islas. El tribunal relató que el PE, ante el pedido de los copropietarios, resolvió declarar de uso público la zona en la que se construiría el canal (consid. 1). En los expedientes administrativos constaba que Cardile era propietario de la tierra, como lo resolvió la Corte en otro juicio (consid. 2). Frente a lo cual señaló: "[...] si fuera exacto que se tratara de hacer una vía declarada por ley de utilidad pública, el PE. Provincial debió solicitar la correspondiente expropiación del terreno necesario para esa vía [...] y abonar el precio antes de la ocupación [...]" (consid. 3). Luego sostiene la apoyatura legal de lo que más ampliamente significa una costumbre de las autoridades.

> [...] la ley 4276 [...] autoriza al PE. a transferir el dominio de los terrenos de la Isla Santiago [...] a favor de los pobladores

---

[970]   Fallado por la CSJN el 19.12.1941 y publicado en *JA*, t. 1942-I, págs. 1015-1021.

de los mismos que lo soliciten dentro de los 180 días de sancionada. En el art. 4 [...] que se refiere a los pobladores con más de 30 años, se establece la transferencia gratuita del dominio, siempre que ellos hayan reconocido el dominio fiscal y hubieren ejecutado mejoras [...]. (Consid. 4).

De manera que, si bien la Corte no reconoce explícitamente[971] la fuerza jurígena de la costumbre, indica: "Las disposiciones de esa ley demuestran que los terrenos de la Isla Santiago háyanse en el comercio como bienes privados de la provincia, y que son susceptibles [...] de adquirirse por prescripción" (consid. 4). Ya que al ser las islas legalmente del dominio público "[...] esas cosas afectadas a usos de utilidad o comodidad común y al uso público, o sea, al uso y goce de las personas particulares (art. 2340, inc. 7, y 2341, CC.), son inalienables e imprescriptibles (arg. arts. 2336, 2337, 2415, 3951, 3952, y 4019, inc. 1)"[972]. También Spota sostiene la primacía del principio del art. 2340, 6°; salvo que la Nación o las provincias desafecten por sendas leyes dichos bienes del dominio público[973]. Por mi parte, entiendo que la excepción no se encuentra en el Código Civil, y en tal sentido es que se establece una costumbre derogatoria.

---

[971] En el mismo sentido, SPOTA, "'Desafectación' y venta de las islas. La usucapión de las mismas", en *JA*, t. 1942-I, pág. 1017.

[972] Íd., pág. 1015.

[973] Íd., pág. 1018. Para mayor abundamiento sostiene: "Admitir una *desafectación* de hecho sería aceptar los más injustificados ataques al dominio público por los particulares: la incuria administrativa, el abandono de los deberes de los funcionarios encargados de defender el bien del Estado, no puede ser título para adquirir contra este último". Íd., pág. 1019. El derecho contempla el olvido, el abandono, en otros ámbitos, como la prescripción en materia penal. ¿Acaso hay mayor interés público que en el supuesto de la averiguación de un hecho con apariencia criminal?

"Juan Etchebarne y otro"[974] es un caso que trata la facultad disciplinaria de la Comisión Nacional de Valores respecto de los agentes que actúan en el mercado bursátil sin estar inscriptos. Se instruyó un sumario por "[...] intervención directa o indirecta en las negociaciones [...] [que] había alterado los precios o dañado a los inversores". Dicha fiscalización iba contra la ley 17811, en tanto la Comisión no fiscaliza a los inversores particulares, no inscriptos en el registro respectivo; a pesar de lo cual, la Comisión venía ejerciendo dicho poder de policía desde 1970 sin cuestionamientos judiciales o administrativos. Se les instruyó entonces a los miembros proceso penal por abuso de autoridad y violación a los deberes de funcionario público (art. 248[975] del CP). Lo importante del caso es la cita de una costumbre, la judicial, al hacer referencia a un fallo de la CSJN, cuya parte principal señala que "las facultades de fiscalización acordadas a la Com. Nac. de Valores son susceptibles de ejercitarse con respecto a quienes en cualquier carácter intervengan en la oferta pública". La jueza de primera instancia señala que se trata de "[...] un valioso elemento de juicio a tener en cuenta al resolver situaciones similares [...]".

Uno de los jueces de Cámara señala que los sumarios de la Comisión aludidos como "precedentes" no cuestionados aluden a otro supuesto: la sanción de oferta pública no autorizada de títulos valores; distinto al analizado en el caso: la sanción a un particular

---

[974]   Fallado por la Sala 2ª de la Cám. Nac. Crim. y Corr. Fed. el 10.7.1987 y publicado en "JA", t. 1987-III, págs. 231-245.

[975]   "Será reprimido con prisión de un mes a dos años e inhabilitación especial por doble tiempo, el funcionario público que dictare resoluciones u órdenes contrarias a las constituciones o leyes nacionales o provinciales o ejecutare las órdenes o resoluciones de esta clase existentes o no ejecutare las leyes cuyo cumplimiento le incumbiere."

inversor no inscripto. Un precedente aludido se refiere
a la transferencia de sociedades anónimas sin funcionar,
sin autorización de la Comisión; otro precedente refiere
a una publicación pidiendo socios capitalistas para una
sociedad anónima, sin autorización. En otro de los casos,
se señala que "[...] el presidente de la sociedad emisora
de títulos valores es responsable ante la Comisión en lo
relativo a las maniobras que pudieran efectuarse con
ellos". El sumariado en cuestión se trataba de un "[...]
inversionista no inscripto [...] [que] aplica su patrimonio
a comprar y vender títulos interviniendo ilegalmente en
las negociaciones [...]". Es decir, "[...] el sumariado por
la Comisión es un inversionista particular que no actúa
en la oferta pública por sí, sino que lo hace a través de
un agente de bolsa que sí está inscripto". El juez Valerga
Aráoz señala otro caso parecido al motivo del conflicto,
pero que guarda diferencias que benefician su postura:

> [...] la infracción cometida por Baremboin, está prevista y
> perfectamente tipificada por la ley 17811. No se cuestionó
> la fluctuación de los precios, ni la eventual infracción a una
> norma reglamentaria de tipo administrativo omnicom-
> prensiva. La ley de fondo previó expresamente el caso de
> las operaciones concertadas para ser cumplidas, y que las
> partes no pueden sustraerse a su cumplimiento invocando
> que tuvieron intención de liquidarlas mediante el pago de
> diferencias.

Estas consideraciones demuestran entonces que
no hubo, en el caso, práctica consuetudinaria, con lo
que debe ponerse especial cuidado en el agrupamiento
de los casos sobre la base de elementos comunes, a los
fines de tener por existente una costumbre. Al respecto
sostiene el juez en minoría:

[...] no existe en dicho organismo [...] costumbre alguna que hubiera sustentado la posición adoptada por los procesados en autos. En el derecho administrativo, tanto como en el común, la costumbre debe resultar "de un comportamiento uniforme y constante practicado con la convicción de que responde a una obligación jurídica. Resulta, entonces, que como fenómeno social complejo, deriva de la repetición de hechos materiales en un determinado sentido ("usus") acompañado de aquellos elementos psicológicos que consisten en considerar obligatorio tal comportamiento frente al ordenamiento jurídico [...] no hay antecedentes; por ello, mal puede crearse una opinión sobre la necesidad de aplicar la ley de ese modo.

El fallo en cuestión hace referencia al objetivo de nuestro trabajo, que es vincular el pensamiento complejo con el derecho. Y la complejidad hace referencia a la diversidad, antagonismo, de los elementos que conforman el ser, en este caso, el ser jurídico, que no solo es idealidad, normatividad, sino también materialidad, conducta, esto es, costumbre. Ella hace entonces que el derecho sea un fenómeno complejo.

De manera que el juez en minoría impulsa la sanción por el delito del art. 248, ya que no hay costumbre que avale el accionar de los procesados que instruyeron el sumario.

Los restantes dos jueces deciden absolver a los imputados sobre la base de que no hubo violación a normativa alguna que configure el delito del art. 248.

[...] la resolución 5680 por la que se dispone la instrucción del sumario administrativo y el dictamen obligatorio previo, constituyen el medio a través del cual se ejercita el poder de policía con que cuenta la Com. Nac. de Valores para investigar la conducta de los inversores –inscriptos o no– en los supuestos en que estos provocan fluctuaciones que alteran el mercado bursátil, tal como lo prevé el art. 40 de las Normas.

Otro argumento que aportan los jueces D'Alessio y Cattani alude a la naturaleza de la función del inversor privado:

> [...] en los casos en que los inversionistas –comitentes– actúan por intermedio de un agente de bolsa, resulta aplicable la figura de la comisión mercantil y, en consecuencia, los comitentes a pesar de no estar inscriptos ingresan en la órbita de la Comisión por ser ellas las personas sobre las cuales recaen las consecuencias del contrato, y porque realizan un rol activo en la oferta pública, en tanto y en cuanto su intervención obedece a la intención de alterar el curso normal de cotización de los títulos que negocian.

También los jueces se valen del elemento histórico de la interpretación:

> [...] un párrafo de la Exposición de motivos de la ley 17811 [...] afirma que el sistema adoptado "permite un acertado equilibrio de la acción estatal y las instituciones bursátiles, en vista a la protección del público inversor y a la creación de condiciones de seguridad y confianza que impulsen la difusión de la propiedad de los títulos valores, con los controles jurídicos necesarios pero sin injerencias estatales obstructoras de los negocios".

Un fallo que niega validez a la costumbre es "Luis Re c. Municipalidad de Berisso"[976], en donde se configuraron, por parte de los empleados de una dependencia municipal, prácticas irregulares que pretendieron fundamentar en la costumbre, lo que significó la cesantía de los mismos.

> [...] se otorgó directamente al Departamento Cementerio la facultad de financiar el importe de arrendamientos o ventas

---

[976]   Cit. V. el pto. 8.2.E.3.i.

de nichos, sin que se impartieran órdenes precisas sobre el reajuste de los créditos ni sus intereses.

[...] la diferencia de tiempo que mediaba entre la recaudación de las sumas y su depósito, la justificó en la inexistencia de una caja de seguridad en el Departamento, hecho que provocó un proceder ya consuetudinario en el sentido de que un empleado llevara el dinero a su domicilio para depositarlo al día siguiente.

También se señala un tema interesante: "[...] la costumbre no puede entenderse configurada cuando han variado las normas reglamentarias que rigen la actividad de un organismo administrativo [...]". La costumbre, como la ley, no deja de ser una ordenación de la convivencia. Su carácter no escrito no significa que sea un aval para administrar mal o apropiarse de los dineros públicos[977].

E.3.j. Derecho penal. Incluso en el propio ámbito del derecho penal, económico en este caso, puede verse un ejemplo de costumbre derogatoria o *contra legem*:

El contrabando fronterizo está severamente castigado por la ley con fuertes multas, decomiso de la mercadería y severas penas de prisión e inhabilitación, temporal o perpetua [...]. Sin embargo, entre las poblaciones limítrofes de Argentina, Brasil y Paraguay, por ejemplo, existe la costumbre de entrar libremente al territorio del país vecino, adquirir productos diversos, retornar al propio y no enfrentar ningún impedimento legal. Se estaría frente a un caso de contrabando, visto desde el ángulo estricto de la ley; pese a lo cual, a ningún funcionario se le ocurre poner trabas a esta vieja costumbre de las poblaciones fronterizas[978].

---

[977] P. v. el pto. 8.2.E.2.d.
[978] ADIP, *op. cit.*, pág. 24.

Esto nos lleva a reflexionar que, muchas veces, en la generalización de una regla se encuentra también la falta de reflexión que exige la consideración de los casos particulares; con lo que la acusada falta de reflexión que se le adjudica a la costumbre no es patrimonio exclusivo de ella.

También este caso muestra la importancia de la distinción entre costumbres regionales, rurales o locales, para delimitar el ámbito de derogación de la ley por la costumbre[979]. Es importante resaltar en este sentido que "[...] las costumbres regionales [...] [y] las bilaterales se distinguen, [...] de las costumbre universales, [en] que son oponibles a Estados que no han participado en su formación"[980]. Este criterio extraído del derecho internacional público, puede aplicarse, *mutatis mutandi,* al resto de las ramas del mundo jurídico. Por ejemplo, al derecho constitucional, en donde, luego de la reforma de 1994, se han incorporado al texto las regiones[981]; por lo que una costumbre realizada entre la mayoría de las entidades locales de una región podría obligar al resto. El criterio es distinto al aplicado por Barboza, en tanto este autor sostiene que la costumbre regional exige la aceptación del Estado en cuestión. Creo, al contrario, que la región, como ente compuesto por distintas unidades, puede asemejarse a un pequeño "universo", en donde rija algún tipo de mayoría, como sucede en lo que Barboza llama costumbre universal. En este último caso, habrá

---

[979]   "La ley imperaría en el país, excepto en el ámbito donde la costumbre local se impone a la norma escrita". Íd., pág. 25.

[980]   BARBOZA, *op. cit.*, pág. 99.

[981]   El artículo 124 de la CN establece que "las provincias podrán crear regiones para el desarrollo económico y social y establecer órganos con facultades para el cumplimiento de sus fines [...]".

estados que no han adoptado la costumbre en cuestión; y si bien este Estado estaría siendo desconocido en alguna medida, se cree que esta es la base de alguna ordenación, cuanto menos más justa en tanto deriva de comportamientos efectuados a nivel horizontal[982].

También se avaló la costumbre derogatoria en el derecho penal en ocasión del tratamiento de los delitos de lesa humanidad. Ciertos Estados han avalado el comportamiento criminal de los que ejercieron el poder estatal, frente a lo cual, el régimen de la prescripción contribuiría a generar la impunidad. Aquellos que tendrían que hacer funcionar la ley no lo hacen y en otras ocasiones generaron leyes injustas, como las autoamnistías. Ante la ley que estatuye dichos impedimentos en los juzgamientos, la costumbre internacional ha sostenido la posibilidad de considerar a determinados delitos permanentes y, por lo tanto, imprescriptibles, lo cual no puede ser desconocido por juez alguno.

Se ha sostenido en el caso "Arancibia, Clavel, Enrique Lautaro s. homicidio calificado, y asociación ilícita y otros"[983]:

> [...] el Preámbulo de la Convención sobre Imprescriptibilidad de los Crímenes de Guerra y de los Crímenes de Lesa Humanidad señala que una de las razones del establecimiento de la regla de la imprescriptibilidad fue la "grave preocupación en la opinión pública mundial" suscitada por la aplicación a los crímenes de guerra y de lesa humanidad de las normas de derecho interno relativas a la prescripción de los delitos ordinarios, "pues impide el enjuiciamiento y castigo de las personas responsables de esos crímenes". A ello se agrega el texto del art. IV, de conformidad con el cual

---

[982]   V. lo que digo en el pto. 8.3.B.
[983]   Fallo de la CSJN del 24.8.2004.

los Estados partes "se comprometen a adoptar, con arreglo a sus respectivos procedimientos constitucionales, las medidas legislativas o de otra índole que fueran necesarias para que la prescripción de la acción penal o de la pena, establecida por ley o de otro modo, no se aplique a los crímenes mencionados en los arts. I y II de la presente Convención y, en caso de que exista, sea abolida". Tales formulaciones, si bien no resultan categóricas con respecto a la retroactividad de la convención, indican la necesidad de un examen de la cuestión de la prescripción diferenciada, según se trate o no de un delito de lesa humanidad. (Consid. 26).

También se dijo

que en rigor no se trata propiamente de la vigencia retroactiva de la norma internacional convencional, toda vez que su carácter de norma consuetudinaria de derecho internacional anterior a la ratificación de la convención de 1968 era *ius cogens,* cuya función primordial "es proteger a los Estados de acuerdos concluidos en contra de algunos valores e intereses generales de la comunidad internacional de Estados en su conjunto, para asegurar el respeto de aquellas reglas generales de derecho cuya inobservancia puede afectar la esencia misma del sistema legal" [...]. (Consid. 29).

Finalmente, "desde esta perspectiva, así como es posible afirmar que la costumbre internacional ya consideraba imprescriptibles los crímenes contra la humanidad con anterioridad a la convención, también esta costumbre era materia común del derecho internacional con anterioridad a la incorporación de la convención al derecho interno" (consid. 29).

El reconocimiento del valor de la costumbre es evidente, incluso en el mismísimo ámbito del derecho penal. Aquí es vista la costumbre, tal como lo señalo en otras oportunidades, como un límite a la actividad de los gobernantes. Cabe resaltar también que este caso es una prueba de que cada solución en derecho debe apuntar a la justicia[984], ya que si bien la costumbre *contra legem* solo es admitida cuando favorece al reo, aquí se prueba cómo cumpliéndose con esa regla se llegaría a un resultado injusto. Que un Estado, encargado de proteger a los individuos, se dedique a perseguir, torturar, secuestrar, robar y matar, en lugar de someter a juicio a los sospechosos de delinquir, es inadmisible, precisamente porque coloca a los ciudadanos en situación de rebelión en los términos de Locke, es decir, se viola el objetivo del pacto por el que se crea la sociedad misma y se estatuye el gobierno: la protección de la propiedad, en sentido amplio, del individuo. Un sospechoso de cometer un delito debe ser acusado y sometido a juicio, no sedado y arrojado al mar. Incluso, de haber habido guerra como se sostiene, se habrían respetado los criterios mínimos que señala el derecho humanitario: distinción entre civiles y combatientes; bienes de carácter civil y militar; ataques indiscriminados; proporcionalidad y precauciones en el ataque; protección a periodistas; prohibición de no dar cuartel; destrucción y confiscación de bienes; hacer padecer hambre; engaño; prohibición de las desapariciones forzadas, privaciones arbitrarias de la libertad, la esclavitud, mutilaciones; etc.[985]. Casi todas estas exigencias no se cumplieron en el período argentino 1976-1983. Basta leer al respecto la causa

---

[984]   Cfr. tb. a CIURO CALDANI, "Reflexiones...", *op. cit.*, pág. 796.

[985]   HENCKAERTS, Jean-Marie, "Estudio sobre el derecho internacional humanitario consuetudinario: una contribución a la comprensión y al respeto del derecho de los conflictos armados", en *Revista Internacional de la Cruz Roja*, núm. 857, págs. 175-212, en http://www.icrc.org/Web/spa/sitespa0.nsf/iwpList263/FA510051ADE-6C0450325702D00720911 (12.6.2006).

13/84, el libro *Nunca más*[986], las sentencias posteriores a la anulación de las leyes de obediencia debida y punto final por el Congreso por la ley 25779 y la causa "Arancibia Clavel", entre otras.

Un caso brasileño mostró cómo el tribunal superior de ese país admitió el hecho de que empleados de una compañía de energía entrasen a una vivienda particular para cortar el suministro sin pedir permiso para ello, de manera que los dueños no pudieron alegar el delito de violación de domicilio, ya que la costumbre permitía dicha conducta a fin de controlar los medidores[987].

E.3.k. Derecho laboral. En "Piñol, Cristóbal A. c. Genovesi S.A."[988], se cuestionaba si las gratificaciones que otorgaba un empleador formaban parte de la remuneración del trabajador, ya que dichas sumas no estaban previstas en el contrato originario como salario, y algunas de ellas se repetían durante algunos períodos. El problema importaba en tanto la determinación del salario influye a los fines de fijar las indemnizaciones o de calcular la remuneración debida en situaciones especiales: enfermedad, accidentes, vacaciones, etc. Se trataba de una confrontación entre la concepción que considera las gratificaciones como una liberalidad, sobre todo en épocas de crisis o cuando a juicio del empleador las ganancias no lo han satisfecho, y la otra que incluye en el contrato originario las modificaciones que de hecho en él se introducen. Se alegó también que el empleado cuenta con dichas gratificaciones como parte de su salario. En contra se dijo que no se sabía con

---

[986]   V. http://www.desaparecidos.org/arg/conadep/nuncamas/nuncamas.html (28.1.2003).
[987]   GIMÉNEZ CORTE, *op. cit.*, págs. 66-67.
[988]   Fallado el 13.09.1956 por la Cám. Nac. del Trab.

certeza la cantidad de años necesaria para configurar la habitualidad y la falta de intención de obligarse por el empleador. A favor se alega que la aparente liberalidad en el fondo trata de retribuir esfuerzos de los trabajadores. El pleno estableció como doctrina que "las gratificaciones otorgadas en forma habitual dan derecho, en principio, a reclamar su pago en períodos sucesivos y, por consiguiente, autorizan a recurrir a la vía judicial para exigirlas compulsivamente; salvo que se acredite, por quien lo afirma, que reconocieron como causa servicios extraordinarios o que no se han cumplido las condiciones sobre cuya base se liquidaron en otras oportunidades"[989].

Entiendo que la costumbre hace que, al ser considerada, introduzca un elemento de cambio en el contrato originario y, de esa forma, se modifiquen las obligaciones de las partes. Esto significa que no solo será contrato lo escrito, la ley, sino también aquello que pueda integrarse como consecuencia de la conducta de las partes, posterior a la celebración. La validez de la costumbre surge en este caso de la consideración de la vida, en tanto el empleado cuenta con esa suma de dinero a fin de planificar sus gastos. Él internaliza ese derecho, existe para él; más allá de la norma, pero existe. Planteo entonces la consideración de lo que realmente ocurre, lo cual es factible de contemplar a través de la costumbre.

---

[989]   V. al respecto el art. 104: "Formas de determinar la remuneración. El salario puede fijarse por tiempo o por rendimiento del trabajo, y en este último caso por unidad de obra, comisión individual o colectiva, habilitación, *gratificación* o participación en las utilidades e integrarse con premios en cualquiera de sus formas o modalidades." (El resaltado es mío).

Es interesante observar cómo algunos jueces se valen de la prevalencia que adjudican al significado literal de la palabra gratificación, que mencionan como la liberalidad ante una situación eventual; cuando la realidad de la vida dice que es un complemento que forma parte del sueldo en el entendimiento del que lo recibe, ante la repetición del hecho. La complejidad del fenómeno jurídico, derivada de la complejidad de las relaciones laborales, impide considerar la ley, el contrato, como únicas fuentes promotoras de "lo jurídico". También debe tenerse en cuenta que el marco de las gratificaciones es un contrato de trabajo de naturaleza eminentemente onerosa[990], y la habitualidad hace a la semejanza con el salario, que es contraprestación por el servicio efectuado.

Otro caso interesante que nos muestra Spota es el de "[...] la prueba de los salarios en materia de servicios domésticos, los cuales no obstante exceder de los 200 pesos, es decir, a pesar de superarse el límite establecido por el art. 1193[991], pueden ser acreditados por testigos"[992].

Desde el ámbito laboral, Krotoschin señala la libertad de formas que menciona el art. 48[993] de la ley de

---

[990]   Dice el art. 115: "Onerosidad-Presunción. El trabajo no se presume gratuito".
[991]   "Los contratos que tengan por objeto una cantidad de más de diez mil pesos, deben hacerse por escrito y no pueden ser probados por testigos." Doscientos pesos era el límite que había previsto Vélez Sársfield.
[992]   SPOTA, *Tratado...*, *op. cit.*, pág. 412. Este autor hizo referencia a este ejemplo porque en una época el servicio doméstico se contrataba como locación de servicio y se le aplicaba el 1193. Actualmente, en determinadas circunstancias, constituye una locación de servicios. V. el régimen jurídico del empleado doméstico en el dec. ley 7979/56.
[993]   "Las partes podrán escoger libremente sobre las formas a observar para la celebración del contrato de trabajo, salvo lo que dispongan

contrato de trabajo. Y a pesar de que esta disposición excepciona en el caso de haber ley o convención que imponga una formalidad, sostiene que "cuando la ley o convención colectiva prescribe la forma escrita o el cumplimiento de alguna otra formalidad, esta, por lo general, no constituye sino un medio de prueba"[994]. Refiriéndose específicamente al art. del Código Civil en cuestión, señala el laboralista: "En principio, el contrato de trabajo se prueba por todos los medios comunes (Cód. Civ., art. 1190; Cód. Com., art. 208), a los cuales se agrega la presunción que deriva, por regla general, del mero hecho de la prestación del trabajo (LCT, art. 50[995])". Para luego restar virtualidad al art. 1193, frente a la realidad de la prestación laboral: "[...] el obstáculo que los arts. 1193, Cód. Civ., y 209, Cód. Com., podrían oponer a la prueba por testigos, no existe cuando el trabajador prestara servicios, ya que esta prestación podría probarse de cualquier manera y su prueba constituiría presunción suficiente para la existencia del contrato"[996]. Finalmente asigna validez jurídica a la costumbre: "[...] atendiendo que la forma escrita está fuera de uso para el contrato de trabajo en general, la costumbre formada al respecto se opone a la aplicación estricta de la ley y equivale a la imposibilidad de obtener la prueba designada por esta (Cód. Civ., art. 1191)"[997].

Por su parte, Mosset Iturraspe también resta operatividad al art. en cuestión, haciendo más hincapié en

---

las leyes o convenciones colectivas en casos particulares."

[994]   KROTOSCHIN, Pedro, *Tratado práctico del derecho del trabajo*, vol. 1, 3ª ed., Buenos Aires, Depalma, 1977, pág. 181.

[995]   "El contrato de trabajo se prueba por los modos autorizados por las leyes procesales y lo previsto en el art. 23 de esta ley."

[996]   KROTOSCHIN, *op. cit.*, pág. 182.

[997]   Íd.

las excepciones que en la aplicabilidad de la regla. En primer lugar, señala su escasa virtualidad porque "[...] su determinación en una cantidad de dinero, en épocas de inflación, llevaba a que, a poco andar, la suma quedara como irrisoria"[998]. En segundo lugar, señala que es imposible una interpretación literal, en tanto "[...] la norma alude a otros 'pesos', que no son los de ahora, ni es posible trasladar su texto a una nueva realidad monetaria [...]"[999]. En tercer lugar, es más que claro cuando menciona la "[...] verdadera 'trampa legal', la que se configura con enfatizar la libertad formal, por un lado, y por el otro poner un coto insuperable a la prueba"[1000]. Finalmente, alude al conjunto de excepciones que más bien hacen regla:

> La norma reconoce las mismas excepciones que la prueba de los contratos formales, pues la situación planteada es similar; de donde surge que los otros medios serán admisibles, pese a ser el objeto de un valor superior, cuando: a) haya un principio de prueba por escrito. b) un principio de ejecución. c) una hipótesis de imposibilidad[1001].

Si bien la finalidad del derecho laboral es la protección del trabajador y la del derecho contractual es la protección de la autonomía de la voluntad, a través de la libertad de formas, tienen un punto en común al realizar la realidad de la práctica cotidiana de los contratantes.

E.3.l. Derecho romano. Con respecto a esta rama jurídica, Savigny nos dice que

---

[998] MOSSET ITURRASPE, "Comentario al art. 1193 del Cód. Civ.", en AA.VV., *Código..., op. cit.,* 2005, t. 3-C, pág. 11.

[999] Íd.

[1000] Íd., pág. 12.

[1001] Íd.

la costumbre tiene también fuerza contra la ley, ya sea re-emplazándola, ya abrogándola. [...] Así las partes del edicto del pretor que corrigen el derecho civil, especialmente la Ley de las Doce Tablas, son otras tantas innovaciones del derecho consuetudinario, innovaciones cuya legitimidad nadie ha puesto en duda. De igual modo deben en parte referirse al derecho consuetudinario los efectos del *usus* para el matrimonio, el segundo capítulo de la *lex Aquilia* y las *interrogatoriae actiones*[1002].

En efecto, "[...] el derecho pretoriano implicó una manifiesta desviación del principio del total imperio de la ley"[1003].

En otra oportunidad, el exponente de la Escuela Histórica señala como ejemplo el anatocismo:

El derecho romano prohíbe el anatocismo [...] los comercian-tes acostumbran al fin de cada año, y algunas veces antes, a hacer balance de sus cuentas y pasar el saldo a una cuenta nueva, saldo que devenga inmediatamente intereses, aunque en la cuenta figuren los intereses del período anterior. Este uso es contrario al derecho romano; pero se establece a la luz del día. Obrar de otra manera perjudicaría la facilidad de la contabilidad del comercio; y, por otra parte, cabe hasta cierto punto en el espíritu de la ley romana, aunque sea contrario a la letra. [...] queda abolida la prohibición del derecho romano por el uso general del comercio, y no importa averiguar de qué manera los comerciantes se han dado cuenta de él, pues todos obedecen al sentimiento de la necesidad y obran con entera buena fe[1004].

E.3.ll. Derecho procesal. Cossio acerca un caso de desuetudo muy común:

[1002] *Sistema...*, *op. cit.*, pág. 151.
[1003] SPOTA, *Tratado...*, *op. cit.*, pág. 392.
[1004] SAVIGNY, *Sistema...*, *op. cit.*, pág. 167.

[...] en la ciudad Eva Perón la Cámara de Apelaciones declaró una vez el desuso del art. 53 del Código Procesal de la provincia, que establece el carácter de perentorio para todos los términos procesales. "El art. 53 del Cód. de Proc. de la Prov. de Buenos Aires dispone que por el transcurso de los términos legales se pierde el derecho que se hubiere dejado de ejercitar; pero los tribunales jamás lo aplican respecto a términos que podrían reputarse perentorios, como el de prueba. Asimismo en juicio ordinario el término para contestar la demanda no es perentorio, de modo que después de vencido, el demandado puede contestarla mientras el actor no le acuse rebeldía."[1005]

Spota también señala: "[...] no obstante que la norma determine la pérdida del derecho que se hubiese dejado de usar dentro del plazo legal, sin necesidad de acusar rebeldía (art. 53, C. Pr. Civ., Bs. As.), se declara que el escrito de responde cabe ser presentado, aun vencido el término fijado al efecto, si el interesado no se opone con anterioridad a la comparecencia del emplazado"[1006].

El caso "Federico Garófalo c. Club Atlético Independiente"[1007] alude a la perentoriedad señalada por el art. 53 del CPCC y la práctica contraria que solo tiene por no contestada la demanda si se acusó rebeldía. El problema se presenta porque "[...] si el término es perentorio, vencido él, no puede el demandado contestar la demanda [...] si no es perentorio, vencido él, puede el demandado contestarla mientras con anterioridad no le acuse rebeldía el actor [...]".

[1005] COSSIO, *Teoría...*, *op. cit.*, pág. 257. "El término para contestar la demanda, en los interdictos [...] no es perentorio, pues exige el acuse de rebeldía." V. el caso "Garófalo" señalado en este pto.

[1006] SPOTA, *Tratado...*, *op. cit.*, pág. 413.

[1007] Fallado por la Cám. 2ª de Apelación de La Plata (en pleno), el 19.7.1946 y publicado en *La Ley*, t. 43, págs. 369-374.

Puede verse en este caso cómo el tribunal utiliza términos directamente relacionados con el aspecto sociológico del derecho. Habla del "desuso" del art. 53 del CPCC, señalando que "[...] en la *práctica* gran parte de la prueba se produce casi siempre después de vencido su término [...]"[1008]; y que "la ley que impusiera la perentoriedad de tal término estaría fuera de la *realidad*"[1009]. También se señala que cuando la ley ha querido establecer un término como perentorio, así lo ha establecido. Lo destacable del caso es que la propia ley establece la pérdida del derecho, con lo que se opera una costumbre *contra legem*.

Conforme lo señala el tribunal, no solo reconoce la costumbre del caso, sino que analiza su justicia: basado en el "impulso procesal", "[...] con ello se conforma el proceso civil al principio dispositivo que lo rige en concordancia con postulados de todo nuestro orden jurídico que proclama y afirma la autonomía del individuo"[1010]. Dimensión dikelógica que impulsaría una carencia homónima si se diera lo que el juez Sánchez Ceschi señala: "No es evidentemente lo que la ley quiere ni lo que se propuso la Comisión reformadora cuando reemplazó el sistema del impulso procesal a cargo de las partes, por el de la actividad del actuario". Aunque el juez Acuña Anzorena entiende que el legislador tuvo otro objetivo: "[...] Lo que se ha querido con aquella disposición es suprimir la prorrogabilidad de los términos y no adoptar

---

[1008]   El resaltado el mío.
[1009]   La cursiva es mía.
[1010]   Sobre este tema p. v. el pto. 8.3. Además, p. v. GOLDSCHMIDT, *La ciencia...*, cit.; *El principio supremo de justicia*, Buenos Aires, Belgrano, 1984; CIURO CALDANI, *Metodología dikelógica. Métodos constitutivos de la justicia. Las fronteras de la justicia*, Rosario, FIJ, 2007, pág. 13.

la perentoriedad de los mismos, lo que es cosa bien distinta [...]". Lo que alude a la interpretación histórica que caracteriza el trialismo. El juez Acuña Anzorena especifica dicha consideración "dikelógica": "[...] tratándose de disposiciones restrictivas de derechos, deben aplicarse a los casos expresamente especificados, sin la posibilidad de dar a su doctrina una extensión analógica [...]". Consideración semejante efectúa el juez Dellepiane:

> [...] sería contraria al principio inconcuso de que nadie debe ser condenado sin haber sido antes oído. Más aún, la pérdida del derecho a la contestación y la consiguiente devolución del escrito, no solicitadas por el actor, podría ser perjudicial para los intereses de este cuando el demandado hubiese reconocido en forma categórica los hechos y el derecho alegado.

También hay otra costumbre ligada a la prueba:

> [...] el término ordinario de prueba es perentorio según una apreciable doctrina [...]. Aunque la prueba debe ofrecerse dentro de ese término, en la inmensa mayoría de los casos se produce después que el término ha fenecido. Ni basta la negligencia en producirla para que caduque el derecho del interesado a servirse de ella: la acusación de negligencia es requisito jurisprudencial indispensable para la pérdida del derecho a suministrar la probanza. [...] He ahí otra demostración del vigor de la *consuetudo* derogante: el impulso procesal es lo que, en esto, tiene relevancia, pese a la perentoriedad que algunos ven en ese término probatorio[1011].

Debe mencionarse también la costumbre derogatoria por la cual se llama "doctor" a determinados profesionales, como abogados, médicos y contadores. Debería cambiarse la vieja y popular frase y anhelo "mi

---

[1011]   SPOTA, *Tratado..., op. cit.,* pág. 415.

hijo el doctor"[1012] por "mi hijo el profesional". En el caso
del derecho, la abogacía es una carrera de grado, que
dura entre cinco y seis años y que habilita para el ejercicio profesional. El doctorado es una carrera distinta,
de posgrado[1013], lo cual implica que para su cursado
debe tenerse un título de grado. Tiene una duración de,
generalmente, cuatro años. Su objetivo es desarrollar en
el futuro graduado la capacidad investigativa, requirién-
dosele un aporte original al conocimiento que permita
el avance de la ciencia de que se trate. En un momento
pensé que sería difícil desarraigar una conducta tan
interiorizada en la consciencia del pueblo, ya que los
mismos profesionales involucrados poco contribuyen
al esclarecimiento del tema, por ignorancia o artificial
paquetería. Espero que el caso "Blumberg" haya servido
para revertir esta "mala costumbre". Se trata del padre de
Axel, quien, a partir de la injusta muerte de su hijo por
quienes lo secuestraron, comenzó a militar en política
por seguridad, usando el título de ingeniero sin serlo[1014],
lo cual fue descubierto por una investigación periodística.

Sería bueno reservar el título de "doctor" para aquel
que realmente lo sea, ya que de lo contrario se bastardea
el trabajo de los científicos, que son los que investigan y
hacen avanzar la ciencia. El maestro del derecho, Werner

[1012] SÁNCHEZ, Florencio, *M'hijo el dotor,* 7ª ed., Buenos Aires, Kapelusz,
        1969.

[1013] "En el postgrado hay que tener en cuenta la actualización, la espe-
        cialización, la maestría (que puede tener más proyección teórica
        o práctica en la generación de nuevas destrezas) y el doctorado
        (abierto no solo al saber, sino a la sabiduría). La tesis es la expresión
        culminante de la 'sabiduría' del doctorado." CIURO CALDANI, *Las
        fuentes de las normas en el...,* cit.

[1014] V. "Hubo una fuerte caída en la imagen de Blumberg", del 4.7.2007,
        en http://www.clarin.com/diario/2007/07/04/elpais/p-01003.htm
        (4.7.2007).

Goldschmidt, que sí era "doctor", decía que jurista es quien a sabiendas reparte con justicia, es decir, a cada mérito en función de su obra. Por ello, en áreas específicas de la vida, zapatero a tu zapato, abogado a tu profesión, y doctor a tu investigación.

E.3.m. Derecho tributario. En el derecho tributario se intentó configurar una costumbre derogatoria en el caso "Italo Volpe"[1015]. En el caso, la DGI dispuso una clausura por la existencia, en un mismo negocio, de dos talonarios de facturas, uno que cumplía con los requisitos, y otro que no, siendo este último utilizado para los casos de mercadería llevada a prueba, en tanto se trata de un local de venta de lencería. También se utiliza el talonario irregular para las ventas financiadas y con tarjeta de crédito. El juez federal de Azul dispuso la revocación de la clausura y la Corte dispuso la revocación de dicha sentencia, basada en que se aparta de la solución normativa prevista y se sustenta en afirmaciones dogmáticas. También señala que los jueces son órganos de interpretación y aplicación, con el requerimiento de que sus sentencias estén sustentadas de manera objetiva y seria. Seriedad que no siguen los jueces Fayt y Boggiano, al rechazar el recurso sin la fundamentación –salvo que se considere tal la invocación del art. 280 del CPCCN– que le exigen al juez de Azul.

E.3.n. Derecho de la educación. Un caso de la educación superior universitaria es el del pago de pequeños aranceles o bonos por trámites específicos, ante cooperadoras que se encuentran en algunas facultades, lo cual contraría la gratuidad que consagra la Constitución Nacional (art. 75, inc. 19°). Si bien la Constitución también

---

[1015]   Fallado por la CSJN el 14.12.1993 y publicado en *JA*, t. 1994-II, pág. 624 (Lexis N° 942189).

habla de la equidad, lo que daría "espacio" para avalar pagos de aquellos que pueden hacerlo, todo el que desee realizar dichos trámites debe abonar los aranceles, es decir, no hay excepciones[1016]. Hay que destacar que los aranceles son mínimos.

E.3.ñ. Derecho internacional. La Corte Suprema avaló una costumbre internacional derogatoria de un tratado de extradición entre Argentina y Brasil[1017]. El condenado había sacado del país, mediante documentación falsa y por el paso fronterizo, un automóvil robado. La policía brasileña aplicó un convenio vigente para ese país, no ratificado por Argentina, pero que había venido aplicando consuetudinariamente. También se sostuvo que no corresponde a los tribunales argentinos abrir juicio sobre la detención ordenada en Brasil. Sostuvo el Alto Tribunal: "[...] la costumbre internacional y los principios generales del derecho de ese ámbito, forman parte del derecho interno argentino [...] [y] entre aquellos [...]

[1016] Cabe señalar que la "equidad" puede referirse también a la necesidad de compensar desigualdades a fin de que accedan aquellos a quienes no les es suficiente la "gratuidad". V. el caso "Estado Nacional s. formula observación al estatuto de la Universidad Nacional de Córdoba", fallado el 27.5.99 y publicado en "Jurisprudencia Argentina", t. 1999-III, págs. 391-404. La mayoría de la Corte entendió que la equidad significaba que los estudiantes debían solventar la educación pública, mientras que la minoría entendió que la equidad debía relacionarse con la gratuidad de la educación universitaria establecida como principio general, y en este sentido, ser equitativo significa compensar económicamente a quién no le alcance la gratuidad de la enseñanza, ya que declarar la educación gratuita, para determinados sectores pobres o indigentes, no alcanza, ya que hay que procurar material de estudio, transporte, alimentos y tiempo para la educación. Y así la equidad se ve como correctora de la generalidad de un principio, como ya lo entendía Aristóteles.

[1017] En el caso "León Nadel y otro", fallado el 6.4.1993, publicado en *La Ley,* 1994-A, pág. 189 y ss.

LA COSTUMBRE EN EL DERECHO ARGENTINO

uno de los básicos es el del respeto a la soberanía de los Estados" (consid. 12).

Por su parte, la disidencia del juez Boggiano sostuvo que si bien Argentina no puede controlar si el acto de entrega de los detenidos y el automotor secuestrado se hicieron de conformidad con el orden jurídico de Brasil, cuando dichos actos han contrariado derechos fundamentales de las personas reconocidos por el derecho de gentes cabe el examen (consid. 9). La expulsión de los procesados se hizo sin procedimiento formal alguno y sin la garantía de un tribunal, contrariando el derecho internacional (consid. 12). Los tratados de extradición no son solo instrumentos para regular la entrega entre Estados de condenados, imputados y prófugos, sino que son garantías respecto de las personas de que serán entregadas en las circunstancias allí enunciadas (consid. 13). Respecto de la costumbre alegada, se expresa: "[...] un convenio policial solo ratificado por el Brasil pero aplicado consuetudinariamente por la Argentina [...] no está probada una aplicación del mencionado convenio por los órganos del Estado argentino, que permita afirmar que existe una costumbre internacional bilateral con convicción de obligatoriedad. La certificación [...] solo ilustra un contado número de casos que tramitaron ante un mismo tribunal federal, en los que medió una entrega administrativa sin extradición [...]" (consid. 16). Con lo que el juez concluye que la entrega de los procesados fue hecha contrariando el tratado de extradición entre Argentina y Brasil, frente a lo cual, hablando de la jerarquía entre fuentes, señala: "[...] el tratado internacional antes considerado no puede ser derogado ni postergado por costumbre internacional bilateral alguna, por cierto no demostrada en la causa

[...] tal práctica sería contraria a normas imperativas del derecho internacional sobre la libertad de las personas y el debido proceso penal [...]" (consid. 17). Como lo señalo, sin necesidad de desconocer la costumbre como fuente, puede resolverse el problema en términos dike-lógicos, si la costumbre es injusta; lo que parece hacer el juez: "[...] se acepta que la costumbre internacional no impone necesariamente la obligación de extraditar. Empero [...] también los delincuentes tienen derecho humano a no ser detenidos arbitrariamente. [...] Es hora de poner límites [...] y desalentar los secuestros-capturas, aun de los sospechados de crímenes más horrendos, prohibiendo el enjuiciamiento y condena de los así detenidos" (consid. 20).

E.3.o. Derecho penal. Jiménez de Asúa reconoce un caso de desuetudo, en tanto hay una norma oficial escrita sobre el aborto que se inaplica a ciertos sectores: "[...] es preferible abolir ese precepto penal burlado constantemente, no solo por inútil, sino para salvar al derecho del desprestigio que sobre él cae cuando se le incumple metódicamente, o se le aplica tan solo contra los desheredados"[1018]. Es interesante el caso aportado por el penalista, pero hay que agregar que no es necesario "salvar al derecho del desprestigio", ya que ese pensamiento supone que está constituido solo por normas, cuando forman parte de él también la costumbre

---

[1018] JIMÉNEZ DE ASÚA, "El aborto y su impunidad", en *La Ley,* t. 26, pág. 980. Sobre el tema p. v. GALATI, "Consideraciones jurídico-sociales del aborto no punible. La autonomía del paciente frente al poder del profesional de la salud", en *RedBioética/UNESCO,* año 3, vol. 2, núm. 6, págs. 47-62, Uruguay, 2012, en http://www.unesco.org.uy/shs/red-bioetica/fileadmin/shs/redbioetica/Revista_6/RevistaBioetica6b-47a62.pdf (2.5.2013).

y la justicia, con lo cual, no hay que prestigiarlo, sino
transparentarlo.

E.3.p. Teoría general del derecho. Un nuevo caso de
desuso nos acerca el creador de la egología:

> [...] el de la numeración del cód. civ. Cuando se lo sancionó
> en 1869, uno de los capítulos iniciales correspondía al matri-
> monio siguiendo los preceptos del Derecho canónico. Pero
> en 1889, al reemplazarse este régimen por el de matrimonio
> civil, resultó que la ley de matrimonio civil contenía 34 artí-
> culos más que el correspondiente capítulo del código. [...] el
> art. 118 de esta ley disponía que ella quedaba incorporada
> al código "arreglándose la numeración que corresponda a
> los artículos". Normativamente hubo de haberse cambiado
> la numeración de 3800 artículos del cód. civil. Sin embargo,
> todos los tribunales, todos los abogados y todos los trata-
> distas, sin dar ninguna razón, citan los artículos del cód.
> civil por su primitiva numeración y citan los artículos de la
> ley de matrimonio civil en forma independiente. El jurista
> argentino tiene en esto el ejemplo de un desuso universal[1019].

Es costumbre asignar validez a los fallos plenos o
plenarios, cuando ello viola la distribución de funciones que realiza la Constitución Nacional al privarse al
Congreso de la facultad legislativa[1020]. Richard y Romero
acercan también el ejemplo de la delegación de facultades legislativas en organismos administrativos distintos
al Poder Ejecutivo, como es el caso del Banco Central de
la República Argentina respecto de la reglamentación
de la cuenta corriente bancaria[1021].

Y permítaseme la picardía de citar en último término un ejemplo más de norma escrita derogada por

---

[1019] COSSIO, *Teoría..., op. cit.,* págs. 257-258.
[1020] P. v. tb. a RICHARD, y ROMERO, *op. cit.* V. además el pto. 8.2.C.9.
[1021] Íd.

la costumbre: al artículo 17 del Código Civil[1022]. Ya que no hay caso más claro de costumbre derogatoria que aquella que deroga a la norma escrita que le niega valor.

E.4. Ordenamiento normativo consuetudinario. Si bien la costumbre ya implica un orden regulativo respecto de un tema determinado, puede haber disposiciones consuetudinarias que a su vez influyan en otras regulaciones legales o consuetudinarias, con lo cual cobra virtualidad un ordenamiento normativo consuetudinario. También el Código Civil contiene disposiciones en donde la costumbre puede llegar a formar parte de lo que la doctrina llama "orden público", o mejor dicho, orden de la superioridad (no mayoría)[1023]. Son manifestaciones de este principio los arts. 21[1024], 953[1025], entre otros.

[1022]   ADIP, *op. cit.*, pág. 60.

[1023]   "[...] la superioridad la puede tener igualmente una minoría numérica [...] si el derecho de voto no corresponde a todos [...]. Sobre todo es una minoría bien armada y organizada superior a una mayoría desarmada y desorganizada [...] entendemos por minoría lo contrario de superioridad, sea o no minoría numérica." GOLDSCHMIDT, *La ciencia..., op. cit.*, pág. 221.

[1024]   Art. 21. "Las convenciones particulares no pueden dejar sin efecto las leyes en cuya observancia estén interesados el orden público y las *buenas costumbres.*" El resaltado me pertenece.

[1025]   Art. 953. "El objeto de los actos jurídicos deben ser cosas que estén en el comercio, o que por un motivo especial no se hubiese prohibido que sean objeto de algún acto jurídico, o hechos que no sean imposibles, ilícitos, contrarios a las *buenas costumbres* o prohibidos por las leyes, o que se opongan a la libertad de las acciones o de la conciencia, o que perjudiquen los derechos de un tercero. Los actos jurídicos que no sean conformes a esta disposición, son nulos como si no tuviesen objeto."

3. Dimensión dikelógica

Como una pequeña introducción a este tópico, puedo decir que es mi intención distinguir la validez de la costumbre como elemento o fuente del derecho, que tiene de por sí por los motivos apuntados y que apuntaré, de la validez en justicia de cada regla consuetudinaria.

Como vimos al mencionar los elementos de la costumbre, como buen tridimensionalista, Gény agrega, como condición negativa de la costumbre, la racionalidad. Ubicando sistemáticamente este requisito en el esquema trialista, no es otro que el reconocimiento de la justicia en el derecho. De allí que el autor francés cite a Dunod, quien señala: "Es necesario también que estos hechos, mediante los cuales se establece la costumbre, sean justos y razonables, que nada tengan de contrarios al derecho natural [...] en una palabra, que pudiera autorizarlos una ley justa"[1026]. También alude de manera oblicua a la justicia Alberto Spota cuando, a pesar de ser un ferviente defensor de la costumbre, le niega validez al comentar un caso de violación de normas de tránsito que ocasionan un daño a una persona[1027]. Costumbre que califica como contraria al derecho público, al dictado de los poderes de policía[1028], la seguridad pública, la vida y el patrimonio de los habitantes[1029].

Goldschmidt señala que la costumbre realiza un valor del mundo jurídico, que es la solidaridad, lo cual implica una comunidad de intereses y responsabilidades.

[1026] GÉNY, *Método...*, *op. cit.*, pág. 367.
[1027] V. el pto. 8.2.E.3.b.
[1028] SPOTA, *Tratado...*, *op. cit.*, pág. 411. V. tb. SPOTA, *La infracción...*, *op. cit.*, pág. 207.
[1029] Íd., pág. 410.

El esquema de la ejemplaridad, como una manera de ordenar los repartos, y que sigue los pasos: modelo-seguimiento, se basa en esta solidaridad, en donde "los repartidores y los recipiendarios del nuevo reparto se solidarizan con los protagonistas que actuaban en el reparto pasado"[1030]. En efecto, retomando el origen histórico del derecho, en sus comienzos, la mecánica del clan estaba basada en dicha solidaridad:

> La costumbre tiene por efecto fundamental establecer una solidaridad fortísima entre los pertenecientes al mismo grupo; hasta el punto de que el individuo no vale por sí sino en cuanto forma parte de un grupo. [...] La primera consecuencia de la solidaridad de un grupo consiste en la *mutua asistencia* de los asociados en el caso de que uno de ellos sea ofendido por un extraño. Entonces el grupo entero reacciona y no tan solo contra el ofensor, sino contra el grupo al cual este pertenece; la reacción tiene siempre carácter colectivo. En el caso [...] de que la ofensa sea interna, esto es, que acontezca entre individuos del mismo grupo, [...] se procede a la *expulsión* del ofensor. Este, [...] queda privado de todo derecho y equiparado a una fiera, esto es, expuesto a las ofensas de todos[1031].

Aunque la solidaridad es un valor relativo

> [...] porque su carácter de valiosa o disvaliosa depende del valor de los criterios que se consideran ejemplares. Si en una comunidad se considera ejemplar excluir a los negros de la enseñanza pública e inhabilitarlos para los cargos públicos, la solidaridad es desvaliosa, mientras que sería valiosa en el supuesto contrario de la convivencia racial[1032].

[1030] GOLDSCHMIDT, *Introducción...*, *op. cit.*, pág. 91.
[1031] DEL VECCHIO, *op. cit.*, pág. 470.
[1032] GOLDSCHMIDT, *Introducción...*, *op. cit.*, pág. 91.

Creo que la costumbre tiene preferencia con respecto a la ley. Ahora explicaré en qué consisten estas preferencias y las razones.

A. Preferencia ontológica

Tal como lo señalo en el capítulo referido a la "ontología de la costumbre", el trialismo dirá concordantemente que la costumbre tiene preferencia ontológica. A nivel microjurídico, una costumbre principia con un acuerdo entre partes, por lo que cabe hablar, en primer lugar, de la preferencia del reparto autónomo por sobre el autoritario. "El reparto autónomo [basado en el acuerdo] es ónticamente superior al reparto autoritario por la sencilla razón de que puede haber y hay grupos que viven solo a través de repartos autónomos, mientras que no es posible ni imaginable que un grupo se desarrolle exclusivamente en pos de repartos autoritarios."[1033] Esta idea es la que basa la posterior preferencia ontológica de la costumbre vista como ordenación de repartos autónomos o autoritarios[1034], es decir, de la ejemplaridad.

> En el plano óntico, [...] puede haber comunidades que solo se inspiran en la ejemplaridad, mientras que no puede haberlo que funcionen exclusivamente a raíz del plan de gobierno en marcha. [...] la obediencia al plan de gobierno, sin la cual este no "marcha", descansa en la ejemplaridad[1035].

[1033] Íd., pág. 69.
[1034] Ya que también pueden formar parte de la costumbre repartos autoritarios, por ej., los que vimos en el derecho público.
[1035] GOLDSCHMIDT, *Introducción..., op. cit.,* pág. 98.

En suma, "[...] la costumbre tiene en principio preferencia sobre la ley en la medida en que las decisiones surgen de los propios interesados"[1036]. Ciuro Caldani ha señalado la distancia que existe entre los repartidores y las normatividades, lo que genera a los asesores en técnica jurídica[1037]. Mientras que la distancia entre la conciencia de la obligatoriedad del recipiendario de la regla obligatoria producida en la costumbre y el repartidor es inexistente por la identidad de repartidor/recipiendario, al menos en el origen de la regla consuetudinaria.

Por otra parte, como señala Deodoro Roca, un exponente de la Reforma Universitaria de 1918, "para impedir que actúen las fuerzas sociales se las sujeta jurídicamente, se las maniata con prohibiciones y sanciones [...]"[1038]. Esto significa que no puede contenerse por mucho tiempo la presión social. En efecto, es claro lo que ocurre cuando el encorsetamiento de lo social es ejercido desde la normatividad: "[...] cuando las fuerzas sociales no pueden libremente ejercer su presión sobre lo político –estructurando en esa relación el cambiante orden jurídico– es que se ha concebido al derecho con una mentalidad sacerdotal y se le ha trasmutado en canon de valor dogmático"'[1039].

B. Preferencia dikelógica

Este es el lugar en donde analizaré la costumbre como un acto material colectivo susceptible de ser

---

[1036]   CIURO CALDANI, "Reflexiones...", *op. cit.*, pág. 794.
[1037]   CIURO CALDANI, "Integración...", *op. cit.*, pág. 902.
[1038]   ROCA, *op. cit.*, pág. 118.
[1039]   Íd., pág. 119.

valorado por la justicia, ya que entendemos que forma
parte del fenómeno jurídico el componente axiológico.
Lo contrario implicaría sumir al Derecho en un instrumento al servicio de cualquier fin, y en donde el
individuo quedaría preso de cualquier manipulación
supuestamente "neutral" a los valores, pero socialmente
aceptada[1040]. Jamás debería una costumbre injusta convertirse en derecho aplicable a un caso[1041].

Creo que la ejemplaridad, canalizadora del derecho espontáneo, contiene una presunción de justicia
por sobre la planificación gubernamental, ya que todo
reparto autoritario cuesta una injusticia por entrome-
terse en la esfera de libertad de los interesados[1042]. Esta
preferencia nos ayuda a comprender también que "[...]
la legitimación del Estado (en cuanto representante de
la sociedad) para crear derecho ni tiene ni debe excluir
la legitimación de la sociedad misma para crearlo directamente, a no ser que se quiera incurrir en el error
totalitario de diluir la sociedad en el Estado"[1043].

La preferencia dikelógica que Goldschmidt señala
por el reparto autónomo, y a nivel colectivo por la ejemplaridad, se relaciona con lo que señalo respecto de la
importancia de la costumbre, sobre todo mencionada

[1040]   No compartimos el criterio de "objetividad" que sostiene Cueto Rúa:
        "Por objetividad entendemos [...] la posibilidad de que la solución
        encontrada al problema pueda ser compartida y aceptada en el
        seno de la comunidad". *Fuentes...*, *op. cit.*, pág. 18.

[1041]   ROMERO, *Curso de derecho comercial. Parte general*, vol. 1, Buenos
        Aires, Depalma, 1983, pág. 117, cit. por RICHARD, y ROMERO, *op.
        cit.*

[1042]   GOLDSCHMIDT, *Introducción...*, *op. cit.*, pág. 70. Armonícese o
        confróntese el término "preferencia" con el de "oscilación" que
        planteo en GALATI, *La teoría trialista...*, cit., posterior al planteo
        de este libro y de futura publicación.

[1043]   MONTORO BALLESTEROS, *op. cit.*, pág. 101.

por Lassalle a nivel constitucional. Este autor sostiene que la constitución real es el efectivo juego de los factores de poder, más allá de lo que esté dicho en la constitución escrita, que es una mera hoja de papel. En efecto, al hacer hincapié en el acuerdo, los hombres de derecho van más allá de las normas, y el acuerdo por la convivencia es constante, día a día. Señala entonces Lassalle las ventajas del *Common Law:*

> Inglaterra, [...] es un país en que la verdadera Constitución, la Constitución real, es constitucional [...].
> [...] es facilísimo llevar a la práctica un acuerdo de denegación de impuestos, y ya se guardará mucho el Gobierno de ponerse en semejante trance; por eso basta con que la amenaza se formule para que el Gobierno ceda. [...] Es un recurso pacífico, legal y organizado para someter al Gobierno a la voluntad del pueblo[1044].

Para lograr las ideas de crítica que conlleva la dimensión dikelógica, es indispensable compartir valores occidentales como la igualdad entre el hombre y la mujer, y entre los integrantes de la humanidad, y el predominio de un ámbito de libertad en el ser humano a fin de desarrollar su plan personal sin interferencias. Por lo que el estándar de vida de los distintos actores sociales no puede llevar a una situación de indignidad social que viole en los hechos la igualdad y la unicidad que pregonamos[1045]. He aquí un límite a la costumbre.

[1044] LASSALLE, *op. cit.*, págs. 116-117. Nótese cómo nuestros gobernantes precisamente tratan de hacer lo contrario, al prohibir injustamente la iniciativa popular de leyes en materia tributaria, entre otras (art. 39, CN.).

[1045] Son componentes fundamentales del supremo principio de justicia la democracia en la que no existen privilegios y la unicidad (libertad)

Antes de la admisión del primer amparo, recuerda
Bidart Campos cómo sistemáticamente se rechazaban
pedidos de hábeas corpus para la salvaguarda de derechos constitucionales no concernientes a la libertad
personal. Hasta que advino el reconocimiento con el
caso "Siri". En este caso, podemos ver cómo se comprue-
ba efectivamente la presunción de justicia que recae
sobre los repartos autónomos, que son aquellos frutos
del acuerdo de los repartidores. En efecto, puede verse
cómo muchos cambios auspiciosos se dieron en el ámbito de la ordenación horizontal, a través del esquema
modelo-seguimiento, espontáneo, y no producto de la
planificación, a través del esquema mando-obediencia
que propician nuestros gobernantes.

> [...] se la ha comprendido como el proceso más eficaz, por
> su espontaneidad y generalidad, para coordinar la conducta
> de los integrantes del grupo social de modo tal, que la liber-
> tad individual puede ejercitarse sin desmedro de la de los
> demás, en un medio social pacífico y seguro[1046].

No obstante, en la historia del derecho se han dado
costumbres injustas; es decir, casos en donde la costumbre popular –esclavitud– y hasta la judicial –"Plessy vs.
Ferguson" sobre discriminación arbitraria a los negros–
han conculcado valores fundamentales que hacen a la
igualitaria convivencia entre los hombres. Por ello, no
entiendo el valor como el mero producto de un proceso
histórico, tal como lo creía Savigny, y más actualmente
Cossio: "[...] los valores objetivos de la valoración jurídica son fundamentalmente históricos. Por consiguiente,

---

de cada individuo en la que ninguno es medio de los demás ni del
Estado. V. a GOLDSCHMIDT, "Introducción...", *op. cit.,* pág. 443.
[1046] CUETO RÚA, *Fuentes..., op. cit.,* pág. 117.

habrá fuerza de convicción científicamente hablando, cuando la sentencia judicial ajuste su valoración a patrones históricos vigentes"[1047]. En el mismo sentido se pronuncia Cueto Rúa:

> Las leyes y la costumbre son útiles como fuentes no tanto porque suministren apoyo lógico a la decisión que se adopte en definitiva, cuanto porque suministran un criterio material para discernir el sentido del caso en discusión y resolverlo de una manera que sea considerada valiosa por una pluralidad de los integrantes del grupo social[1048].

No obstante, es importante rescatar de Cossio el hecho de expresar la posibilidad de juzgamiento del precedente, al hablar de la "deficiencia cualitativa":

> [...] únicamente un discurso puede sostener esta pretensión, pues existiendo forzosamente diferencias de individuación entre el caso del precedente y el nuevo caso, solo el discurso puede declararlas irrelevantes para defender la identidad genérica entre aquel y este. Ni siquiera un discurso ocasionalmente verdadero, suple la insuficiencia ontológica que en este punto aparece como imposibilidad de una explicitación[1049].

No es casual que el realismo haya influido a Cueto Rúa como para sostener una concepción histórica del valor y que Cossio sostenga lo propio al basar su teoría

---

[1047] COSSIO, *Teoría...*, *op. cit.*, pág. 246. V. tb. a CUETO RÚA, *Fuentes...*, *op. cit.*, pág. 20. P. v. tb. COSSIO, *Radiografía...*, *op. cit.*, pág. 99.

[1048] *Fuentes...*, *op. cit.*, pág. 27. Aunque puedo notar, procurando una suerte de "ecumenismo jurídico", que el mismo autor señala que "[...] la intuición no iluminada por el razonamiento, puede crear graves dificultades." Íd., pág. 102. Concepto afín al de justicia del trialismo, como sentimiento racional. V. a GOLDSCHMIDT, *Introducción...*, *op. cit.*, pág. 396.

[1049] COSSIO, *Radiografía...*, *op. cit.*, pág. 189.

egológica en un aspecto experiencial, la conducta. Por ello, en el Reino Unido, el control de constitucionalidad lo ejerce el Parlamento, a través de la Cámara de los Lores[1050]; de manera que es el criterio del pueblo a través de sus representantes el que valora. En Argentina, el control de constitucionalidad lo ejerce un poder distinto del legislativo, es decir, el Poder Judicial (art. 116, CN.), por lo que se admite, al menos normativamente, que el pueblo pueda equivocarse. Aunque cabe tener en cuenta que la reforma constitucional de 1994 suprimió la elección indirecta del presidente (art. 94, CN.) y de los senadores (art. 54, CN.) y cabe agregar las formas de democracia semidirectas (arts. 39 y 40, CN.).

No hay duda de que la costumbre, como reparto colectivo, se inspira en una "idea de justicia" que, como relativamente "irreflexiva", puede no coincidir con la razón. Y es así como algunas costumbres no son justas, es decir, no concuerdan con un sentimiento racional, el de justicia. Creo que la tradición fruto de la espontaneidad del sentimiento forma parte del análisis científico, como lo creen actuales tendencias epistemológicas[1051], pero ello debe pasar por el tamiz de la justicia, siempre que entendamos el derecho como un conjunto de repartos, captados por las normas y valorados, ambos, por la justicia[1052]. Señala ya Pascal:

[1050] "[...] los órganos soberanos no pueden estar sometidos a nadie sin perder este su carácter de soberanía [...]." GOLDSCHMIDT, *La ciencia...*, *op. cit.*, pág. 330.

[1051] MORIN, "Los siete saberes necesarios para la educación del futuro", en http://www.complejidad.org/27-7sabesp.pdf (25.10.2003).

[1052] "El mérito de la Escuela Histórica consiste en que dirige su mirada al orden de repartos y en que considera las leyes como su descripción; al contrario, no se puede aprobar que sustituya al verdadero concepto de Derecho Natural, la justicia, por la noción mística del espíritu del pueblo." GOLDSCHMIDT, *Introducción...*, *op. cit.*, pág. 216.

> La costumbre no debe ser seguida más que porque es cos-
> tumbre, y no porque sea razonable o justa; pero el pueblo
> la sigue por esta sola razón, que la cree justa. Si no, no la
> seguiría más, aunque fuera costumbre, pues no quiere suje-
> tarse más que a la razón o a la justicia. Sin eso, la costumbre
> pasaría por tiranía [...][1053].

En efecto, Goldschmidt entendía que "la valoración
dikelógica no tiene fuentes reales. Los repartos razo-
nados (y derivadamente las normas) son el material
estimativo de la valoración, pero no su fuente. [...] El
reparto no engendra la valoración. La única fuente de
la valoración es el mismo valor"[1054]. Aquí puede verse la
operatividad de la dimensión dikelógica cuya función
es criticar, desde el punto de vista del valor, el reparto y
su captación lógica, la norma, sancionando conductas
y normatividades injustas[1055].

Creo con Goldschmidt que "[...] la formación de
derecho espontáneo, a raíz de la jurisprudencia, es una
manifestación de la democracia directa, última verdad
ineludible de toda sociedad [...]"[1056], por lo que "[...] el
establecimiento legal de la vinculatoriedad de ciertas
sentencias delega en el poder judicial formalmente facultades legislativas; y constituye, por tanto, una infracción
voluntaria del principio de la división de poderes"[1057].
Sobre el tema, señala Ciuro Caldani que

> la ley puede ser expresión de la democracia representativa
> y la costumbre es manifestación de la democracia directa

[1053] PASCAL, *op. cit.*, pág. 185.

[1054] Íd., pág. 219.

[1055] Para más precisiones sobre la actual naturaleza compleja del valor,
p. v. GALATI, *La teoría trialista...*, cit.

[1056] GOLDSCHMIDT, *Introducción...*, *op. cit.*, pág. 239.

[1057] Íd.

que, en principio, lleva ventaja. La ley puede resultar de la división de poderes exigida por el liberalismo, pero supone privar a la sociedad de su capacidad legislativa[1058].

C. Costumbres injustas

Como lo dice el título, la costumbre no goza sino de una preferencia de justicia, es decir, goza de una presunción a su favor acerca de la justicia de su contenido. Esto significa que podemos encontrarnos con casos de costumbres injustas. Analicemos algunas.

El caso de los decretos de necesidad y urgencia. Aquí, la injusticia es palmaria, en primer lugar porque están decidiendo por nosotros, lo cual goza de una presunción de injusticia, ya que el pueblo debería gobernar por sí, organizadamente. Y en segundo lugar porque, asumiendo que se acepta la representatividad como forma de gobierno, poco puede tenerla el Presidente, quien fue elegido no para que legisle, sino para que lidere, administre y cumpla el papel que le corresponde como colegislador, a través de la presentación de proyectos, veto, promulgación, publicación, etc. No es adecuado al debate, la participación y la transparencia en los actos de gobierno que una sola persona decida por más de decenas de millones. Lo cual atenta también contra el federalismo, ya que el Congreso tiene en su seno a la representación de las provincias y de la ciudad de Buenos Aires en el Senado.

[1058]   CIURO CALDANI, "Reflexiones...", *op. cit.*, pág. 795.

El caso "Plessy c. Ferguson"[1059]. El fallo hace alusión a la existencia de las dos razas en el campo fáctico: "A statute which implies merely a legal distinction between the white and colored races –a distinction which is founded in the color of the two races, and which must always exist so long as white men are distinguished from the other race by color– has no tendency to destroy the legal equality of the two races, or re-establish a state of involuntary servitude"[1060].

También señala que la distinción no implica suponer la inferioridad de una raza sobre otra: "Laws permitting, and even requiring, their separation, in places where they are liable to be brought into contact, do not necessarily imply the inferiority of either race to the other, and have been generally, if not universally, recognized as within the competency of the state legislatures in the exercise of their police power"[1061].

El fallo fija un límite a la discriminación, ante el pedido de que si se admitiera esta, deberían admitirse otras. Dicho límite es tan impreciso como las razones alegadas. "The reply to all this is that every exercise of

---

[1059]   163 U.S. 537 (1896); http://caselaw.lp.findlaw.com/scripts/getcase.pl?navby=case&court=us&vol=163&page=537 (30.6.2004).

[1060]   Íd. "Un estatuto que implique simplemente una distinción legal entre las razas blanca y negra –distinción que está fundada en el color de las dos razas, y que debe existir siempre que los blancos sean distinguidos de las otras razas por el color– no tiende a destruir la igualdad legal de las dos razas, o a reestablecer un estado de involuntaria Servidumbre." (Trad. del autor).

[1061]   Ibídem. "Que las leyes permitan, e incluso exijan, su separación, en lugares donde deberían contactarse obligatoriamente, no implica necesariamente la inferioridad de ninguna raza ante la otra, y ha sido por lo general, si no de manera universal, reconocido como dentro de la competencia de las legislaturas estatales en el ejercicio de su poder de policía." (Trad. del autor).

the police power must be reasonable, and extend only to such laws as are enacted in good faith for the promotion of the public good, and not for the annoyance or oppression of a particular class."[1062]

Se alude a la razonabilidad de la ley de Louisiana basada en usos establecidos, costumbre y tradiciones de la gente; la promoción de su confort, la preservación de la paz pública y el buen orden. "In determining the question of reasonableness, it is at liberty to act with reference to the established usages, customs, and traditions of the people, and with a view to the promotion of their comfort, and the preservation of the public peace and good order."[1063]

La sentencia alude precisamente, reforzando mi tesis de la importancia –no valía en sí– de la costumbre, a que la ley no puede ir contra los "instintos jurídicos". "If the two races are to meet upon terms of social equality, it must be the result of natural affinities, a mutual appreciation of each other's merits, and a voluntary consent of individuals."[1064] "Legislation is powerless to eradicate racial instincts, or to abolish distinctions ba-

---

[1062] 163 U.S. 537 (1896), cit. "La respuesta a todo esto es que cada ejercicio del poder de policía debe ser razonable, y extenderse solamente hacia aquellas leyes que sean promulgadas de buena fe para la promoción del bien público, y no para la molestia u opresión de una clase en particular." (Trad. del autor).

[1063] "Plessy v. Ferguson", cit. "Al determinar la cuestión de la razonabilidad, hay libertad de actuar en referencia a las tradiciones, costumbres y usos establecidos del pueblo, y teniendo en cuenta la promoción de su confort y la preservación de la paz pública y el buen orden." (Trad. del autor).

[1064] Íd. "Si las dos razas tienen que unirse sobre términos de igualdad social, debe ser como resultado de afinidades naturales, una mutua apreciación de los méritos de cada una, y un consentimiento voluntario de los individuos." (Trad. del autor).

sed upon physical differences, and the attempt to do so can only result in accentuating the difficulties of the present situation. [...] If one race is inferior to the other socially, the constitution of the United States cannot put them upon the same plane."[1065] Del relato del fallo puede observarse lo admitida que estaba la práctica discriminadora, incluso en teatros y escuelas[1066].

Tan inconsistentes son las alegaciones, que no conmueven a la igualdad intrínseca entre los hombres, lo que quiere decir que para justificar una distinción es necesario exponer una razón suficiente. Sí es necesario separar a osos de hombres, porque los primeros pueden matar a los segundos por su fuerza y falta de control de sus instintos.

> Del hecho de que el órgano valorativo es la razón, se deduce la igualdad como uno de los criterios de la justicia, ya que igualdad en este orden de ideas no significa otra cosa sino la falta de una razón a favor de un caso especial. Si fuere lícito llevar a cabo un reparto sin razón, la desigualdad sería justa [...]. Pero como lo que hace falta son razones, los repartos en casos iguales, o sea, en supuestos en los que ninguna razón milita a favor de un reparto especial, deben llevarse a cabo de igual modo[1067].

Si bien es difícil que la ley vaya contra instintos o costumbres, no por ello la justicia debe dejar de cumplir su función tuitiva. Goldschmidt habla de la compensación,

---

[1065] Ibídem. "La legislación es impotente para erradicar los instintos raciales, o para abolir las distinciones basadas en diferencias físicas, y la tentativa de hacerlo solo puede dar lugar a acentuar las dificultades de la situación actual. Si una raza es inferior a otra socialmente, la constitución de los Estados Unidos no puede ubicarlas en el mismo Plano." (Trad. del autor).

[1066] V. "Plessy v. Ferguson", cit.

[1067] GOLDSCHMIDT, La ciencia..., op. cit., pág. 258.

tarea básica de la justicia: "Debemos igualar a los hombres y tratarlos ya como si fuesen iguales. La procedencia
de la igualdad humanista del valor de la justicia hace
esta exigencia unívoca en el sentido de que se trata de
igualar los menos valiosos a los más valiosos y los menos
favorecidos a los más favorecidos"[1068].

La distinción de las personas por su color de piel es
algo sin sentido, de la misma forma que lo sería el dis-
tinguirlas por su género o sexo. La distinción solo podría
utilizarse para compensar los sufrimientos que sin culpa
alguna hayan padecido a lo largo de la historia. El color
de la piel es un signo externo que no revela las verdaderas distinciones entre los seres humanos que vienen
desde dentro de su persona: su tolerancia, el respeto a
los derechos de los demás, a las formas democráticas,
sus capacidades intelectuales, su vocación, etc.

El caso de las leyes y decretos secretos. Los casos
analizados nada tienen que ver con la seguridad del país;
menos en estos momentos de relativa paz internacional,
y alejados de los tiempos belicosos que supimos tener
con nuestros países limítrofes[1069], por lo que el carácter secreto de los actos de gobierno es repugnante a la
transparencia que debe reinar entre ellos[1070]. De manera
que si se suma al hecho de soportar que gobiernen por

[1068] Íd., pág. 244.
[1069] "Como principio, la ley secreta no se compadece con el sistema
republicano, por lo que solo resulta admisible en situaciones muy
excepcionales de estados reales de necesidad o secretos de estado,
y cuando además su aplicación se reserva a la mera esfera 'interna'
del poder, sin alcanzar en su dispositivo a los particulares. Nunca
puede tolerarse como constitucional una ley secreta con pretensión
de obligar y aplicarse fuera de la órbita puramente interna del poder."
BIDART CAMPOS, *Tratado…, op. cit.*, t. 2, pág. 236.
[1070] "Ejemplo […] de lo segundo [se hace referencia a la costumbre
injusta], [es] aceptar las leyes secretas". SAGÜÉS, *op. cit.*, pág. 162.

nosotros, el que lo hagan a nuestras espaldas vuelve la situación intolerable. Porque lo que manejan los empleados públicos, desde el Presidente hasta el escribiente, no es dinero propio. Esto implica la necesidad de rendir cuentas de sus actos, lo cual es incompatible con el secreto.

El caso de la exigencia para ser senador de dos mil pesos fuertes de renta anual. Ya que implica diferenciar a los ciudadanos en función del dinero y no de su capacidad, violándose la regla de la idoneidad e igualdad.

La subsistencia de la tradición de transmisión de los nombres patronímicos de la nobleza. Si bien Gény dice que esto no afecta el orden público ni un principio superior[1071], establece una desigualdad que debería revisarse en regímenes monárquicos, como el español, el de los Países Bajos y el británico, entre otros.

El caso de la derogación de las normas de tránsito caídas en desuso, y que generan daños resarcibles,[1072] parece un ejemplo de costumbre injusta.

Estamos ante costumbres justas en el caso de la desuetudo de la facultad del presidente de expedir patentes de corso. Esto atentaba contra la paz y las buenas relaciones internacionales entre los Estados. Puede señalarse también el caso de la inclusión de las gratificaciones en el salario del trabajador.

D. Preferencia epistemológica

También creo que la justicia de la costumbre por sobre la ley deviene por una cuestión epistemológica

---

[1071]   GÉNY, *Método...*, *op. cit.*, pág. 372.
[1072]   V. el pto. 8.2.E.3.b.

en cuanto a la captación o la construcción del objeto jurídico. Valga en este sentido lo dicho al hablar de la "epistemología de la costumbre"[1073].

Se ha creído que la costumbre pierde ventaja frente a la ley por la inmemorable tradición, quizá fruto de la costumbre, de considerar al saber vulgar como acientífico, ya que, asimilando saber vulgar o popular con costumbre propiamente dicha, puedo decir que se considera de mayor jerarquía el conocimiento científico fruto de la reflexión, y que quedaría expresado en la ley. No obstante, la historia del derecho nos muestra que la ley no deja de ser un instrumento, que en buenas manos puede promover el desarrollo del hombre, pero que en manos inescrupulosas puede estar al servicio de quien tiene el poder de hacer la ley. Por ello, la tan tajante distinción entre saber vulgar y científico, entre ley y costumbre, denostando lo popular, no debe sacralizarse como conocimiento válido.

Friedrich Nietzsche tenía una concepción particular de la justicia: "[...] *Aurora,* pág. 99, sobre la procedencia de la justicia como un compromiso entre quienes tienen aproximadamente el mismo poder (el equilibrio como presupuesto de todos los contratos y, por tanto, de todo derecho) [...]"[1074]. También entendía que el conocimiento es dominación y los objetos del mundo son construidos por quienes ganan y sus argumentos[1075]; pero hay otros,

---

[1073] V. el cap. 4.
[1074] NIETZSCHE, *La genealogía de la moral,* trad. de Andrés Sánchez Pascual, Alianza, pág. 4, en http://www.gratislibros.com.ar/dlB.php (18.12.2008).
[1075] "[...] no hay en el conocimiento una adecuación al objeto, una relación de asimilación sino que hay, por el contrario, una relación de distancia y dominación; en el conocimiento no hay nada que se parezca a la felicidad o al amor, hay más bien odio. Y hostilidad:

y comprendiendo a éstos, alejándonos del ganador, es que se conocerá mejor. Una buena forma de entender los conceptos es por sus contrarios. Esto nos lleva a ver también una "razón" en el sentir del pueblo, y a pensar que no debe ensalzarse la razón como la más sabia por tener su cuota de reflexión[1076], ya que el conocimiento implica también su cuota de honestidad, transparencia y justicia[1077].

Por otra parte, cabe asimilar la costumbre, la ejemplaridad, a lo que Morin llama "estrategia", por sus caracteres ya señalados: "[...] allí donde el programa tiende a mandar, mermar, suprimir, las estrategias, se convierte en modelo de comportamiento la obediencia mecánica y miope"[1078].

En mi caso, no soy partidario de una humanidad obediente.

Ya he señalado en otra oportunidad los perjuicios derivados de las reflexiones que otros hicieron por nosotros[1079], a lo que cabe agregar otro tanto, si consideramos que a muchos funcionarios públicos los guía no tanto la reflexión como el aseguramiento de sus propios inte-

---

no hay unificación sino sistema precario de poder. En este texto de Nietzsche [se hace referencia a *La Gaya Ciencia*] se cuestionan los grandes temas tradicionales de la filosofía occidental." FOUCAULT, *La verdad...*, *op. cit.*, págs. 27-28.

[1076] "En cuanto al sentido común, [...] es la conciencia misma en las relaciones, propiedad total, también, pero nativa, espontánea, ajena a todo trabajo de reflexión (motivo por el cual no puede ser erigido en criterio de conocimiento científico) [...]." COSTA, *op. cit.*, pág. 30.

[1077] Sobre el tema p. profundizarse en MORIN, *El Método 3...*, *op. cit.*, y *El método 4...*, *op. cit.*

[1078] MORIN, *El Método 2...*, *op. cit.*, pág. 271.

[1079] P. v. a GALATI, "Cuestiones de Derecho Electoral", en *Revista del Colegio de Abogados de Rosario*, Rosario, 2003, págs. 49-78.

reses o los de su sector. Cabe preguntarse qué otra cosa son sino los impuestos al consumo; el velado principio de oportunidad que ejerce la policía en la persecución penal de los hechos con apariencia de delito, siempre en dirección a los débiles jurídicos, atascando el sistema con "ladrones de gallinas" y dejando escapar a los delincuentes de guante blanco[1080]; las luchas de los medios de comunicación por formalizar en noticias aquello que perjudica a sus opositores y minimizar aquello que los beneficia, como en el caso de la devaluación que benefició al grupo Clarín[1081]; o el caso de la reforma a la

---

[1080]   Un avance en este sentido ha significado el nuevo Código Procesal Penal de la Prov. de Santa Fe (ley 12734), que consagra dicho principio de oportunidad en su art. 19, señalándose como un supuesto importantísimo su inc. 2º: "cuando se trate de hechos que por su insignificancia no afecten gravemente el interés público, salvo que fuesen cometidos por un funcionario público en el ejercicio o en razón de su cargo [...]".

[1081]   Se ha dicho que el diario *Clarín* fue uno de los grandes impulsores de la salvaje devaluación, para salvarse junto a los grandes grupos económicos, que de este modo ven licuados sus pasivos a costa de nuestra población. P. v. en este sentido la ley 24750 de preservación de bienes y patrimonios culturales, promulgada de hecho el 4.7.2003, en donde se menciona al patrimonio artístico, antropológico, histórico, las empresas vinculadas a la ciencia, la tecnología, las industrias relevantes para la defensa nacional, etc. Pero a la hora de la minuciosidad en la reglamentación se desarrolla lo relativo a la protección de los medios de comunicación (arts. 2 a 4, y la ley tiene 6 incluido el de forma). Además, en el art. 5 se exceptúa a los medios de comunicación del procedimiento conocido como "cram down" previsto en la ley de concursos, a fin de que los acreedores del insolvente no puedan tomar el control de las empresas endeudadas. V. "Diputados aprobó la ley de bienes culturales", en *Clarín*, del 28.5.2003, en http://www.clarin.com/diario/2003/05/28/um/m-566544.htm (28.5.2008). El crudo y furioso interés del mencionado grupo se ha visto también a raíz de la sanción de la ley de servicios de comunicación audiovisual 26522 que va contra los monopolios de medios de expresión.

ley penal derogando el delito de subversión económica
que penaba las estafas de los banqueros[1082], muchos de
los cuales retiraron dinero conociendo la inminencia
del corralito[1083], por influencia del Fondo Monetario
Internacional que presionaba con no remitir fondos
a Argentina[1084]; la incautación de fondos a jubilados y

[1082] Desde la "[...] 'Banca Privada' [...] se operaría al margen de los ámbitos de control del sistema financiero (BCRA) e impositivo (AFIP)
argentino, abriendo cuentas en una entidad bancaria con sede en el
exterior perteneciente al mismo grupo económico al que pertenece
el banco que efectúa esta operación clandestina, efectuando trans-
ferencias de divisas, inversiones internacionales sin ningún asiento
contable detectable por los organismos de fiscalización, operación
que tiene la particularidad de que no resulta perjudicial para el banco
que opera a favor del grupo (por lo general transnacional) del cual
forma parte, pero, llevado a gran escala y de modo generalizado,
llevó al colapso del sistema económico financiero nacional dada
la magnitud de la fuga de capitales que significa, sumado a la gran
impunidad que se le ofrece por esta vía a la corrupción y a la eva-
sión tributaria, resultados estos que encuadran exactamente en la
figura penal de subversión económica agravada." "Fuga I: Amplían
denuncia", en www.diariojudicial.com del 17.1.2002. Denuncia
presentada por los entonces diputados Graciela Ocaña, Marcela
Rodríguez, Elisa Carrió, Alfredo Bravo, Mario Cafiero, José Alberto
Vitar, Atilio Tazioli. Todo lo cual evidencia dos sistemas bancarios y
la importancia de la dimensión sociológica del Derecho, ya que en
la realidad se hace todo lo contrario de lo mandado por la norma.
No en vano ha escrito Agustín Gordillo *La administración paralela.
El parasistema jurídico-administrativo, cit.*

[1083] Se fugaron 16.000 millones de dólares. "Fuga I...", *op. cit.* Los grandes
ahorristas sacaron el dinero del país, y los pequeños ahorristas se
perjudicaron al no poder retirar su dinero. Siempre se perjudica el
más débil. "[...] la ley se hace para todos, / mas solo al pobre le rige.
// La ley es tela de araña, / en mi inorancia lo explico: / no la tema
el hombre rico, / nunca la tema el que mande, / pues la ruempe el
bicho grande / y solo enrieda a los chicos". HERNÁNDEZ, *Martín
Fierro, op. cit.,* pág. 204.

[1084] Reconocida en los fundamentos del proyecto de la sancionada ley
25602, BO. del 20.6.2002. "Sabidas son las presiones que el FMI

pensionados avalada por las propias leyes o decretos de necesidad de urgencia, uno de los cuales se dio respecto de los fondos de las AFJP[1085]; cuando algunos jueces de

_____

efectúa en pro de la erradicación de la Ley 20840. Ello influyó para que el Poder Ejecutivo Nacional remitiera al Congreso de la Nación un proyecto de ley propiciando la derogación de la misma." El art. 6 de la ley señalaba: "Será reprimido con prisión de dos a seis años y multa de diez mil a un millón de pesos, si no resultare un delito más severamente penado, el que, con ánimo de lucro o maliciosamente, con riesgo para el normal desenvolvimiento de un establecimiento o explotación comercial, industrial, agropecuaria, minera o destinada a la prestación de servicios, enajenare indebidamente, destruyere, dañare, hiciere desaparecer, ocultare o fraudulentamente disminuyere el valor de materias primas, productos de cualquier naturaleza, máquinas, equipos u otros bienes de capital, o comprometiere injustificadamente su patrimonio." En aquella época no había liquidez, no se podía disponer de las remuneraciones y los bancos despojaban de los ahorros y remuneraciones. Y el banco era un establecimiento comercial destinado a la prestación de un servicio. La pena del art. 6 se agrava: "a) Si el hecho afectare el normal suministro o abastecimiento de bienes o servicios de uso común. b) Si condujere al cierre, liquidación o quiebra de establecimiento o explotación." V. GONZÁLEZ, Julio, "Ley 20.840: Penalidades para las actividades subversivas en todas sus manifestaciones. La subversión económica", en http://www.patriaargentina.org/Periodico/PA_174-05-2002/Ley20.840.htm (18.12.2008). Con lo cual no serían subversivos solamente los llamados así por el gobierno del Proceso de Reorganización Nacional.
"[...] muchas normas estatales obtienen su sentido y juegan su cumplimiento más allá de las respectivas fronteras." CIURO CALDANI, *El derecho universal (perspectiva para la ciencia jurídica de una nueva era)*, Rosario, FIJ, 2001, pág. 37. Lo que evidencia la fuerza consuetudinaria del modelo económico capitalista.

[1085] Ya que se obligaba a las AFJP a invertir sus fondos en títulos de deuda pública. "[...] el Decreto 1582/01, cuyo Artículo 10 dispone: 'El producido de los depósitos a plazo fijo cuyos titulares sean los Fondos de Jubilaciones y Pensiones, a partir de la publicación del presente decreto, deberá destinarse a la suscripción de Letras del Tesoro en las condiciones que disponga el MINISTERIO DE ECONOMIA.' El mismo fue ejecutoriado en virtud de la Resolución

la Corte incurrieron en causales de destitución, por la
crisis de 2001, presionando al Poder Ejecutivo con des-
calabrar el sistema económico, obteniendo el beneficio
de seguir en sus cargos gracias al desestimiento de la
Cámara de Diputados con el manto de impunidad de la
cosa juzgada –fraudulenta–, lo cual configuró una verdadera extorsión de guante blanco. Recuérdese cuando
el exministro Cavallo ordenó a los bancos mediante la
resolución ministerial 850/2001 no obedecer a los jueces,
incurriendo en el delito de instigación a cometer delitos
(desobediencia judicial)[1086]. Son estos fenómenos en
donde el poder es el derecho. Si esta es la "reflexión", el

807/01 del Ministerio de Economía, que estableció las condiciones
de la suscripción tanto en pesos cuanto en dólares. Todos sabemos
lo que sucedió: El Estado no devolvió los importes suscriptos en
dólares, y en virtud de la pesificación, le sustituyó los bonos viejos
por otros nuevos a menor valor que el real, causando un perjuicio
a los futuros jubilados y pensionados." V. http://www.bloqueucr.
gov.ar/proyectosVer.php?proyectoID=272&titulo=Proyecto%20
Original&campo=proyecto_original (20.11.2007). El sitio del bloque
de diputados de la UCR también señala que "según el diario *Clarín*
del 21 de marzo de 2005, 'un artículo del decreto presidencial que
fijó las condiciones del canje entre las Administradores, estableció
que los bonos que sean recibidos por las AFJP en el marco de la
reestructuración de la deuda pública no serán tomados en cuenta
para el tope del 50% que pueden tener en títulos públicos ... hoy
tienen un 62 % porque los títulos en default están contablemente
sobrevaluados ... sin embargo los nuevos títulos públicos entregados
no se sumarán para determinar el límite del 50% ...'". V. http://www.
bloqueucr.gov.ar/proyectosVer.php?proyectoID=272&titulo=Proye
cto%20Original&campo=proyecto_original cit.

[1086] El entonces ministro de Economía, Domingo Cavallo, dispuso a través
de la resolución 850/2001 que las entidades bancarias y cambiarias
"no podrán aceptar bajo ningún concepto las mandas judiciales",
que suspendan los efectos de las medidas que restringieron los
retiros de dinero del sistema financiero, y que el cumplimiento de
las resoluciones de los jueces "quedará condicionado a la previa
intervención del Estado Nacional" en cada uno de los juicios que

saber científico que prevalece sobre la costumbre, no tengo más que cuestionamientos hacia la ley y el método científico. ¿Puede siquiera compararse la sapiencia vulgar de dar a los empleados propinas o gratificaciones con semejantes atrocidades cumplidas en nombre de la norma general –ley– o individual –sentencia-? ¿Qué causa más perjuicio: reconocer jurídicamente la gratificación producto de la costumbre, o la reflexión de la norma, con los decretos 1570/01, ley 25561 y cc., que son símbolos de políticas que contribuyeron al vaciamiento financiero y productivo del país?

No obstante, alguna doctrina sostiene la primacía de la autoridad por sobre la autoorganización:

> [...] la costumbre es fuente autónoma de derecho, pero no independiente. Un pueblo no puede, como sistema, crear normas contrarias a las leyes establecidas por sus autoridades, porque entonces no existiría tal autoridad. Solo podría hacerlo como excepción[1087].

Así, "de los hechos [...] descriptos debe concluirse que, en realidad, el sistema jurídico formal fue una pantalla para dar apariencia de legalidad a un régimen que en la práctica habilitó y protegió el funcionamiento de un sistema clandestino de dinero"[1088]. La ciencia positivista o analítica, con sus pretensiones de grandeza y omnicomprensión, estaría dejando de analizar el piso sobre el que se construye el fenómeno jurídico, que es la dimensión social del derecho.

---

se hubiesen iniciado. "Para ganar tiempo", en www.diariojudicial.com del 17.12.2001.
[1087] GARBINO *et al., op. cit.*, pág. 95.
[1088] "Fuga I...", cit.

E. ¿Por qué "preferencia"?

Goldschmidt, al hablar de preferencia, reconoce una presunción de validez hacia lo preferido, que, sin embargo, no es de por sí elegido sin más; dejando para el encargado del funcionamiento, y el jurista en última instancia, decidir cuando esa presunción cede. Es decir, cuando la costumbre es injusta. Prevalece el ideal, que sin embargo encarrila. Otorgar una presunción es de por sí un reconocimiento muy valedero[1089]. Señala Ciuro Caldani en este sentido: "[...] la ley puede tener superioridad [...] cuando se apoya en un consentimiento más cabal y cuando su contenido es más valioso que el de la costumbre de modo tal que el legislador se hace partícipe de los caracteres del repartidor aristocrático"[1090].

Al existir la posibilidad de costumbres injustas, como lo señalé[1091], "[...] elle n'est qu'un des éléments permettant de découvrir la solution juste"[1092].

A los fines de contribuir a una precisión de la preferencia acordada a la costumbre, cabe recordar que no son lo mismo la costumbre social y la costumbre gubernativa:

> La costumbre del área gubernativa se aleja de la democracia directa y acrecienta los poderes del gobierno eludiendo el compromiso que significa la ley. No es por azar que el derecho legislado fue una conquista del liberalismo político para superar el autoritarismo de regímenes de mayor origen consuetudinario. La ordenación de la costumbre guberna-

---

[1089] En igual sentido: COSTA, *op. cit.,* pág. 136.
[1090] CIURO CALDANI, "Reflexiones...", *op. cit.,* pág. 795.
[1091] V. los ptos. 8.3.C y 8.3.B.
[1092] DAVID, *op. cit.,* pág. 130. "Ella no es más que uno de los elementos que permiten descubrir la solución justa." (Trad. del autor).

mental en detrimento de la ley acrecienta el riesgo inherente de anarquía con el peligro del despotismo[1093].

Una pauta que aclare la preferencia estaría dada por el hecho de que, si bien privilegio las autoorganizaciones, nunca dejaría enteramente librada la organización del derecho al accionar espontáneo de los operadores, en el sentido de que también debería buscarse un equilibrio con la planificación. Veo en esta el espíritu que animaría a la aristocracia en su rivalidad con la democracia[1094]. A la hora de tomar decisiones sobre temas determinados, se nos plantea el conflicto entre atribuirla a quienes están científica y técnicamente capacitados o dejarla librada a quienes están directamente involucrados en el conflicto. Creo que el problema es similar al que se presenta en el marco del proceso de enseñanza, en donde la presencia del profesor es necesaria, no para marcar *exactamente* todo lo que debe hacerse desde una posición puramente conductista, pero tampoco como un mero espectador que deja a los alumnos "jugar", sin *trabajar* los contenidos educativos. Aspiro a un tutor que sea facilitador de las herramientas de aprendizaje y de los contenidos. En el derecho aspiro a una oscilación[1095] entre la aristocracia y la democracia como modos de conducción repartideros en el marco de una guía aristocrática de la justicia. Una forma de lograr esta "tutoría" en el mundo del derecho puede estar dada por las formas

---

[1093] CIURO CALDANI, "Reflexiones...", *op. cit.*, pág. 795.
[1094] "[...] los países 'continentales', con una visión más aristocrática del derecho, desarrollan la planificación gubernamental legislativa en mayor grado, en tanto los países del *common law*, con una perspectiva relativamente más democrática, dan más juego a la costumbre jurisprudencial." CIURO CALDANI, *Integración...*, *op. cit.*, pág. 900.
[1095] Sobre la "oscilación", p. v. GALATI, *La teoría trialista...*, cit.

de democracia semidirectas. Es necesario lograr una apertura del sistema para que sobreviva: "[...] la apertura es necesaria para el mantenimiento, para la renovación [...] para la supervivencia de los sistemas vivos [...]"[1096]. Todo lo cual es factible con un pensamiento complejo.

> [...] los ciudadanos proceden –por lo común– espontá-neamente, sin darse cuenta de que al obrar en vista de su necesidad, según el dictado de su razón, sientan una regla obligatoria para toda la sociedad, [...] pero también pueden proceder reflexivamente y determinar con claridad por "si" o "no" la regla o decisión común, como acontece, por ejemplo, en el plebiscito [...][1097].

El metodólogo de la investigación científica, Juan Samaja, menciona como uno de los métodos la auto-ridad, el cual "[...] consiste en resolver una cierta duda mediante la adopción de aquella creencia que nos es trasmitida por otros sujetos que están investidos de autoridad"[1098]. Samaja no identifica este método con el surgimiento del Estado, porque es un conocimiento que "[...] no está escrito en ningún código: es un saber que existe en la Comunidad, respecto de la cual cada miembro es un funcionario habilitado para custodiar el cumplimiento de la norma social. La lengua y la ética comunal son las realizaciones más notables [...]"[1099]. Las características de este método son: a) la mediación didác-tica, b) comunicabilidad, c) colectivismo (vida comunal), d) inmutabilidad, e) y la referencia a la historicidad.

[1096] MORIN, *El Método 1...*, *op. cit.*, pág. 160.
[1097] COSTA, *op. cit.*, págs. 138-139.
[1098] SAMAJA, "Semiótica de la ciencia. Los métodos; las inferencias y los datos a la luz de la semiótica como lógica ampliada", digitalizado, en prensa, por atención del autor.
[1099] Íd.

Si bien he comprobado las ventajas de la costumbre como modo organizativo espontáneo y más democrático, tampoco debemos descuidar sus desventajas por su parecido con el método de autoridad. Sin embargo, la costumbre no debe identificarse con la autoridad:

> Tiene su apoyo [se refiere a la costumbre] en la tradición y se nutre de ella. No es, pues, la tradición, ni hay por qué confundirla con ella. Pero ese obrar lento, muy lento de la costumbre, tiene su compensación en el hecho de que lo hace directamente, esto es, sin que intervengan en ella los poderes públicos; sin que ningún mandatario se interponga entre la causa y su efecto, entre la comunidad social y la regla que esta proporciona[1100].

El día que comprendamos la costumbre será el día en que comprenderemos la necesidad, y poco se puede hacer contra ella. Lo que claramente no puede hacerse es desconocerla.

F. Complementariedad

Tal como lo señalo al hablar de la "epistemología de la costumbre"[1101], es importante la complementariedad de ambos elementos del derecho:

> La consideración excesiva de la dimensión normológica conduciría a la preferencia por la ley y el apego indebido a la dimensión sociológica llevaría a la sumisión ciega ante la realidad de la costumbre, pero el derecho debe realizar la justicia con todos los medios a su alcance. De aquí el acierto de admitir en principio la costumbre "praeter le-

---

[1100]   ADIP, *op. cit.*, pág. 21.
[1101]   V. el cap. 4.

gem". En cuanto al conflicto entre ley y costumbre "contra legem" es imposible decidir con justicia de manera general y queda la solución acertada a la prudente apreciación de cada caso[1102]. Los jueces –aprovechando las enseñanzas tomistas acerca del mal menor– deben *optar por la mayor realización de la justicia*[1103].

G. Clases de justicia

Ciuro Caldani relaciona la ley y la costumbre con las clases de justicia:

> Como medio de solución la ley es especialmente afín a la justicia "general" o "legal" [...] y [...] la costumbre se acerca más a la justicia referida a los particulares [...]. En el enfoque de la ley predomina la justicia absoluta (correctiva) y en la costumbre se desenvuelve sobre todo la justicia relativa (distributiva). [...] la ley es especialmente afín a la justicia "abstracta" y la costumbre se aproxima más a la equidad[1104].

H. Pantonomía de la justicia

En referencia a la pantonomía que la justicia debe realizar para ser tal, es decir, tener en cuenta a la hora de juzgar todas las adjudicaciones pasadas, presentes y futuras, la ley parece hacer más referencia al presente con miras al futuro, lo que puede verse en la categoría de "reparto proyectado", y la costumbre tiene en cuenta el pasado, que puede verse en la categoría de "reparto repetido": "La ley tiende a fraccionar las influencias del

---

[1102] V. a GOLDSCHMIDT, *Introducción...*, *op. cit.*, págs. 382-383.
[1103] CIURO CALDANI, "Reflexiones...", *op. cit.*, págs. 795-796.
[1104] Íd., pág. 794.

pasado y, en cambio, el requisito consuetudinario de la repetición ha llegado a ser considerado el gobierno de los muertos"[1105].

Goldschmidt relaciona la pantonomía de la justicia con el derecho consuetudinario derogatorio:

> El carácter pantónomo de la justicia, en su aspecto de las influencias desde fuera, explica de cierto modo la formación del derecho consuetudinario derogatorio de la ley. Una vez desobedecida una norma, la obediencia a ella resulta injusta en cuanto existe la anterior injusticia. Con cada nuevo caso de contravención a la norma aumenta la justicia de la contravención en atención al número precedente de injusticias y disminuye correspondientemente su injusticia con respecto a la norma contravenida[1106].

Tal como lo señalo al hablar del horizonte filosófico de la costumbre, al revalorizar el caos, la reorganización y la autoorganización, no cabe temer a lo que en la dimensión dikelógica se llama el desfraccionamiento:

> [...] tal vez el argumento aparentemente más fuerte de los adversarios de la costumbre sea la inseguridad resultante de la apreciación de su existencia y contenido en el marco judicial. Sin embargo el temor al desfraccionamiento es frecuentemente infundado porque el progreso del valor requiere constantes aperturas [...]. Además, [...] también la ley que se opone a la costumbre es productora de inseguridad[1107].

En efecto, la costumbre es una decisión grupal, y como tal,

[1105] Íd.
[1106] GOLDSCHMIDT, *La ciencia...*, *op. cit.*, págs. 65-66.
[1107] CIURO CALDANI, "Reflexiones...", *op. cit.*, pág. 794.

[...] eran más arriesgadas que el promedio de las decisiones tomadas por los individuos que lo componían.

[...] en contra del sentido común: cada individuo piensa que los grupos evitan las soluciones extremas y siguen la regla del justo medio. [...] Los grupos tienden a ser más audaces que los individuos. [...] Esto significa que los individuos menos audaces antes de la discusión en grupo se hacen más audaces tras la discusión[1108].

No debe olvidarse que la costumbre solo encierra una presunción de justicia, la cual puede caer ante el desfraccionamiento. Señala Goldschmidt:

La prestación como fuente jurídica explica también un fenómeno como el de formar cola, que se impone en muchas ocasiones como derecho consuetudinario. "Prior tempore, potior iure", en atención a que el que se coloca en la cola antes manifiesta mayor espíritu de sacrificio. Bien es verdad que aquí interviene, como tantas veces, el principio del fraccionamiento: se considera "la cola" aisladamente, sin tener en consideración los casos particulares en los que uno que llega más tarde indudablemente puede haber realizado un sacrificio mayor que otro que llegó antes[1109].

Así como el reparto no puede ser solamente analizado aisladamente, sino en su conjunto, y lo propio ocurre con las normas y el ordenamiento normativo, y el valor y el complejo axiológico, también corresponde un análisis relacional de las ramas en referencia a la costumbre, lo cual es tarea de la Teoría General del Derecho.

[1108] DOISE, y MOSCOVICI, *op. cit.*, pág. 268.
[1109] GOLDSCHMIDT, *La ciencia...*, *op. cit.*, pág. 243.

I. La costumbre en la Teoría General del Derecho

El objetivo de la Teoría General del Derecho sería aquí estudiar las relaciones entre las ramas[1110], apuntando a descubrir en qué rama prevalece más la costumbre. Creo que prevalece en el derecho privado, porque en el derecho público el estatalismo y el sistema de representación ahogan la participación popular. Una muestra de ello está dada por la escasa predisposición de los gobernantes a que el pueblo participe y por una escasa presión del pueblo por participar, y con tan escasa participación poco puede hablarse de costumbres en esa rama del derecho[1111].

> Los contratos tienen un significativo papel en la constitución de los usos y costumbres de los comerciantes, que readquieren gran rol en el capitalismo del presente. La llamada "autonomía universal" (productora de contratos que se declaran "inmunes" a cualquier legislación nacional) y el recurso complementario al arbitraje suelen ser sendas de marginación del Derecho Internacional estatal[1112].

Esto nos recuerda que a pesar de la regla que sostenemos, el derecho internacional se muestra como una rama en la que la costumbre juega un rol fundamental.

[1110] "[...] 'general' puede significar lo *común* a todos los fenómenos y lo *abarcativo* de todos. La perspectiva más tradicional de la 'Teoría General del Derecho' se refiere a los ingredientes comunes a todo fenómeno jurídico [...] incluyendo en la 'Teoría General del Derecho' [...] lo común como lo que abarca a todas las 'ramas del derecho' [...]". CIURO CALDANI, *Lecciones de teoría general..., op. cit.,* pág. 37.

[1111] V. el pto. 7.2.C.

[1112] CIURO CALDANI, *Lecciones de teoría general..., op. cit.,* pág. 57.

Por ello, "[...] para que el orden jurídico sea respeta-do y aplicado, [...] el proceso de elaboración de todas las normas jurídicas [...] debe necesariamente ser público, debatido, participativo, en un ámbito de libertad y de crítica [...]"[1113].

Dice Ciuro Caldani con respecto a las ramas y las clases de repartos –autónomos o autoritarios–:

> Existen ramas jurídicas más autoritarias, entre las que se destaca el derecho penal y cabe situar también a los dere-chos reales y el derecho de familia tradicional, y otras más autónomas, en cuyo ámbito se destacaba el derecho de los contratos[1114].

A esto hay que agregar el derecho mercantil y el derecho procesal, reacios a adquirir forma codificada y a sustraerse a sus propias prácticas[1115], respectivamente.

En cuanto a los modos de ordenar las conductas, desde el punto de vista sociológico, Ciuro Caldani mues-tra en qué ramas se despliegan la planificación guber-namental, en contraposición a la ejemplaridad, que es el campo en donde se desarrolla la costumbre:

> El derecho constitucional, el derecho administrativo, el derecho penal, los derechos reales y el derecho de fami-lia son, en diversos grados, tradicionales enclaves de la planificación gubernamental, en tanto el derecho de los contratos es habitualmente un ámbito de mayor juego de la ejemplaridad[1116].

[1113] GORDILLO, *La administración...*, *op. cit.*, pág. 32.
[1114] CIURO CALDANI, *Lecciones de teoría general...*, *op. cit.*, pág. 66.
[1115] TAU ANZOÁTEGUI, *op. cit.*, pág. 22.
[1116] CIURO CALDANI, *Lecciones de teoría general...*, *op. cit.*, pág. 67.

Con la ayuda del derecho comparado puede hablarse de la mayor importancia adjudicada a la costumbre por Alemania en comparación con Francia. Como lo vimos[1117], a pesar del reconocimiento que tiene la costumbre en Gény, a la hora de confrontarse con la ley le da prevalencia a ésta. "Les juristes allemandes s'attachent au contraire à présenter loi et coutume comme deux sources de droit qui sont sur le même plan ; cette attitude est chez eux commandée, apparemment, par le souvenir de l'École historique qui leur a appris à voir dans le droit, au XIXe siècle, un produit de la conscience populaire[1118]."

Luego del análisis jurídico de la costumbre, por la propia esencia de ésta, al llevar en sí tantos elementos profundos como la pasión, el espíritu, la vocación, la solidaridad, no puedo menos que desarrollar formas de lograr cambios en la ciudadanía compatibles con dicha profundidad, para lo cual serán de gran ayuda las consideraciones educativas del próximo capítulo.

[1117] V. el pto. 8.1.N.
[1118] DAVID, *op. cit.*, págs. 130-131. "Los juristas alemanes se apegan al contrario a presentar ley y costumbre como dos fuentes del derecho que están sobre el mismo plano; esta actitud es en ellos comandada, aparentemente, por el recuerdo de la Escuela Histórica que les enseñó a ver en el derecho, en el siglo XIX, un producto de la consciencia popular." (Trad. del autor).

SECCIÓN C

CAPÍTULO 9
HORIZONTE JURÍDICO-EDUCATIVO

No obstante los ejemplos de costumbres injustas, desgraciados para la historia de la humanidad, el valor de la costumbre sigue en pie planteándosenos la tarea de reconvertir su valor negativo de la manera más noble posible, a través de la educación. Nos dice Joaquín Costa:

> [...] en el Reino Unido [...] a tal punto se respetan las manifestaciones de la opinión y de la costumbre, que, aunque sean contrarias a la justicia y el poder oficial lo reconozca así, obedece, sin embargo, sus preceptos, mientras trabaja por reformarlos ilustrando la inteligencia de los ciudadanos y persuadiéndolos de su error en orden a tal o cual ley, institución o procedimiento [...][1119].

Tal pensamiento parece inspirarse en un filósofo inglés: John Stuart Mill, quien sostenía que

> [...] la utilidad *recomendará* [...] que las leyes y organizaciones sociales armonicen en lo posible la felicidad o [...] los intereses de cada individuo con los intereses del conjunto. [...] que la educación y la opinión pública, que tienen un poder tan grande en la formación humana, utilicen de tal modo ese poder que establezcan en la mente de todo individuo una asociación indisoluble entre su propia felicidad y el bien del conjunto. [...] de forma que en todos los individuos el impulso directo de mejorar el bien general se convierta en uno de los *motivos* habituales de la acción [...][1120].

[1119] COSTA, *op. cit.*, pág. 196.
[1120] MILL, John Stuart, *El utilitarismo,* trad. de Esperanza Guisán, Barcelona, Altaya, 1994, págs. 62-63. Los resaltados son míos.

Puede observarse aquí una interacción entre representantes y representados; y la labor de "educación jurídica" cumple un cometido más profundo, incrementándose también la necesidad de la educación del representante: "[...] para cambiar las costumbres y los hábitos no se debe usar de las leyes, procedimiento que parecería demasiado tiránico, sino que vale más cambiarlas por otras costumbres y otros hábitos"[1121]. Esto concuerda con el pensamiento de Portalis: "[...] en lugar de cambiar las leyes, casi siempre es más útil presentar a los ciudadanos nuevos motivos para amarlas [...]"[1122]. Decía acertadamente Montesquieu: "Hay medios para impedir los delitos: son las penas; los hay también para hacer cambiar los hábitos: son los ejemplos"[1123]. Unos y otros medios no deben olvidarse ni sobredimensionar unos por sobre otros. En este sentido, equivocadamente, se suelen pedir cambios de leyes en lugar de cumplir las que existen o hacer hincapié en la modificación de hábitos. Es interesante en este sentido recordar la acción de Domingo F. Sarmiento para lograr la mejora de la educación argentina. Más allá de la valoración de lo que por "contenido" inducía al país, vale el método empleado, al traer a Argentina maestras norteamericanas[1124]. Recuérdese también su célebre lema de educar al soberano: "Si no se alcanza a proveer de educación a una parte de la población el atraso irá de día en día

---

[1121]   MONTESQUIEU, *op. cit.*, pág. 216.
[1122]   PORTALIS, *op. cit.*, pág. 4.
[1123]   MONTESQUIEU, *op. cit.*, págs. 216-217.
[1124]   CIURO CALDANI, *El bicentenario...*, *op. cit.* V. tb. del mismo autor la nota 3 de "Perspectivas estratégicas del razonamiento y la actuación de los jueces", en *Lexis-Nexis JA*, del 31.3.2004, en http://bender. lexisnexis.com/ar/lpgateway.dll?f=templates&fn=altmain-hit-h. htm&2.0 (11.10.2004).

haciéndose más sensible; hasta aparecer a la vista la prevaleciente barbarie"[1125]. Era evidente la admiración de Sarmiento hacia Estados Unidos y Europa[1126].

Así, "en general, los pueblos están muy apegados a sus costumbres; quitárselas violentamente es hacerles desdichados. Por eso no hay que cambiarlas, sino inducirles a que las cambien ellos mismos[1127]." En efecto, "[...] si un conjunto humano no tiene valores compartidos, la participación se hace imposible y la autoridad tiende a ser solo poder. La ley significa más el contacto del hombre con el gobierno; la costumbre relaciona más al hombre con el hombre"[1128].

Por ello, todo cambio profundo debería apuntar más a la educación jurídica como método, en lugar del frío condicionamiento por la ley: "[...] la costumbre es en principio un marco más apropiado para los valores de intervivencia que tienen su más perfecta expresión en el amor. [...] la costumbre exige un más alto grado de virtud moral"[1129].

Por otra parte, lo que se logra con el esfuerzo y el hábito es casi imborrable para el espíritu.

Dos cosas consiguieron grabar fácilmente los ritos en el corazón y el espíritu de los chinos: una es su escritura extraordinariamente complicada, que hace que durante gran

---

[1125] SARMIENTO, Domingo Faustino, "Educar al soberano", en *Obras de D. F. Sarmiento*, t. 47, Buenos Aires, A. Belin Sarmiento, 1900, pág. 175.

[1126] V. INGENIEROS, José, "Los tiempos nuevos", en http://www.educ.ar/educar/superior/admin/verdocbiblio.jsp?url=S_BD_PROYECTOA-MEGHINO/TIEMPO4.HTM&contexto=superior/biblioteca_digital/ (12.7.2003).

[1127] MONTESQUIEU, *op. cit.*, pág. 217.

[1128] CIURO CALDANI, "Reflexiones...", *op. cit.*, pág. 795.

[1129] Íd., pág. 797.

parte de la vida el espíritu se ocupe únicamente de estos ritos, ya que hay que aprender a leer en los libros y por los libros que los contienen. [...] Es lo que ha dado lugar a la emulación, a la huida del ocio y a la estimación del saber[1130].

Es así como también la costumbre puede utilizar la ley para fortalecerse:

Los legisladores de la China tuvieron como objeto principal la tranquilidad del imperio; la subordinación les pareció el medio más apropiado para mantenerla. Con esta idea pensaron en inspirar el respeto por los padres, y reunieron para ello todas sus fuerzas. Dispusieron una infinidad de ritos y de ceremonias para honrarlos durante su vida y después de su muerte. [...]

El respeto por los padres iba necesariamente ligado a todo lo que les representaba: los ancianos, los maestros, los magistrados, el emperador. El respeto por los padres suponía el amor por los hijos [...][1131].

En efecto, "[...] si se considera que estas prácticas externas recuerdan sin cesar un sentimiento que hay que imprimir en todos los corazones, y que van a formar el espíritu que gobierna el imperio, quedará patente la necesidad de que tal acción particular se realice"[1132].

No hay que olvidar que si bien la costumbre es un modo organizador de la convivencia más espontáneo, solidario y justo, por otro lado, solo puede desarrollarse sobre una base de cierta disciplina y estabilidad. Un ejemplo de disciplina fue el que quiso establecer Sarmiento: "En 1861, Sarmiento escribía a Mitre: 'No trate de economizar sangre de gauchos, es lo único que

---

[1130]   MONTESQUIEU, *op. cit.*, pág. 218.
[1131]   Íd., pág. 219.
[1132]   Íd., pág. 220.

tienen de humano. Este es un abono que es preciso hacer útil al País"'[1133].

La pena, entendida únicamente como castigo, venganza, no es un buen camino para la resocialización del que ha cometido un delito, en tanto la intensidad del sufrimiento impide ver la razón por la que se impone el castigo. Asimismo, paga al mal con otro mal, como ocurre en las prisiones argentinas, descuidadas de higiene, salubridad, educación, y más dedicadas a perfeccionar en el delito y el resentimiento. "Los suplicios podrán contener muchas consecuencias del mal general, pero no corregirán dicho mal"[1134]. Ya decía acertadamente Platón, al criticar la definición talional de la justicia:

> Necesario es, por tanto, querido amigo, que los hombres que reciben daño se hagan más injustos. [...]
> Porque, según pienso, el enfriar no es obra del calor, sino de su contrario. [...]
> Ni del bueno el hacer daño sino de su contrario. [...]
> No es, por tanto, [...] obra propia del justo el hacer daño ni a su amigo ni a otro alguno, sino de su contrario el injusto. [...]
> Por tanto, si alguien afirma que es justo el dar a cada uno lo debido y entiende con ello que por el hombre justo se debe daño a los enemigos y beneficio a los amigos, no fue sabio

---

[1133] Acerca de la polémica carta en la que Sarmiento se refiere así a los gauchos, p. v. a GALEANO, Eduardo, *Las venas abiertas de América Latina,* en www.marxismo.org/files/LasVenasAbiertasdeAméricaLatina.pdf (30.5.2008); PIGNA, Felipe, http://www.elhistoriador.com.ar/aula/varios/preguntas_sarmiento.php (30.5.2008); HERNÁNDEZ CUEVAS, Juan Carlos, "Visiones decimonónicas de América: Martí y Sarmiento", en http://www.ucm.es/info/especulo/numero33/martisar.html (30.5.2008); CIURO CALDANI, *El bicentenario...,* *op. cit.*; SARMIENTO, *Facundo. Civilización y barbarie en las pampas argentinas,* en http://www.clarin.com/pbda/ensayo/facundo/facundo_00indice.htm (30.5.2008).

[1134] MONTESQUIEU, *op. cit.*, pág. 219.

el que tal dijo, pues no decía verdad; porque el hacer mal no se nos muestra justo en ningún modo[1135].

En un sentido profundo, Montesquieu alude a una buena técnica para cambiar los hábitos de un pueblo, que son los que generalmente modifican los estados de situación y con más eficacia que un mero cambio de leyes. "Cuanto más se comunican los pueblos, más cambian de hábitos, porque cada uno constituye un espectáculo para el otro y se ven mejor las singularidades de los individuos."[1136]

En el hábito hay que hacer hincapié, ya que las formalidades muchas veces esconden la verdadera esencia de las cosas. En este sentido, la ley sería un remedo de lo que se espera de la población. "Toda nación perezosa es solemne, pues los que no trabajan se consideran soberanos de los que trabajan."[1137]

[1135] PLATÓN, *La República,* trad. de José Manuel Pabón y Manuel Fernández-Galiano, Barcelona, Altaya, 1993, págs. 26-27.

[1136] Íd., pág. 214.

[1137] MONTESQUIEU, *op. cit.*, pág. 214.

CONCLUSIÓN

Puedo definir tridimensionalmente la costumbre como un conjunto de repartos unidos de manera espontánea al hilo de un criterio regulador digno de ser repetido en justicia. Porque la costumbre no nace de imposiciones, sino de acuerdos, se refieran ellos a repartos autoritarios o autónomos; porque la costumbre consiste en una regulación y, en este sentido, establece una normatividad; y porque no cualquier costumbre puede ser válida, sino la que respeta las pautas de justicia. He aquí una declinación trialista de la costumbre.

La espontaneidad es lo que caracteriza a la costumbre y es lo que me hace mencionar en el título de este trabajo a la "razón del pueblo". Pueblo caracterizado por Savigny como "[...] la reunión de los individuos extraños al poder, es decir, los gobernados sin los gobernantes [...]"[1138]. En esto quiero focalizar: en la posibilidad de un derecho creado más allá del Estado.

Este es el lugar donde tomo partido por la naturaleza del problema jurídico en cuanto a ser o devenir; lugar donde también me pronuncio acerca de la importancia de la costumbre en el mundo jurídico, y su relación con la ley. Concluyendo que, dada la naturaleza compleja de la realidad, deviene insostenible un modelo jurídico basado exclusivamente en la ley, ya que lo planificado tiende a construir un material objeto de la planificación, que resulta irreal, ideal y, por lo tanto, sin fundamento; no otra cosa puede surgir del intelecto no apegado a la

---

[1138]   SAVIGNY, *Sistema..., op. cit.*, pág. 78.

vida. Como dije, es necesario el abandono de las ansias coherentistas, autosuficientes y omnipotentes de los monumentos codificadores, siendo importante tener en cuenta la variabilidad de situaciones y circunstancias de la vida, enfocando el orden con menos pretensiones de universalidad, a fin de poder alcanzar metas realizables. La toma de consciencia del caos, como premisa de partida, si bien no implica propiciarlo, nos dará la pauta de disminuir nuestras pretensiones dominadoras y planificadoras y dar más cauces al devenir espontáneo de la organización y, sobre todo, de la autoorganización. Y la costumbre mucho tiene que ver con esto último.

Podrá parecer ingenua la distinción entre considerar el universo ordenado como lo pensaba la física clásica –Newton, Einstein– y caótico como lo hace la física posmoderna de Prigogine, por ejemplo. Pero si partimos de que la constitución del universo es desordenada, caótica, ante lo cual podemos lograr orden a partir del desorden, esto acentúa la responsabilidad del hombre en la constitución de su mundo y su ser. Así, "[...] desviación, perturbación y disipación pueden provocar 'estructura', es decir, organización y orden a la vez"[1139]. Lo que está muy lejos de la concepción "antigua" del universo ordenado propenso al afán de progreso lineal de la Modernidad y del que ya diera cuenta Immanuel Kant. Recuérdense las palabras del filósofo "vidente" de Königsberg:

> Y puedo asegurar al género humano que, por los aspectos y presagios de nuestros días[1140], me es permitido predecir, sin

---

[1139]   MORIN, *El Método 1...*, *op. cit.*, pág. 59.
[1140]   Está haciendo referencia a los días de la Revolución Francesa, ícono de la Ilustración de la Edad Moderna.

pretensión de ser un vidente, el logro de este fin y, a partir
de ahí, su progreso hacia mejor, que jamás retrocederá por
completo[1141].

Debemos recordar lo mal que les ha ido a otros
filósofos que se han atrevido a hacer explícitas sus pre-
dicciones-opiniones, como el caso de Karl Marx y las
económicas. Baste recordar tanto la Primera como la
Segunda Guerra Mundial, que se sucedieron con posterioridad a la Edad Moderna, la Guerra de los Balcanes,
que implicó "limpiezas" étnicas terroríficas, la guerra
de Irak y Afganistán, etc.; y el peligro por una guerra
nuclear entre Estados Unidos e Israel, por un lado, y
el denominado "eje del mal", por el otro, constituido
por Irán, Siria, y Corea del Norte. Sin descontar lo que
sí implicó de cierto en las descripciones marxistas la
alienación económica del hombre, ahora multiplica-
das mundialmente con la denominada globalización/
mundialización del capitalismo, que ha llegado hasta la
mismísima República Popular China.

Estamos ante la aplicación, en el derecho, de la
disputa entre el saber vulgar y el científico. No creo que
la confrontación se resuelva en términos de la lógica
aristotélica, del principio de no contradicción, sino en
términos de la dialógica moriniana. Por ello urge la
aplicación de la complementariedad, en la medida en
que el diálogo nos exige la escucha del interlocutor y
la comprensión de su discurso, y el investigador debe
caminar en el sentido de ambas. Dice Costa:

> [...] reflexivo como la primera [se refiere a la ciencia] e in-
> mediato como la segunda [se refiere al saber vulgar], que

[1141]   KANT, Immanuel, "Si el género humano se halla en progreso constante hacia mejor", 1798, s/e, pág. 108.

toma de aquella el punto de partida y de esta la forma de la actividad corrigiendo lo ideal y subjetivo de la una con el carácter positivo de la otra, y lo inseguro e indeterminado de esta con el tono categórico de aquella [...][1142].

Tanto en la etapa del funcionamiento de las normas como en la explicitación de las fuentes de conocimiento sobre la costumbre, vimos que ella vale por la fuerza que le es ínsita; vale por su propia existencia. Y el profesional del derecho deberá reconocerla entonces como fuente obligatoria. Ello está demostrado por los innumerables casos en donde tanto juristas como jueces han tenido que aceptarla, de una manera tan sencilla como explicar algo que se percibe, que sucede: "[...] previniendo contra la fuerza de la costumbre, se está admitiendo su realidad. Negar a la costumbre la posibilidad de que pueda derogar la ley es admitir que tal evento es susceptible de producirse[1143].

Es interesante dejar planteado el problema que nos deja el análisis de la costumbre en relación con la ley. Y puede resumirse en la impronta modificadora que tiene la razón, plasmada en un cuerpo escrito, sobre la realidad sobre la cual se proyecta, y la fuerza profunda pero lenta que tiene la costumbre como reflejo vivo de lo que siente jurídicamente una comunidad. Cueto Rúa da por sentada una afirmación que yo problematizaría y que es la siguiente: "[...] como en todos los problemas científicos, la teoría debe ajustarse a los hechos, ser respetuosa con ellos, por más molestos o chocantes que puedan resultar. No son los hechos los que deben ajustarse a nuestras concepciones científicas, sino [...]

[1142] COSTA, *op. cit.*, pág. 41.
[1143] ADIP, *op. cit.*, pág. 120.

nuestras concepciones científicas a los hechos"[1144]. Por otro lado: "[...] no es necesario que haya una concordancia completa y sin excepción entre un orden normativo y los hechos a los cuales se aplica. Por el contrario, debe haber la posibilidad de una discordancia. Si no el orden normativo ya no tendría ningún sentido"[1145].

Como dije, no podemos dejar de resaltar que la omnipotencia derivada de la generalidad y obligatoriedad desde la imposición que implica la ley opaca muchas veces la reflexión de los operadores y destinatarios del derecho. Se alega que se sigue ese camino "porque lo marca la ley". Por este motivo, la reflexión no debe faltar en instancia alguna.

El derecho no es solo coacción. La propia etimología de la palabra significa relación social, lo que enlaza y une a los hombres, y esto no lo da una ley. Lo que atrae a los hombres solo puede derivar de un vínculo profundo como la costumbre.

Esto nos lleva a ver también en el sentir del pueblo una "razón", y a pensar que no debe ensalzarse a la razón como la más sabia por tener su cuota de reflexión, ya que el conocimiento implica también su cuota de honestidad, transparencia y justicia.

Otro problema es el del valor de la costumbre, es decir, si toda costumbre es de por sí justa o, lo que es lo mismo, si el valor es expresado legítimamente por la comunidad. He dicho que hay casos de costumbres injustas, por lo que hay que diferenciar al hecho consuetudinario de la idealidad del valor que lo controla. Creo que el valor de la costumbre es superior al de la

---

[1144]   CUETO RÚA, *Fuentes...*, *op. cit.*, pág. 79.
[1145]   KELSEN, *op. cit.*, pág. 141.

ley, aunque no al del valor justicia. Esta superioridad
incluso se ve en el origen mismo de la palabra costumbre:

> La palabra con que los poemas homéricos designan la cos-
> tumbre en embrión, es Themis en singular, y más frecuen-
> temente diké, cuyo significado fluctúa visiblemente entre
> sentencia y costumbre. [...] la palabra nomos, ley, tan grande
> y tan famosa en el vocabulario de los últimos tiempos de la
> sociedad griega, no se halla en Homero[1146].

Tanto la ley como la costumbre, como íconos ju-
rígenos, deben complementarse, ya que en la multicausalidad pueden comprenderse los fenómenos. Dice
Morin[1147]: "Nunca pude, a lo largo de toda mi vida, re-
signarme al saber parcelarizado, nunca pude aislar un
objeto del estudio de su contexto, de sus antecedentes,
de su devenir. He aspirado siempre a un pensamiento
multidimensional". Por ello, tanto la razón del legislador
como la del pueblo deben armonizarse:

> La razón explicaba todo y no necesitaba de influencias
> externas a su contenido. A esto se fue contraponiendo un
> antirracionalismo que exalta lo vital sobre lo racional, el
> sentimiento sobre el intelecto, conformándose el romanti-
> cismo. [...] Es así que el derecho es el fruto de las esencias
> más íntimas del pueblo. Es la costumbre la manifestación
> más directa de esas esencias. Su error fue olvidar por com-
> pleto a la razón[1148].

Concordantemente señala Ciuro Caldani:

> El período que comenzó cuando Descartes decía "pienso,
> luego existo" terminó en la codificación; el ciclo en el que

---

[1146]   SUMNER MAINE, *op. cit.*, pág. 16.
[1147]   MORIN, Introducción..., *op. cit.*, pág. 23.
[1148]   FIGUEROLA, *op. cit.* pág. 16.

Herder revalorizó a la historia tenía que culminar en la
revalorización de la costumbre. Dada la objetividad de la
justicia, que se descubre por todos los medios adecuados,
ni el racionalismo ni el historicismo son fundados[1149].

Creo que una buena forma de armonizar ambos
institutos se da en las formas de democracia semidirectas, como el plebiscito, el referendum, la revocatoria
popular de mandatos, etc. Un importante aire renovador
de la costumbre vino dado por la incorporación de los
mecanismos de participación popular en la constitución
formal en 1994. No obstante, ella puede ser letra inerte
desde el punto de vista jurídico. Lo triste es que ese texto
y el espíritu de participación del pueblo en los actos de
gobierno ¿que se esperaba? no se hayan hecho carne,
no se hayan hecho costumbre. He resaltado que es lo
mismo que el pueblo se manifieste por votos o expresando directamente la regla.

La importancia que le doy a la educación y a la
costumbre en el horizonte jurídico-educativo del derecho me lleva a coincidir con Costa en la necesidad de
estimular la justicia desde el vínculo, el entendimiento,
más allá del condicionamiento y la amenaza de sanción:

Donde el pueblo no esté interesado directa y personalmente
en el ejercicio del poder y en la conservación de las instituciones, se mirará como extraño a ellas y no mostrará empeño
ni tesón en defenderlas cuando peligren, ni en corregirlas
cuando se maleen, ni en restaurarlas cuando caigan: acaso
considere el derecho como un apéndice de la fuerza oficial
que le obliga a ejecutar los actos ordenados por el legislador,
y el temor y la violencia como los únicos estímulos del obrar

---

[1149]   CIURO CALDANI, "Reflexiones...", *op. cit.*, pág. 796.

jurídico, y entonces estimará como meritorio el burlar la acción de la ley y oponerse a su cumplimiento[1150].

Por ello se requiere participación, sentir "lo jurídico" como propio. De esta forma, Savigny reclama que la ciencia del derecho sea práctica y no aristocrática:

> Y este carácter de generalidad de nuestra ciencia no debe circunscribirse solo a los jurisconsultos teóricos, a los doctos y a los historiadores: debe ampliarse hasta comprender a los legistas prácticos. Así es: esta aproximación de la teoría y de la práctica procuraría sin duda el mejoramiento de la administración de justicia: en este punto es en el que principalmente pueden servirnos de modelo los romanos: es preciso que nuestra teoría tenga mucho de práctica, y que nuestra práctica sea científica[1151].

Al observar el núcleo filosófico de la discusión de Thibaut y Savigny, no puede dudarse de la buena intención de ambos juristas, quienes disienten en los medios de lograr la unidad alemana. En efecto, el primero posibilita los cauces del poder político a fin de lograr con la fuerza de quien sanciona la ley, la ansiada unidad. El segundo, respetuoso de las tradiciones y de la ciencia del derecho, deposita en los juristas la tarea de preparar un terreno fértil para la futura legislación. "Por mi parte, veo el verdadero medio en una organización progresiva de la ciencia del derecho, la cual puede ser común a toda la nación[1152]."

En última instancia, legislación alguna puede asentarse en un campo poco propicio para brindar frutos a sus destinatarios, correspondiendo pensar más en

---

[1150] COSTA, *op. cit.*, pág. 189.
[1151] SAVIGNY, *De la vocación...*, *op. cit.*, pág. 141.
[1152] Íd., pág. 171.

estos que en lo que el papel les mande: "[...] ellos ven la causa del mal en las fuentes del derecho y estiman como buen remedio un Código, mientras por mi parte encuentro el mal en nosotros mismos [...]"[1153]. Como dije, no son buenos los cambios abruptos, que critican Morin y Montesquieu.

Al final, se trata de una cuestión de vida, como dice Joaquín Costa: "[...] para que tengamos a un ser por vivo, es menester que la actividad se encuentre en él como propia suya, que él mismo sea sujeto de aquella actividad, y que esta opere como de dentro a fuera, como causa [...]"[1154]. ¡Por ello insisto tanto en las formas de democracia semidirectas!

Lo interesante de la conciencia del caos y su trata-miento en las ciencias es que posibilita la autonomía del ser humano, ya que brinda la posibilidad de organizar allí donde no hay orden, en función de necesidades, historias, deseos, pasiones, sentidos como propios. Se trata de un ejercicio de libertad: "Es en el furor del fuego donde se han alumbrado las estrellas y donde se for-jan los átomos. La idea e imagen del fuego heraclitano eructante, gruñente, destructor, creador, es con mucho la del caos original de donde surge el logos. [...] el fuego originario, en su delirio explosivo, pued[e] construir sin ingeniero ni planos, a través de su desintegración y sus metamorfosis [...]"[1155].

Seguramente habrá quienes se nieguen a ver la costumbre como un elemento del derecho por razones argumentativas válidas, y otros que nieguen su valor jurígeno sin razón alguna. Para este último supuesto,

---

[1153]   Íd., pág. 171-172.
[1154]   COSTA, *op. cit.*, pág. 64.
[1155]   MORIN, *El Método 1...*, *op. cit.*, pág. 77.

invito a reflexionar sobre el dogma que ha construido el positivismo jurídico en este sentido al ensalzar el valor de la ley. No se olvide que el positivismo jurídico es solo una doctrina que explica el derecho, mas no la única[1156]. "Il a paru qu'on pouvait se dispenser d'en parler, le problème unique étant désormais celui de l'interprétation de la loi."[1157] Más que preguntarse por la interpretación de la ley, hay que preguntarse por la interpretación del derecho.

> Une vue plus exacte du rôle de la coutume peut être obtenue si, renouant avec la tradition, on cesse de confondre le droit et la loi. Si la loi ne se confond pas avec le droit, mais est conçue comme un simple moyen [...], d'arriver à la connaissance du droit, rien ne s'oppose à ce que l'on reconnaisse, à côté des textes législatifs, l'utilité de sources autres[1158].

No existe tal plenitud del orden jurídico que no pueda ser llenada por la costumbre, la cual completa el análisis jurídico, según la ley, en ausencia de la ley o contra la ley. La consideración de la costumbre en el derecho, tal como lo he mostrado, es una prueba de la diversidad de los elementos que pueden formar un sistema jurídico complejo. De esta diversidad ya hacía referencia Savigny. La costumbre cumple un papel

---

[1156] Sobre la relación entre paradigma y doctrina, p. v. GALATI, *La teoría trialista...*, cit.

[1157] DAVID, *op. cit.*, pág. 132. "Pareció que se podía dispensar de hablar de ella, siendo a partir de ahora el único problema aquel de la interpretación." (Trad. del autor.)

[1158] Íd. "Una visión más exacta del rol de la costumbre puede ser obtenida si, reconciliándonos con la tradición, cesamos de confundir el derecho y la ley. Si la ley no se confunde con el derecho, pero es concebida como un simple medio para arribar al conocimiento del derecho, nada se opone a que reconozcamos, al lado de los textos legislativos, la utilidad de otras fuentes." (Trad. del autor.)

preponderante en el derecho, aunque en coordinación con el resto de sus componentes: "[...] elle [la coutume] ne mérite d'être consacrée que dans la mesure où elle sert à indiquer la solutions juste. Le juriste ne doit pas en faire en conséquence application d'une manière automatique ; il doit exercer sur elle sa critique, et se demander en particulier si elle est raisonnable"[1159]. Es decir, justa.

A lo largo de este trabajo hemos visto muchos casos de costumbres injustas, como la de los DNU, la jurisdicción en manos del Presidente, la diferenciación entre negros y blancos, la sobrecarga de cerramientos en los balcones, el cruzar las vías del tren con barrera baja, etc. Esto no nos lleva a descalificar la costumbre, ya que como modo de ejercicio de la democracia directa es valiosa como instrumento. Si bien no es justa en estos casos, sí cabe entonces valorarla al evidenciarla como instrumento democrático, y a fin de progresar en el logro de contenidos de justicia para dicha democracia y respeto a nuestros semejantes. Porque siempre es mejor aquello que es vivido como propio, y mucho más si lo vivido es justo.

Por ello, aspiro a que nuestra "recta" razón, más que en elemento asfixiante de la pasión de la costumbre, se convierta en el camino que permita encauzarla con justicia. Así como se dice que "un gesto vale más que mil palabras", un buen ejemplo vale más que mil órdenes.

[1159] DAVID, *op. cit.*, pág. 132: "La costumbre no merece ser consagrada más que en la medida en que ella sirva a indicar la solución justa. El jurista no debe en consecuencia hacer aplicación de ella de una manera automática; él debe ejercitar sobre ella su crítica y preguntarse en particular si ella es razonable." (Trad. del autor).

BIBLIOGRAFÍA

A. Libros o artículos de revistas científicas

AA.VV., Anteproyecto de Código Civil de 1954 para la República Argentina, Universidad Nacional de Tucumán, 1968. Los colaboradores del anteproyecto dirigido por Jorque Joaquín Llambías son: Jorge Mazzinghi, Jorge Bargalló Cirió y Ricardo Alberdi.

AA.VV., Código Civil y normas complementarias. Análisis doctrinal y jurisprudencial, 2ª ed., t. 5 C, dirigido por Alberto Bueres y coord. por Elena Highton, Buenos Aires, Hammurabi, 2004.

AA.VV., Proyecto de Código Civil de la Rep. Arg. Unificado con el Cód. de Comercio. Nota de elevación. Fundamentos. Y legislación comparada, Buenos Aires, Abeledo-Perrot, 1999. Los firmantes del mismo son: Héctor Alegría, Atilio Alterini, Jorge Alterini, María Josefa Méndez Costa, Julio César Rivera y Horacio Roitman.

AA.VV., Proyecto de Código Civil. Elaborado por la Comisión Especial de Unificación Legislativa Civil y Comercial de la Honorable Cámara de Diputados de la Nación, Buenos Aires, Astrea, 1987. Los firmantes del proyecto son: Héctor Alegría, Francisco de la Vega, Atilio Alterini, Horacio Fargosi, Jorge Alterini, Sergio Le Pera, Miguel Araya y Ana Piagi.

AA.VV., Psicología social I. Influencia y cambio de actitudes. Individuos y grupos, ed. al cuidado de Serge Moscovici, trad. de David Rosenbaum y supervisión de Tomás Ibáñez, Buenos Aires, Paidós, 1985.

AA.VV., Reforma del Código Civil, 2 t., Buenos Aires, Kraft, 1936. Los firmantes del mismo son: Roberto Repetto, Rodolfo Rivarola, Héctor Lafaille, Enrique Martínez Paz y Gastón Tobal.

AA.VV., Unificación de la legislación civil y comercial. Proyecto de 1993. Sancionado por la Cámara de Diputados a consideración del Senado, Buenos Aires, Zavalía, 1994.

ADIP, Amado, Conflicto entre ley y costumbre, Buenos Aires, Marisol, 1967.

AFTALIÓN, Enrique, VILANOVA, José, RAFFO, Julio, Introducción al derecho, 4ª ed., Buenos Aires, LexisNexis Abeledo-Perrot, 2004.

ALONSO, Juan Ignacio, y RIZICMAN, Leandro, "Comentario al art. 17 del Cód. Civ." en AA.VV., Código Civil comentado, arts. 1 a 158, dirigido por Julio César Rivera, 1ª ed., Santa Fe, Rubinzal-Culzoni, 2004.

ALTERINI, Atilio Aníbal, AMEAL, Oscar José, y LÓPEZ CABANA, Roberto, Derecho de obligaciones civiles y comerciales, 5º ed., Buenos Aires, Abeledo-Perrot, 1995.

ARISTÓTELES, Ética nicomaquea, 17 ed., trad. de Antonio Gómez Robledo, México, Porrúa, 1998.

— , Política, trad. de Patricio de Azcárate, http://www.cervantesvirtual.com/servlet/ SirveObras/13561630989134941976613/index.htm (5.7.2006).

BARBOZA, Julio, Derecho internacional público, Buenos Aires, Zavalía, 1999.

BELLUSCIO, Augusto, Manual de derecho de familia, 6ª ed., Buenos Aires, Depalma, 1996, t. 2.

BIBILONI, Juan Antonio, Anteproyecto de Reformas al Código Civil Argentino. Presentado a la comisión encargada de redactarlo, t. 1, parte general, Buenos Aires, Valerio Abeledo, 1929.

BIDART CAMPOS, Germán J., Filosofía del derecho constitucional, Buenos Aires, Ediar, 1969.

—, Manual de la constitución reformada, t. II, Buenos Aires, Ediar, 1998.

—, Tratado elemental de derecho constitucional argentino, t. 1, Buenos Aires, Ediar, 1986.

BORDA, Guillermo A., La Reforma de 1968 al Código Civil, Buenos Aires, Perrot, 1971.

—, Manual de derecho civil. Parte general, 17ª ed., Buenos Aires, Perrot, 1995.

—, Manual de derechos reales, 4º ed., Buenos Aires, Perrot, 1994.

—, Tratado de derecho civil. Sucesiones, 7ª ed., con la colab. de Federico Peltzer, Buenos Aires, Perrot, 1994, t. 2.

CANALE, Damiano, "Paradojas de la costumbre jurídica", en Doxa: Cuadernos de Filosofía del Derecho, núm. 32, Alicante, Centro de Estudios Políticos y Constitucionales, Univ. de Alicante, 2009, págs. 205-227.

CASSAGNE, Juan Carlos, Derecho administrativo, 5ª ed., t. 1, Buenos Aires, Abeledo-Perrot, 1996.

CIURO CALDANI, Miguel Ángel, "Análisis de los elementos materiales de la controversia Thibaut-Savigny y valoración de sus posiciones", en Dos estudios tridimensionalistas, Rosario, 1967.

—, Comprensión jusfilosófica del Martín Fierro (Nociones básicas de Filosofía Jurídica Literaria.

Aportes sobre justicia y belleza), Rosario, Fundación para las Investigaciones Jurídicas (FIJ), 1984.

— , "El bicentenario del Código Civil francés (Una comparación entre la historia jurídica francesa y la historia jurídica argentina)", suplemento de Jurisprudencia Argentina del 18/2/2004.

— , "El Código Civil argentino y las fuentes del derecho (acerca de los artículos 16 y 17 del Código Civil)", en Boletín del Centro de Investigaciones de Filosofía Jurídica y Filosofía Social, núm. 15, Rosario, FIJ, 1992, págs. 37-39.

— , El derecho universal (Perspectiva para la ciencia jurídica de una nueva era), Rosario, FIJ, 2001.

— , Estudios de historia del derecho, Rosario, FIJ, 2000.

— , "Integración trialista de la aristocracia y la democracia", en El Derecho, t. 147, págs. 897-908.

— , "Las fuentes de las normas en el tiempo actual", en Jurisprudencia Argentina, 80° aniv., Buenos Aires, 1998, pág. 141 y ss., en línea.

— , "Las fuentes de las normas", en Revista de la Facultad de Derecho, UNR, nros. 4/6, Rosario, 1986, págs. 232-254.

— , Lecciones de historia de la filosofía del derecho (historia jusfilosófica de la jusfilosofía), Rosario, FIJ, 1991-4. 3 t.

— , "Lecciones de Teoría General del Derecho", en Investigación y Docencia, núm. 32, Rosario, FIJ, 1999, págs. 33-76.

— , Metodología jurídica, Rosario, FIJ., 2000.

— , "Perspectivas estratégicas del razonamiento y la actuación de los jueces", Suplemento especial LexisNexis Jurisprudencia Argentina del 31.3.2004, págs. 30-38.

—   , "Reflexiones sobre la ley y la costumbre", en Jurisprudencia Argentina, t. 1979-IV, págs. 788-797.

COSSIO, Carlos, "La bi-valencia de la verdad y el error como fuerza de convicción y como arbitrariedad", en La Ley, t. 70, págs. 747-763.

—   , "La función social de las escuelas de abogacía", 3ª ed., Buenos Aires, Fac. de Derecho y Cs. Sociales de la Univ. de Buenos Aires, 1947.

—   , "La teoría egológica del derecho (su problema y sus problemas)", en La Ley, t. 110, págs. 1008-1037.

—   , Radiografía de la teoría egológica del derecho, Buenos Aires, Depalma, 1987.

—   , Teoría de la Verdad Jurídica, Buenos Aires, Losada, 1954.

COSTA, Joaquín, La vida del derecho. Ensayo sobre el derecho consuetudinario, Buenos Aires Heliasta, 1976.

CUETO RÚA, Julio César, Fuentes del derecho, Buenos Aires, Abeledo-Perrot, 1961.

—   , Una visión realista del derecho, los jueces y los abogados, Buenos Aires, Abeledo-Perrot, 2000.

DAVID, René, Les grands systèmes de droit contemporains (Droit comparé), 3ème éd., Paris, Dalloz, 1969.

DE ZAVALÍA, Víctor, Reformas al Código Civil (Ley n°17711), Buenos Aires, Zavalía, 1968.

DEL CARRIL, Enrique, y GAGLIARDO, Mariano, "La costumbre como fuente de derecho" en AA.VV., Las reformas civiles (dec.-ley 17711/68) anotadas, ed. al cuidado de Atilio Aníbal Alterini, en El Derecho, t. 56, págs. 801-811.

DEL VECCHIO, Giorgio, Filosofía del derecho, 9ª ed., Barcelona, Bosch, 1974.

FARINA, Juan Manuel, Contratos comerciales modernos. Modalidades de contratación empresaria, Buenos Aires, Astrea, 1994.

FASSÒ, Guido, Historia de la filosofía del derecho, trad. de José Lorca Navarrete, 3ª ed., Madrid, Pirámide, 1983, t. 2 La Edad Moderna y t. 3 Siglos XIX y XX.

FERREIRA RUBIO, Delia, "Comentario al art. 17 del Cód. Civ.", en AA.VV., Código Civil y normas complementarias. Análisis doctrinal y jurisprudencial, 1ª ed., 2ª reimp., dirigido por Alberto Bueres y coord. por Elena Highton, Buenos Aires, Hammurabi, 2005, págs. 39-43.

FIGUEROLA, Francisco José, Enciclopedia jurídica OMEBA, Buenos Aires, Driskill, 1986, t. V, voz "costumbre".

FONTANARROSA, Rodolfo, Derecho comercial argentino. Parte general, Buenos Aires, Zavalía, 1997.

FOUCAULT, Michel, La verdad y las formas jurídicas, trad. de Enrique Lynch, México, Gedisa, 1986.

— , Vigilar y castigar. Nacimiento de la prisión, trad. de Aurelio Garzón del Camino, 1ª ed., Siglo XXI, Buenos Aires, 2005.

FREIRE, Paulo, Pedagogía del oprimido, 1ª ed., Buenos Aires, Siglo XXI, 2003.

FREUD, Sigmund, "Más allá del principio del placer", en Textos fundamentales del psicoanálisis, trad. de Luis López Ballesteros, Ramón Rey y Gustavo Dessal, Altaya, Barcelona, 1993, págs. 272-333.

GALATI, Elvio, "Autonomía municipal y poder impositivo", en Zeus, t. 89, págs. 99-108.

— , "Comentarios al libro Filosofía de las ciencias humanas y sociales de J. M. Mardones y N. Ursua (Reflexiones sobre Epistemología y Derecho)", en

Revista del Centro de Investigaciones de Filosofía Jurídica y Filosofía Social, núm. 27, Rosario, FIJ, 2003.

— , "La teoría trialista del mundo jurídico y el pensamiento complejo de Edgar Morin. Coincidencias y complementariedades de dos complejidades", tesis doctoral, Rosario, Fac. de Derecho, Univ. Nac. de Rosario, 2009, 2 tomos.

GALEANO, Eduardo, El libro de los abrazos, 15ª ed., Buenos Aires, Catálogos, 2004.

— , Las venas abiertas de América Latina, en www.marxismo.org/files/LasVenasAbiertasdeAmericaLatina.pdf, (30.5.2008).

GARBINO, Guillermo, LAVALLE COBO, Jorge, PARDO, Alberto, y RIVERA, Julio César, "Artículo 17", en AA.VV., Código Civil y leyes complementarias comentado, anotado y concordado, t. 1, ed. al cuidado de Augusto Belluscio y Eduardo Zanonni, Buenos Aires, Astrea, 1993.

GÉNY, François, Método de interpretación y fuentes en derecho privado positivo, 2ª ed., Madrid, Reus, 1925.

— , Science et technique en droit privé positif. Nouvelle contribution à la critique de la méthode juridique, Paris, Recueil Sirey, 1922, première partie.

GHERSI, Carlos, y WEINGARTEN, Celia, Código civil. Análisis jurisprudencial. Comentado, concordado y anotado, 2ª ed., t. IV, Rosario, Nova Tesis, 2004.

GIMÉNEZ CORTE, Cristian, "Usos comerciales, costumbre jurídica y nueva *lex mercatoria* en América Latina con especial referencia al MERCOSUR", tesis doctoral, Rosario, Fac. de Derecho, Univ. Nac. de Rosario, 2006.

GOLDSCHMIDT, Werner, Derecho internacional privado. Derecho de la tolerancia, 8ª ed., Buenos Aires,
Depalma, 1997.

— , Introducción filosófica al Derecho, 6ª ed., Buenos
Aires, Depalma, 1987.

— , La ciencia de la justicia (dikelogía), 2ª ed, Buenos
Aires, Depalma, 1986.

— , "La doctrina del mundo jurídico (programa de la
ciencia jurídica como ciencia socio-dikenormológica)", en Ciencia jurídica (aspectos de su problemática
jusfilosófica y científico-positiva, actual), La Plata,
Instituto de Filosofía del Derecho y Sociología, Fac.
de Cs. Jcas. y Sociales, Univ. Nac. de La Plata, 1970,
págs. 195-218.

— , "Problemas de justicia en 'Medida por medida' de
Shakespeare", en Justicia y verdad, Buenos Aires, La
Ley, 1978, págs. 124-140.

GONZÁLEZ GALVÁN, Jorge Alberto, Derecho Nayerij.
Los sistemas jurídicos indígenas en Nayerij, México,
Universidad Nacional Autónoma de México, 2001, en
http://www.bibliojuridica.org/libros/libro.htm?l=10
(28.6.2004).

GONZÁLEZ, Julio, "Ley 20840: Penalidades para las actividades subversivas en todas sus manifestaciones.
La subversión económica", en http://www.patriaar-
gentina.org/Periodico/PA_174-05-2002/Ley20.840.
htm (18.12.2008).

GORDILLO, Agustín, La administración paralela. El parasistema jurídico-administrativo, Madrid, Civitas,
1982.

— , Tratado de derecho administrativo, Buenos Aires,
Fundación de Derecho Administrativo, 1998/2002,
4 t.

Gran diccionario Salvat, edición especial para La Nación, Barcelona, Salvat editores, 1992, tomo 1.

GRÜN, Ernesto, "Derecho y caos. Sobre la actual y futura evolución del derecho", en http://www.filosofia-yderecho.com/rtfd/numero3/caos.htm (4.5.2003).

GUARINONI, Ricardo, "Después, más alto y excepcional. Criterios de solución de incompatibilidades normativas", en Doxa: Cuadernos de Filosofía del Derecho, núm. 24, Alicante, 2001, págs. 547-558; en http://www.cervantesvirtual.com/servlet/SirveObras/01372719768028837422802/doxa24/doxa24_21.pdf (11.6.2008).

HART, Herbert L. A., El concepto de derecho, trad. de Genaro Carrió, Buenos Aires, Abeledo-Perrot, 1961.

HATTENHAUER, Hans, Los fundamentos histórico-ideológicos del Derecho alemán (Entre la jerarquía y la democracia), trad. de Miguel Izquierdo Macias-Picavea, 2ª ed., Madrid, Edersa, 1981.

HENCKAERTS, Jean-Marie, "Estudio sobre el derecho internacional humanitario consuetudinario: una contribución a la comprensión y al respeto del derecho de los conflictos armados", en Revista Internacional de la Cruz Roja, núm. 857, págs. 175-212, en http://www.icrc.org/Web/spa/sitespa0.nsf/iwpList263/FA510051ADE6C0450325702D00720911 (12.6.2006).

HERNÁNDEZ CUEVAS, Juan Carlos, "Visiones decimonónicas de América: Martí y Sarmiento", en http://www.ucm.es/info/especulo/numero33/martisar.html (30.5.2008).

HERNÁNDEZ, Carlos, "La costumbre como fuente de Derecho y las buenas costumbres como standard jurídico", en Revista de Derecho Privado y Comunitario: orden público y buenas costumbres, dirigida por

Héctor Alegría y Jorge Mosset Iturraspe, Santa Fe, Rubinzal-Culzoni, 2008, págs. 181-205.

HERNÁNDEZ, José, Martín Fierro, 32ª ed., Buenos Aires, Losada, 2004.

HERNÁNDEZ, Lidia, "Comentario al art. 1272", en AAVV, "Código Civil y normas complementarias. Análisis doctrinal y jurisprudencial", dirigido por Alberto Bueres y coord. por Elena Highton, Bs. As., Hammurabi, 2005, t. 3 C, págs. 140 y ss.

INGENIEROS, José, "Los tiempos nuevos", en http://www.educ.ar/educar/superior/admin/verdocbiblio.jsp?url=S_BD_PROYECTOAMEGHINO/TIEMPO4.HTM&contexto=superior/biblioteca_digital/ (12.7.2003).

JITRIK, Noé, El mundo del ochenta, Buenos Aires, Centro Editor de América Latina, 1982.

KANT, Immanuel, "Si el género humano se halla en progreso constante hacia mejor", 1798.

KAPLÚN, Mario, "Del educando oyente al educando hablante. Perspectivas de la comunicación educativa en tiempos de eclipse", Federación Latinoamericana de Facultades de Comunicación, en http://www.felafacs.org/dialogos/pdf37/2Kaplun.pdf (21.2.2002).

KELSEN, Hans, Teoría pura del derecho, trad. de Moisés Nilve, 29º ed. de la ed. en francés de 1953, Buenos Aires, Eudeba, 1992.

KROTOSCHIN, Pedro, Tratado práctico del derecho del trabajo, vol. 1, 3ª ed., Buenos Aires, Depalma, 1977.

LASO, Eduardo, "Los métodos de validación en ciencias naturales", en AA.VV., La posciencia, al cuidado de Esther Díaz, Buenos Aires, Biblos, 2000.

LASSALLE, Fernando, ¿Qué es una constitución?, trad. de W. Roces, Buenos Aires, Siglo veinte, 1957.

LOCKE, John, Segundo tratado sobre el gobierno civil. Un ensayo acerca del verdadero origen, alcance y fin del gobierno civil, trad., prólogo y notas de Carlos Mellizo, Barcelona, Altaya, 1994.

LORENZETTI, Ricardo, "Ineficacia y nulidad del objeto de los contratos: un enfoque basado en las normas fundamentales", en Revista de Derecho Privado y Comunitario, núm. 8, "Nulidades", Santa Fe, Rubinzal-Culzoni, 1997, págs. 155-197.

LLAMBÍAS, Jorge Joaquín, Tratado de derecho civil. Parte general, 17ª ed., t. 1, Buenos Aires, Perrot, 1997.

MALIANDI, Ricardo, Ética. Conceptos y problemas, Buenos Aires, Biblos, 1994.

MARCO TULIO CICERÓN, Sobre los deberes, trad. de José Guillén Cabañero, Barcelona, Altaya, 1994.

MARIANI DE VIDAL, Marina, Curso de derechos reales, t. 3, Buenos Aires, Zavalía, 1993.

MERGEL, Brenda "Diseño instruccional y teoría del aprendizaje", Canadá, 1998, en http://www.usask.ca/education/coursework/802papers/mergel/espanol.pdf – (01.06.2003).

MILLARD, Eric, "Eléments pour une approche analytique de la complexité", en AA.VV., Droit et complexité, édité par Mathieu Doat, Jacques Le Goff et Philippe Pédrot, Presses Universitaires de Rennes, 2007.

MILLER, Jonathan, GELLI, María Angélica, CAYUSO, Susana, Constitución y poder político, Buenos Aires, Astrea, 1992, t. 1.

MONTESQUIEU, Del espíritu de las leyes, trad. de Mercedes Blázquez y Pedro de Vega, Barcelona, Altaya, 1993.

MONTORO BALLESTEROS, Alberto, "La costumbre en el ordenamiento jurídico. La integración de las lagunas legales", en Revista de la Facultad de Derecho de Murcia, núm. 20, Anales de Derecho. Universidad de Murcia, 2002, págs. 99-110.

MORIN, Edgar, El Método 1. La naturaleza de la naturaleza [1977], 3ª ed., trad. de Ana Sánchez en colab. con Dora Sánchez García, Madrid, Cátedra, 1993.

—, El Método 2. La vida de la vida [1983], 7ª ed., trad. de Ana Sánchez, Madrid, 2006.

—, El Método 3. El conocimiento del conocimiento [1988], trad. de Ana Sánchez, 5ª ed., Madrid, Cátedra, 2006.

—, El Método 4. Las ideas. Su hábitat, su vida, sus costumbres, su organización, trad. de Ana Sánchez, 4ª ed., Madrid, Cátedra, 2006.

—, El Método 6. Ética, trad. de Ana Sánchez, Madrid, Cátedra, 2006.

—, Introducción al pensamiento complejo [1990], trad. de Marcelo Pakman, Barcelona, Gedisa, 2005.

—, La cabeza bien puesta. Repensar la reforma. Reformar el pensamiento, 1ª ed., Buenos Aires, Nueva Visión, 2002.

—, "Los siete saberes necesarios para la educación del futuro", en http://www.complejidad.org/27-7sabesp.pdf (25.10.2003).

—, Sociología, trad. de Jaime Tortella, Madrid, Tecnos, 1995.

MORINEAU, Marta, Una introducción al Common Law, México, Universidad Nacional Autónoma de México, 2001.

MOSSET ITURRASPE, Jorge, "Comentario al art. 1193 del Cód. Civ.", en AA.VV., Código civil y normas complementarias. Análisis doctrinal y jurisprudencial, dirigido por Alberto Bueres y coord. por Elena Highton, Buenos Aires, Hammurabi, 2005, t. 3-C, págs. 10-12.

— , Contratos, 1ª ed., Santa Fe, Rubinzal-Culzoni, 1995.

MOTTA, Domingo, "Hacia una epistemología de la complejidad", en http://www.complejidad.org/members/45-epi.pdf (6.7.2007).

NICOLAU, Noemí, "Acerca de la interpretación e integración de los contratos civiles", en Boletín..., núm. 8, Rosario, FIJ, 1988, págs. 91-105.

— , "Interpretación o elaboración de normas en materia contractual", en Boletín..., núm. 7, Rosario, FIJ, 1986, págs. 65-76.

NIETZSCHE, Friedrich, La genealogía de la moral, trad. de Andrés Sánchez Pascual, Alianza, en http://www.gratislibros.com.ar/dlB.php (18.12.2008).

NUTA, Ana, "La eficacia de la costumbre y la obligación de constituir hipoteca por saldo de precio", en NUTA, Ana Raquel, ROTONDARO, Domingo, ABELLA, Adriana, NAVAS, Raúl et al., Derecho hipotecario, 2ª ed., Buenos Aires, Abeledo-Perrot, 1997.

PASCAL, Blaise, Pensamientos, trad. de J. Llansó, Barcelona, Altaya, 1993.

PLATÓN, La República, trad. de José Manuel Pabón y Manuel Fernández-Galiano, Barcelona, Altaya, 1993.

POPPER, Karl R., La lógica de la investigación científica, trad. de Víctor Sánchez de Zavala, Madrid, Tecnos, 1962.

PORTALIS, Jean-Étienne-Marie, Discurso preliminar Código Civil Francés, trad. de Silvia de la Canal, Buenos Aires, Fac. de Derecho UBA – La Ley, 2004.

PRIGOGINE, Ilya, ¿Tan solo una ilusión? [1983], trad. de Francisco Martín, Barcelona, Tusquets, 3ª ed., 1993,

fragmentos; compendio de Eugenio Tait, en http://
www.geocities.com/eugeniomtait/MiBiblioteca7.
htm (29.1.2003).

QUIROGA LAVIÉ, Humberto, Constitución de la Nación
Argentina comentada, 4ª ed., Buenos Aires, Zavalía,
2003.

RAFFO, Julio, "Ideología y derecho. El libro perseguido de Carlos Cossio", en AA.VV., Dos filosofías del
derecho argentinas anticipatorias: homenaje a
Werner Goldschmidt y Carlos Cossio, coord. por
Miguel Ángel Ciuro Caldani, Rosario, FIJ, 2007, págs.
205-215.

REALE, Miguel, "Naturaleza y objeto de la ciencia del
derecho", en AA.VV., Ciencia jurídica (aspectos de su
problemática jusfilosófica y científico-positiva actual), t. 1, La Plata, Instituto de Filosofía del Derecho
y Sociología, 1970, págs. 151-193.

RICHARD, Efraín, y ROMERO, José, "Los usos y costumbres en perspectiva actual", en http://argentina.lexis-
nexis.com.ar/ar/lpext.dll?f=templates&fn=altmain-
hit-h.htm&vid=3&2.0 (27.8.2004).

RÍOS RODRÍGUEZ, Jacobo, "Límites y beneficiarios
de la inmunidad de los gobernantes", en Revista
Electrónica de Estudios Internacionales, núm.
13, 2007, en http://www.reei.org/reei%2013/
RiosRdriguez(reei13).pdf (1.1.2009).

ROCA, Deodoro, "El último oligarca", en Ciencias,
Maestros, Universidades, en AA.VV., Homenaje a
la Reforma Universitaria, Universidad Nacional de
Rosario, 1998.

SAGÜÉS, Néstor Pedro, Elementos de derecho constitucional, 3ª ed., t. 1, Buenos Aires, Astrea, 1999.

SALVAT, Raymundo, Tratado de derecho civil argentino. Parte general, 11ª ed., ed. del cincuentenario, act. por José Ma. López Olaciregui, Buenos Aires, TEA, 1964.

SAMAJA, Juan, "Semiótica de la ciencia. Los métodos; las inferencias y los datos a la luz de la semiótica como lógica ampliada", digitalizado, en prensa, por atención del autor.

SARMIENTO, Domingo Faustino, "Educar al soberano", en Obras de D. F. Sarmiento, t. 47, Buenos Aires, A. Belin Sarmiento, 1900.

SAVIGNY de, Federico Carlos, De la vocación de nuestro siglo para la legislación y la ciencia del derecho, trad. de Adolfo Posada, Buenos Aires, Atalaya, 1946.

— , "Los fundamentos de la ciencia jurídica", en AA.VV., La ciencia del derecho, trad. de Werner Goldschmidt, Buenos Aires, Losada, 1949.

— , Sistema de derecho romano actual, trad. de Jacinto Mesía y Manuel Poley, 2ª ed., Madrid, Góngora, 1878/79, t. 1.

SENTÍS MELENDO, Santiago, El juez y el derecho (iura novit curia), Buenos Aires, Europa-América, 1957.

SIMUNIUS, Auguste, "Quelles sont les causes de l'autorité du droit ?", en AA.VV., Recueil d'études sur les sources du droit. I, Aspects historiques et philosophiques, Paris, Duchemin, 1977, en http://gallica2.bnf.fr/ark:/12148/bpt6k9374q.image.f234.vignettesnaviguer.langES (27.3.2008).

SOLER, Sebastián, Derecho penal argentino, 5ª ed., act. por Guillermo Fierro, Buenos Aires, Tea, 1987.

SOTO, Alfredo, "El derecho internacional privado argentino y sus temas constitucionales", en AA.VV., Dos filosofías del derecho argentinas anticipatorias: homenaje a Werner Goldschmidt y Carlos Cossio, coord. por Miguel Ángel Ciuro Caldani, Rosario, FIJ, 2007.

SPOTA, Alberto, "'Desafectación' y venta de las islas. La usucapión de las mismas", en Jurisprudencia Argentina, t. 1942-I, págs. 1015-1019.

— , "La infracción a los reglamentos de tránsito en la responsabilidad aquiliana ¿Hay 'caducidad' de los reglamentos por 'desuso' de los mismos?", en La Ley, t. 25, págs. 198-207.

— , Tratado de derecho civil, t. 1, Parte General, Buenos Aires, Depalma, 1967.

SUMNER MAINE, Henry, El derecho antiguo [1893], trad. de A. Guerra, Madrid, Civitas, 1993.

TAU ANZOÁTEGUI, Víctor, El poder de la costumbre. Estudios sobre el derecho consuetudinario en América hispana hasta la Emancipación, Buenos Aires, Instituto de Investigaciones de Historia del Derecho, 2001.

TERRÉ, Dominique, "Le pluralisme et le droit", en Archives de Philosophie du Droit, núm. 49, Paris, Dalloz, 2006, págs. 69-83.

THIBAUT, Anton, y SAVIGNY, Friedrich Karl, "La codificación civil en Alemania. Opiniones de Thibaut y Savigny", en La reforma del Código Civil argentino, Buenos Aires, Sec. Publicaciones del Seminario de Ciencias Jurídicas y Sociales, Fac. de Derecho de la UBA, 1940.

TRIGO REPRESAS, Félix, y LÓPEZ MESA, Marcelo, Código Civil y leyes complementarias anotadas, Buenos Aires, Depalma, 1999, t. IV-A.

TRUYOL y SERRA, Antonio, Historia de la filosofía del derecho y del Estado. 1. De los orígenes a la Baja Edad Media, 7ª ed., Madrid, Alianza, 1982.

URDANOZ, Teófilo, Historia de la filosofía, t. IV Siglo XIX: Kant, idealismo y espiritualismo, Madrid, Biblioteca de Autores Cristianos, 1975.

ZAFFARONI, Eugenio Raúl, Manual de derecho penal. Parte general, 6ª ed., Buenos Aires, Ediar, 1997.

ZAMUDIO, Teodora, "Derecho de los Pueblos Indígenas", en http://www.indigenas.bioetica.org/inves30.htm (8.10.2007).

B. Artículos periodísticos y otras fuentes

"Argentina. Retenciones móviles han aumentado los derechos de exportación en todos los granos", del 4.4.2008, en http://www.apa.cl/index/noticias_det.asp?id_noti=1371&id_seccion=4&id_subsecciones=17 (10.4.2008).

"Caso de las pesquerías", en Resúmenes de los fallos, opiniones consultivas y providencias de la Corte Internacional de Justicia. 1948-1991, Naciones Unidas, Nueva York, 1992, págs. 29-30; en http://www.icj-cij.org/homepage/sp/files/sum_1948-1991.pdf (18.12.2008).

"Código de Derecho Canónico", en http://www.vatican.va/archive/ESL0020/__P3.HTM (4.12.2008).

"Cristina debutó con los decretos de necesidad y urgencia", del 16.9.2008, en http://www.totalnews.com.ar/pol-tica/cristina-debut-con-los-decretos-de-necesidad-y-urgencia.html (11.12.2008).

"Cristina firmó su primer decreto de necesidad y urgencia", del 15.9.2008, en http://www.derf.com.ar/despachos.asp?cod_des=222247&ID_Seccion=33 (11.12.2008).

"Diputados aprobó la ley de bienes culturales", en Clarín, del 28.5.2003, en http://www.clarin.com/diario/2003/05/28/um/m-566544.htm (28.5.2008).

"El campo cortó rutas y expuso su fuerte rechazo a las retenciones", en El Litoral, del 14.3.2008, en http://www.litoral.com.ar/index.php/diarios/2008/03/14/politica/POLI-06.html (24.3.2008).

"El corralito llegó a la Corte", en www.diariojudicial.com, del 28.12.2001.

"El francés Hipólito Bouchard obtiene patente de corsario argentino", en diario La Capital, del 27.6.2004.

"El Senado aprobó la reestatización de Aerolíneas Argentinas", en La Nación, del 3.9.2008, en http://www.lanacion.com.ar/nota.asp?nota_id=1046081 (31.12.2008).

"En cuatro días, la Cámara decidió sobre 7.993 normas", del 6.12.2008, en http://www.lagaceta.com.ar/nota/303907/Politica/cuatro_dias_Camara_decidio_sobre_7.993_normas.html (18.12.2008).

"En el último día de revisión, la Legislatura dio de baja a más de 3.000 leyes", del 5.12.2008, en http://www.lagaceta.com.ar/nota/303824/Politica/el_ultimo_dia_revision_Legislatura_dio_baja_mas_3.000_leyes.html (18.12.2008).

"En Tucumán rigen 1.662 leyes, luego de la depuración", del 6.12.2008, en http://www.lagaceta.com.ar/nota/303936/Notas_tapa/Tucuman_rigen_1.662_leyes_luego_dela_depuracion.html (18.12.2008).

"Es un nuevo castigo al campo", en La Nación, del 11.3.2008, en http://www.lanacion.com.ar/economia/nota.asp?nota_id=994816&origen=relacionadas (24.3.2008).

"Fuga I: Amplían denuncia", en www.diariojudicial.com, del 17.1.2002.

"La Argentina y Venezuela, perjudicadas por el FMI", en La Nación, del 5.4.2007, en http://www.lanacion. com.ar/nota.asp?nota_id=897446&high=fondo%20 internacional%20crisis%20argentina%202001 (10.7.2008).

"Nueva York aprobó el matrimonio homosexual", en La Nación, del 26.6.2011, en http://www.lanacion.com. ar/1384485-nueva-york-aprobo-el-matrimonio-ho- mosexual (4.7.2011).

"Otro paso adelante", en http://www.pool-economico. com.ar/upload/plan_nacional_de_seguridad_vial_ ley.doc (15.5.2008).

"Participación de la ONUDI en la Convención de Viena sobre el Derecho de los Tratados entre Estados y or- ganizaciones internacionales o entre organizaciones internacionales, de 21 de marzo de 1986. Nota del Director General", 2001, en http://www.unido.org/ fileadmin/import/userfiles/timminsk/9gc06-span. pdf (1.1.2009).

"Santa Fe dispuso una conmutación de presos", en http://www.tiempodejusticia.com/principal.htm (22.4.2004).

"Una comisión tan onerosa como inútil", en La Nación, del 20.5.2008, en http://www.lanacion.com.ar/1013917 (21.5.2008).

"Una pareja homosexual contrae matrimonio en Boston", en http://www.cnnenespanol.com/2004/americas/ eeuu/05/17/matrimonios.homosexuales2/index. html (17.5.2004).

"Una perspectiva sobre los pueblos indígenas en Argentina", en http://www.cels.org.ar/Site_cels/

publicaciones/informes_pdf/2002_Capitulo11.pdf (19.10.2003).

"Vuelven a aumentar las retenciones agropecuarias", en La Nación, del 11.3.2008, en http://www.lanacion.com.ar/economia/nota.asp?nota_id=994630 (24.3.2008).

CRETTAZ, José, "Las razones y sinrazones que esgrimió el gobierno", en La Nación, del 10.11.2007, en http://www.lanacion.com.ar/960676 (24.3.2008).

ESCOHOTADO, Antonio, "Elogio del sabio", en El Mundo, del 11.6.2003, en http://usuarios.lycos.es/punksunidas/txt/escohotado13.htmlpunksunidos.com.ar (16.8.2004).

FONDO MONETARIO INTERNACIONAL-OFICINA DE EVALUACIÓN INDEPENDIENTE, "Comunicado de prensa núm. 04/02", en http://www.ieo-imf.org/news/pr/pdf/pr0402e.pdf (10.7.2008).

GILARDÓN, Florencia, "Comienzan a juntar firmas para que se sancione una Ley Nacional de Seguridad Vial", en Clarín del 16.2.2007, en http://www.clarin.com/diario/2007/02/16/um/m-01364819.htm (21.3.2007).

GRONDONA, Mariano, "Argentina: el ingrediente ideológico de las retenciones", en http://independent.typepad.com/elindependent/2007/11/argentina-el-in.html (24.3.2008).

GUTMAN, Daniel, "Alquileres: la indexación está prohibida pero igual se aplica", en Clarín, del 18.2.2002, en http://www.clarin.com/diario/2002/08/18/e-02015.htm (23.9.2008).

http://es.wikipedia.org/wiki/Ley_del_embudo (15.5.2008).

http://rig.tucuman.gov.ar/leyes/scan/scan/7692.pdf
    (18.12.2008).

http://www.bloqueucr.gov.ar/proyectosVer.ph
    p?proyectoID=272&titulo=Proyecto%20
    Original&campo=proyecto_original (20.11.2007).

http://www.cibernous.com/autores/aristoteles/teoria/
    etica/etica.html (20.6.2004).

http://www.desaparecidos.org/arg/conadep/nunca-
    mas/nuncamas.html (28.1.2003).

http://www.desarrollosocial.gov.ar/INAI/site/default.
    asp (18.12.2008).

http://www.hcdn.gov.ar/ (4.12.2008).

http://www.iniciativapopular.org/TalleresAntecedentes.
    asp (8.3.2006).

http://www.jus.gov.ar/planestrategicodeseguridad/pdf/
    participacion_civica.pdf (8.7.2004).

http://www.mecon.gov.ar/hacienda/cgn/cuenta/
    (20.11.2007).

http://www.mecon.gov.ar/hacienda/cgn/cuenta/1993/
    ley_aprobacion_cuenta_1993.htm (20.11.2007).

http://www.senado.gov.ar/web/proyectos/verExpe.
    php?origen=S&tipo=PL&numexp=712/06&nro_
    comision=&tConsulta=3 (1.4.2008).

http://www.telediariodigital.com.ar/leer.asp?idx=13122
    del 23.8.2005 (19.11.2007).

http://www.terragno.org.ar/vernota.php?id_nota=768
    (18.10.2007).

MINISTERIO DE ECONOMÍA Y PRODUCCIÓN DE LA
    NACIÓN ARGENTINA, "Análisis núm. 2. Argentina,
    el FMI y la crisis de la deuda", Buenos Aires, 2004,
    en http://www.mecon.gov.ar/analisis_economico/
    nro2/2_fmi_crisis_deuda.pdf (10.7.2008).

PIGNA, Felipe, http://www.elhistoriador.com.ar/aula/
varios/preguntas_sarmiento.php (30.5.2008).

PRESIDENCIA DE LA NACIÓN, "Proyecto de Código
Civil y Comercial de la Nación", Buenos Aires, Infojus,
2012, en http://www.infojus.gov.ar/_pdf/codigo_ci-
vil_comercial.pdf (4.10.2012). Los miembros de la
comisión redactora son Ricardo Lorenzetti, Elena
Highton de Nolasco y Aída Kemelmajer de Carlucci.

SAN GIOVANNI, Daniela, "¿Qué cláusulas se agregan
en los contratos para 'saltear' la prohibición de
indexar?" del 13.9.2008, en http://abogados.info-
baeprofesional.com/notas/71637-A-pesar-de-estar-
prohibido-prolifera-la-indexacion-de-precios-en-
los-contratos.html?cookie (23.9.2008).

VENTURA, Adrián, "Decretos, con uso y abuso presidencial", en La Nación, del 21.6.2006, en http://
buscador.lanacion.com.ar/Nota.asp?nota_
id=816540&high=decretos%20urgencia (21.6.2006).

Esta tirada de 100 ejemplares se terminó de imprimir en abril de 2015 en Imprenta Dorrego, Dorrego 1102, CABA

www.ingramcontent.com/pod-product-compliance
Lightning Source LLC
Chambersburg PA
CBHW021024210326
41598CB00016B/903